国际贸易理论与实务

（第六版）

GUOJI MAOYI
LILUN YU SHIWU

阚宏 王凯 ◎ 编著

首都经济贸易大学出版社
Capital University of Economics and Business Press
·北京·

图书在版编目(CIP)数据

国际贸易理论与实务/阚宏,王凯编著. ——6版. ——北京:首都经济贸易大学出版社,2020.7
ISBN 978-7-5638-2981-1

Ⅰ.①国… Ⅱ.①阚… ②王… Ⅲ.①国际贸易理论②国际贸易—贸易实务 Ⅳ.①F740

中国版本图书馆CIP数据核字(2019)第223183号

国际贸易理论与实务(第六版)
阚宏　王凯　编著

责任编辑	晓　地
版式设计	砚祥志远·激光照排 TEL:010-65976003
出版发行	首都经济贸易大学出版社
地　　址	北京市朝阳区红庙(邮编100026)
电　　话	(010)65976483　65065761　65071505(传真)
E-mail	publish@cueb.edu.cn
经　　销	全国新华书店
照　　排	北京砚祥志远激光照排技术有限公司
印　　刷	北京市泰锐印刷有限责任公司
开　　本	710毫米×1000毫米　1/16
字　　数	435千字
印　　张	24.75
版　　次	1995年9月第1版　**2020年7月第6版** 2022年1月总第46次印刷
书　　号	ISBN 978-7-5638-2981-1
定　　价	49.00元

图书印装若有质量问题,本社负责调换
版权所有　侵权必究

再版前言

近年来,我国对外贸易持续发展,全球贸易领域的新做法、新现象不断出现,与此相适应,有关国际贸易的理论、规则也发生了变化。为了适应这种变化,也为了使学生更好地了解和掌握当前国际贸易的发展,本次修订在充分考虑原有框架结构的前提下,对上一版教材进行了补充和完善,主要体现在以下几个方面。

第一,调整了国际贸易理论陈述的框架结构,将其分为自由贸易理论与保护贸易理论,与国际贸易理论的两大流派相符。增加了对贸易保护的政治经济学分析,从经济和政治两方面阐述贸易保护主义的动因。

第二,在国际贸易政策与措施部分,增加了反倾销、反补贴、保障措施等贸易救济措施,同时借助经济学分析工具分析关税的经济效应及有效保护程度,以加深读者对关税保护措施的理解。

第三,更新了区域经济一体化和世界贸易组织及多边自由贸易谈判的数据与资料,以反映地区经济合作及全球贸易自由化的进展和前景。

第四,补充了国际服务贸易的统计方法、主要国际服务贸易理论,使读者能更深入地理解服务贸易的发展概况及其在一国国民经济中所能发挥的重要作用。

第五,在各章以专栏的形式介绍国际贸易领域出现的新问题、新现象,或对正文中的贸易理论与政策进一步解读,以增强可读性,加深读者对问题的理解。

第六,在国际贸易实务部分,介绍了2020年1月1日开始生效的《国际贸易术语解释通则2020》中的贸易术语,特别指出了其中新增或修改的内容。

第七,由于国际技术贸易已成为一个相对独立的领域,体现出与国际货物贸易不同的特点,多数高校选择将其作为独立的课程展开学习与研究,因此本次修订删除了有关国际技术贸易的章节。

第八,鉴于电子商务已发展成相对独立的学科,原书"贸易方式"一章中"国际电子商务"一节也在本次修订中删除,以使修订后贸易实务部分的内容更集中于国际货物贸易的核心环节。

本教材主要适用于高等院校经济类和管理类本科生以及工商管理硕士(MBA)有关国际贸易的课程学习,也可以作为各类人员了解国际贸易相关知识的参考读物。

本教材分为国际贸易理论与国际贸易实务两大部分,其中第一章至第六章为国际贸易理论部分,由王凯编写;第七章至第十五章为国际贸易实务部分,由阚宏编写,阚宏负责全书的整合。

尽管在修订中编者力求做到完善,但教材仍难免存在疏漏,敬请读者批评指正。

目录

理论篇

第一章　绪　论 ／3
　　第一节　国际贸易的发展历程　／3
　　第二节　开展国际贸易的作用　／7
　　第三节　对外贸易与国内贸易的差异　／9
　　第四节　国际贸易的基本概念和主要分类　／10
　　本章小结　／20
　　思考题　／21

第二章　自由贸易理论 ／22
　　第一节　古典自由贸易理论　／22
　　第二节　新古典自由贸易理论　／28
　　第三节　战后自由贸易理论及其发展　／35
　　本章小结　／51
　　思考题　／52

第三章　保护贸易理论 ／53
　　第一节　重商主义贸易理论　／53
　　第二节　古典贸易保护理论　／56
　　第三节　凯恩斯的对外贸易乘数理论　／61
　　第四节　战略性贸易政策理论　／63
　　第五节　贸易保护的政治经济学分析　／69
　　本章小结　／73

目录 CONTENTS

  思考题 / 73

第四章　国际贸易政策与措施 / 74
  第一节　国际贸易政策 / 75
  第二节　关税措施 / 77
  第三节　非关税措施 / 89
  第四节　贸易救济措施 / 97
  第五节　出口鼓励措施和出口管制措施 / 104
  本章小结 / 109
  思考题 / 109

第五章　区域经济一体化与多边贸易体制 / 110
  第一节　区域经济一体化概述 / 110
  第二节　世界主要区域经济贸易集团 / 118
  第三节　区域经济一体化理论 / 126
  第四节　世界贸易组织及多边自由贸易谈判 / 134
  本章小结 / 149
  思考题 / 149

第六章　国际服务贸易 / 151
  第一节　国际服务贸易概述 / 152
  第二节　国际服务贸易理论 / 162
  第三节　服务贸易总协定 / 172
  本章小结 / 178
  思考题 / 178

目录

CONTENTS

实务篇

第七章　国际货物买卖合同概述　/ 181
　　第一节　国际货物买卖合同的含义　/ 181
　　第二节　国际货物买卖合同的内容　/ 183
　　第三节　国际货物买卖合同适用的法律规范
　　　　　　及其有效成立的条件　/ 186
　　本章小结　/ 189
　　思考题　/ 190

第八章　国际贸易商品的品质、数量和包装　/ 191
　　第一节　商品的品质　/ 191
　　第二节　商品的数量　/ 201
　　第三节　商品的包装　/ 207
　　本章小结　/ 215
　　思考题　/ 215

第九章　国际贸易术语　/ 216
　　第一节　国际贸易术语概述　/ 216
　　第二节　《Incoterms®2020》中仅适用海运或
　　　　　　内河运输的贸易术语　/ 219
　　第三节　《Incoterms®2020》中适用于各种运输
　　　　　　方式的贸易术语　/ 225
　　本章小结　/ 231
　　思考题　/ 231

目录

CONTENTS

第十章　国际贸易商品价格　/ 233
　　第一节　进出口商品的作价原则和作价方法　/ 233
　　第二节　几种常用贸易术语间的价格换算　/ 237
　　第三节　合同中的价格条款　/ 240
　　本章小结　/ 242
　　思考题　/ 242

第十一章　国际贸易货物的运输和保险　/ 243
　　第一节　国际货物运输方式及特点　/ 243
　　第二节　运输单据　/ 249
　　第三节　国际货物买卖合同中的交货条款　/ 255
　　第四节　国际贸易货物运输保险的范围　/ 258
　　第五节　我国海运货物运输保险的险别　/ 261
　　第六节　伦敦保险协会海运货物保险条款　/ 264
　　第七节　国际货物买卖合同中的保险条款　/ 266
　　第八节　其他运输方式的货物保险　/ 268
　　第九节　保险索赔　/ 269
　　本章小结　/ 270
　　思考题　/ 271

第十二章　国际贸易货款的收付　/ 272
　　第一节　支付工具　/ 272
　　第二节　汇付与托收支付方式　/ 279
　　第三节　信用证支付方式　/ 287
　　第四节　银行保函与备用信用证　/ 297

目录
CONTENTS

第五节　支付方式的选择　/ 300
　　本章小结　/ 302
　　思考题　/ 302

第十三章　国际贸易商品的检验、索赔、不可抗力和仲裁　/ 304
　　第一节　商品检验　/ 304
　　第二节　索赔　/ 316
　　第三节　不可抗力　/ 321
　　第四节　仲裁　/ 324
　　本章小结　/ 326
　　思考题　/ 327

第十四章　国际货物买卖的一般流程　/ 328
　　第一节　交易前的准备　/ 328
　　第二节　合同的签订　/ 330
　　第三节　合同的履行　/ 337
　　本章小结　/ 354
　　思考题　/ 355

第十五章　国际贸易方式　/ 356
　　第一节　经销与代理　/ 356
　　第二节　寄售、展卖与拍卖　/ 363
　　第三节　招标与投标　/ 368
　　第四节　期货交易　/ 372

目录
CONTENTS

第五节　易货与补偿贸易　/380
第六节　对外加工装配业务　/382
本章小结　/384
思考题　/385

主要参考文献　/386

理论篇

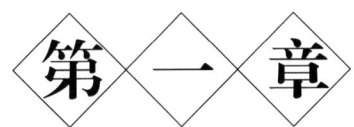

绪 论

★ 学习目的与要求 ★

1. 了解国际贸易的发展历程与发展趋势。
2. 了解国际贸易的地位与作用。
3. 掌握国际贸易额、贸易差额、贸易条件、贸易依存度等基本概念。
4. 掌握国际贸易的重要分类。

国际贸易(international trade)泛指世界各国各地区之间以货币为媒介的商品交换活动。它既包含有形商品交换(即货物贸易),也包含无形商品(劳务、技术、货币、咨询等)的交换(一般称为服务贸易)。国际贸易亦可称为世界贸易(world trade)。

对外贸易(foreign trade)则特指国际贸易活动中的一国或地区同其他国家或地区所进行的货物、服务和生产要素等的交换活动。这是立足于一个国家或地区的角度去看待它与其他国家或地区的贸易活动。对外贸易有时也被称为国外贸易(external trade),因其包括出口贸易和进口贸易两部分,也可称为进出口贸易。某些海岛国家,如英、日等国,或某些海岛地区,如中国台湾等地的对外贸易则称为海外贸易(oversea trade)。

第一节 国际贸易的发展历程

一、国际贸易的产生

国际贸易属于一定历史范畴的事物,它的产生必须具备三个基本条件:一是社会生产力的发展产生了可供交换的剩余产品;二是伴随着商品生产规模扩大带来的商品交换规模与空间范围的扩展;三是国家的形成。

在人类原始社会初期,由于社会生产力水平极为低下,人类劳动所得的产品仅能维持当时的氏族公社成员最基本的生存需要,没有什么剩余产品可以用作交换。到原始社会末期,由于社会生产力的发展,出现了以畜牧部落从其他部落分离出来为标志的人类第一次社会大分工。畜牧部落专门从事牲畜的驯养和繁殖,不仅能供养本部落,还有了部分剩余产品,于是产生了部落与部落之间的交换,也就是两个或两个以上政治实体进行的物物交换。人们把它称为初级对外产品交换。人类的第二次社会大分工是手工业从农业中分离出来,于是也就出现了以交换为目的的生产活动。伴随着这种交换的发展和客观需要,产生了货币。这样,产品交换就逐渐变成了以货币为媒介的商品生产和商品流通。随着商品生产的发展和商品流通规模的扩大,商品生产者便力图减少甚至摆脱这种亲自把商品拿到市场出售的活动,将其交由他人来完成,以便将更多的时间用于生产,于是专门从事商品交换的商人和商业因此产生。这就是发生在奴隶社会末期的人类社会的第三次大分工。此后,当商品流通规模扩大到封建社会初期已形成的国家的界限时,就产生了对外贸易。由此可见,社会生产力和社会分工发展引起的商品生产规模的扩大,以及伴随商品交换规模扩大的同时,商人和商业资本的出现、国家的形成,是国际贸易产生的不可或缺的必要条件。

二、国际贸易的发展

奴隶社会和封建社会尽管已逐步具备进行国际贸易的条件,但因其生产力水平低下,社会分工不发达,占统治地位的仍是自然经济,因此对外贸易发展缓慢,国际商品交换仅是个别的、局部的现象,尚未形成真正的世界市场。国际贸易在奴隶社会和封建社会经济中都不占有重要的地位,贸易的范围和商品品种都有很大的局限性,贸易也主要局限于各洲之内和欧亚大陆之间。

14—15世纪,西欧出现了资本主义生产关系的萌芽。15世纪末到16世纪初,随着资本主义生产关系的发展、地理大发现以及欧洲列强对海外殖民地的争夺,对外贸易的范围不断扩大,逐渐形成了区域性的国际商品市场。此后,18世纪中期的产业革命又为国际贸易的空前发展提供了坚实的物质基础。一方面,蒸汽机的发明使用开创了机器大工业时代,生产力迅速提高,物质产品极大丰富,真正的国际分工开始形成。另一方面,交通运输和通信联络的技术和工具都有了突飞猛进的发展,大大缩短了各国之间的距离以及人和人之间的距离,世界市场真正得以建立。正是在这种情况下,国际贸易有了惊人的发展,并且从原先局部的、地区性的交易活动转变为全球性的国际贸易。由此可见,国际贸易的巨大发展是资本主义生产方式发展的必然结果。

两次世界大战期间,资本主义世界爆发了三次经济危机,战争的破坏和空前的经济危机使世界工业生产极为缓慢,这一时期贸易保护主义明显加强,给国际贸易的发展设置了层层的人为障碍,国际贸易的扩大也因此几乎处于停滞状态。1913—1938年,世界贸易量只增长了3%,年增长率为0.7%,国际贸易的增长明显地落后于世界工业生产的增长。与此同时,国际贸易的地理格局也出现变化,欧洲在国际贸易中的比重下降,美国占比却有较大增长,亚非拉的经济不发达国家的比重也有所上升。

第二次世界大战后,国际贸易再次出现飞速发展,从1950年到2000年的50年中,全世界的商品出口总值从约610亿美元增加到61 328亿美元,增长了将近100倍。即使扣除通货膨胀因素,实际商品出口值也增长了15倍以上,远远超过了工业革命后乃至历史上任何一个时期的国际贸易增长速度。而且国际贸易在各国的GDP中的比重在不断上升,国际贸易在现代经济中的地位越来越重要。在这一时期,伴随着第三次科学技术革命的发生,各国,尤其是发达国家产业结构不断优化,第三产业急剧发展,加上资本国际化和国际分工的扩大和深化,国际服务贸易得到迅速发展。

20世纪90年代,随着信息技术的发展,互联网、计算机等高科技手段在国际贸易上的应用,出现了电子商务这种新型的贸易手段,无纸贸易和网上贸易市场的发展方兴未艾,所有这些都大大提高了贸易效率,极大地提升了交易商的市场竞争力,拓宽了交易的范围。

随着历史的演进,科学技术的发展,国际贸易无论是总量、规模,还是结构、形式都将继续发生变革。

三、中国对外贸易的产生与发展

(一)中国古代的对外贸易

早在公元前5世纪,中国的对外贸易就已产生。西汉张骞、班固通商西域,西北丝绸之路和西南丝绸之路的开通,郑和下西洋,海上贸易的形成,使得中国古代的对外贸易进入较快的发展时期。其中西北丝绸之路自西汉的长安(今西安)出发,横贯亚洲大陆,西达地中海东岸,全长约7 000多公里。中国同古罗马帝国的对外贸易就是通过这条"丝绸之路"进行的。中国输出的产品主要有丝绸、铁器、漆器等,输入马匹、香料、药材、玻璃等商品。西南丝绸之路则是从四川成都出发,分别到达越南、缅甸、巴基斯坦、印度等国,中国主要是以丝绸、瓷器、铜器、漆器、茶叶等产品换取东南亚、南亚的宝石、珍珠、象牙等。

隋唐时期,社会经济稳定发展,特别是盛唐时期中国已发展成为世界上最富强的国家。隋唐实行开明的对外开放政策,吸引了世界许多国家前来进行贸易,中国对外贸易有了很大发展,其贸易伙伴包括东亚的日本、朝鲜,南亚的天竺(印度、巴基斯坦、孟加拉),西亚的波斯(伊朗)等。

在唐代,中国南方经济迅速发展,造船业和航海技术也有很大进步,对外贸易逐渐转向南方,主要通过广州、潮州和扬州三大港口发展海上贸易。宋朝时,海上对外贸易获得了迅速发展,甚至超过陆路贸易。到明朝,郑和率领庞大的商船队七次下西洋,足迹遍布东南亚、南洋诸岛、阿拉伯半岛、东非一带,与36个国家发展外贸和外交关系,使中国成为当时最大的海上贸易强国。但17世纪中叶,清朝颁布"禁海令",对外贸易大大衰落。

(二)半殖民地半封建社会的对外贸易

1840年鸦片战争以后,中国独立自主的封建性质的对外贸易逐步转变为受西方资本主义列强控制的半殖民地半封建性质的对外贸易。中国被迫割让土地,开放通商口岸,对外贸易表现出被掠夺性的殖民贸易的特点,中国成为列强的商品倾销地和廉价原料的供应地。甲午战争之后,这一特征更为明显,中国的进口以消费性工业制成品为主,出口以农矿原料及手工业品为主。第一次世界大战的爆发使西方列强放松了对中国的控制和掠夺,使中国民族经济有了喘息的空间。中国采取了一些限制外国商品倾销,推动出口贸易发展的政策措施,使对外贸易有了一定的发展。但是世界经济危机的爆发使得列强争夺中国市场的斗争更加激烈,给中国对外贸易的发展带来极其不利的影响。抗日战争时期中国对外贸易的半殖民地性质没有改变,一直持续到新中国成立。

(三)新中国成立初期的对外贸易

新中国成立后,中国对外贸易获得了较快的发展,贸易伙伴主要包括苏联及东欧等社会主义国家以及印度、印度尼西亚、缅甸、巴基斯坦、埃及等亚非国家,同香港、澳门地区的贸易也逐渐打开局面。与此同时,中国与西方资本主义国家也逐渐建立了贸易联系,主要贸易对象开始转向资本主义国家和地区,先后从日本、英国、联邦德国等国家进口石油、化工、冶金、电子和精密机械等产品。到1965年,中国已与100多个国家和地区建立了贸易关系,贸易额由1950年的3.6亿美元上升至42.45亿美元。

(四)改革开放以来的对外贸易

1979年以来,中国逐步进行外贸体制改革,外贸持续大幅增长,这对中国国民经济快速平稳的发展起到了重要作用。1979年7月,在深圳、珠海、汕头和厦门试办出口特区(即"经济特区"),采取优惠措施,引进外资、先进技术和管理经验,承接国际产业转移。随后,保税区、自贸试验区相继出现。此外,中国还积极参与世界贸易组织、亚太经合组织的经济合作,并与东盟、韩国等地区或国家缔结自由贸易协定。所有这些重大的开放措施为中国深入全球生产和贸易分工提供了坚实的条件。

改革开放40年来,中国在全球货物贸易中的地位由29位跃升至第1位,占全球进出口贸易的比重由当年的0.79%上升到2019年的12%。服务贸易相比货物贸易占比虽然较低,但近年来发展迅速,到2018年,中国已成为仅次于美国的全球第二大服务贸易国,其中服务出口额位居全球第五位,进口额居第二位。贸易的迅速发展带来了丰富的外汇,中国已成为全球第一大外汇储备国。在此期间,中国的出口商品结构也逐步优化,实现了由以初级产品为主向以工业制成品为主的出口商品结构的转变。到目前,在出口中95%以上是工业制成品,其中资本密集型的机电产品所占比重最高。中国通过持续扩大对外开放与不断嵌入全球价值链,推动了由制造业和贸易大国向产业与资本强国、贸易强国的升级。

第二节 开展国际贸易的作用

国际贸易是世界各国联结社会生产和社会消费的桥梁和纽带,开展国际贸易对一国经济乃至世界经济的发展都有十分重要的作用。

一、调节市场供求关系,优化产业结构

调节各国市场的供求关系,互通有无始终是国际贸易的重要功能。世界各国由于受生产水平、科学技术和生产要素禀赋的影响,生产能力和市场供求状况存在着一定程度的差异。一国内部在某些产品上可能是供不应求,不能满足消费者的消费需求;在另一些产品上则是供过于求,造成库存积压。而国际贸易不仅可以增加国内短缺产品的市场供给量,使社会消费日趋多样化,而且还能为各国国内市场的过剩产品提供新的销路,在一定程度上缓解市场供求矛盾,调节市场供求关系。在进口贸易中,越来越多的国家通过国际贸易引进先进的科学技术和设备,提升国内的生产力水平,国内的产业结构也因此逐步协调和完善,促进了整个国民经济的协调发展。

二、促进生产要素的合理配置及充分利用

当前,劳动力、资本、土地、技术等生产要素在各国各地区的分布往往是不

均衡的,这就使得同种生产要素在不同国家的价格出现差异。有的国家劳动力丰富而资本短缺,其劳动力成本就相对较低;有的国家资本丰裕而土地不足;有的国家则土地广阔但耕作技术落后。如果没有国际贸易,这些国家的国内生产规模和社会生产力的发展会受到其短缺生产要素的制约,而丰裕的要素则会闲置或浪费,生产潜力得不到发挥。通过国际贸易,可以使得生产要素得到更加优化的配置,一方面可以将生产集中到以本国丰富的要素所生产的产品上,利用其要素价格较低的优势,将超过本国需求的产品销售到国际市场;另一方面可以从国外进口以本国短缺要素所生产的产品,满足国内的需求。此外,国家之间还可以进行生产要素的交换,以富裕的劳务、资本等要素同其他国家换取国内短缺的要素,从而使短缺生产要素对生产的制约得以缓解或消除,富裕生产要素得以充分利用,从而扩大生产规模,加速经济发展。

三、增加财政收入,提升就业水平

国际贸易对于提高一国的财政收入,其作用表现在两个方面:一方面,通过国际分工和国际商品交换可以使各国节约一定的社会劳动耗费,也可以让各国利用引进的技术、设备发展本国的工农业生产,提高社会劳动生产率,节约原材料耗费,创造更多的产值,从而间接地增加一国的财政收入;另一方面,通过各国从事进出口业务的企业上缴国家的各种税收,以及国家征收的关税能直接增加一国的财政收入,尤其是能增加国家经济建设与发展过程中急需的外汇收入。在美国联邦政府成立初期,关税收入曾占联邦财政收入的90%。目前,虽然关税在许多国家的财政收入中占比已大幅下降,但在一些发展中国家,关税和涉外税收仍是财政收入尤其是外汇的重要来源。

此外,对外贸易尤其是出口贸易能够为一国提供更多的就业机会,增进人们的福利。国际贸易的存在使得一国在安排生产时面向国内外两个市场,其产品相比没有出口贸易时可以获得更高的销量,由此也可以有更大的生产规模,雇佣更多工人,这在主要使用劳动这种生产要素进行生产的劳动密集型产业表现更为突出。

第二次世界大战后,国际贸易迅速发展,世界各国各地区广泛开展贸易活动,这不仅把生产力发展水平高的发达国家相互联系起来,生产力发展水平较低的广大发展中国家也融入国际经济交往中。国际贸易的发展在很大程度上改善了国家之间的政治、外交关系,优化了国际经济环境,为参与国的经济发展创造了良好的外部条件。此外,在贸易中,某些国家也会因各种原因结成区域经济贸易集团,相互给予对方优惠的贸易政策,这将进一步密切国家间的经济联系。国际贸易的开展,使得各参与方能够利用国内外的两个市场、两种资源发展经济,这为各国经济的发展提供了良好的机遇;同时各国的有关产业、企业也面临着来自国外的竞争,这也促使企业以提升技术水平、加大投资等各种方式来增强自身的竞争力,以在国际贸易中取胜。所有这些都成为推动各国经济以至世界经济发展的重要力量。

第三节　对外贸易与国内贸易的差异

对外贸易和国内贸易都是商品、服务和生产要素的交换活动,只不过前者是在国家或地区之间进行的,后者是在一国国界内进行的。两者虽然活动范围有所不同,但都是商业活动,都受到价值规律、供求规律等商品经济规律的制约。另外,对外贸易和国内贸易都是以货币为媒介的交易,交易过程大同小异,经营目的都是通过交换取得利润或经济效益。

尽管有上述共同点,但由于参与国际贸易的国家在经济结构、文化、政治、法律等方面千差万别,因此对外贸易和国内贸易更多地表现出彼此间的差异,主要表现在:

第一,语言、法律及风俗习惯不同。国与国之间进行贸易活动首先会遇到这些差异,这些差异或多或少地都会成为对外贸易的问题或障碍。在参与外贸时,必须能够克服这些障碍,否则就无法恰当地进行贸易洽谈、签约、解决贸易纠纷、进行市场调研。国内贸易虽然也会遇到一些语言、风俗习惯方面的差异,但差别要小得多。

第二,各国间货币、度量衡、海关等制度不同。国与国之间的商品交换,会遇到须用外币支付且汇率又经常变动,以及各国间度量衡、海关制度均有较大差别等诸多问题,使得国家间商品交换活动复杂化。相比之下,国内贸易要简单得多。

第三,各国的经济政策不同。各个国家的经济政策主要是对本国经济发展起作用,但又会在一定程度上影响到对外贸易的开展,且很多政策措施也会随不同的经济形势、不同的执政者而发生变化,这主要包括金融政策、产业政策、进出口管理政策、关税政策,等等。从事国家间商品交换活动必须研究这些政策。国内贸易因政策差异所带来的问题相比而言要少得多。

第四,国际贸易活动的风险大于国内贸易。商品交换活动不论是在一国内部,还是跨出国门,都不可避免地会遇到竞争,自然存在相当大的风险。但相比之下,国际贸易的风险更多、更大,主要包括资信风险、商业风险、价格风险、汇率风险、运输风险、政治风险和不可抗力等。

第五,对外贸易活动的过程比国内贸易活动要复杂得多。对外贸易活动要经历办理出口报关、出口商检、海运、进口报关、进口商检、缴纳关税等手续,环节众多。这些环节一般不会出现在国内贸易中。

第六,对外贸易的行为受国际法律及规则的约束。例如,世界贸易组织(WTO)成员方的贸易行为要受 WTO 规则的制约。成员方之间的贸易活动,要无条件享受最惠国待遇、国民待遇、透明度待遇、公平竞争待遇;还必须保持各自贸易行为的规范。国内贸易行为虽然也受一定的约束,但是范围要小许多。

第四节 国际贸易的基本概念和主要分类

一、国际贸易的基本概念

(一)国际贸易额

国际贸易额(value of international trade)是计算和统计世界各国各地区贸易总额的指标。把世界上所有国家和地区的出口额按统一货币单位换算后加总就是国际贸易额,又可称为世界贸易额。需要注意的是,一国的对外贸易既包括出口贸易,也包括进口贸易,但是国际贸易额是把所有国家和地区的出口额加总,而不计算进口额。这是因为一个国家的出口就是另外一国的进口,如果把进口额也加总进去,就会出现重复计算的问题。尽管一国的出口是另外一国的进口,但各国出口额的总和与进口额的总和并不相等,前者总会小于后者。例如,据世贸组织的统计,2017 年世界货物贸易的出口总额为 177 067.1 亿美元,进口总额为 180 651.4 亿美元,出口总额比进口总额低 3 584.3 亿美元。之所以如此,是因为世界上大多数国家和地区统计出口额时是以 FOB 价格计算的,统计进口额时是以 CIF 价格计算的,CIF 价格比 FOB 价格多了运费和运输保险费。

(二)对外贸易额

对外贸易额(value of foreign trade)亦称对外贸易值,是用货币金额表示的一个国家或地区在一定时期(一年、一季或一月)内出口额和进口额的总和,是衡量一国(或地区)对外贸易规模的重要经济指标。计算一国的对外贸易额,一般采用本国货币或国际上通用的货币。目前,联合国和许多国家编制的对外贸易额以美元计算。对外贸易额在一定意义上可用以衡量一国的国际贸易地位及对外开放程度。改革开放以来,中国的对外贸易额逐年增长,由 1978 年的 210.9 亿美元上升到 2019 年的 45 761.3 亿美元,贸易规模扩大近 217 倍。在此期间,中国的国际贸易地位也不断上升。依据世贸组织的数据,1978 年中国货物贸易总额仅居全球第 29 位,到 2009 年已超过德国,成为世界第一货物贸易出口国;2013 年中国货物进出口总额攀升至全球首位,取代美国成为世界第一货物贸易大国。

(三) 对外贸易量

剔除价格变动因素后的对外贸易额就是对外贸易量(quantum of foreign trade)。当商品价格发生波动时,即使交易中的商品数量没有任何变化,以货币金额表示的对外贸易额也会随之波动。为准确地反映一国进出口贸易的实际规模,通常以一定年份为基期,计算对外贸易价格指数,包括进口和出口价格指数。然后再用报告期的进(出)口额除以进(出)口价格指数,得到按不变价格计算的对外贸易额,即对外贸易量。进(出)口价格指数是反映一国在一定时期内进(出)口商品价格的变动趋势及幅度的统计指标。中国的对外贸易价格指数由海关总署按月发布。联合国统计组织也按时编制世界进(出)口价格指数,利用这一指数也可以将国际贸易额转换为国际贸易量。

(四) 贸易差额

贸易差额(balance of trade)又称净出口(net exports)或贸易余额,是指一定时期内一国出口总额与进口总额之间的差额,用以表明一国对外贸易的收支状况。当出口总额大于进口总额时,就出现贸易盈余,称作"贸易顺差"(trade surplus 或 favorable balance of trade)或"出超";当出口总额小于进口总额时,就出现贸易赤字,称作"贸易逆差"(trade deficit 或 unfavorable balance of trade)或"入超";当两者相等时,就可以说出现了"贸易平衡"。由于对外贸易分为货物贸易和服务贸易两部分,因此贸易差额有"货物贸易余额"(merchandise trade balance)和"服务贸易余额"(balance on services)两个项目。

专栏 1-1

中国对外贸易差额

一国对外贸易很难达到完全的平衡,对大多数国家或地区而言,"贸易失衡"是常态,其中尤以中国的对外贸易失衡最引人关注。中国对外贸易差额有如下特点。

(1) 货物贸易长期顺差,服务贸易长期逆差。20 世纪 90 年代以来,除 1993 年出现逆差外,中国货物贸易在其他年份一直都是顺差。与之相反,服务贸易除在1994年出现少量顺差外,其余年份则全都是逆差。

(2)贸易差额逐年扩大。货物贸易顺差由1990年的87.46亿美元上升到2019年的4 219.32亿美元,增长近50倍。由图1-1可知,中国货物贸易顺差自2005年突破1 000亿美元,自此之后整体上呈迅猛增长之势,到2015年已达到近6 000亿美元。近年来虽然有所回落,但到2017年,中国货物贸易顺差仍居全球首位,超过位居第二位的德国近50%。另一方面,服务贸易逆差也在逐年扩大,尤其是在2008年突破100亿美元之后,增长十分迅速,到2016年达到2 409.03亿美元的历史最高点。中国对外贸易整体表现为顺差,但服务贸易逆差使得这一顺差有所回落。

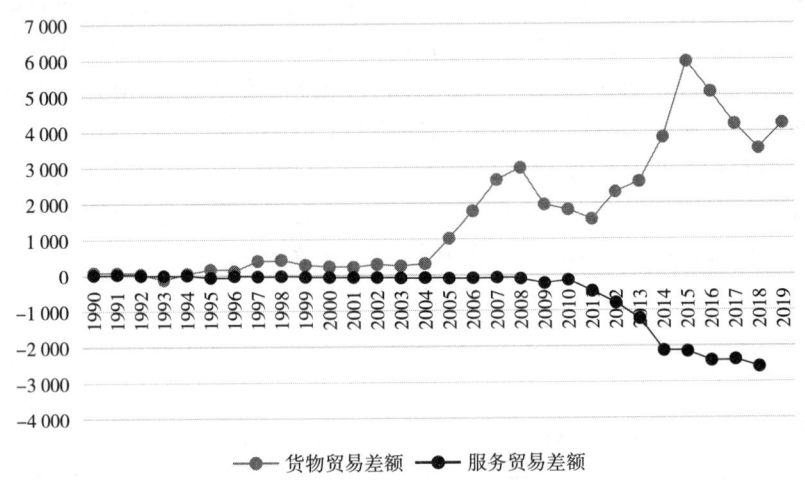

图1-1 中国货物贸易和服务贸易差额(1990—2019年) 单位:百万美元

数据来源:WTO。其中服务贸易1990—2004年的数据是BOP5统计数据,2005—2019年是BOP6统计数据。

(3)货物贸易顺差的来源过于集中。除了与中国内地有特殊贸易联系的香港地区外,美国长期以来都是中国最大的货物贸易顺差来源国,2019年中国对美国的贸易顺差高达2 958亿美元,比位列其后的荷兰高出2 330多亿美元。在中国前十位贸易顺差来源国或地区中,排除香港地区,对美贸易顺差超过对其余8个国家的顺差的总和。与顺差相比,中国的货物贸易逆差来源的集中度要低得多,主要包括韩国、澳大利亚、日本、马来西亚、泰国等亚太国家尤其是东南亚国家,以及巴西、沙特阿拉伯、阿联酋等资源丰富的国家。

(4)从贸易方式上看,加工贸易顺差高于一般贸易,但二者之间的差距近年来在逐步缩小;从企业性质上看,顺差主要集中在外商投资企业和私营企业,国有企业近年来基本都是逆差。

中国之所以有如此之高的货物贸易顺差,首先是因为经济全球化的发展使中国能够凭借发达工业国家产业结构调整的机遇,加大对外开放力度,再辅以优越的区位优势,逐渐成为国际制造业转移的主要目的地之一。外商投资企业成为中国对外贸易发展的主要力量,大量制成品由中国走向世界,带来庞大的出口收入。事实上,中国的很多出口并不是真正意义上的"中国制造"。其次,欧美等国家对中国需求很高的技术及技术密集型产品施加种种限制,使得中国自这些国家的进口难以达到应有的水平。例如,美国对中国实施的歧视性出口管制政策,使其每年都丧失大量对华出口机会。其三,在国际产业转移和要素重组中,大量外资企业来华建立加工组装基地,客观上将周边地区对美欧的顺差转移到中国。特别是近几年外商对华投资由加工组装环节向上下游延伸,呈现整个产业链对华转移的趋势,使中国家用电器、信息技术、运输工具等产业的国内配套能力大大增强,从而大量替代进口。

贸易顺差的利弊分析

从顺差的有利影响来看,首先,贸易顺差能刺激国内的总需求,促进经济增长。贸易顺差越高,意味着世界市场对该国商品的需求就越高,在外贸乘数的作用下,经济增长的规模往往能数倍于净出口的规模。其次,有助于创造就业机会,提升一国的就业水平。再次,顺差能够增加一国的外汇储备,使其具有良好的国际清偿能力,提高对外融资能力;也可增强外资企业的信心,提升引进外资的能力。最后,增强抗击经济全球化风险的能力,有充足的外汇在外汇市场进行操作,维持本币汇率稳定,应对国际金融风险。

但贸易顺差并不是越高越好,过高的贸易顺差是一件危险的事情,意味着经济的增长对外依存度过高。首先,外汇储备过多会造成资金的闲置浪费,不利于本国经济发展;储备货币汇率下跌时,外汇储备会遭受损失;一国的外汇储备增加,本币发行也必然相应增加,从而产生潜在的通货膨胀压力;本币若是可兑换的货币,贸易顺差将使外汇市场上对本国货币求大于供,易受投机冲击;本币面临升值压力,使出口处于不利的国际竞争地位。其次,加剧国际贸易摩擦。中美贸易摩擦最直接的原因就是中国对美巨额的贸易顺差。中国已连续多年成为世贸组织成员中被反倾销最多的国家。最后,巨额的贸易顺差如果是靠出口高耗能、高污染、高投入、低收益的方式生产的产品,长期来看该国会在环境和资源方面付出巨大的代价。

(五) 贸易条件

贸易条件(terms of trade, TOT)是指一定时期内一国每出口一单位商品可以交换多少单位外国进口商品的比例,或者是一定时期内出口商品价格与进口商品价格之间的比率,是用来衡量一国出口相对于进口的盈利能力和贸易利益的重要指标。由于进出口商品种类繁多,难以直接用进出口商品的价格进行比较,所以贸易条件通常用贸易条件指数来表示,其计算公式如下:

$$当年贸易条件指数 = \frac{出口价格指数}{进口价格指数} \times 100$$

当贸易条件指数大于100时,表明该国贸易条件改善,即同等数量的出口商品可以换回比基期更多的商品;反之则视为贸易条件恶化。

(六)对外贸易依存度

对外贸易依存度(degree of dependence on foreign trade)是衡量一国国民经济对对外贸易依赖程度的重要指标,是指一国在一定时期内的进出口总额占该国同期国民生产总值或国内生产总值的比重。为了准确表示一国经济增长对外贸的依赖程度,通常又将对外贸易依存度分为进口依存度和出口依存度。进口依存度反映一国市场对外的开放程度,出口依存度则反映一国经济对外贸的依赖程度。一般来说,对外贸易依存度越高,表明该国经济发展对外贸的依赖程度越大,同时也表明对外贸易在该国国民经济中的地位越重要。

(七)对外贸易商品结构

对外贸易商品结构是指一国一定时期内,各类进出口商品占整个进出口贸易额的比重。一个国家对外贸易商品结构主要是由该国的经济发展水平、产业结构状况、自然资源状况和贸易政策决定的。发达国家对外贸易商品结构是以进口初级产品、出口工业制成品为主;而发展中国家的对外贸易商品结构的特征则是以出口初级产品、进口工业制成品为主。要确切地反映一国和地区甚至全球的贸易商品结构,首先就要对贸易中的商品进行分类。最常用的分类方法是联合国制定的《国际贸易标准分类》(Standard International Trade Classification,SITC)。

专栏1-2

SITC 和 HS

国际贸易标准分类是用于国际贸易商品的统计和对比的标准分类方法。现行《国际贸易标准分类》于1950年1月12日由联合国经济社会理事会正式通过,目前为世界各国政府普遍采纳。SITC采用经济分类标准,即按原料、半制成品、制成品分类并反映商品的产业部门来源和加工程度。该标准目录使用5位数字表示,第1位数字表示类,第2位数字表示章,第3位数字表示组,第4位数字表示分组,第5位数字表示项目。到2006年为止,该标准经历了四次修改。根据第四次修改(即SITC Rev.4),该分类法将商品分为10类,67章,262组,1 023个分组和2 970个基本项目,几乎包括了国际贸易所交易的所有商品。国际贸易标准的商品分类情况如下:

初级产品				
第0类	第1类	第2类	第3类	第4类
食品及活动物	饮料及烟草	非食用原料(不包括燃料)	矿物燃料、润滑油及有关物质	动植物油、油脂和蜡
工业制成品				
第5类	第6类	第7类	第8类	第9类
未列名的化学品和有关产品	按原料分类的制成品	机械和运输设备	杂项制品	未分类的其他商品

需要注意的是,虽然SITC是国际上通行的商品分类方法,为绝大多数国家所采用,但是中国采用的是由海关合作理事会(世界海关组织)主持制定的《商品名称及编码协调制度》(Harmonized Commodity Description and Coding System, HS)。HS也是目前国际上应用广泛的国际贸易商品分类制度。中国海关从1992年1月1日起开始实施以HS编码为基础编制的《中华人民共和国进出口税则》。2008年HS编码将商品分为22类、98章、1 244个税目及5 022个子目,编码共有10位数。22类的名称分别是:

第一类:活动物;动物产品(1~5章)。

第二类:植物产品(6~14章)。

第三类:动、植物油脂及其分解产品;精制的食用油脂;动、植物蜡(15章)。

第四类:食品;饮料、酒及醋;烟草、烟草及烟草代用品的制品(16~24章)。

第五类:矿产品(25~27章)。

第六类:化学工业及其相关工业的产品(28~38章)。

第七类:塑料及其制品;橡胶及其制品(39~40章)。

第八类:生皮、皮革、毛皮及其制品;鞍具及挽具;旅行用品、手提包及类似容器;动物肠线(蚕胶丝除外)制品(41~43章)。

第九类:木及木制品;木炭;软木及软木制品;稻草、秸秆、针茅或其他编结材料制品;篮筐及柳条编结品(44~46章)。

第十类:木浆及其他纤维状纤维素浆;纸及纸板的废碎品;纸、纸板及其制品(47~49章)。

第十一类:纺织原料及纺织制品(50~63章)。

第十二类：鞋、帽、伞、杖、鞭及其零件；已加工的羽毛及其制品；人造花；人发制品(64~67章)。

第十三类：石料、石膏、水泥、石棉、云母及类似材料的制品；陶瓷产品；玻璃及其制品(68~70章)。

第十四类：天然或养殖珍珠、宝石或半宝石、贵金属、包贵金属及其制品；仿首饰；硬币(71章)。

第十五类：贱金属及其制品(72~83章)。

第十六类：机器、机械器具、电气设备及其零件；录音机及放声机、电视图像、声音的录制和重放设备及其零件、附件(84~85章)。

第十七类：车辆、航空器、船舶及有关运输设备(86~89章)。

第十八类：光学、照相、电影、计量、检验、医疗或外科用仪器及设备、精密仪器及设备；钟表；乐器；上述物品的零件、附件(90~92章)。

第十九类：武器、弹药及其零件、附件(93章)。

第二十类：杂项制品(94~96章)。

第二十一类：艺术品、收藏品及古物(97章)。

第二十二类：特殊交易品及未分类商品(98章)。

（八）对外贸易地理方向

对外贸易地理方向亦称"对外贸易地区分布或国别结构"，是指一定时期内各个国家或区域集团在一国对外贸易中所占的地位，通常以它们在该国进出口总额或进口总额、出口总额中所占比重来表示。对外贸易地理方向指明一国出口商品的去向和进口商品的来源，从而反映一国与其他国家或区域集团之间经济贸易联系的紧密程度。对外贸易地理方向通常受经济互补性、国际分工的形式与贸易政策的影响。

二、国际贸易的主要分类

（一）按商品流向分类

1. 出口贸易(export trade)，是指一国将本国所生产或加工的商品输往国外市场进行销售的商品交换活动，亦称为输出贸易。

2. 进口贸易(import trade)，是指一国在国外市场购买外国生产或加工的商品，将其输入本国市场进行销售的商品交换活动，亦称输入贸易。

3. 过境贸易(transit trade)，是指甲国向乙国运送商品，由于地理位置的原因，例如，内陆国与不相邻国家之间的贸易，因而必须通过第三国。对第三国来说，虽然没有直接参与此项交易，但商品要进出该国的国境或关境，并要经过海关统计,从而构成了该国进出口贸易的组成部分。不过如果这类贸易是通过航空运输飞越第三国领空的话,第三国海关不会把它列入过境贸易。

4. 复出口贸易(re-export trade),也称为再出口贸易,是指一国把外国生产或加工的商品买进后,未经加工又重新出口的贸易活动。复出口贸易在很大程度上同经营转口贸易有关。

5. 复进口贸易(re-import trade),也称为再进口贸易,是指一国商人把本国生产的商品输出到国外后,商品在境外未经加工又重新进口的贸易活动。

(二)按商品形态分类

1. 货物贸易(merchandise trade 或 commodity trade),又称有形(商品)贸易(tangible goods trade),其用于交换的商品主要是以实物形态表现的各种实物性商品。《国际贸易商品标准分类》(SITC)所列的商品都是有形商品。

2. 服务贸易(service trade),是一国的法人或自然人在其境内或进入他国境内向外国的法人或自然人提供服务的贸易行为。广义的服务贸易既包括有形的活动,也包括服务提供者与使用者在没有直接接触下交易的无形活动。服务贸易一般情况下都是指广义的。其中,服务包括商业服务,通信服务,建筑及有关工程服务,销售服务,教育服务,环境服务,金融服务,健康与社会服务,与旅游有关的服务,娱乐、文化与体育服务,运输服务等。服务贸易通常不办理海关手续,难以在海关的进出口统计中反映出来,但是是国际收支平衡表的重要组成部分。

(三)按有无第三方参与来分类

1. 直接贸易(direct trade),是指商品不通过第三国,直接从生产国输入消费国的贸易。就生产国而言是直接出口,就消费国而言是直接进口。

2. 间接贸易(indirect trade),是"直接贸易"的对称,是指生产国与消费国不直接发生交易关系,而是通过第三国进行商品买卖的行为。生产国是间接出口,消费国是间接进口。

3. 转口贸易(entrepot trade),又称中转贸易(intermediary trade),是指国际贸易中进出口货物的买卖,不是在生产国与消费国之间直接进行,而是通过第三国转手进行的贸易。这种贸易对中转国(即第三国)来说就是转口贸易。交易的货物可以由出口国运往第三国,在第三国不经过加工(改换包装、分类、挑选、整理等不作为加工论)再销往消费国;也可以不通过第三国而直接由生产国运往消费国,但生产国与消费国之间并不发生交易关系,而是由中转国分别同生产国和消费国进行交易。从事转口贸易的大多是拥有便利运输条件的国家(地区)或其港口城市,如新加坡、香港、伦敦、鹿特丹等。发生转口贸易时,对商品的生产方和消费方而言就是间接贸易。

专栏 1—3

转口贸易与过境贸易的区别

转口贸易与过境贸易均牵涉到第三国,但二者是不同的,主要有三点区别:一是商品所有权的转移。转口贸易中,商品所有权先由出口方转移到转口方,再由转口方转移到进口方;而过境贸易中的第三国不直接参与商品交易过程,即使货物经过该国,但它从未拥有商品的所有权。二是收入构成不同。转口贸易中的第三方以盈利为目的,其收入来自商品的正常加价;过境贸易通常只收取少量的手续费或印花税。三是转口贸易中,生产国与消费国之间是间接贸易;而过境贸易中,生产国与消费国之间是直接贸易。

(四)按统计标准分类

1. 总贸易(general trade),是指以国境为标准划分和统计的进出口贸易。凡进入国境的商品一律列为"总进口"(general import);凡离开国境的商品一律列为总出口(general export)。在总出口中又包括本国产品的出口和未经加工的进口商品的出口。总进口额加总出口额就是一国的总贸易额。美国、日本、英国、加拿大、澳大利亚,以及东欧等国采用这种统计标准,中国也采用这一标准。

2. 专门贸易(special trade),是指以关境为标准划分和统计的进出口贸易。只有从外国进入关境的商品以及从保税仓库运进关境的商品才列为专门进口。如果外国商品进入国境后,暂时存放在保税仓库,未进入关境,则不列为专门进口。从国内运出关境的本国产品以及进口后经加工又运出关境的商品,则列为专门出口。专门进口额加上专门出口额称为专门贸易额。德国、意大利、瑞士、法国等国采用这种统计标准。

总贸易体系和专门贸易体系统计出的贸易额一般是不同的,最主要的原因是关境和国境可能不一致。关境又称"海关境域"或"税境",是指一国海关法规可以全面实施的领域。一般来说,关境与国境(包括领陆、领水、领空)的范围是一致的,但是当一国设有自由贸易区、保税工厂、保税仓库等属于境内关外的区域时,关境就小于国境;相反,若一国加入某一关税同盟,那么所有同盟内的成员国在保持独立国境的同时共享统一的关境,这时关境就会大于国境。总贸易和专门贸易反映的问题不同,前者包括所有进出该国的商品,反映一国在国际商品流通中所处的地位;后者只包括那些进口是用于该国生产和消费,出口是由该国生产和制造的商品,反映一国作为生产者和消费者在国际贸易中所起的作用。

(五) 按贸易方式分类

一国海关在对货物贸易进行统计时,往往还会将商品按贸易方式进行分类。中国海关是以海关的监管方式为基础对货物的贸易方式进行分组,主要分为 20 种(见表 1-1)。其中贸易额较高、占比较大的有:

1. 一般贸易(general trade,GT),是指中国境内有进出口经营权的企业单边进口或单边出口的贸易,按一般贸易交易方式进出口的货物即为一般贸易货物。在表 1-1 中,除 2 至 19 种贸易方式的贸易额外,其余贸易额均计入一般贸易。

2. 补偿贸易(compensation trade),是指由境外厂商提供或者利用境外出口信贷进口生产技术或设备,由本国进行生产,以返销其产品的方式分期偿还外方技术、设备价款或贷款本息的交易形式。此外也可以使用本国企业(包括企业联合体)生产的其他产品返销对方,进行间接补偿。

3. 来料加工装配贸易(processing and assembling trade with supplied materials),是指由外商提供全部或部分原材料、辅料、零部件、元器件、配套件和包装物料,必要时提供设备,由本国按对方的要求进行加工装配,而后将成品交对方销售的贸易方式。本国收取工缴费,若对方提供设备,则本国用工缴费偿还设备价款。

4. 进料加工贸易(processing with imported materials),是指本国企业用外汇购买进口的原料、材料、辅料、元器件、零部件、配套件和包装物料,加工成品或半成品后再外销出口的交易形式。

由表 1-1 可知,2019 年中国最主要的贸易方式是一般贸易,占进出口总额的比重达 58.99%。来料加工装配贸易和进料加工贸易合称为加工贸易,所占比重为 25.2%。在中国对外贸易发展历程中,加工贸易所占比重最高曾达到近 60%,长期领先于一般贸易。自中国加入世贸组织以来,受国际市场需求萎缩、国内供给成本上升、国产化率逐步提高等多重因素的影响,全国加工贸易进出口虽有所增长,但增幅低于外贸进出口,占比也呈逐年下降趋势。

表 1-1 2019 年中国按贸易方式统计的进出口额

序号	贸易方式	进出口总额 (亿美元)	占比(%)
	总值	45 772.70	100.00
1	一般贸易	27 000.68	58.99
2	国家间、国际组织无偿援助和赠送的物资	7.07	0.02
3	其他捐赠物资	0.23	0.00

续表

序号	贸易方式	进出口总额（亿美元）	占比(%)
4	补偿贸易	—	—
5	来料加工装配贸易	1 678.34	3.67
6	进料加工贸易	9 853.93	21.53
7	寄售代销贸易	—	—
8	边境小额贸易	410.44	0.90
9	加工贸易进口设备	3.94	0.01
10	对外承办工程出口货物	141.23	0.31
11	租赁贸易	43.74	0.10
12	外商投资企业作为投资进口的设备、物品	49.76	0.11
13	出料加工贸易	5.22	0.01
14	易货贸易	—	—
15	免税外汇商品	0.41	0.00
16	免税品	32.66	0.07
17	保税监管场所进出境货物	1 952.48	4.27
18	海关特殊监管区域物流货物	3 375.49	7.37
19	海关特殊监管区域进口设备	91.35	0.20
20	其他	1 018.73	2.23

数据来源：中国海关信息网。

注：表中"—"是因该贸易方式下的进出口额较小，因此未列示，也因此表中所列的各贸易方式下的贸易在总进出口额中所占比重相加并不等于100%。

本章小结

1. 随着社会生产力和社会大分工的发展，商品生产规模扩大，产生了可供交换的剩余产品。当商品流通规模超出国家界限时，就产生了国际贸易。在奴隶社会和封建社会的经济中，国际贸易均不占重要地位，贸易主要局限于各洲内部。资本主义生产关系建立后，产业革命及列强的海外殖民掠夺，使国际贸易得到巨大发展。当前，对外贸易在各国各地区的经济发展中发挥重要作用。

科技的发展尤其是交通、通信技术的提升,将使国际贸易继续发生变革。

2. 国际贸易是从全球的视角描述国家(地区)间的商品和服务的交易,而对外贸易则是立足一国或地区,去表述其与其他国家间的贸易活动。国际贸易额是将世界所有国家和地区的出口额加总;对外贸易额是一国或地区的出口额加进口额。贸易差额、贸易条件、对外贸易依存度以及对外商品结构、对外贸易地理方向,是描述一国对外贸易发展状况及其在一国经济中所处地位、给该国带来的经济利益的重要概念或指标。贸易不平衡有两种情况:一是贸易顺差,一是贸易逆差。巨额的贸易顺差有利也有弊。

3. 基于不同依据,可将贸易分为不同类别。其中需要着重掌握的是进口贸易、出口贸易、货物贸易、服务贸易、转口贸易、一般贸易、加工贸易等类别。

思 考 题

1. 国际贸易与国内贸易有何异同?
2. 什么是国际贸易、对外贸易?对外贸易额和对外贸易量有何区别?
3. 巨额的贸易顺差给一国带来的利弊两方面的影响有何具体表现?
4. 转口贸易、过境贸易、间接贸易、直接贸易有什么联系与区别?
5. 一般贸易和加工贸易是按照什么依据进行分类的?

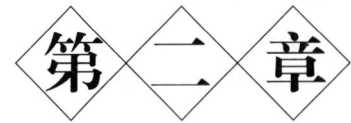

自由贸易理论

★ 学习目的与要求 ★

1. 掌握绝对优势理论、比较优势理论、H－O理论等古典贸易理论与新古典贸易理论。
2. 掌握产品生命周期理论、产业内贸易理论、国家竞争优势理论等新贸易理论。
3. 能够结合上述理论分析、认识当代国际贸易发展过程中的经济现象。

国际贸易理论,是指从资本原始积累一直到当代各国积极开展国际贸易的整个历史阶段的思想发展和实践经验的总结,是各国制定对外贸易政策的重要依据之一。它与资本主义生产方式一同发生和发展,经历了各个不同的历史阶段。西方贸易理论根据其论述主题大体上可以分为自由贸易理论和保护贸易理论两部分,其中自由贸易部分的理论地位远远超过保护贸易部分。一般来说,自由贸易理论通常需要回答三个问题:一是国际贸易产生的原因是什么?二是参与贸易的国家或地区从中可以获得什么利益?三是各国的贸易条件是怎样决定的?要回答这三个基本问题还有待于国际贸易理论前提的确立。从国际贸易理论的假设前提及其出现的历史阶段,可将国际贸易理论分为古典贸易理论、新古典贸易理论以及战后新贸易理论三大模块。

第一节 古典自由贸易理论

进入17世纪后,资本主义在西欧得到迅速的发展,特别是英国,经济增长尤为显著。资本的原始积累正在逐渐完成其历史使命而让位于资本主义的积累。英国的工业发展使其产品具有极大的竞争力,自由竞争已经成为英国产品打败其他国家产品的手段。此时,虽然产业资本在社会经济中不断扩大自己的阵地,但旧的封建生产关系仍然束缚着生产力的发展。新兴的工业资产阶级急需扫除资本主义前进道路上的障碍,1648年,英国爆发了资产阶级革命,一个多世纪后的1789年,法国也爆发了资产阶级革命。这些历史性的变革,必然要反映到经济思想上来,这就是重商主义的衰落和自由贸易理论的兴起。

18世纪末19世纪初,为支持自由贸易,驳斥当时盛行的重商主义学说,亚当·斯密与大卫·李嘉图先后对国际贸易的基础和贸易自由化进行了研究。亚当·斯密是英国古典政治经济学的杰出代表,他在威廉·配第开创的古典政治经济学思想的基础上,以代表作《国民财富的性质和原因的研究》(又称《国富论》)构建了古典政治经济学的理论体系,其中以地域分工原理为基础的国际贸易理论是重要的组成部分。古典贸易理论的核心是比较利益理论。比较利益理论也一直是贸易理论的核心,后人从不同角度对其进行了发展。

一、亚当·斯密的绝对优势理论

西方传统国际贸易理论体系的建立是从绝对优势论的提出开始的。绝对优势论又称为绝对成本论、绝对利益论。

(一)斯密的自由贸易思想

斯密在对重商主义的批判中提出了自由贸易思想。分工与交换是斯密理论的逻辑起点。斯密认为,互通有无、物物交换是人类共有的倾向,也就是交换出自人类天性,而这种交换的倾向形成了分工,分工能够提高劳动生产率。在《国富论》中,斯密将国家比作家庭,论述自由贸易所带来的益处。斯密认为,每个家庭都只愿意生产其所需要的几种产品,并将生产出来的一部分产品在市场上出售,以换取其他产品,对国家来讲亦是如此。"……如果一个国家能以比我们低的成本提供商品,那么我们最好用自己有优势的商品同它交换。"

亚当·斯密认为,两国间的贸易基于绝对优势(absolute advantage)。所谓绝对优势是指,如果一国相对另一国在某种商品的生产上有更高的效率,则称该国在这一产品上有绝对优势。绝对优势可以通过劳动生产率来度量,如果一国生产某单位产品所需投入的劳动更少,或者投入单位劳动所获得的产出更多,则表明该国在生产这一产品上具有绝对优势。因此,绝对优势产生于国家间的劳动生产率的差异,可以用生产成本来衡量。如果一国某种产品的生产成本绝对低于自己的贸易伙伴国,那么该国就具有生产这种产品的绝对优势。

绝对优势理论认为,国际贸易产生于各国之间生产商品的劳动生产率的绝对差别。每个国家由于先天或后天的条件不同,都会在某一种商品的生产上有绝对优势,如果每一个国家把自己拥有的全部生产要素都集中到自己拥有绝对优势的产品的生产上来,然后通过国际贸易,用自己产品的一部分去交换自己所需要的其他商品,则各国资源都能被最为有效地利用,每一个国家都能从中获利。国际贸易的利益是"非零和"的。因此,斯密主张实行自由贸易政策,反对国家对外贸的干预,认为自由贸易能有效地促进生产的发展和产量的提高,一切限制贸易自由化的措施都会影响国际分工的发展,并降低社会劳动生产率和国民福利。斯密认为,国家为了保护某一产业,限制某种外国产品的进口,这说明该产业没有国际竞争力,生产效率较低。这种保护表面上看保护了本国的产业,但实质上是使本国的资源从效率高的部门转移至效率低的部门,从而造成了资源的不合理配置和使用。

(二)绝对优势贸易模型

下面用一个简单的模型进一步说明绝对优势理论。

1. 模型的基本假设条件:①两个国家,两种商品,一种生产要素(劳动);②两国在不同商品上的生产技术不同,存在着劳动生产率的绝对差异;③生产要素的供给一定,要素实现充分就业;④要素仅能在一国不同部门间流动,不能跨国流动;⑤规模报酬不变;⑥完全竞争的市场结构;⑦没有运输成本及其他贸易障碍,两国之间产品自由流动;⑧两国之间的贸易是平衡的。

2. 生产及贸易模式以及贸易所得。假定英国和葡萄牙都能生产呢绒和酒,两国生产一单位产品所需的成本见表2-1。

表2-1 绝对优势论的分析

	呢绒(1单位)	酒(1单位)
英 国	100天	120天
葡萄牙	110天	80天

如表2-1所示,英国和葡萄牙在生产呢绒和酒这两种产品上生产成本不同,由于生产1单位呢绒英国只需要100天,而葡萄牙则需要110天,因此在呢绒的生产上英国的劳动生产率高于葡萄牙,占绝对优势;相反,生产1单位酒,英国需要120天,而葡萄牙只需要80天,因此在酒的生产上,葡萄牙占有绝对优势。按照斯密的绝对优势论的观点,英国应当专门生产呢绒,并用其中的一部分和葡萄牙交换酒;而葡萄牙则专门生产酒,然后用其中的一部分与英国交换呢绒。由于两国都放弃了不具有优势的产品,将有限的生产要素投入到具有更高劳动生产率的产品的生产上,因此两种产品的产量相比分工之前都会增加。而后通过自由贸易,用自身具有优势的产品交换不具有优势的产品,这样

双方都能获得利益的增加。

(三)对绝对优势理论的评价

1. 斯密的绝对优势理论具有历史进步作用,且对国际贸易理论体系的建立做出了重要贡献。该理论解释了国际分工能够使有限的资源得到充分有效的利用,并强调了分工对提高劳动生产率的重要意义;在分工的基础上进行的自由贸易可以使贸易参与国都能获利的观点,为各国间开展自由贸易扫清了障碍。可以说绝对优势理论是第一个从经济学原理的角度探讨国际贸易产生的原因、贸易模式及贸易利益的理论,为以后的国际贸易理论的研究奠定了非常重要的基础。

2. 斯密的绝对优势理论同时也具有局限性。该理论强调只有在某种产品上拥有绝对优势的国家参加国际分工和国际贸易才能获利,然而现实中不具有绝对优势的国家也可以通过分工和贸易获得利益。绝对优势理论只能说明国际贸易实践中的一种特殊情形,因而并不具有普遍意义。此外,绝对优势理论建立在一系列的假设条件之上,但现实情况却复杂得多,因此该理论在很多情况下并不能完整地解释当代贸易实践。

二、大卫·李嘉图的比较优势理论

比较优势理论又可称为比较成本论或比较利益论,是依据生产成本的相对差异实行国家分工和国际贸易的理论,由英国古典经济学家大卫·李嘉图提出。李嘉图是古典政治经济学的集大成者。他在1817年出版的主要代表作《政治经济学及赋税原理》中继承和发展了斯密的学说,提出了比较优势理论。迄今比较优势思想一直是主流贸易理论的核心思想。

(一)李嘉图的自由贸易思想

李嘉图的自由贸易思想是在英国资产阶级争取自由贸易的斗争中产生的。在李嘉图所处的19世纪,机器大工业的蓬勃发展使英国在对外贸易中已经处于绝对优势的地位,英国资产阶级对扩大对外贸易的需求日益迫切。但是地主贵族阶级仍占有重要的社会地位,为维护该阶级的利益,1815年英国政府颁布《谷物法》,规定国内谷物价格上涨到限额以上时才准进口。这一方面推高了国内粮价和地租,使工业制成品的生产成本上升;另一方面限制进口的措施也会招致其他国家的报复,不利于英国扩大工业品的出口。李嘉图作为工业资产阶级的代言人,以比较优势理论为争取自由贸易的斗争提供了理论武器。

为了论证自由贸易的优越性,李嘉图进一步发展了斯密的对外贸易理论,提出了按比较成本进行国际分工的学说。根据比较优势原理,一国在两种商品生产上较之另一国均处于绝对劣势,但只要处于劣势的国家在两种商品生产上劣势的程度不同,处于优势的国家在两种商品生产上优势的程度不同,则处于劣势的国家在劣势较轻的商品生产方面具有比较优势,处于优势的国家则在优势较大的商品生产方面具有比较优势。两个国家分工专业化生产和出口其具有比较优势的商品,进口其处于比较劣势的商品,则两国都能从贸易中得到利益。这就是比较优势原理。也就是说,两国按比较优势参与国际贸易,通过"两利取重,两害取轻",都可以提升福利水平。

(二) 比较优势理论的进一步分析

1. 比较优势的度量及分工和贸易模式。李嘉图的贸易理论建立在劳动价值论基础之上,因此与斯密模型的假设条件一样,李嘉图也认为劳动是唯一的生产要素,且各国劳动力同质,劳动生产率越高,单位产品生产耗费的劳动就越少,生产成本就越低。基于此,相对劳动生产率就成为判断比较优势的重要方法之一。相对劳动生产率是指不同产品劳动生产率的比率。一国某产品的相对劳动生产率高于另一国,意味着该国该产品的比较成本低于另一国,从而在该产品的生产上具有比较优势。

表2-2计算了英国和葡萄牙呢绒和酒这两种产品的相对劳动生产率。由于英国在两种产品上的劳动生产率都高于葡萄牙,因此基于绝对优势理论,两国没有分工的基础,因此也不可能产生贸易。但是依据李嘉图的贸易思想,英国尽管在两种产品上都有绝对优势,而葡萄牙都是绝对劣势,但是依据计算出的相对劳动生产率,可知英国在生产呢绒方面优势更明显,具有比较优势;而葡萄牙在酒的生产上劣势更轻,也具有比较优势,因此基于比较优势理论,英国应专门生产呢绒,并从葡萄牙进口酒。

表2-2 英葡两国的相对劳动生产率

	呢绒 (单位/人·天)	酒 (单位/人·天)	呢绒 相对劳动生产率	酒 相对劳动生产率
英　国	1	2	0.5	2
葡萄牙	0.5	1.5	0.33	3

比较优势也可以用机会成本来度量。机会成本是指在资源一定且被充分利用的情况下,多生产一单位某产品所必须放弃的另一种产品的产量。若一国某产品的机会成本低于另一国,则该国在该产品的生产上就具有比较优势。

仍以表2-2中的英葡两国为分析对象,用同样的数据来分析英葡两国生产呢绒和酒的机会成本,分析结果见表2-3。英国生产1单位的呢绒需要1人·天,生产1单位的酒需要0.5人·天,因此多生产1单位的呢绒,需要放弃2单位的酒的生产,因此英国呢绒的机会成本是2。同样,葡萄牙生产1单位的呢绒需要2人·天,生产1单位的酒需要0.67人·天,因此多生产1单位的呢绒就需要放弃3单位的酒,因此葡萄牙生产呢绒的机会成本是3。由此可见,英国呢绒的机会成本低于葡萄牙,故英国具有生产呢绒的比较优势。同理,英国生产酒的机会成本是0.5,葡萄牙是0.33,因此葡萄牙具有生产酒的比较优势。

表2-3 英葡两国的机会成本

	呢绒 (人·天/单位)	酒 (人·天/单位)	呢绒 机会成本	酒 机会成本
英 国	1	0.5	2	0.5
葡萄牙	2	0.67	3	0.33

2. 基于比较优势进行分工和贸易所引致的利益。基于比较优势进行的分工不仅能够带来产出水平与产出结构的变化,也会引起消费水平与消费结构的变化。假定英国和葡萄牙的劳动总供给分别为 $L_1=120$、$L_2=180$,在封闭条件下,两国各用一半的劳动生产呢绒和酒。在开放条件下,假定1单位的呢绒可以交换2.5单位的酒,且两国之间是完全分工,即英国将其所有劳动都用于生产具有比较优势的呢绒,而葡萄牙则将全部劳动用来生产酒。封闭条件和开放条件下两国两种产品的产量和消费量如表2-4所示。

表2-4 基于比较优势的贸易所引致的利益分配

	封闭条件下				开放条件下			
	呢绒		酒		呢绒		酒	
	产量	消费量	产量	消费量	产量	消费量	产量	消费量
英 国	60	60	120	120	120	68	0	130
葡萄牙	45	45	135	135	0	52	270	140
合 计	105	105	255	255	120	120	270	270

由表2-4的计算结果可知,在英国和葡萄牙进行完全分工之后,尽管两国的劳动投入没有任何变化,但是呢绒和酒的产量都有提高。另一方面,开放条件下,按照1∶2.5的比例进行的自由贸易,也使得两国在两种产品上的消费量都有增加。在消费达到饱和点之前,消费量的提升意味着总效用以及总体福利水平的上升,这是自由贸易所带来的利益的重要体现。

(三)对比较优势理论的评价

1. 科学价值及现实意义。李嘉图比较优势理论的问世标志着国际贸易理论体系的建立。作为反映国际贸易领域客观存在的经济运行的一般规则和规律的学说,比较优势理论具有很高的科学价值和现实意义,美国著名经济学家萨缪尔森就将其称为"国际贸易不可动摇的基础"。

比较优势理论比绝对优势理论更全面、更深刻地揭示了国际贸易产生的原因,说明国际贸易的产生不仅在于绝对成本的差异,而且在于比较成本的差异,从而阐明了发展程度不同的国家都可以从参加国际分工和国际贸易中获得利益,这为国际贸易理论奠定了基本的分析框架。依据李嘉图的观点,比较优势或比较成本的差异实质上是比较劳动生产率的差异,这一结论将促使各国努力提高劳动生产率,节约劳动时间,降低劳动耗费,以求扩大比较优势,获得更大的贸易利益。从整体来看,这对世界市场的扩大、资源的优化配置、社会生产力的发展以及国际贸易在更广泛的领域展开都具有积极的促进作用。

2. 局限性。比较优势理论最大的局限性或者说缺陷是观念的静态化、凝固化,与复杂多变的国际经济情况相去甚远,这在一定程度上影响了比较优势理论的适用性。事实上,随着经济发展及科技的进步,一国在某产品上的比较优势也会发生变化,若一国长期固守某几种产品的比较优势,尤其是初级产品或劳动密集型产品,这样的国际分工对该国而言将是危险的,因为在这些产品上的比较优势极容易被其他国家取代。因此,一国在参与国际分工时,不能仅着眼于当前的静态优势,还要着眼于长远的发展利益,关注动态优势的培育。

此外,虽然比较优势理论是以劳动价值论为基础的,但是李嘉图并未能解释比较优势的根源问题,即一国在某产品上为何具有比较优势。事实表明,比较优势在很多情况下不是先天具备的,而是可以自主选择和培育的。后期的许多贸易理论从不同的方面探究了比较优势的成因。

第二节 新古典自由贸易理论

新古典自由贸易理论以要素比例学说及里昂惕夫之谜为发展主线。将劳动视为唯一的生产要素,劳动生产率的差异是国际贸易成因的古典贸易理论在西方经济学界占支配地位达一个世纪之久,到20世纪30年代才受到要素比例学说的挑战。

一、赫克歇尔—俄林理论（H-O 理论）

1919 年，瑞典经济学家赫克歇尔（E. F. Heckscher）在《外贸对收入分配的影响》一文中首先提出各国劳动要素的差异导致了生产成本的差异，而后他的学生俄林（B. G. Ohlin）发展了这一理论，并在 1933 年出版的《区域间贸易和国际贸易》中系统阐述了要素禀赋理论，要素禀赋理论因此也被称为 H-O 理论或赫—俄理论。亚当·斯密和大卫·李嘉图的贸易理论只是用单一要素的生产率差异来解释国与国之间为何会发生贸易行为，以及为什么劳动生产率的不同可以通过国际分工和贸易增加贸易各方的产量，并提高各自的福利水平，但是如果假定各国之间的生产要素的生产率是相同的，也就是单位生产要素的效率在世界各地是一样的，那么绝对成本论或比较成本论就无法解释贸易发生的原因。而 H-O 理论则是以要素禀赋的差异来解释国际贸易发生的原因以及产品的流向。要素禀赋（factor endowment）是指一国所拥有的可以用于生产的要素总量，这些要素包括劳动力、资本、土地等。H-O 理论认为，即使两国生产技术完全相同，即要素生产率没有差异，只要两国间生产要素禀赋不同，就仍然有开展贸易且从贸易中获利的基础。从贸易利益的角度来看，斯密和李嘉图的理论仅指出自由贸易可使贸易双方都获利，但并没有说明贸易利益在一国内部如何分配，因而并不能解释为何会有那么多人反对自由贸易。H-O 理论则进一步说明什么样的人会从贸易中获利，什么样的人会因为贸易而遭受损失。

（一）H-O 理论的基本假设

H-O 理论对贸易模式及贸易收益的分析建立在以下几个基本假设之上。

第一，假定只有两个国家、两种产品和两种生产要素（劳动和资本）（即 2×2×2 模型）；

第二，生产要素在一国内部可以自由流动，在国家间不能流动；

第三，假定两国的技术水平相同，即同种产品的生产函数相同；

第四，两国消费者的偏好相同；

第五，所有商品市场、要素市场都是完全竞争的；

第六，假定两国在两种产品的生产上都不能获取规模经济效益，也就是单位生产成本不会随着生产的增减而变化；

第七，假定没有运输费用，没有关税或其他贸易限制。

（二）两个重要的概念

理解 H-O 理论，首先要理解两个重要的概念。

1. 要素密集度（factor intensity）。产品的生产离不开多种生产要素的投入，由于产品属性不同，因此不同产品需要不同的要素投入比例。H-O 理论假定仅使用劳动和资本两种生产要素,若一种产品相对于另一种产品投入更多的劳动和较少的资本,则该产品是劳动密集型产品,而另一产品则是资本密集型产品。根据投入要素的不同,产品还可以分为资源密集型、技术密集型、土地密集型,等等。需要注意的是,要素密集度是一个相对的概念,需要在不同的产品对比中才有意义,离开与其他产品的对比,要素密集度就无从谈起。例如,生产A产品需要5个单位的资本,1个单位的劳动,据此并不能断定A是资本密集型产品;当生产B需要10个单位的资本,1个单位的劳动时,相对于B而言,A是劳动密集型产品。

2. 要素丰裕度(factor abundance),是指一个国家或地区相对于其他国家或地区而言,某种生产要素的丰裕与稀缺程度。如果一国的劳动要素相对于其他要素的比率高于另一国家,则该国就是劳动要素丰裕的国家。要素丰裕度取决于一国的要素禀赋,各国要素禀赋因历史因素、自然条件、地理位置、经济发展水平等方面的不同而各有不同,因此在要素丰裕度上也会有差异。要素丰裕度同样是一个相对的概念,离开与其他国家的对比,就无法判断一国的要素丰裕度。

(三)H-O理论的分析

1. H-O理论的主要结论。基于上述假设条件,H-O理论得出以下几个结论。

(1)生产成本的差异是国际贸易的基础,且生产成本的高低取决于生产要素的价格和要素投入的比例。

(2)在两个国家有不同的要素丰裕度,而同时两种产品有不同的要素密集度的情况下,分工和贸易才会产生,且分工和贸易的基本格局是:劳动丰裕的国家生产劳动密集型产品,资本丰裕的国家生产资本密集型产品。

(3)充分的国际贸易将使两个国家原本存在的要素价格(利率和工资率)差异逐步消失,各国要素价格将趋于一致。

2. H-O理论的分析。

(1)H-O定理。H-O理论的基本结论之一是如果不存在要素密集度的逆转,一国会出口相对密集使用其相对丰裕的生产要素进行生产的产品,进口相对密集使用其相对稀缺的生产要素生产的产品。这一结论称为H-O定理,也就是狭义的要素禀赋理论,又称要素比例学说。简单来讲,H-O定理认为,要素禀赋决定了国际分工和进出口商品的结构。要素禀赋决定了一国要素的相对价格,而要素相对价格又影响到产品的生产成本。每种要素的价格是由要素的供给与需求决定的。在需求偏好相同的条件下,供给充裕的生产要素比供给不足的生产要素价格低,劳动丰富的国家劳动价格相对便宜,因此生产劳动密集型产品的生产成本相对较低,并因此具有比较优势;相反,若该国生产资本密集型产品,则会因为资本相对稀缺而导致生产成本相对较高,因此不具有比较优势。在这里,比较优势的形成与劳动生产率无关,只与各国的要素禀赋直接相关,要素禀赋是各国在某产品上是否具有比较优势的基本原因和决定因素。

(2) H-O-S 定理。H-O-S 定理又称为赫—俄—萨学说,是美国经济学家萨缪尔森在 H-O 模型的基础上,对贸易对要素价格的反作用进行的分析,这一定理可以视为广义的要素禀赋理论。其主要结论是,在符合一定条件的前提下,国际贸易不但会使各国产品价格相等,还会导致不同国家要素价格相等。基于此,H-O-S 定理又称为要素价格均等化定理。该定理的基本逻辑是:依据 H-O 理论的假设,虽然两国间的生产要素不能自由流动,但是两个要素禀赋不同的国家,通过产品的自由贸易间接实现了生产要素的流动,从而使得两国间要素禀赋的差异得以缓和,生产要素价格呈现均等化趋势。进一步来讲,一个劳动丰裕的国家在劳动密集型产品上具有比较优势,分工的结果是更多的生产劳动密集型产品,这需要更多的劳动投入,因此低廉的劳动价格有被拉高的趋势。相反,另一个国家更多的生产资本密集型产品,对劳动的需求相对降低,原本因稀缺而价格偏高的劳动也因此出现价格下降的趋势。只要贸易按这一格局继续进行下去,各国的要素价格将不断趋于一致。

要素价格均等化定理的重要意义一方面在于证明了各国要素禀赋存在差异,以及生产要素不能通过在国家间自由流动来直接实现最佳配置的情况下,国际贸易可以替代要素国际流动,间接实现世界范围内资源的最佳配置;另一方面,说明了贸易利益在一国内部的分配问题,即说明国际贸易如何影响贸易国的收入分配格局。不过由于运输成本和一些贸易壁垒的存在,各国的产品价格难以达到一致,各国间要素价格均等化在现实中一般难以完全实现。

(3) 国际贸易对收入分配的影响。依据要素价格均等化定理,国际贸易会使贸易各国丰裕要素的价格上升,稀缺要素的价格下降。如果贸易前后各国的生产要素都得到充分利用,要素所有者的真实收入与要素价格就会呈同方向变动。据此,国际贸易将会使贸易各国丰裕要素的收入上升,稀缺要素的收入下降。例如,出口劳动密集型产品的国家劳动的报酬会相对上升,而资本的报酬则相对下降。由此可见,国际贸易对收入分配会产生影响,贸易各国的收入差距会因自由贸易而缩小。由于不同要素所有者的收入受自由贸易的影响不同,出口部门密集使用的生产要素获益,而进口替代部门密集使用的生产要素受损,并非所有人都是自由贸易的赢家,因此会有人反对自由贸易。然而事实上,以要素禀赋差异为基础而进行的自由贸易可以使贸易国的整体利益达到最大,即使收入在不同部门间的分配有差异,也可以通过政府的适当调节,将贸易收益在丰裕要素所有者和稀缺要素所有者之间进行再分配,使各要素所有者都能从贸易中获利。因此,以自由贸易对不同部门收入影响不同为由反对自由贸易是站不住脚的。

(四)简评

与李嘉图的理论一样,H-O理论也以比较优势作为两国分工和贸易的基础,不过在两种理论下比较优势产生的原因不同,比较成本理论认为是劳动生产率的差异,而H-O理论认为是要素禀赋的差异。相对于比较成本论的单要素分析,H-O理论认识到除劳动之外的其他生产要素在经济活动中发挥着越来越大的作用,使贸易理论更有普遍性和说服力。此外,H-O理论论证更为严谨,科学性较强,许多关于国际贸易的认识都与该理论有关,大多数国家,特别是发展中国家在制定贸易政策时都会参考这一理论。

在有进步性和重要贡献的同时,H-O理论也有如下缺陷:反对劳动价值论,使比较成本说进一步庸俗化;认为资本主义生产方式和国际贸易都是自然形成的产物,缺乏历史的研究方法,弄不清楚在国际贸易背后,真正起作用的是经济、政治和社会力量;假定技术是不变的,这与事实不符,由此也得出了与实践相违背的结论;它不符合当代工业国家间贸易迅速发展的实际情况;跨国公司内部贸易的存在和发展进一步破坏了新古典学派的国际贸易理论基础。

二、里昂惕夫之谜及其解释

H-O理论提出后,在很长一段时间成为解释工业革命后贸易产生原因的主要理论。但是20世纪50年代初,美国经济学家瓦西里·里昂惕夫(Wassily W. Leontief)通过实证检验对H-O理论提出了质疑,由此产生了里昂惕夫之谜(The Leontief Paradox),并引发了很长时间的富有成效的争论。里昂惕夫之谜的提出成为西方传统微观国际贸易理论在当代新发展的转折点。

(一)里昂惕夫之谜

里昂惕夫是以美国的进出口商品结构来检验H-O理论的。H-O理论认为,一国出口的是密集使用本国丰富要素生产的产品,进口的是密集使用稀缺要素生产的产品。美国是一个资本丰富而劳动力稀缺的国家,依据H-O理论,美国应当出口资本密集型产品,进口劳动密集型产品,也就是美国出口行业的资本劳动比率(K_X/L_X),应该高于美国进口竞争行业的资本劳动比率(K_M/L_M)。然而1953年,里昂惕夫利用投入产出法对美国1947年的进出口商品结构进行分析,计算出1947年美国出口行业与进口竞争行业的资本存量与工人人数的比率,其结果却完全不同于之前的预测。美国出口行业与进口行业的资本劳动比率之比,也就是$(K_X/L_X)/(K_M/L_M)$,只有0.77(见表2-5),而按照H-O理论,这一比例应该远大于1。这意味着,美国在1947年出口的是劳动密集型产品,进口的是相对资本密集的产品。里昂惕夫这一发现引起了经济学界的极大关注,被称为"里昂惕夫之谜",也称为"里昂惕夫悖论"。

表2-5 1947年美国每百万美元的出口品和进口
替代品对国内资本和劳动力的需求

	出口品(X)	进口替代品(M)
资本K(美元)	2 550 780	3 091 339
劳动力L(工/年)	812 313	170 004
资本/劳动力(K/L)	13.911	18.185
$(K_X/L_X)/(K_M/L_M)$	0.765	

里昂惕夫在1956年又利用投入产出法对美国1951年的贸易结构进行了第二次检验,结果与第一次检验一致,谜仍然存在。此后,日本、德国、加拿大以及印度的经济学家分别对本国的贸易格局进行了类似的研究,除了加拿大的检验不支持H-O理论外,其他三个国家的贸易格局都与H-O理论一致。这意味着实证检验既未肯定地证实H-O理论,也未否定H-O理论。

里昂惕夫之谜的提出是第二次世界大战以后首次对传统的国际贸易理论的挑战。这对经验性与理论性研究起了巨大的促进作用。它促使经济学家更加积极地寻求能正确解释国际贸易产生的相关基础理论,从而有力地推动了国际贸易理论的发展。

(二)对里昂惕夫之谜的解释

归纳起来对里昂惕夫之谜的形成有以下几种解释。

1. 生产要素密集型逆转的发生。生产要素密集型逆转是指同一产品在劳动丰富的国家是劳动密集型产品,在资本丰富的国家又变成资本密集型产品的情形。按照生产要素禀赋理论,无论生产要素的价格比例实际如何,某种商品总是以某种要素密集型的方法生产的,例如,玩具总是用劳动密集型的方法生产的。即使美国的相对工资高于中国,玩具在美国仍然是劳动密集型的产品。但是实际情况可能不是这样。假定美国资本丰裕而劳动相对稀缺,由此导致资本比劳动便宜,因此美国可能在玩具生产中使用更多的资本而非劳动。如此,玩具在美国就变成资本密集型产品,而在世界其余国家,由于资本较贵而劳动力较便宜,玩具仍然是劳动密集型产品。据此,美国进口的产品在国内可能是以资本密集型的方法生产的,但在国外却是以劳动密集型方法生产的,从美国的角度来看,就会造成进口资本密集型产品的错觉;同样,美国的出口产品在国内可能是劳动密集型产品,而在其他国家却是资本密集型产品,用美国的标准衡量也会造成美国出口劳动密集型产品的假象。

由于里昂惕夫在计算美国出口商品的资本劳动比率时,用的都是美国的投入产出数据;对于进口,采用的也是美国生产同类产品所需要的资本劳动比率,而非该产品在出口国国内生产时所实际使用的资本劳动比率,因此,就可能出现美国进口资本密集型产品,出口劳动密集型产品的情况。

2. 贸易壁垒的存在。里昂惕夫之谜的产生也有可能是美国贸易保护的结果。H-O理论中关于自由贸易的假定在大多数情况下都是不成立的,现实中几乎所有国家或多或少都会实行一定程度的贸易保护。研究表明,美国进口中的劳动密集型产品的确要比劳动密集度低的产品受到更高的进口壁垒的限制。而其他国家也可能对它们缺乏竞争力的资本密集型产品进行较高的贸易保护,从而使美国资本密集型产品的出口受到一定程度的影响。因此,有人认为,如果是自由贸易,美国就会进口比现在更多的劳动密集型产品,或出口更多的资本密集型产品,这样里昂惕夫之谜就有可能消失。

3. 技能和人力资本的差异。在H-O理论中,生产要素被简单认为是同质的,事实上,同一生产要素在不同国家之间会有很大区别。就劳动而言,劳动技能的高低在各国之间很不一样,高技能的熟练工人其劳动生产率高于相对低技能的非熟练工人的劳动生产率。由于美国相对其他国家熟练工人丰富,因此其工人的效率高于别国。按里昂惕夫自己的解释,他认为美国工人的效率是外国工人的3倍,这就意味着美国实际的劳动供给量应该是现存劳动量的3倍。如果是这样的话,劳动在美国就不是稀缺的要素,甚至可能是充裕的。这样美国出口劳动密集型产品、进口资本密集型产品就不足为奇了。

另外,资本不仅包括物质资本,也包括人力资本。一般说来,高技能的工人需要更多的教育和培训方面的投资,大量科技人员的产生也需要大量的科研经费,这些投入就构成了人力资本。由此可见,美国大量熟练工人的背后是大量资本的投入。研究表明,美国人力资本投入在全世界占有领先地位,如果把人力资本折算进去的话,美国出口的商品就会是资本密集型的。当使用每一工人的人力资本而不是简单地用劳动力人数或时间来重新计算里昂惕夫计算的结果时,美国出口商品的资本(包括人力资本)密集度的确比它进口竞争产业产品要高。

4. 由美国自然资源的进口引起。里昂惕夫之谜的统计方法仅统计了劳动和资本的投入,而没有包括自然资源。事实上,一些产品既不是劳动密集型产品,也不是资本密集型产品,而是自然资源密集型产品。美国的进口产品中初级产品占比很高,而且以木材和矿产品为主。这些产品既使用大量的自然资源,也使用大量的非人力资本,其资本劳动比率较高,因此才导致美国的进口产品资本密集度较高。

5. 需求的逆转。H-O理论假定两国消费者的偏好完全相同,因此国际贸易格局主要取决于要素禀赋的差异,与需求没有关系。但实际上,相对价格的差异这一决定国际贸易的因素既会受到供给的影响,也会受到需求的影响。当两国消费者偏好不同时,即使某国从要素禀赋的角度在某种产品上具有比较优势,但是由于消费者对这一产品有较强偏好,从而提高了其相对价格,并进而使原来依据H-O理论所决定的进出口方向发生改变,即发生了需求的逆转。

对美国而言,即使美国是一个资本要素丰裕的国家,但如果美国消费者主要偏好资本密集型产品,那么美国资本密集型产品的相对价格会提高,使其失去在这一产品上的比较优势,从而发生进口资本密集型产品,出口劳动密集型产品的现象。

(三)里昂惕夫之谜简评

里昂惕夫之谜是西方传统国际贸易理论发展的界碑。里昂惕夫对要素比例学说的检验具有重大的理论意义,推动了战后国际贸易理论的新发展。

里昂惕夫之谜及其解释说明,要素比例学说已不能对战后国际贸易的实际做出有力的解释,因为战后科学技术、熟练劳动力在生产中的作用日益加强,已构成非常重要的生产要素。经济学界在后来对要素比例学说进行了修正,当今西方传统国际贸易理论中居主导地位的仍然是以比较优势为核心的、经过修正的要素比例学说。

第三节　战后自由贸易理论及其发展

第二次世界大战后尤其是20世纪60年代以来,随着科学技术的进步和生产力的不断发展,国际贸易在快速发展的同时,商品结构和地区分布也出现了一系列新变化:发达国家间的贸易成为世界贸易的主要组成部分;产业内贸易迅猛发展;技术密集型产品贸易比重迅速提高;跨国公司内部贸易额越来越大。面对这些新现象,以报酬不变、完全竞争和同质产品为假定前提的比较优势理论和要素禀赋学说已难做出科学的解释,于是一批经济学家从贸易实践出发,对传统贸易理论进行补充和发展,并因此促成了数种新贸易学说的产生。

一、新要素贸易理论

为更好地诠释里昂惕夫之谜,并科学地解释战后出现的国际贸易新现象,一批经济学家认为应当扩展生产要素的范围,而不应仅仅局限于比较成本理论所研究的劳动以及要素禀赋学说所讨论的劳动、资本和土地。在探讨一国比较优势的获取、贸易分工的基础以及贸易格局的形成时,技术、人力资本、研究与开发、信息等新要素被纳入研究领域,新要素贸易理论(the neo–factors proportions theories)因此应运而生。

(一)人力资本说

1. 理论内容。该学说由舒尔茨(Schulz)、基辛(Kisin)等美国学者提出。这些学者以美国的人力投资、工人的劳动技巧及劳动熟练程度以及进出口部门的劳动力平均受教育年限为研究对象,说明人力资本的差异可用以解释国际贸易产生的原因及一国的对外贸易类型。

该学说将劳动分为非熟练劳动和熟练劳动两大类。非熟练劳动是无须经过专门培训就可胜任的非技术型的体力劳动;熟练劳动则是必须经过专门培训形成一定的劳动技能才能胜任的技术型劳动。两类劳动在技能上的差异带来了劳动生产率的差异,因此增加熟练劳动力的拥有量就成为一国提高劳动生产率的重要条件,而要获得熟练劳动力就必须对劳动者进行教育、培训方面的投资,人力资本也将因此形成。所谓人力资本(human capital),就是指投入在劳动力智力开发、技术培训及素质提高等方面的资本,可以将其看作是资本和劳动力结合而形成的一种新的生产要素。

由于需要投入大量的资本才能获得熟练劳动、形成人力资本,因此资本充裕的发达国家往往也是人力资本丰富的国家,而发展中国家则比较缺乏。人力资本上的差异深刻影响着发达国家和发展中国家参与国际分工和国际贸易的基础。由于拥有丰富的人力资本,发达国家在需要较高人力智能的知识、技术密集型产品的生产和出口上具有比较优势,并且在信息、生物、新材料、新能源等新兴产业的发展上处于领先地位;人力资本缺乏的发展中国家,在技术水平要求较低的初级产品的生产和出口上具有比较优势,而新兴产业的发展则落后于发达国家。以美国为例,基辛等人的研究结果表明,美国出口的工业制成品的生产中包含了高比例的熟练技术工人,而与进口商品竞争的行业所使用的熟练劳动力的比例则较低,两者的比例分别约为55%和43%。即使里昂惕夫对美国出口贸易的实证研究表明美国出口的是劳动密集型产品,由于其中的劳动很大程度上是通过大量投资获取的熟练劳动,因此美国出口的产品仍是以资本密集型产品为主,或者可称其为人力资本密集型产品。

2. 简评。新要素贸易理论中的人力资本说,在分析一国参与国际分工和国际贸易的比较优势时,引入了人力资本这种新的生产要素,实际上否定了要素禀赋理论关于劳动同质性这一假说,认为由于各国在劳动力的教育、培训等方面的投资不同,使得各国劳动力的质存在差异,劳动生产率也因此不同。一国若想获得人力资本方面的优势,提高在国际分工、国际贸易中的地位,就应当增加教育、培训、卫生、保健等方面的投资,这是一个长期积累的过程。总之,人力资本说是对传统贸易理论的修正,也更加符合实际。

(二)研究与开发要素说

1. 理论内容。20世纪60年代,美国经济学家格鲁伯(Gruber)、弗农(Vernon)、梅达(Mehta)和基辛等人提出了研究与开发要素说(theory of factors of research and development)。这种学说认为,研究与开发也是一种生产要素,在一定条件下,研究与开发能力的大小,可以改变一国在国际分工中的比较优势。就具体行业而言,研究是指与新产品、新技术、新工艺密切相关的基础科学与应用研究;开发则是指新产品的设计和小规模试制。研究与开发能力的提高,不但要求一国拥有充裕的资金、丰富的自然资源、高质量的劳动力,同时更需要国家重视研究与开发要素的作用,加大在这方面的投资。一国越重视研究与开发要素的作用,就越有可能经常地推出知识和技术密集度较高的新产品和新工艺,提高本国产品在国际市场上的竞争力。在实际研究中,一般以研发经费占销售额的比重来衡量一国或一国的某部门研发要素的拥有量。

1967年,格鲁伯、弗农和梅达等人根据美国19个产业部门的资料,按照研究与开发费用占整个销售量的百分比,以科学家、工程师占行业雇用人员的百分比进行比较排序,发现运输、电器、仪表、化工(包括制药业)、非电气机械这五个行业的科研费用约占美国科研经费的89.4%,产品占制造业的39.1%,出口占制造业的72%。根据这一研究结果,他们得出结论认为,这些产业是美国制成品出口和美国工业研究的心脏。

经济学家基辛在同期也对美国重要的出口部门做了类似的研究。研究结果表明,出口比重越大的部门,投入的研究与开发费用占部门总销售额的比重越大,科学家和工程师的人数占该部门全部就业人员的比重也越大,即研究开发要素比重大小是产品的国际竞争力强弱的重要因素。

格鲁伯和基辛等人的研究都得到了这样的结论,即美国出口比重大的部门之所以具有国际竞争力,并不是由于加大投资扩大了生产规模,而是依靠产品创新和销售战略。由于产品创新和销售战略来自研究与开发投资,所以研发也可以被认为是国际贸易的一种新要素。

2. 简评。研究与开发要素说认为,加大研发经费的投入可以提高一国产品的国际竞争力,其深层原因应该是在生产同种产品时,不同国家由于研发要素拥有量不同而产生了技术知识水平上的差异,因此研究与开发要素说实质上否定了要素禀赋理论关于技术水平无差异这一前提。从实践上来看,该学说强调了科技发展在国际贸易优势形成中的作用,符合国际贸易的发展趋势,值得借鉴。

(三)信息要素理论

作为生产要素,信息是指来源于生产过程之外的并作用于生产过程的能带来利益的一切信号的总称。信息要素理论认为,信息是可以创造价值并能进行交换的无形资源,是现代生产要素的重要组成部分。一国对信息的利用程度以及信息发挥作用的程度将影响该国在国际贸易中的比较优势,并将因此引起国际贸易格局的变化。该理论目前并不很完善,但却代表着一个重要的发展方向。

总体来看,新要素贸易理论认为,在国际贸易实践中,相比传统的有形生产要素,人力资本、研究与开发、信息等无形要素对一国比较优势有着更重要的影响。尽管扩大了生产要素的内涵,但新要素贸易理论仍然是从要素的供给方面来考察国际贸易的影响因素,实质上是比较优势理论和要素禀赋学说的修正,属于从传统贸易理论向新贸易理论的过渡阶段。

二、技术差距论与产品生命周期理论

传统贸易理论对一国比较优势的分析都是静态的,因此无法解释为何有的国家会丧失固有的比较优势,而另外一些国家获得比较优势。1961年,美国经济学家波斯纳提出了技术差距理论;1966年,弗农提出了产品生命周期理论。这两种理论都引入了时间和"技术创新"因素动态地分析制成品贸易现象,是对传统贸易理论的重大突破。

(一)技术差距论

1. 技术差距论的基本观点。技术差距论(technological gap theory)又称创新与模仿理论,由美国经济学家波斯纳(Posner)在1961年提出。该理论认为,贸易的产生与国家间的技术差距有关,先行进行技术创新的国家具有出口技术密集型产品的比较优势;当技术因专利权转让、技术合作、对外投资、国际贸易等途径流传至国外,引起其他国家模仿时,技术差距就会逐渐消失,因技术差距而产生的国际贸易也将逐渐缩小。当技术模仿国完全掌握新技术,并且生产能充分满足国内需求时,以技术差距为基础的贸易就将终止。一国在贸易中能否取得基于技术差距的比较优势,主要取决于该国是否拥有丰富的研发资金及人力资本,是否具备较高的承担研发风险的能力。由于发达国家的上述条件都优于发展中国家,因此获取了更多的这方面的比较优势。

2. 比较优势持续时间的衡量。波斯纳把技术差距产生到技术差距引起的国际贸易终止之间的时间间隔称为模仿时滞(imitation lag),模仿时滞又分为反应时滞和掌握时滞两个阶段,其中,反应时滞阶段的初期为需求时滞阶段。反应时滞是指技术创新国开始生产新产品到其他国家模仿其技术开始生产新产品的时间。掌握时滞是指其他国家开始生产新产品到其新产品进口为零的时间。需求时滞则是指技术创新国开始生产新产品到开始出口新产品之间的时间间隔。反应时滞的长短主要取决于企业家的意识和规模经济效益、关税、运输成本、国外市场容量及居民收入水平等因素。如果技术创新国在扩大新产品生产的过程中能够获得较大的规模经济效益,运输成本较低,进口国关税税率较低,进出口国家的市场容量差距及居民收入差距较小,就有利于保持出口优势,延长反应时滞;否则,这种优势就容易失去,反应时滞将缩短。反应时滞的长短主要取决于技术模仿国吸收新技术能力的大小,吸收新技术能力强的间隔时间较短。需求时滞的长短则主要取决于两国的收入水平差距和市场容量差距,差距越小长度越短。

显然,只要模仿时滞长于需求时滞,创新国就可以依据其技术领先地位,向模仿国出口其创新产品,模仿时滞超过需求时滞的时间越长,创新国向模仿国累计的出口量就越大。

3. 技术外溢的影响。技术创新国基于技术差距而产生的比较优势之所以会消失,主要是由于技术向其他国家的溢出。对此,美国经济学家克鲁格曼在20世纪80年代进行了研究,他指出,技术外溢包括国内技术外溢和国家间的技术外溢。所谓国内技术外溢,是指一国企业间在技术上的相互学习。这种技术外溢有助于国内企业共同加快发展,强化比较优势。由于技术外溢在国内的传播速度比在国家间的传播速度快,因此国内技术外溢会使各国间的技术差异扩大。但是当向国外的技术外溢随着产品出口或技术出口开始出现时,技术差异就将逐渐缩小。

4. 简评。技术差距论在一定程度上论证了国际贸易中需要新工艺、新材料和新设备的产品贸易的发生规律,从动态的角度说明为何比较优势会在国家之间转移,这是该理论的价值所在。然而在现实的国际贸易中,即使存在国家间技术外溢的可能性,但是仍然有国家能够将某一方面的技术优势保持很长时间,技术差距并没有随技术的外溢而逐渐消失。对此,技术差距论难以给出合理解释。

(二)产品生命周期理论

产品生命周期理论(product life cycle theory)由美国经济学家弗农提出,后经威尔斯(Wells)等人不断予以发展和完善。该理论是将市场营销领域内的产品生命周期理论与国际贸易结合起来,使国际贸易中的比较优势从静态发展成为动态。

1. 产品生命周期。产品生命周期是现代营销管理中的重要概念,指任何一种产品都与生物的生命历程一样,也要经历诞生、成长、成熟和衰老的过程,因此产品从进入市场开始到被市场淘汰为止,一般要经历投入期、成长期、成熟期和衰退期。其中投入期的产品为创新无替代产品,一般无竞争对手,处于垄断地位,但生产成本也较高;产品进入市场后,引起其他厂商的模仿,新的竞争者不断出现,生产成本也在逐步降低,产品就进入成长期;当竞争更加激烈,且生产技术已趋向标准化时,产品进入成熟期;当消费者的偏好转向其他品质更好、价格更低的新产品时,产品就走向衰退期。

2. 产品生命周期与国际贸易。产品生命周期理论将产品生命周期概念用于国际贸易的分析,认为随着产品的诞生、成长、标准化到被新产品替代,一个国家也经历了从获得并且拥有生产这种产品的比较优势,到逐渐丧失比较优势的过程。因此,国家的比较优势是动态的,随着产品的生命周期在发展程度不同的国家间转移。在这一过程中,同一产品生命周期各个阶段在不同国家的市场上出现的时间不一致。

弗农将国际市场中的产品生命周期分为四个阶段。

第一阶段,创新国新产品出口垄断时期。创新国一般是像美国这样的最发达的工业国。由于有雄厚的科研实力和丰富的人力资本,同时有庞大且消费能力强的国内市场,创新国在产品创新上占有优势,并因此率先进入产品的投入期。当新产品研制成功并投入市场,且收入水平相近的国家开始模仿新产品的消费从而带来国外需求时,创新国就在新产品上享有了出口的垄断优势。由于新技术向国外的溢出存在时滞,因此创新国的垄断地位在这一阶段暂时不会受到挑战。在这一阶段,新产品在技术上处于发明创新阶段,所需的主要资源是先进的科学知识和大量的研究经费,新产品实际上是一种科技知识密集型产品。

第二阶段,外国生产者模仿时期。随着产品日趋成熟化和标准化,产品销售价格随成本的降低而逐渐下降,大量的国际市场的消费者被吸引。与此同时,新产品的生产技术已扩散到国外。为满足潜在市场的需求,获取利益,其他发达国家开始模仿生产该产品且产量逐渐提高。由于其他发达国家的劳动力成本一般低于最发达的创新国,且不必支付进口环节上的运费和缴纳关税,更不需要投入大量的科研经费,因此这些国家的产品相比进口产品很可能具有较强的价格上的竞争力,创新国在该产品上的出口也将因此下降。在这一阶段,由于技术成熟,生产过程已比较标准化,所以所需资源主要是设备、先进的劳动技能,产品变为技能密集型或资本密集型,资本和熟练工人充裕的发达国家开始拥有生产的比较优势。

第三阶段,外国产品在国际市场上具有竞争力,向第三国出口时期。在这一时期,产品已高度标准化,其他发达国家开始大批量生产,并获得规模经济效益,成本降低,从而开始在第三国市场上以低于创新国的售价销售其产品,使创新国逐渐失去竞争优势,出口量不断下降。但是创新国的国内市场由于受到关税的保护,因此仍然被本国厂商垄断。在这一阶段技术更加成熟,资本和技能仍是决定一国在该产品上是否具有比较优势的主要因素。

第四阶段,创新国开始从其他国家进口这一产品的时期。在这一时期,其他国家依靠本国廉价的劳动力,在这一产品的生产和销售上具有更强的价格竞争力,产品不但向第三国出口,甚至开始在创新国市场上销售,使创新国该产品的生产急剧下降。至此,这一产品的生产和出口已由创新国让位给其他国家。在这一阶段,生产技术、生产过程已标准化,操作简单,机器设备本身因标准化而变得便宜,不但研发要素不重要,甚至技术、资本也逐渐失去重要性,产品变为劳动密集型,劳动力成为决定产品是否具有比较优势的主要因素,因此有一定工业化基础的发展中国家逐渐成为该产品的主要生产国和出口国。

由上述四个阶段可知,产品生产技术发展的不同阶段造成对生产要素的不同需求,在各国要素禀赋不变的情况下,各类国家生产和出口该产品的比较优势,也会由于产品生产要素密集型的变动而转移。

产品生命周期理论可用图 2-1 直观说明。

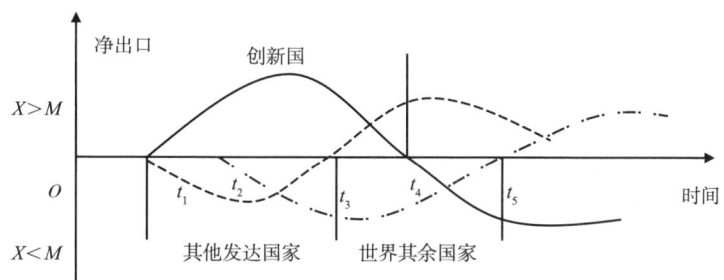

图 2-1 产品生命周期在各类国家的表现

图 2-1 中,横轴表示时间的推进,三条曲线分别表示创新国、其他发达国家和世界其余国家的进出口情况。创新国的出口自 t_1 期开始,自 t_4 期由净出口转为净进口,且进口规模越来越大。其他发达国家自 t_1 期就开始产生对新产品的消费,进口量慢慢增大,但随着本国生产的出现,进口量又逐渐缩小,在 t_3 期出现净出口,但在 t_4 期后净出口开始缩小。世界其余国家(主要指经济发展水平较高的发展中国家)直到 t_2 期才出现对新产品的消费,t_5 期起转为净出口。

3. 简评。产品生命周期理论将产品生命周期同 H-O 理论相结合,说明当产品生命周期阶段发生改变时,比较优势是如何从一类国家转移到另一类国家。由于产品生命周期的存在,一国在某一产品的生产上不可能永远具有比较优势。从这一点来看,产品生命周期理论显然是国际贸易理论的一大进步。在实践中,该理论对一国确定进出口贸易的方向和重点也有重要的启发意义。不过也正是在实践应用中,产品生命周期理论表现出较大的局限性。该理论虽然能够较好地解释纺织品、家电等传统制造业比较优势在国家间的转移,但在高科技产品上的解释力较弱。实际上,由于许多不确定因素的存在,各国面临的产业发展方向和环境不同,故生命周期的循环并不是国际贸易普遍的、必然的现象。而且创新国和模仿国的地位也不是固定的,现实经济生活中,新技术的创新也可能在最发达的国家之外进行。

三、产业内贸易理论

第二次世界大战后,国际贸易出现了许多新倾向,其中表现最突出的是发达国家之间的贸易额大大增加。在发达国家间的贸易中,同类产品之间的贸易额所占比重越来越高,出现了许多同一产业既出口又进口的双向贸易,即产业内贸易。面对这一越来越具有普遍性的新现象,以完全竞争为假设前提、仅仅讨论产业间贸易的传统贸易理论已无法做出令人信服的解释,于是就出现了产业内贸易理论。

(一)产业内贸易的定义和特点

要界定产业内贸易,首先要了解什么是产业。产业是一个集合的概念,即同一属性的生产经营活动、同一属性的产品和服务、同一属性的企业的集合。按照联合国《国际贸易商品标准分类》(SITC),可将产业理解为按照国际标准分类至少前三位数相同的产品,也就是至少属于同类、同章、同组的产品的集合。因此,从统计的角度讲,产业内贸易就是指一个国家在出口的同时又进口某种同类产品,即按国际标准分类至少前三位数相同的产品同时出现在一国的进口项目和出口项目中。

一般说来,产业内贸易具有以下特点:①它是同一产业内同类产品的交换,而不是产业间非同类产品的交换。②产业内贸易的产品流向具有双向性。即同一产业内的产品,可以在两国之间相互进出口。③产业内贸易的产品具有多样化。这些产品中既有资本密集型,也有劳动密集型,既有高技术,也有标准技术。④产业内贸易的产品必须具备两个条件:一是在消费上能够相互替代;二是在生产上需要相近或相似的生产要素投入。

(二)产业内贸易程度的衡量

产业内贸易的发展程度可用产业内贸易指数(B)来衡量。从某一产业的

角度分析,产业内贸易指数的计算公式为:

$$B = 1 - \frac{|X - M|}{X + M}$$

式中,X 和 M 分别表示产品的出口值和进口值。B 的最大值为 1,最小值为 0。当某一产业产品的进口、出口相等时,即 $X - M = 0$ 时,B 为最大值 1;当某一产业只有进口没有出口,或只有出口没有进口时,B 为最小值 0。这说明 B 值越接近 1,产业内贸易程度越高;B 值越接近 0,产业内贸易程度越低。

应注意的是,使用该指数来衡量产业内贸易程度有一个很严重的缺陷,就是当产业的范围或同类产品有不同的界定时,得出的 B 值也会不同。界定的范围越大,B 值越高,原因在于对一个产业定义的范围越大,一国出口和进口这一范围内差别产品的可能性就越大。因此在使用这一指数时应当谨慎。

(三)产业内贸易理论的主要内容

产业内贸易理论(intra – industry trade theory)经历了 20 世纪 70 年代中期以前的经验性研究和 70 年代中期以后的理论性研究两个阶段。第一阶段是对统计现象的直观推断,包括佛丹恩(Verdoorn)对"比荷卢经济同盟"的集团内贸易格局的研究、麦可利(Michaely)对 36 个国家 5 大类商品的进出口差异指数的计算、巴拉萨(Balassa)对欧共体制成品贸易的增长以及考基玛(Kojima)对发达国家之间贸易格局的经验研究。第二阶段的理论分析以格鲁贝尔(Grubel)和劳埃德(Lloyd)的开创性、系统性研究为起点。继这两位经济学家之后,格雷(Gray)、戴维斯(Devies)、克鲁格曼(Krugman)、兰开斯特(Lancaster)等许多经济学家对产业内贸易也进行了大量的理论性研究,重点集中在探寻产业内贸易产生的主要原因及主要制约因素上。

产业内贸易产生的原因是产业内贸易理论最重要的内容。对这一问题的分析是以不完全竞争的市场结构和规模经济的存在为假设前提的,主要从供给和需求两个角度进行。从供给角度来看,主要有产品差异论和规模报酬递增理论两种观点;从需求角度来看,主要用偏好相似论来解释产业内贸易现象。

1. 产品差异论。同类产品的异质性是产业内贸易的重要基础。同类产品一般是指那些消费上能够相互替代、生产上投入相近或相似的生产要素的产品。在每一产业部门内部,同类产品由于质量、性能、规格、牌号、设计、包装等方面的不同,甚至在信贷条件、交货时间、售后服务和广告宣传方面的差异而被视为异质产品或差异产品。产品的差异性包括水平差异和纵向差异。水平差异指的是同类产品由于规格、款式、颜色等形成的差异;垂直差异则是由商品质量不同而引起的,通常直接表现为商品价格水平的高低。

由于各方面差异的存在,同一产业内部的差异产品尽管在一定程度上可以相互替代,但是不能完全替代,消费者由于消费心理和消费欲望不同,或者处于不同的消费层次,总是更加重视差异产品中的某些特性。然而各国由于财力、物力、人力的约束和科技发展水平不同,使它们不可能在具有比较利益的部门生产所有差别化产品,而是必须有所取舍,着眼于某些差别化产品的专业化生产,以获取规模经济利益。为满足消费者多样化的消费需求,各国对同种产品就会产生相互需求,从而产生产业内贸易。

对于两国间产业内贸易程度高低的影响因素,不同的经济学家有不同观点。兰开斯特认为,消费者是否更重视同类产品的异质性,主要是由收入水平决定的,在人均收入水平较高时,消费者需求更倾向于异质性产品。因此当国家之间的人均收入在较高层次上呈现均等化时,国家之间的需求结构趋近,产业内贸易的可能性也就变大。罗尔彻(Loertscher)和沃尔特(Wolter)也认为,如果各国人均收入水平较高,发展水平差距较小,市场规模平均较小,贸易壁垒较低,语言和文化差异较小,而且同属于一个关税同盟或拥有共同的边界,那么这些国家间的产业内贸易将会比较活跃。此外,有些研究证明纵向的产品差异性即质量差异在解释发展中国家和工业化国家之间的产业内贸易时更有意义。

2. 规模报酬递增理论。规模报酬递增是最常用来解释产业内贸易成因的理论。该理论以企业生产中的规模经济和世界市场的不完全竞争为基础。所谓规模经济(economics of scale),是指随着生产规模的扩大,单位生产成本下降而产生的报酬递增。根据产生原因的不同,规模经济通常可分为内部规模经济和外部规模经济。内部规模经济指的是单位产品成本取决于单个厂商的规模而非行业规模;外部规模经济则指的是单位产品成本取决于行业规模而非单个厂商的规模。

为实现内部规模经济,企业必须将有限的资源集中在某一种或某几种差异产品的生产上。规模的扩大从而单位生产成本的下降一方面能使企业实现规模报酬的递增,另一方面也能加强企业对产品所在市场的控制或垄断,并因此增强行业或产业的排他性。企业规模经济效益的实现一方面有赖于生产规模的扩大,另一方面市场也是必不可少的条件。然而由于消费者的需求表现出多样化的特点,因此在国内对某类差异产品的需求是有限的。仅仅面对国内市场,会因市场需求的限制使生产规模不能太大,生产成本和产品价格难以降低。解决这一问题的最佳途径是开展产业内贸易,因为贸易可以使批量生产的差异性产品分布在不同国家的市场上,不但能够为企业提供足够大的销售市场,更为重要的是能够满足消费者对同类产品的差异化的需求。在产业内贸易中,出口方因为获得规模经济报酬递增以及对市场的垄断而获得利益;而进口方则是从消费差异产品中获得消费上的满足,从而得到福利水平的提高。总体来看,企业对规模经济效益的追求是产业内贸易产生的重要动力。

与内部规模经济不同,企业外部规模经济的获得不是凭借企业自身生产规模的扩大,而是借助所处行业较大的规模而获得竞争优势。较大的行业规模有利于人才、技术等资源的共享,从而能够使企业在自身规模不变的条件下获得更多利益。相反如果一国某行业规模较小,资源很难做到共享,为维持正常生产,企业就必须拥有绝大部分资源,并因此导致生产规模较小、单位生产成本较高。按照外部规模经济贸易理论,企业在贸易中有无优势不在于各国之间绝对的要素优势的差异,而在于所处行业在某一时点上的发展规模。某些在要素上具有比较优势的国家之所以在贸易中处于劣势,很可能是该国这一行业还没有发展起来,企业还未能获得外部规模经济效益。相反,那些不具备要素优势的国家如果能率先将行业规模壮大起来,仍然能够在贸易中获得比较优势。由于工业品的多样性,任何一国都不可能生产某一行业内的全部产品。为实现外部规模经济,就有必要仅选择其中的部分产品,国际分工和贸易也因此成为必然。

3. 需求偏好相似论。瑞典经济学家林德(Linder)的"需求偏好相似论"是最早从需求的角度对产业内贸易做出解释的理论。林德将一国的需求结构与收入水平密切联系起来,认为两国人均收入水平越接近,彼此需求结构的重叠部分就越大,两国也就越有可能展开贸易。一国在某一特定时期内,总有一个平均收入水平或代表性收入水平,因此大部分消费者都会对反映代表性收入水平的消费品产生偏好。为获得较大的市场从而实现规模经济效益,企业就会致力于生产有代表性的消费品。在此过程中,企业规模日益扩大,不但能够满足国内需求,同时也因成本降低而具备了较强的国际竞争力。如若两个国家的代表性收入水平或人均收入水平越接近,消费者的需求偏好就会越相似,其中一国具有竞争力的产品就越有可能向另外一国出口。两国各自生产反映代表性需求的同一部门中具有差异性的产品,然后进行交换,产业内贸易也就由此产生。由于发达国家的平均收入水平接近,需求结构重叠部分较大,因此产业内贸易量就大。从动态的角度看,由于经济发展的不平衡,一部分发展中国家的经济发展较快,当收入增加到一定程度,就会与发达国家之间产生更多的对同类产品的重合需求,由此产生的产业内贸易机会相应就会增加。

4. 简评。产业内贸易理论建立在规模经济和差异产品的基础上,突破了传统贸易理论一直遵循的规模报酬不变、完全竞争、同质产品等价,认识到国际贸易的基本前提已经发生变化,承认不完全竞争市场结构这一事实,并将其纳入国际贸易理论的思考中,使现代贸易中的新现象得到更切合实际的解释。从这一角度讲,产业内贸易理论是对传统贸易理论的批判。另外,该理论不仅从供给方面解释产业内贸易现象,而且从需求角度进行了考察,这实际上是将比较成本理论中贸易利益等同于国家利益的隐含假设转化为供给者与需求者均可受益。

尽管产业内贸易理论的假设更具有现实性,得出的结论对现实世界也更具有指导意义,但是并不能因此否认传统贸易理论,对于产业间贸易而言,传统贸易理论仍有着很强的解释力。两种理论都具有一定的现实性,并非不能共融,而是将继续并存发展。

四、国家竞争优势理论

美国哈佛大学教授迈克尔·波特在1990年出版的《国家竞争优势》一书中,提出了一套解释一国产业或企业竞争优势的全新理论,即国家竞争优势理论(theory of competitive advantage of nations)。波特认为,长期以来在国际竞争分析中处于主流地位的比较优势理论已经过时,在全球化进程不断深化的今天,竞争优势才是一国财富的源泉。波特是从产业的角度分析一国竞争优势的,认为一国兴衰的关键取决于本国能否在国际市场中取得竞争优势,而形成竞争优势的关键又在于能否使主导产业具有优势。

(一)波特对其他贸易理论的批评

波特在论述如何提高一个国家主导产业的竞争优势之前,先对过去涉及国家竞争优势的贸易理论做出评判,认为这些理论缺乏说服力。

对于比较优势理论,波特认为,尽管以生产要素的比较优势决定一国的生产形态确实有说服力,但是越来越多的例证却说明这一理论并不足以解释丰富多元的贸易形态,而且基于要素禀赋优势所获得的优势通常难以持久,因为成本更低的生产环境在国际范围内会不断出现,比如目前以廉价劳动力取得的优势,未来可能会因另一国家劳动力更廉价而消失。

波特认为,规模经济论和技术差距论在解释一国企业的竞争优势时也不甚完美。规模经济论认为,庞大的国内市场是产生优势的重要条件,但这一点却不能解释为何意大利企业称霸五金器材市场、德国公司强于化工业、瑞典企业称雄采矿设备,因为这些国家的相关商品的国内需求并非最强大的。技术差距论认为,一国在技术方面的优势会随着技术的扩散和技术差距的缩小自然下降或消失,但事实上一些国家的产业(如意大利的制鞋业、瑞典的家具业)却能够将这种技术优势保持数十年。

波特对生命周期理论也提出质疑。该理论认为,一国之所以成为许多产品的开发者,是因为其国内市场有需求,并且该国技术领先、研发实力雄厚。但是如果几个国家同时出现对新产品的需求,情况将会怎样?为何一个技术落后或内需市场不大的国家,反而能成为国际竞争的主角?对这些问题,生命周期理论难以给出合理解释。

总之,波特认为,已有的国际贸易理论都不能很好地解释为何一国产业或企业能够在国际市场上取得成功,因此有必要提出新的理论。

(二)国家竞争优势理论的核心内容

1. 波特的钻石理论。波特认为,国家的财富和竞争力的大小不是靠对劳动力、自然资源等自然条件的继承,而是要靠国家创造的良好的经营环境和支持性制度。国家竞争环境如何,决定了一国主导产业能否创新和升级,企业是否具有国际竞争力,生产率能否迅速增长。波特用四类要素组成的钻石来形象地描绘竞争环境的组成,通称钻石理论,也可称为波特的菱形理论。钻石理论认为,在某一区域的某一特定领域,有许多因素影响生产率和生产率增长,诸如信息、激励、竞争压力、关联企业、制度与协会、基础设施和人力与技能库等。其中四项环境因素尤其重要,包括生产要素、需求条件、相关与支持性产业以及企业的战略、结构和竞争。在这四项关键因素之外,还有政府和机会两项辅助性因素,这六项因素共同构成了一个完整的钻石体系(见图2-2)。

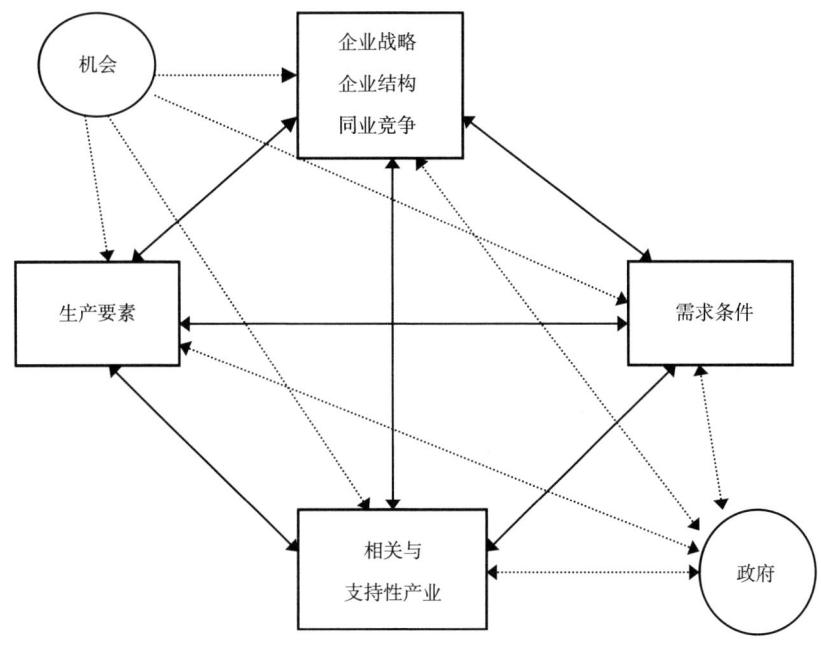

图 2-2 完整的钻石体系

(1)生产要素。根据波特的观点,生产要素包括自然资源、人力资源、基础设施、资本资源和知识资源。这些要素可以进一步分为初级生产要素和高级生产要素。其中初级要素是指一国先天拥有的无须花费多少代价即可得到的要素,如自然资源、非熟练劳动力;高级要素是指经过大量持续性的投资才能得到的要素,如现代化的通信设施、熟练劳动力等。波特认为,除了以天然产品和农业为主的产业,以及对技能要求不高或技术已经普及的产业外,初级要素的重要性已越来越低。一国要获得真正的竞争优势,必须不断的投资、创新和升级,取得高级要素。如果一国的初级要素不足,但高级要素在世界上具备优势,那么该国仍然有可能成为具有竞争优势的国家。丰富的初级要素只会使一国简单地利用这种优势,而不去设法提升这些要素;相反,要素的劣势却会对企业形成压力,迫使其不断创新,从而使该国在高级要素上的优势更加突出。例如,日本自认为是一个资源贫乏的岛国,但却通过向国际市场提供大量优质、廉价的制造业产品和高科技产品,在国际分工中占据非常有利的地位。由于高级要素通常是创造出来的,因此波特主张一国政府、行业协会、企业和个人应共同对高级要素进行持续性的投资,形成有利的环境,刺激其迅速发展。

(2)需求因素。波特认为,国内需求是影响一国竞争优势的关键因素。一方面,如果某种产品的国内需求较大,就会促进国内竞争,形成规模经济;另一方面,也是更重要的方面,若国内消费者是世界上最挑剔的、品位最高的产品和服务的需求者,那么企业就会被迫不断改进和创新,提供更高质量、更高档次的产品和服务,并最终带来竞争力的提升。此外,如果一国企业尤其是小国企业非常关注市场需求的细分,选择非主流的、不太吸引人的产业环节来生产、发展,同样能够获得竞争优势。

(3)相关和支持性产业。波特认为,竞争优势来源于产业集群。一群在地理上相互临近,在技术上、人才上、信息上相互支持并具有国际竞争力的相关产业和支持产业所形成的产业集群(或称产业链),是国家竞争优势的重要来源。由于相对集中于同一区域,相关产业之间的竞争就会加剧,从而带来产品价格的下降和质量的提高;而距离的缩短也会使相互间的交易成本下降,信息和技术上的交流更加便利,更加专业化的生产也会成为可能。由于具有良性互动、既竞争又合作的环境,因此产业集群的竞争优势一旦形成就会具有可持续性,并且可向新加入的产业"蔓延"。此外,波特还强调,一个有国际竞争力的产业集群所涉及的各个生产环节最好都由国内企业来实施或提供,也就是由本地企业组成上下游配套齐全的产业发展链条,这样形成的国际竞争优势才是稳定的、可靠的。

(4)企业的战略、结构和竞争。波特认为,各类企业作为国民经济的细胞,在生产规模、组织形式、产权结构、竞争目标和管理模式方面有不同特征,这些特征的形成和企业国际竞争力的提高在很大程度上取决于企业所面临的各种外部环境,而国家竞争优势就来自对它们的选择和搭配。比如,一国受民族文化和政府政策影响的"管理意识形态",将会帮助或阻碍竞争优势的形成。此外,竞争优势的获得还取决于国内的竞争程度。传统观念认为,由于激烈的国内竞争会导致资源的浪费、妨碍规模经济的形成,因此寡头垄断的市场结构才有助于产业竞争力的提高。但波特认为,真正的、可持续的竞争优势是在激烈的竞争中形成的。因为竞争会给企业带来改进和创新的原动力,使其在产品性能、质量、服务、成本等方面要不断地强化在国内的优势,并且在产业存在规模经济时,更会迫使企业致力于开拓国际市场。可以说,本国市场的竞争对手越强大,企业国际化的成功机会就越大,竞争力就越强。

(5) 机会。波特认为,基础技术的创新、生产成本的突然提高、国际金融市场的动荡、国外政权的更迭、战争等都是企业可能提高竞争力的机会。机会之所以重要,是因为它会打破原来的状态,提供新的竞争空间,使一国企业已经获取的竞争优势消失,同时使另一国的企业在新条件下赢得新的竞争优势。

(6) 政府。波特认为,政府作为钻石体系中的辅助性因素,应当对上述几个基本因素施加积极的影响,推动竞争优势的形成。政府无论是实施补贴等产业政策,还是对经济基本不加干预,都不利于一国竞争力的提高。政府应当做的是选择有助于提高生产率的政策、法律、制度,推动市场的竞争,为企业创造一个能够获取竞争优势的大环境。但波特也承认政府的作用是有限的,若产业的基本要素已具备,政府就可强化其优势,但政府本身并不能帮助企业创造竞争优势。

波特强调,尽管对钻石体系的关键要素及辅助因素是分别来介绍的,但该体系是一个互动的体系,其内部每个因素都是相互依赖的,都会强化或改变其他因素的表现。

2. 国家竞争优势的发展阶段。波特认为,根据竞争力的变迁,可将一国国家竞争优势的发展过程分为四个阶段:要素推动阶段、投资推动阶段、创新驱动阶段和财富驱动阶段。在第一阶段,国家竞争优势来源于初级要素和高级要素上的比较优势。第二阶段资本的不断投入是获取竞争优势的关键。持续追加的资本可通过更新设备、提高技术水平、扩大生产规模等方面来改进一国继承来的要素禀赋,获得动态的要素优势。第三阶段,竞争优势来源于企业在研究、设计、生产、销售等环节上的创新。企业或行业的创新能力越强,科技成果产业化的效果越显著,竞争力和市场适应能力就越强。第四阶段是一个转折点。在这一阶段,国家往往会依赖过去积累的财富维持经济运行,创新意愿和能力会下降,产业发展在低水平徘徊,竞争力迅速下降。显然,四个阶段产生竞争优势的因素各异,前三个阶段是国家竞争优势的增长期,第四个阶段则是国家竞争优势的下降期。

(三)关于波特理论的评价

1. 波特理论的价值。波特的国家竞争优势理论从六个方面对国家、产业和企业的竞争优势做出解释,在许多方面突破了传统国际贸易理论和国际直接投资理论的分析框架,在很大程度上是对比较优势理论的补充和超越,以培育竞争优势为出发点的产业政策和贸易政策相比比较优势更有战略意义。波特对竞争优势的来源以及取得并保持竞争优势的途径的探讨,对一国如何将比较优势转化为竞争优势、如何制定竞争政策、如何实施国际化战略等都有十分重要的借鉴意义。从这一角度来讲,波特的理论弥补了传统贸易理论的不足,更接近当代国际贸易的现实,对产业国际竞争力的研究做出了很有价值的贡献。

2. 波特理论的局限性。波特的钻石理论一经提出,就引起理论界、企业界以及政府的很大反响,并遭到许多著名经济学家的严厉批评。比如,其模型未用规范的经济学语言表述;理论缺乏创新,仅仅是比较优势理论各观点的重复;模型解释力不强,仅适用欧盟、美国、日本等大国;低估价格竞争力的作用,对政府在提高产业竞争力中的作用认识不足;将一国国家竞争优势的发展分为四个阶段是用微观层次的企业行为来解释宏观的经济发展,过于简单片面;等等。

经济学家的批评固然尖锐,但并非毫无根据。虽然波特的理论有许多具有启发意义的观点,但的确存在着一些局限性。

首先,分析范式不够完整。波特强调生产要素、需求因素、产业集聚以及企业的战略、结构和竞争程度是影响一国竞争优势形成的关键因素,却忽视了规模收益的作用。波特主张政府应对市场积极干预,以防集中度的提高会阻碍市场竞争。事实上,由于某些行业的确存在规模收益递增的生产函数,因此生产规模的扩大能够降低单位产品的成本,使企业国际竞争力提高。未达到最优规模的企业在生产成本上将处于劣势,在同国外企业竞争时,也难获取竞争优势。此外,波特忽视了产品竞争力的研究,仅关注产业竞争力。但是,在市场经济中,经济活动的关键环节是生产效率和市场营销,产业国际经济竞争力最终要通过产品的市场占有份额来衡量和检验,因此不应忽视对产品竞争力的研究。波特还忽视了宏观经济环境、政治体制、社会文化等外部因素对企业竞争环境的影响。

其次,钻石模型的许多结论并不适合发展中国家的情况。波特认为,竞争力的提高主要依赖于高级要素的开发,但发展中国家目前具有国际竞争力的产业大多仍属初级要素密集型的产业。大多数发展中国家并不能满足竞争优势关于"资本是充裕的"这一隐含的前提,因此并不具备"持续的投资"这一培育高级要素的必要条件。此外,发展中国家的许多产业目前还处于起步或成长阶段,苛刻的、高级的市场需求即使存在,企业也难以提供相应的高质量产品和服务,在创新产品的国际、国内市场上还难以与发达国家的企业竞争。

最后,低估了政府的作用。波特过于强调企业和市场的作用,仅将政府作为一个辅助性因素,认为政府的作用主要是纠正市场扭曲,为企业提供公平竞争的外部环境。在对外贸易中,政府应该采取措施促进市场开放,实现自由贸易,而不能相互进行贸易保护。然而若政府不加干预,波特重视的四个关键因素可能要经历很长时期才能孕育成熟。例如,没有相关的立法,高级要素仅靠企业自身的努力难以培育成功;若没有适当的对市场的保护,国内企业没有能力与国外企业竞争,升级的国内需求可能仅仅会带来国外有竞争力产品的进口的增加,而不能刺激国内企业提高竞争力。此外,产业集群的形成、主导产业的发展以及国家竞争优势从一阶段向下一阶段的推进,都需要政府在其中发挥重要作用。

由上述分析可知,波特的钻石理论的确是不完善的,特定的国家或地区在使用该理论时,有必要依据具体情况进行有针对性的修改和补充。

本章小结

1. 亚当·斯密的绝对优势理论和大卫·李嘉图的比较优势理论以劳动生产率和生产成本的差异为基础,解释国际贸易的成因。两者的差别是前者认为国际分工和国际贸易的原因和基础是各国间存在的劳动生产率和生产成本的绝对差别;而后者认为贸易的基础是劳动生产率的相对差别,而不是绝对差别,以及由此产生的相对成本的差异。相比绝对优势理论,比较优势理论在更普遍的范围内解释了国际贸易的基础以及参与贸易给双方带来的收益。

2. H-O 理论是以两国要素禀赋的差异来解释国际贸易的基础,认为产品的相对成本主要取决于产品生产中的要素比例和资源禀赋的稀缺程度。各国应出口密集使用本国丰裕要素的产品,换取密集使用本国稀缺要素的产品。除了解释国际贸易的基础外,对 H-O 理论的拓展还能够解释贸易利得在不同部门之间的分配。

3. 对里昂惕夫之谜的解释促成了数种新贸易学说的产生,这些贸易学说从生产过程中投入的要素种类的增加、生产要素是否同质、比较优势的动态变化来解释国际贸易的成因和贸易模式。与古典贸易理论和新古典贸易理论相比,新贸易理论的重要区别之一就是从规模经济和不完全竞争的角度来解释资源储备相似的国家之间以及同类工业品之间的双向贸易。

4. 国家竞争优势理论强调一国整体竞争力的重要性,从生产要素、需求因素、相关和支持性产业、企业战略、组织和竞争状态等方面分析一国的竞争优势。一国优势产业的国际竞争在不同阶段拥有不同的优势要素和优势地位,因此要采用不同策略提高国际竞争力。

思 考 题

1. 简述比较优势理论和 H-O 理论对于国际贸易成因的分析有何区别。
2. 简述要素价格均等化进程对国际分工中比较优势变化的影响。
3. 什么是里昂惕夫之谜?围绕对里昂惕夫之谜的解析,产生了哪些主要学术观点?
4. 产品生命周期理论是如何分析比较优势的动态变化的?这一理论对于发展中国家有何意义与启示?
5. 试从内部规模经济和外部规模经济的角度解释产业内贸易产生的原因。
6. 什么是竞争优势?如何依据波特的钻石模型提升一国的竞争优势?

第三章

保护贸易理论

★ 学习目的与要求 ★

1. 了解重商主义和保护关税说的主要观点和政策主张。
2. 掌握幼稚产业保护论和战略性贸易政策理论的主要观点和政策主张。
3. 能够从政治经济学的角度分析贸易保护的供给和需求。

虽然各国实行自由贸易能够带来世界福利的最大化,但几乎所有国家都实行程度不一的贸易保护主义政策。贸易保护主义是以自由贸易主义批评者的身份出现的,针对自由贸易主义的一些不切实际的假设和忽视贸易利益分析的弱点,提出了保护贸易理论。保护贸易理论并不否认国际贸易会产生利益,但是它更关注贸易利益在贸易参与国之间分配的多寡,认为不同类型的国家从国际贸易中得到的利益大不相同,因此国家应该采取贸易保护政策,对贸易活动加以干预,以便获得更大的利益。

第一节 重商主义贸易理论

一、重商主义产生的历史背景

贸易保护主义起自重商主义(Mercantilism)。重商主义是指15到17世纪欧洲资本原始积累时期代表商业资产经济利益的经济思想和政策体系,其中"商"是指对外经商,也即对外贸易。随着新大陆和新航线的发现,商业活动的范围空前扩大,西欧对美洲、非洲、亚洲的殖民掠夺,使大量金银流入各国,积累了巨额的货币财富,引致了商品货币经济的蓬勃发展和封建自然经济的迅速瓦解。社会财富的重心由土地转向金银货币,社会各阶层的经济生活对商业资本都有很大依赖,货币财富成为各阶层共同追逐的对象,成为社会经济生活的支配力量,赤裸裸的拜金主义成了社会风尚。这时,商业资本已经不像过去那样只存在于自然经济的缝隙中,而是在不断破坏自然经济的同时,大规模地存在并发展着,并产生"压倒一切的影响"。社会经济的这种剧烈变化,必然要反映到上层建筑中来,在经济思想和政策方面,则表现为重商主义的兴起。

二、重商主义的经济思想

重商主义主要研究对外贸易是怎样给一国带来财富的,重商主义者的经济思想就是商业资本家的思想,其核心是金银等货币是财富的唯一表现形式,而对外贸易是财富的源泉。重商主义者认为,国内市场的交易不过是由一部分人将金银支付给另一部分人,其结果仅是社会财富在不同集团之间的再分配,整个社会财富的总量并不会因此增加。相反,对外贸易却可以通过出口产品换取国外的金银,从而使社会累积更多的财富。因此,只有对外贸易可以带来金银并使一国致富。而要达到这一目的,关键是要保持对外贸易顺差,坚持少买多卖的原则,以便使货币流入本国。由于对金银特别重视,重商主义者将国际贸易视为零和博弈活动,即一个国家的所得来自其他国家的损失,因为一国贸易顺差必然意味着其他国家的逆差。

重商主义可以分为早期和晚期两个阶段,两个阶段的思想基本相同,区别在于对通过贸易顺差来获取金银货币有不同的看法和主张。早期以"货币差额论"为中心,实为重金主义,其代表人物之一是英国的威廉·斯塔福(W. Stafford);晚期以"贸易差额论"为中心,成为名副其实的重商主义,其代表人物是英国的托马斯·孟(T. Mun),其主要著作是《论英国与东印度的贸易》,马克思称之为"重商主义福音书"。早期的重商主义者强调绝对的贸易顺差,主张控制商品进口和货币外流;而晚期的重商主义则着眼于长远发展,认为一定时期内的贸易逆差是可以允许的,只要最终的贸易结果能保证顺差,确保货币最终流回国内就可以。这一阶段的重商主义者开始认识到货币运动与商品运动的内在联系,托马斯·孟的两句名言概括了这一联系:"货币产生贸易,贸易增多货币。"

三、重商主义的政策主张

不论是早期的重商主义还是晚期的重商主义,都主张国家必须对经济进行干预,实行保护主义的对外贸易政策,以便保持对外贸易顺差。在早期阶段,政策主张主要集中在对货币输出的控制上,例如,英国爱德华四世统治时就曾规定输出金银者要处以重刑。到重商主义的晚期,关于货币的政策主张不再是严禁金银出口,想方设法吸收外国金银,而是通过对贸易顺差的追求来达到积累更多货币的目标。为此,贸易差额论者提出如下几点政策主张。

1. 奖励出口政策。在英国,如果本国产品在外国或国内不能和外国产品竞争时,可以退还原来对其原料征收的税款,必要时国家给予补贴。阻止原料或半制成品的出口;奖励制成品的出口;并且认为输出廉价原料,再用高价购买制成品是一种愚蠢的行为。另外,国家还用现金奖励在国外市场上出售本国产品的商人。

2. 征收关税限制进口政策。这一政策在货币差额论时期就开始实行。贸易差额论者则把它作为扩大出口、限制进口的一种重要手段。对进口货物几乎都要征收重税,达到限制进口的目的,对原料则免税进口。

3. 发展本国航运业政策。贸易差额论者认为,建立一支强大的商船队和渔船队是一个国家经济力量的重要组成部分。因此,应禁止外国船只从事本国沿海航运和殖民地之间的航运。

4. 对外贸易垄断政策。葡萄牙和西班牙在 16 世纪实行对外贸易垄断。葡萄牙国王直接掌握并垄断对东方的贸易,西班牙则垄断它和美洲殖民地的贸易,不许外国人插手经营。通过贸易垄断,西欧国家在其殖民地取得廉价的原料,运回本国加工成制成品,高价向殖民地或其他国家出售。

5. 发展本国工业政策。为了实现贸易顺差,必须多卖商品。因此,他们认为应该发展本国工业,使本国产品在世界市场上有竞争能力,保持出口优势。为此,各国都制定了鼓励本国工业发展的政策。如有的国家高薪聘请外国工匠,禁止熟练技术工人外流和机器设备输出,给工场手工业者发放贷款和提供各种优惠条件。

四、重商主义对外贸易理论简评

(一)进步作用

以贸易差额论为代表的重商主义是西方最早的国际贸易理论,也是最早从外贸学说史的角度分析对外贸易对一国经济影响的理论,在历史上曾起到进步作用。它促进了资本的原始积累,推动了资本主义生产方式的建立与发展。同时,重商主义的一系列主张,如强调国家应该干预对外贸易,运用关税等措施奖励出口限制进口,积极发展工业、提高产品质量等,具有重要的现实意义,对于广大发展中国家基于本国国情制定相对应的对外贸易政策有非常重要的价值。直到现在,重商主义仍影响着世界各国的对外贸易政策。

(二)局限性

重商主义也存在着明显的局限性。一方面,它在理论上还不成熟,还没有形成系统的理论。受当时所处历史和社会发展阶段的局限,重商主义对社会经济现象的探索仅限于流通领域,认为利润或利益来自流通领域,而未深入到生产领域。真正的经济学,是理论研究由流通过程转向生产过程才开始的。另一方面,重商主义对于国民财富的理解是狭隘的,他们把财富等同于货币,认为黄金和白银是唯一的财富,一切经济活动都是为了获取金银,把国际贸易看作是一种零和博弈。基于这一认知,重商主义也就无从正确认识对外贸易对一国经济发展的真正意义,认识不到贸易是怎样促进社会财富的积累、生产力的发展以及人类福利水平的提高。

第二节 古典贸易保护理论

19世纪中叶,经济实力达到巅峰的英国废止了《谷物法》,提倡自由贸易。但当时的美国和德国因经济实力不敌英国,分别采取了汉密尔顿和李斯特的贸易保护理论和政策,并利用第二次工业革命和世界经济增长的有利时机,在第一次世界大战之前对英国实现了赶超。不可否认,贸易保护理论和政策对当时美国和德国的经济发展确实起到了重要作用。

一、汉密尔顿的保护关税说

(一)汉密尔顿的主要观点

18世纪中后期,美国独立之初,经济上仍然受英国控制,工业基础薄弱,无法与英国竞争,只能以棉花、小麦等农产品与英国交换工业品。当时摆在美国面前有两条路:一是实行自由贸易政策,继续出口农产品,换回工业品,这种贸易格局有利于美国南方种植园主,但不利于北方工业制造业的发展;二是实行保护关税政策,独立自主地发展自己的工业,减少对外国工业品的依赖,这是美国北方工业资本家的要求。1791年,美国当时的财政部部长,也是美国独立后的第一任财政部部长亚历山大·汉密尔顿,代表工业资产阶级的利益,向国会提交了《关于制造业的报告》,在报告中明确表达了他的保护贸易的理论观点。该报告被视为保护贸易理论第一份重要的经典文献。

在《关于制造业的报告》中,汉密尔顿阐述了发展制造业的好处:①促进机器的使用和社会分工的发展,提高整个国家的机械化水平;②增加社会就业,吸引外国移民,加速美国国土开发;③提供更多开创各种事业的机会,使个人才能得到充分发挥;④保证农产品销路和价格稳定,从而刺激农业发展。

汉密尔顿认为,亚当·斯密的自由贸易理论不适用于美国,不利于美国发展制造业。因为独立后的美国经济发展状况不同于英国,工业基础薄弱,技术落后,生产成本高,无法在平等的基础上进行对外贸易。如果实行自由贸易政策,只会使美国的产业被限制在农业范畴,制造业将遭受极大损失,并进而令美国经济陷入困境,无法实现经济上的独立。为此,汉密尔顿强调在一国工业化的早期阶段,应当排除外来竞争,保护国内市场,以促使本国幼稚工业顺利发展。

对美国尚处于幼稚阶段的制造业,汉密尔顿认为可以通过多种多样的措施进行保护和支持,如向与国内产品相竞争的外国产品征收保护关税;禁止进口来自竞争对手的物品,或者征收高额关税以达到限制进口的目的;禁止原材料出口;实行出口补贴或出口奖励制度;对以进口产品作为中间投入生产出口产品者,实行进口免税或退税;鼓励新的工业发明,鼓励引入机器设备;制定并实施制造品检验规则。

尽管汉密尔顿的政策观点并未全部被美国政府接受,但在提高关税保护本国工业方面还是得到一定程度的落实。18 世纪末期美国关税税率仅为 5% ~ 15%,不足以保护自己的工业。从 19 世纪初期,美国开始不断提高关税,1816 年关税税率为 7.5% ~ 30%,1824 年平均税率提高到 40%,1828 年又提高到 45%。保护关税使美国工业得以避免外国竞争而顺利发展,并很快赶上了英国。至 19 世纪 80 年代,美国的工业产值跃居世界首位。

(二)简评

汉密尔顿的保护关税说在西方国际贸易理论体系中具有重要地位,它的提出标志着与自由贸易理论体系相对立的保护贸易理论体系的形成,具有重要的理论意义。

此外,汉密尔顿的保护关税说对美国对外贸易政策的制定产生了深刻的影响,许多政策主张后来成为当时美国对外贸易经济政策的重要组成部分,促进了美国资本主义的发展,具有历史进步意义。该学说对于落后国家寻求经济发展和维护经济独立也具有普遍的借鉴意义。当然,在当时的历史条件下,汉密尔顿没能够进一步分析其保护措施的经济效益和经济后果,没有注意到保护贸易措施也有制约本国经济发展的消极一面。

二、李斯特的幼稚产业保护论

弗里德里希·李斯特是德国经济学家,也是德国历史学派的先驱。与古典学派的自由主义经济学相左,他认为国家应该在经济生活中起到重要作用。李斯特对于贸易的观点深受汉密尔顿的影响,其所处的19世纪初的德国像独立之初的美国一样,虽然有一定的工业基础,但远远落后于英国、法国,受英国廉价工业品的影响很大。为此,李斯特在1841年出版的《政治经济学的国民体系》中,系统地阐述了幼稚产业保护论。

(一)对古典学派国际贸易理论的批评

李斯特的幼稚产业保护论以生产力理论为基础,认为:"财富的生产力比之财富本身要重要很多倍。"李斯特反对李嘉图从价值理论出发,反对"认为在别国生产费用较低的商品不需要在本国生产,因为花钱向别国购买比在本国生产更有利"的说法,向外国购买廉价商品,表面看来要合算一些,但这样做的结果,德国工业生产力就不能获得发展,将处于落后和从属于外国的地位;而采取保护关税政策,起初会使工业品的价格提高,经过一定时期,生产力提高了,商品生产费用就会下降,商品价格甚至会降到国外进口商品的价格以下。因此,李斯特认为比较成本论不利于德国生产力的发展。

李斯特认为,古典学派的"各国按照比较成本可以形成合理的国际分工,而实行这种分工,只需经由自发的自由竞争和自由贸易"的理论是一种世界主义经济学,抹杀了各国不同的经济发展和历史特点,错误地以"将来才能实现"的世界联盟作为研究的出发点。

幼稚产业保护论的另外一个理论基础是经济发展阶段论。李斯特认为,各国经济发展必须经历五个阶段:原始未开化时期、畜牧时期、农业时期、农工业时期、农工商业时期,不同时期应当实行不同的对外贸易政策。他认为,德国正处于农工业时期,要过渡到农工商业时期,必须依靠国家采取保护关税政策,扶植德国工商业的发展。因此,不能在现阶段采取什么世界主义经济学,而只能采用所谓国家经济学政策。

李斯特认为,要想发展生产力,必须借助于国家的力量,而不能听任经济自发地实现其转变和增长。他指出,英国的工商业已有相当发展,固然可以提倡自由贸易政策,但英国之所以能够发展,是由当初政府的扶植政策造成的,法国的情况也类似。因此,李斯特积极主张德国应该在国家干预下,实行保护贸易政策。

(二)保护幼稚产业的政策措施

1. 保护政策的目的与对象。李斯特要通过实行保护关税政策促进生产力的发展。经过比较,他认为,使用动力和机器的制造工业的生产力远远大于农业,所以,一国应特别重视发展工业生产力。

同时,李斯特提出了保护对象要符合以下几个条件。

（1）幼稚产业才需要保护。幼稚产业(infant industry)是指某一产业处于发展初期，基础和竞争力薄弱，但经过适度保护能够发展成为具有潜在优势的产业。他不主张保护所有工业，需要保护的是当前相对落后，但经过一段时间的保护后确实能自立和有发展前途的产业。

（2）保护是有期限的。被保护工业发展之后，当生产出来的成品价格低于进口同种产品，能与外国竞争时，就无须再保护。若再经过一个适当时期后被保护工业还不能扶植起来时，也就不必再予以保护。这里所谓"适当时期"，李斯特主张以30年为最高期限。

（3）工业虽然幼稚，但如果没有强有力的竞争对手时，也不需要保护。

（4）对农业的保护，只有那些刚从农业阶段跃进的国家，距离工业成熟期尚远，才适宜于保护。他认为，通过保护使工业发达以后，农业就会跟着兴起。

（5）对外来的冲击，政府应予以保护。但在国内应该尽可能地鼓励竞争，没有竞争，国内的幼稚产业永远也不可能发展起来。

2. 关税是建立和保护国内工业的重要手段。李斯特认为，关税是建立和保护国内工业的主要手段，但必须随工业发展水平而相应逐步提高关税。他认为，工业就像树木一样，不能马上就发展起来。因此，保护制度也不能雷厉风行，否则，就会割断原来存在的商业联系，反而对国家不利。

3. 对不同的工业，实行不同程度的保护。李斯特认为，要达到保护目的，对某些工业品可以实行禁止输入，或规定的税率事实上等于全部、或至少部分地禁止输入；或税率较前者略低，从而对输入产生限制作用。所有这些保护方式，没有一个是绝对有利或绝对有害的。究竟采取哪一种方式最为适当，要看国家特有环境和它的工业情况来决定。

需要注意的是，李斯特并不否认自由贸易政策的一般正确性，他认为，当一个国家解决了落后问题，即实现了工业化后，是可以选择自由贸易政策的。这是幼稚工业保护理论与重商主义的重要区别。

（三）简评

1. 进步作用。幼稚产业保护论在德国工业资本主义的发展进程中起到了积极的作用。李斯特在同古典学派争论中所做出的实际结论具有一定的进步意义。保护关税政策对于当时德国资产阶级是必要的，它使德国的工业获得了巨大的发展，从而加强了资产阶级的力量，提高了他们在反对封建专制制度中的地位与作用。

该理论现在对于广大发展中国家仍具有积极的借鉴意义。一方面，保护幼稚产业具有合理内涵，连自由贸易的倡导者约翰·穆勒都将幼稚产业保护论作为贸易保护"唯一成立的理由"。李斯特关于经济发展的不同阶段应采取不同的对外贸易政策的观点是科学的,为落后国家实行贸易保护政策提供了理论依据。因此,幼稚产业保护论在现实中有着广泛的影响力,世贸组织也以该理论为依据,列有幼稚产业保护条款,这为广大发展中国家合理保护自己的幼稚工业提供了法律依据。

2. 局限性。李斯特把资产阶级利益假托为人民利益。在保护贸易与自由贸易的论争中,李斯特和自由贸易论者一样,也是以人民利益代表者的姿态出现的。他认为,在保护制度下,使国内工业有了保障,国内市场由此获得的利益是人人可以自由享受的。实际上,这些说法都是资产阶级为了取得劳动人民的支持而散布的,它们掩盖着资产阶级贪得无厌的私欲。所以,李斯特所真正代表的是德国工业资产阶级的利益。

此外,幼稚产业保护论在实践中也遇到很多问题,其中最主要的是无法准确界定幼稚工业。许多发展中国家对幼稚产业的保护都没有达到预期的效果,并未通过保护贸易政策的实施提升幼稚产业的竞争力。

专栏 3-1

中国直升机行业是幼稚产业

直升机有巨大的潜在市场

作为直升机行业的先行者,美国在 GDP 达到 1 万亿美元时,已拥有 8 000 多架民用直升机。当 2000 年我国 GDP 迈过 1 万亿美元大关时,民用直升机总数还不到当时美国的 1%。近年来,中国经济一路稳定增长,越来越多富起来的中国人开始对这个庞然大物产生兴趣,国内各领域用户对直升机的应用需求迅速扩大,根据中国民用直升机市场需求的调查,在 2010 年,中国民用直升机市场的需求量将突破 2 000 架,2020 年更有望达到 1 万架,中国可能成为 21 世纪最大的民用直升机市场。

对于直升机制造业而言,高额的利润一直是发达国家致力发展本国直升机行业的根本动因。按照每架 1 000 万元人民币的造价,中国 1 万架直升机的潜在市场就意味着 1 000 亿元人民币的收入回报,同时也将提高中国的空中加油技术、相关精密零件制造技术以及高科技设备生产技术,这无疑是对我国经济发展以及生产力进步的一剂强心针。李斯特的幼稚产业保护理论认为,没有扶植希望的产业,没必要进行保护。中国拥有巨大的市场容量,近年来随着国家政策扶持力度加大,中国的直升机工业已经开始崭露头角,形成了自行研制直升机的科研能力和体系,这一切都说明直升机产业前景巨大,发展势头良好。

蹒跚学步的幼稚工业,虎视眈眈的竞争对手

(1)与世界直升机行业的发展存在较大差距。我国直升机产业发展速度缓慢,完全国产的直升机近年才开始在国内民用市场初露头脚,中国直升机的研制生产和应用依旧步履维艰,与直升机产业发达国家相比,尚处于低水平的初级阶段。

(2)技术更新落后,创新能力不足。目前,世界第四代先进直升机已经开发研制成功,但我国仍处于开发第三代直升机的水平,加之国外在我国大量的专利申请比率(60%~90%)使得我国的产业发展在很大程度上受到发达国家的制约。

(3)专业人才缺乏,配套发展滞后。我国直升机行业正处于新老交替的空隙期,高素质人才外流,使得整个产业发展后劲不足,且国产直升机相当一部分元器件依旧依赖进口,外国厂商趁机抬价赢利,使整个中国直升机产业愈发脆弱。

李斯特的保护贸易政策中提出,保护对象必须是幼稚工业,刚刚起步的中国直升机制造业远不具有追赶先锋队伍的实力,无疑属于幼稚产业。

——资料来源:刘林姗. 李斯特的幼稚产业保护理论给我的启示———直升机的"中国制造"[J]. 中外企业家,2010(3).

第三节　凯恩斯的对外贸易乘数理论

自20世纪30年代以后,贸易保护理论从侧重贸易保护基本论据的研究转向注重保护贸易政策的效应分析。凯恩斯(J. M. Keynes)的对外贸易乘数理论把对外贸易和就业理论联系起来。凯恩斯是英国资产阶级经济学家、凯恩斯主义的创始人,他的代表作是1936年出版的《就业、利息和货币通论》。

一、凯恩斯的贸易保护主张

古典学派的国际贸易理论假定国内是充分就业的,并认为一国的进出口能够通过用出口偿付进口的办法自行平衡。但实际上,失业现象普遍存在,进出口贸易的自动平衡不可能实现。凯恩斯认为,现代社会存在摩擦失业、自愿失业和非自愿失业三种失业形态,其中非自愿失业产生的原因在于有效需求不足,是政府必须解决的问题。有效需求包括消费需求和投资需求,其中投资需求包括国内投资需求和国外投资需求,前者取决于利率,后者取决于贸易收支状况。凯恩斯认为,保持贸易顺差可以不断扩大国外投资,增加投资需求,进而增加有效需求,解决就业问题,促进经济繁荣。因此他积极主张政府对经济生活进行全面干预,实行贸易保护,改变贸易收支状况,促进国民经济发展。

二、凯恩斯主义的对外贸易乘数原理

为进一步说明投资对就业和国民收入的影响,强调政府干预的必要性,凯恩斯提出了著名的乘数原理,即投资量的变动给国民收入带来的影响要比投资量实际变动本身大得多,因此政府投资的增加会引起国民收入的倍增。投资的变动引发的国民收入的倍增,其倍数(即乘数)的大小取决于该国的边际消费倾向。假设投资乘数用 K 来表示,边际消费倾向用 MPC 来表示,则其计算公式为:

$$K = \frac{1}{1 - MPC}$$

由上式可知,MPC 越大,K 就越大,反之亦然。当边际消费倾向为 0 时,乘数为 1;当边际消费倾向为 1 时,乘数趋向于 $+\infty$。

凯恩斯的追随者马克卢普和哈罗德等人把投资乘数原理引入到对外贸易,建立了对外贸易乘数(Foreign Trade Multiplier)理论,认为一国的出口和进口波动会对国民收入产生倍数效应。当本国通过出口从国外获得货币收入时,首先出口部门因收入增加会提高对生产资料和生活资料的需求,从而也必然引起其他产业部门的收入和就业的增加。如此反复下去,国民收入的增量将会是出口量的若干倍。相反,进口则会使本国货币外流,造成收入下降,消费减少,从而会造成本国经济的加倍不景气。所以只有当实现顺差时,对外贸易才能增加一国的国民收入和就业量。由于乘数作用,国民收入的增量将数倍于贸易顺差的增量。假设 ΔY 代表该国国民收入的增加额,ΔI 代表投资增加额,ΔM 代表进口增加额,ΔX 代表出口增加额,K 代表对外贸易乘数,则对外贸易顺差对国民收入产生影响的公式为:

$$\Delta Y = [\Delta I + (\Delta X - \Delta M)] \times K$$

其中

$$K = \frac{1}{1 - 边际消费倾向 + 边际进口倾向}$$

由上式可知,边际进口倾向($\Delta M/\Delta Y$)越小,边际消费倾向($\Delta C/\Delta Y$)越大,对外贸易乘数 K 就越大,等量出口推动国民收入增量就越大;反之,则越小。当 ΔI 与 K 一定时,贸易顺差越大,则 ΔY 就越大;反之 ΔY 会下降。因此,为增加有效需求,实现充分就业,一国应尽量扩大出口,减少进口。

三、简评

凯恩斯主义的对外贸易乘数理论在一定程度上揭示了对外贸易与国民经济发展之间的内在规律性,因而具有重要的现实意义。这一理论对于认清国民经济体系的运行规律,制定切实有效的宏观经济政策也有一定的理论指导意义。

与此同时,对外贸易乘数理论也有明显的局限性。

首先,对外贸易乘数理论把贸易顺差视为与国内投资一样,是对国民经济体系的一种"注入",能对国民收入产生乘数效应。其实,贸易顺差与国内投资是不同的:投资增加会形成新的生产能力,使供给增加,而贸易顺差增加实际上是出口相对增加,它本身并不能形成生产能力。因此,投资增加和贸易顺差增加对国民收入增加的乘数作用并不等同。

其次,对外贸易乘数在实践上是很模糊的,它常会受一国闲置资源和其他因素的影响,资源稀缺会限制该国国民收入的下一轮增长。

再次,这一理论忽视了对外贸易发挥乘数作用的条件。对外贸易的乘数作用并非在任何情况下都能发挥,只有在世界总进口值增加的条件下,一国才能继续扩大出口,从而增加国民收入和就业。如果世界的总进口值不变或减少,一国将无法增加出口,除非降低出口商品价格,但降低出口商品价格,企业会因利润下降而不愿扩大生产、增加产量,因此,增加出口也无从谈起。

最后,该理论没有考虑到国家间贸易政策的连锁反应,一国的奖出限入势必会招致其他贸易伙伴国的报复,长期来看,会对国民经济和贸易产生严重的负面影响。

第四节 战略性贸易政策理论

战略性贸易政策理论(strategic trade policy)最早提出于20世纪80年代初。该理论建立在不完全竞争市场结构与规模收益递增的基础之上,认为政府可以通过对战略性产业的扶持,创造、培育贸易优势,达到提高本国国际竞争力的目的。战略性贸易政策理论强调政府对贸易进行干预的必要性、合理性,因此是对自由贸易的偏离。该理论的主要代表人物有布兰德(Brander)、斯潘塞(Spencer)、巴格瓦蒂(Bhagwati)、克鲁格曼(Krugman)、赫尔普曼(Helpman)等经济学家。

一、战略性贸易政策理论的兴起

传统贸易理论推崇自由贸易,以完全竞争的市场结构为假设前提,认为贸易主要是各国独有的优势产品之间的交换,因此一国在某一产品或产业上的比较优势是贸易发生的根本原因。由于竞争非常激烈,完全竞争市场中的"租"(即垄断利润)非常少,因此经济中不存在"战略性"部门,自由贸易政策是各国最好的选择。在各国都支持自由贸易的情况下,每个国家都能从贸易中获利,且一国的收益并不以他国的损失为代价,自由贸易不是零和博弈。

然而,第二次世界大战后尤其是 20 世纪 80 年代以来国际贸易的发展,尤其是欧共体内部发达国家之间工业制成品的双向贸易(产业内贸易)的发展表明,传统贸易理论的假定及其分析在一定程度上已偏离了现实。市场中不完全竞争才是普遍的现象,完全竞争才是特例。由于市场是不完全竞争的,"租"就不可能因竞争而完全消失。在一些产业,资本和劳动有时会获得比其他产业高得多的回报率,因此经济中确实存在"战略性"部门。"战略性"部门的存在意味着一国政府可以采取战略性贸易政策,也就是识别出战略性部门,而后运用贸易和产业政策扶持这些部门,形成有利于自己的分工格局。在实践中,最早认识到这一现象的是欧共体国家,为缩小与美国之间的技术差距,在竞争中取胜,欧共体国家已意识到运用产业政策改变旧有分工格局的重要性。在亚洲,日本政府也运用产业和贸易政策,使本国当时较为落后的半导体产业赶超原来的领先者美国。实践中运用的政策上升到理论高度,就形成战略性贸易政策理论。战略性贸易政策理论的产生,还得益于经济学新思想在国际经济学中的应用,尤其是 20 世纪 70 年代以来产业组织理论的重大发展,出现了用于分析寡头竞争产业的新方法。

所谓战略性贸易政策,是指在不完全竞争市场中,政府积极地运用补贴或出口鼓励等措施,对那些认为存在着规模经济、外部经济或大量"租"的产业予以扶持,扩大本国厂商在国际市场上所占的市场份额,把超额利润从外国厂商转移给本国厂商,以增加本国经济福利和加强在有外国竞争对手的国际市场的战略地位。

二、战略性贸易政策理论的主要内容

战略性贸易政策之所以会使一国受益,主要通过两种途径:一是通过政府的政策扶持使本国的战略性部门获得较大份额的"租";二是通过战略性贸易政策使一国能够获得更多的"外部经济"。据此,可将战略性贸易理论分为利益转移论和外部经济论两大分支。所谓"租",在经济学中是指"某种要素所得到的

高于该要素用于其他用途所得到的收益"。它可以是某个产业所获得的高于其他相同风险产业的利润率;或者是一个工人所获得的高于其他部门相同熟练程度的工人所能获得的工资。如果某个部门确实有"租"存在,那么战略性贸易政策可以使一国在该部门获得更大份额的"租",从而增加国民收入。所谓"外部经济",是指个人或企业从所从事的经济活动中获得的私人利益小于该活动带来的社会利益,也就是说另外一些个人或企业从该活动中获得了无须回报的收益。外部经济最典型的例子是某一领域产生的知识扩散到其他厂商和部门。若政府能够扶持产生外部经济的活动,那么一国就会获得高额的回报。

具体来看,战略性贸易政策主要包括下述三个内容。

(一) 补贴促进出口论

这一政策最早由布兰德和斯潘塞提出,基本观点是认为一国政府可以运用补贴手段,使本国厂商在国际市场上相比国外竞争对手有更高的战略地位,其根本目的在于将利润从国外厂商转移给本国厂商,促进本国的出口。

布兰德和斯潘塞假定,在一个不完全竞争产业中,存在两家不同国家的竞争企业同时生产一种同质产品并都出口到一个第三国市场。也就是说,两国都不存在这种产品的消费。由此,两家企业间就形成战略性博弈,一方能够实现超额利润部分依赖于竞争对手的行为。如果其中一家企业的所在国政府对企业实施了生产补贴或出口补贴,那么该企业就可在更低的成本上扩大生产。由于补贴使竞争对手相信该企业将扩大生产,因此不得不做出削减产量的反应。这使得享受补贴的企业市场份额增加,并获得额外的利润。尽管补贴将增加政府的支出,但是由于在不完全竞争条件下,市场价格高于企业的边际成本,即存在垄断利润,所以市场份额的扩大能够使受补贴企业获得额外利润(竞争对手的利润转移),使企业的收益超过政府的支出。

布兰德和斯潘塞的理论可以用克鲁格曼的一个经典博弈模拟分析来加以说明。

美国波音和欧洲空中客车公司进行双寡头竞争,二者都需要决定是否开发一种新型飞机。由于宽体喷气式客机研制成本非常高,因此每一制造商只有占领全部市场才能盈利。先生产新飞机的公司能够独占100单位的垄断利润;若两家公司同时进入、竞相生产,则会各招致5单位亏损(见表3-1,左下角代表波音公司收益,右上角代表空中客车公司收益)。

因此,两公司的战略选择只能是:生产或不生产。在这种格局下,最终由谁独占市场完全取决于谁具有先行优势。现假定在波音公司做出决策前欧盟承诺实施战略性贸易政策,向空中客车公司提供10单位的补贴,这样,无论波音公司是否决定生产,空中客车都会做出生产的决策。(见表3-2,如波音生产,空中客车生产比不生产多获益5单位,因此会选择生产;若波音不生产,空中客车选择生产就会获益110单位,因此无论如何,享受补贴的空中客车都会选择生产。)在此情形下,未享受补贴的波音如果继续坚持参与制造新飞机的竞争,必招致5单位亏损。由于确定享有补贴的空中客车肯定会生产这种飞机,波音别无选择,只能退出竞争,将市场全部让给空客,使其独占100单位的垄断租金,利润转移效应得以实现。从上述分析可知,战略性贸易政策理论的一个重要基石在于政府了解该产业的寡头竞争特征,并具有政策先行能力,对企业间的博弈进行干预。值得特别说明的是,政府干预形式不仅仅限于补贴,只要能导致企业做出不可逆转的扩大投资和生产行为并为外国竞争对手所了解,使政府干预行为有可信性,那么任何干预手段都具有同样的效果。

表3-1 波音和空中客车的博弈

		空中客车	
		生产	不生产
波音	生产	(-5,-5)	(100,0)
	不生产	(0,100)	(0,0)

表3-2 波音和空中客车的博弈

		空中客车	
		生产	不生产
波音	生产	(-5,5)	(100,0)
	不生产	(0,110)	(0,0)

(二)关税抽取租金论

这一理论最早也是由布兰德和斯潘塞提出的。两位学者认为,在不完全竞争市场上,国外垄断厂商的定价高于边际成本,存在着"租"。因此进口国政府可以运用关税抽取国外厂商的超额垄断利润。如果本国没有潜在的企业进入该产业,那么征收关税只能带来本国消费者福利的降低。但是如果本国的潜在厂商进入该产业,那么将会对外商形成威胁,使其为维持产品的竞争力,不得不在进口国征收关税时降低价格,否则只能减少出口量。若国外垄断厂商选择降低价格,则其获得的"租"将减少,也就是关税抽取了租金;若国外垄断厂商选择减少出口量,则相当于让出了部分市场,国内厂商就会进入该产业,达到扶植该产业的目的。总之,进口国可以通过对外国垄断厂商征收战略性关税,促使本国政府或本国厂商得利。

"关税抽取租金论"和"补贴促进出口论"都属于利益转移论。

（三）以进口保护促进出口论

该理论由克鲁格曼提出。克鲁格曼认为，在不完全竞争和规模收益递增的条件下，受保护的国内企业能够在国内市场上扩大生产并获得规模收益。假设两家分属国内、国外的企业相互向对方市场渗透，并在第三国市场上竞争，如果本国政府对外国垄断厂商进入本国市场设置障碍，即保护本国与外国厂商相竞争的厂商，那么本国厂商在国内市场上的市场份额就会提高，并因此获得规模经济优势。规模经济优势可以转化为更低的边际成本，从而使得本国厂商在缺乏保护的竞争对手的市场上以及第三国市场上的竞争力增强，出口也相应扩张。相反，国外厂商则会面临销售减少、产量缩减从而成本上升、市场进一步缩小的境况。

（四）外部经济论

该理论认为，国内厂商可以通过同一产业或相关产业中其他厂商的技术外溢和"干中学"获得效率的提高；或者厂商从同一产业或相关产业厂商的聚集、行业规模的扩大中获得外部规模经济效益。这些情况实际上就属于外部经济。由于某些产业或厂商能产生巨大的外部经济效应，因此厂商不能独享投资所带来的收益，再加上投资风险大，所以投资的积极性就受到打击。但这类产业往往都具有战略意义，对一国经济的发展和社会进步具有重大作用。如果政府能对这些产业或厂商给予适当的保护和扶持，降低其投资风险，就能促进这些产业和相关产业的发展，提高其国际竞争能力，获得长远的战略利益。

由上述几个理论可知，正确识别经济中存在的战略性部门是战略性贸易政策能否成功的关键。对此，克鲁格曼提出了两项标准：一是看该部门是否有大量的"租"存在，即该部门的资本或劳动的回报率是否特别高；二是看该部门是否存在着外部经济，即某一企业的研发活动或经验对其他企业能否产生技术外溢。然而由于"外溢"不好衡量，因此根据第二项标准判断战略性部门有一定难度。斯潘塞更加详细地总结了政府选择扶持产业所必须具备的特点，涉及与外国厂商的竞争关系、生产要素价格的变动、产业的集中程度、研发支出在总成本中所占的比重等方面。

三、战略性贸易政策理论的评价

（一）战略性贸易政策理论的理论价值

同传统贸易理论相比，战略性贸易政策理论的基本前提已经发生变化，承认不完全竞争结构和规模报酬递增这一事实，并将产业组织理论和博弈论等方法纳入国际贸易理论思考中。在规模经济和不完全竞争的市场条件下,即使某产业起初并不占有比较优势,但是一国政府可以通过政策干预创造出新的竞争优势,从而促进贸易朝着有利于本国的方向发展。就这一点而言,战略性贸易政策理论扩展了国际贸易的原因、结构和结果,使比较优势成为有更广泛存在基础的动态比较优势,并使现代贸易中许多新现象得到更切合实际的解释。

另外,该理论对政府的作用重新加以定位,认为在规模经济和不完全竞争条件下,政府可以通过补贴和保护国内市场等手段,扶持本国战略性产业的成长,提高其竞争力,并带动其他产业发展,从而在国际市场上抢占竞争对手的市场份额,达到转移垄断利润、提高本国福利的目的。这一点对发达国家和发展中国家的贸易和产业政策都产生了较大影响。空中客车和波音公司明补暗补之争以及日本半导体工业的崛起都可以用战略性贸易政策理论来解释;美国克林顿政府时期的对外贸易政策也属于战略性贸易政策;许多发展中国家的贸易保护也从战略性贸易政策理论中得到一定的启示。

(二)战略性贸易政策理论的局限性

战略性贸易政策理论在理论上具有先进性的同时,也存在许多缺陷和不足。

1. 政府所掌握的信息不完备是战略性贸易政策实施的一大障碍。政府如何选择扶持的对象,如何确定扶持的力度,怎样正确预估政策实施后厂商的反应,所有这些都需要政府掌握完备的信息。信息的不充分会导致政府的决策失误,使补贴或保护国内市场等战略性政策难以产生利润转移的效果。

2. 战略性贸易政策实施时很可能会导致贸易报复。不完全竞争的市场和规模经济的存在只是实施战略性贸易政策的必要条件,而非充分条件。如果竞争对手实施报复行为,即参与贸易的各国都选择战略性扶持政策,那么就可能产生"零和博弈"的后果。比如,空中客车接受补贴,美国也采取同样的措施支持波音,结果就会两败俱伤,牺牲的是两国纳税人的利益。若存在报复的可能性,那么这种以邻为壑的政策只会导致世界贸易的萎缩。

3. 在战略性产业的选择问题上,政府并不总是十分客观的,往往只凭主观臆断或是被某些经济或政治的利益所左右。正因为如此,战略性贸易政策极有可能被个别利益集团所利用,并引发政府官员的寻租行为。

事实上,经济学家在提出并发展战略性贸易政策理论的过程中,对上述问题都给予了不同程度的关注,并提出了相应的政策建议。作为国际贸易新理论的重要组成部分,战略性贸易政策理论的确还不完备。目前,尚有许多学者继续从多角度对该理论进行研究,以促进这一理论的发展。

专栏 3-2

中国的战略性新兴产业的确定

"新兴产业"是新建立的或是重新塑形的产业，它的出现原因包括科技创新、新的顾客需求、相对成本结构的改变，或是因为社会与经济上的改变使得某项新产品或是服务具备开创新事业的机会。"战略性"强调的是其在国民经济和产业结构调整中的重要性；"战略性新兴产业"是科技创新最为集中的生产领域，也正是因为其创新性突出，因此具有较高的劳动生产率，处于产业生命周期曲线中的成长阶段。

中国自 2009 年开始启动战略性新兴产业领域的确定工作。2009 年国务院首次召开战略性新兴产业发展座谈会。2010 年启动的"战略性新兴产业"发展计划，以国务院常务会议形式框定七大战略性新兴产业发展目标。2012 年 5 月 30 日，国务院常务会议讨论通过《"十二五"国家战略性新兴产业发展规划》，进一步明确了七大战略性新兴产业的重点发展方向和主要任务，至此大力发展战略性新兴产业才落到了"实处"。根据战略性新兴产业的特征，立足我国国情和科技、产业基础，现阶段重点培育和发展节能环保、新一代信息技术、生物、高端装备制造、新能源、新材料、新能源汽车等七大战略性新兴产业。

到 2018 年 10 月，2012 年以来的"七大战略性新兴产业"的提法发生改变。根据《国务院关于加快培育和发展战略性新兴产业的决定》，为准确反映"十三五"国家战略性新兴产业发展规划情况，满足统计上测算战略性新兴产业发展规模、结构和速度的需要，国家统计局对战略性新兴产业重新进行分类，战略性新兴产业由此前的 7 个增至 9 个，包括：新一代信息技术产业、高端装备制造产业、新材料产业、生物产业、新能源汽车产业、新能源产业、节能环保产业、数字创意产业、相关服务业。这些战略性新兴产业是以重大技术突破和重大发展需求为基础，对经济社会全局和长远发展具有重大引领带动作用，知识技术密集、物质资源消耗少、成长潜力大、综合效益好的产业。

第五节 贸易保护的政治经济学分析

理论研究和实证分析都表明自由贸易可以使资源得到最优配置，使一国经济福利达到最大化。然而在现实中，几乎所有国家在所有时期都在实施贸易保护措施，进口贸易限制在不同阶段只是程度不同，但从未完全消失。想要理解为什么贸易保护主义会存在,需要从经济和政治两方面进行考察。而在建立国际贸易理论体系时,政治因素被忽略了,取而代之的是一个宽容的、无所不知的政府。但现实中往往存在着一个保护贸易的政治市场,保护贸易为特殊的选民集团、企业和相关利益集团和党派所需要,为政治家和政府的官员带来经济利益,同时提高他们在政治体系中的地位。

近年来发展起来的贸易的政治经济学理论将公共选择的分析范式引入传统贸易理论,试图从政策决策过程的角度去探求贸易保护政策存在的真正原因。贸易的政治经济学主要从规范和实证两方面来解释和描述贸易政策的定义、产生的原因,以及政策制定的政治意图、过程、机制和结果。

一、贸易保护主义的需求分析

一项具体贸易政策是由对这项政策的需求和供给决定的。从需求方面来看,对一项政策的需求,既要有相关的个人利益和集团利益,又要有代表和反映这些利益的组织。对任何贸易保护政策,既有赞成的利益集团,又有反对的利益集团。下面以征收关税为例进行分析。

(一) 赞成关税的集团

与进口商品在国内市场上进行竞争的国内企业对关税保护具有强烈的兴趣,并在总体上反对自由贸易。这些集团主要由特定的经济部门的工会和工人组成。向进口竞争企业提供中间投入品的企业也支持保护。保护贸易集团声称削减关税将有利于外国,对本国会造成削减产出、减少就业等损失。相反,提高保护水平,则会提高国内的就业水平、产出和利润。当国内存在较高失业率时,这一观点就显得特别有力,并得到政府的支持。

(二) 反对关税的集团

对贸易自由化政策感兴趣、反对保护贸易的主要集团首先是出口供应商。向国外市场提供产品的企业认识到,国内日益增长的贸易保护主义可能会引起外国的报复,威胁到他们的对外销售。若本国不降低关税,国外也不会降税,他们将不可能扩大在海外市场的销售。

其次,跨国公司也反对保护主义,因为它们可以在国际市场上进行有效的竞争,所以倾向于自由贸易,而贸易保护主义的倾向可能会引起外国政府对其在当地资产的国有化。

再次,那些在生产过程中使用进口投入品的国内企业也会对贸易自由化感兴趣。不过这样的企业经常同时属于与进口竞争的部门,有着保护贸易的利益。所以它们对保护主义的政治立场并不确定。

最后,消费者及其组织倾向于低关税。贸易壁垒给消费者带来的负担是较少的产品选择和较高的价格。可是,消费者集团对贸易政策的影响很小。一是因为消费者一般又都是雇员和工人,他们的收入主要来自国内企业,但进口产品在其消费中占比却高低不一,因此受关税的影响程度也有不同。结果是消费者会更关注其收入,而这经常得益于进口保护政策。总体来看,消费者对贸易政策几乎没有什么影响,因为要验证关税所引起的消费者福利损失是相当困难的。关税机会成本的不可预见性和间接性很难激励消费者在政治上为削减关税而奋斗。

在社会经济生活中,是关税的反对派占上风,还是赞成派占上风,取决于有关集团的政治权重以及它们在争执过程中提出要求的强度,最关键的因素是组织和支持有效的游说活动所需要的财力和动机。可以将贸易保护视为一个公共产品,它的供给影响着一个特定经济部门或行业的所有成员。但是在提供这一公共产品时,存在着单个人"搭便车"的问题,即并未为实施贸易保护政策付出成本或努力,但却享受到贸易保护带来的利益。由于"搭便车"问题的存在,即使进一步实施贸易保护政策会得到很高的利益,但是有可能存在难以筹集到必要的游说经费的情况。一般来说,筹集这类经费在生产者方面比在消费者方面要容易得多,因为从实施保护措施中获利的生产者相对集中,而从降低贸易壁垒中获利的消费者则分散得多。因此,对贸易保护要有两个一般性的认识:一是赞成关税保护的利益集团有声势浩大的游说活动;二是反对贸易保护的利益集团有较弱的游说活动,这主要是消费者和出口商缺乏激励因素,难以组织起来。

二、贸易保护主义的供给分析

在大多数国家,贸易保护政策的决定并不是源自简单的"少数服从多数"式的民主。实际上,国家通常很少采取直接投票的方式来决定是否实行贸易保护,而是要求由一群被选举出的代表或者政府官员来进行决策。因此支持保护贸易的利益集团只要得到多数代表或者官员的支持就能够赢得贸易保护政策斗争的胜利。是选择自由贸易还是选择保护贸易,仅是选举中争论的众多问题中的一个,在许多国家,贸易政策是由内部的经济和政治问题决定的。

从政治角度来看,在大多数实行民选政治制度的国家,政府在对贸易政策进行选择时,面对的最重要的限制是能否再次当选。当一个政府害怕失去未来的选票时,它就会采取一种能够在选民中提高其声望的政策。尽管一个政党对外承诺了自由贸易,但对内也可能被迫倾向于贸易保护主义,否则也许就不能连任。在对外贸易问题上,一个想重新当选而又不能确保成功的政府,往往对有组织的利益集团所提出的保护贸易的需求十分重视,这不仅是因为政党希望能够继续获得来自这些集团的选票,同时也希望它们能够在竞选中提供资金支持。而政府往往会忽视消费者的需求,因为消费者选民对自由贸易并不是非常执着。

从经济的角度来看,国际收支平衡表是对一国政府实施的贸易政策产生约束力的限制因素。当国际收支平衡表有较大赤字时,就可能引起贸易保护主义的措施。即使政策制定者理想的政策是反对贸易保护的,但在贸易赤字的压力之下,也不得不屈从于出台贸易保护措施。

在贸易保护中发挥重要作用的另外一个角色是行政管理部门,这些机构对贸易保护措施的"供给方"有着相当大的影响力。官僚效用函数中的主要自变量可以假定为威望、权力和影响力,这些变量与各人民团体相关或与某个特定的经济部门有关。例如,农业中的行政官员的服务对象或"顾客"是具有农业利益的集团。行政官员倾向于为这些集团的利益而战斗,提供关税或其他限制进口的措施,以便使其免受外部的竞争。正是由于许多行政管理部门是按照行业组织起来的,所以它们比政治家更加依赖与这些特定行业的关系,因此每个官员都会更加有力地使用其手中的工具,力求比政府的政治家更坚定地保护与他们相关的经济部门,抵制来自外国的竞争。

三、总结

国际贸易理论证明了一个国家单边地向自由贸易方向发展会使经济福利最大化,贸易保护主义引致的损失也越来越被清楚地认识到。然而在现实中,贸易保护却普遍存在,这主要是政治因素在一国贸易政策选择方面施加着重要的影响。赞成关税与非关税壁垒的集团主要由进口竞争行业中的投资者、管理者和工人组成,它们具有强有力的政治地位,对贸易保护有着明确的需求。这些集团的利益集中度高,容易达成有组织的统一诉求和行动。相反,反对关税和非关税壁垒的集团主要由消费者组成,他们虽然人数众多,但组织起来很困难,且存在"搭便车"的问题。贸易保护的水平和结构是需求方和供给方互动的结果,这种政治上的均衡可以用多种方法进行模型化分析。

贸易保护的水平与进口竞争行业的集中度和重要程度具有正相关的关系。夕阳行业、低技术、低工资和就业数量大的部门一般来说得到保护的机会更多,保护水平也更高。一个行业竞争越激烈,在其他条件不变的情况下,其保护程度就越低。此外,实证分析表明,当一个国家的经济脆弱时,贸易保护主义的压力最为强烈,尤其是当国民经济发展低迷、失业水平升高、贸易条件恶化的时候更是如此。但是,当通货膨胀率上升时则会产生降低贸易保护水平的压力。

本章小结

1. 本章介绍贸易保护理论,并对该理论和实践中的问题进行评析。重商主义被认为是最古老的贸易保护理论,其主张是通过保持贸易顺差来达到积累更多财富的目的。

2. 幼稚产业保护论是传统贸易保护理论的代表,该理论的提出深受汉密尔顿的保护关税说的影响。其理论基础是生产力理论和经济发展阶段论,政策主张是采取贸易保护措施来保护幼稚产业以达到使其在长期内获得竞争力的目的。

3. 对外贸易乘数理论是新贸易保护理论的代表;战略性贸易政策理论是现代贸易保护理论,其主张是采取措施扶持战略性新兴产业,以获得较大份额的"租"和"外部经济"效应。

4. 在现实中,是否采用贸易保护政策还受到政治和社会因素的影响,贸易保护主义的需求和供给分析从政治经济学的角度分析贸易保护政策提出的意图、机制和过程。

思考题

1. 何谓重商主义?简要介绍重商主义的政策主张及其存在的局限性。

2. 何谓幼稚产业?试述幼稚产业保护论的基本观点及其对现代发展中国家的借鉴意义。

3. 什么是战略性贸易政策?战略性新兴产业应具备什么特点?一国可以采取哪些措施扶持战略性新兴产业?

4. 试述贸易乘数理论的基本内容。

5. 贸易保护主义的赞成方有哪些?反对方有哪些?赞成方和反对方在对贸易政策的影响力方面的差别主要受到哪些因素的影响?

国际贸易政策与措施

★ 学习目的与要求 ★

1. 掌握关税的种类、关税的有效保护率及关税的经济效应。
2. 掌握进口配额制、技术性贸易壁垒等非关税措施。
3. 掌握反倾销、反补贴等贸易救济措施。
4. 了解出口鼓励措施和出口管制措施。

纵观世界经济发展的历史,任何一个国家进入国际市场的基本目的都在于谋求增进本国的绝对财富,促进国内经济增长。然而,这种国与国之间的贸易交往却像把"双刃剑",它在为一国国民经济带来利益的同时,也对该国的经济造成一定的冲击。因此,各个国家都把制定一个符合本国发展需要的贸易政策当作是整个经济发展战略中最为重要的组成部分,增强其国际竞争力,在国际贸易中以最小的代价换取最大的利益。

国际贸易政策措施是伴随着国际贸易的产生、扩大而出现并不断发展的。国际贸易政策是世界各国和各地区之间进行货物和服务交换时所采取的政策。单个国家在一定时期内对出口贸易和进口贸易实行的政策称作对外贸易政策。在对外贸易政策的指导下,一国会采取多种措施促进对外贸易或限制对外贸易,其中关税壁垒和非关税壁垒是国际贸易措施最常见的两种类型。

第一节　国际贸易政策

一、对外贸易政策概述

一国对外贸易活动总是在一定的对外贸易政策的指导下进行的。一般而言,对外贸易政策是一个国家或地区根据本国的政治及经济状况制定的管理对外贸易活动的原则、条例、法令和法规,是各国经济政策和对外政策的重要组成部分。对外贸易政策的目标:一是促进本国经济发展,保护本国市场;二是扩大本国产品的出口市场;三是促进本国产业结构的优化升级;四是维护社会稳定;五是维持本国对外正常的政治经济交往。

各国政治、经济状况不同,因此对外贸易政策也有差异,但总体来看,各国的对外贸易政策的构成是相同的,主要由三部分组成。

(一)对外贸易总政策

对外贸易总政策包括进口总政策和出口总政策。这是根据本国国民经济的总体情况,本国在世界舞台上所处的经济和政治地位,本国的经济发展战略和本国产品在世界市场上的竞争能力以及本国的资源、产业结构等情况制定的在一个较长时期内实行的对外贸易基本政策。

(二)对外贸易国别(或地区)政策

这是根据对外贸易总政策及世界经济政治形势,本国与不同国家或地区的经济政治关系,分别制定的适应特定国家或地区的对外贸易政策。

(三)对外贸易具体政策

对外贸易具体政策,又称进出口商品政策。这是在对外贸易总政策的基础上,根据不同产业的发展需要,不同商品在国内外的需求和供应情况以及在世界市场上的竞争能力,分别制定的适用于不同产业或不同类别商品的对外贸易政策。

二、对外贸易政策的类型

从政策本身和作用来看,国际贸易政策有两种基本类型:自由贸易政策和保护贸易政策。

(一)自由贸易政策

自由贸易政策是指国家对国际贸易活动采取不干预或尽可能不干预的基

本立场,对进出口亦不设置障碍,对本国进出口商不给予各种特权和优待,从而使商品能够自由地进出口和实行竞争的贸易政策。

自由贸易政策可以减少人为干预对经济的扭曲,注重价格机制对经济自发的调节,从理论上来说更有利于资源在世界范围内的有效配置,形成互利的国际分工,有助于参与国和世界整体福利的增加,促进各参与国的经济发展。但自由贸易政策并非完美无缺,在现实中其政策目标很难达到,不能满足现实社会多方面的需要。由于各国经济发展不平衡,自由贸易给各国带来的利益有较大差距,在国际分工中处于不利地位的国家会倾向于实施保护贸易政策。

(二)保护贸易政策

保护贸易政策是相对自由贸易政策而言的,指国家利用权力对外贸活动进行干预和管制,通过高额关税或非关税措施限制外国商品进入,保护本国产业免受外国商品的冲击,并对本国出口商品给予优待和补贴以鼓励商品出口,刺激本国工业发展的贸易政策。

实施保护贸易政策有一定的必然性。首先,经济学家早已证明自由贸易有利于世界福利水平的提高,但每一个主权国家都仅从本国利益最大化出发制定贸易政策,没有一个国家会为全世界的福利负责。而出于自身利益所制定的贸易政策往往会偏离自由贸易政策。其次,每一个国家均存在不同的利益集团,自由贸易政策即使有利于一国的整体利益,未必会对所有的利益集团都有利,那些因为自由贸易政策而受到损害的利益集团会不遗余力地推动政府制定对自身有利的贸易政策,从而使得贸易政策含有明显的保护主义成分。最后,国家之间的贸易政策往往相互影响。在各国贸易政策的博弈过程中,若不能形成有效的国际协调机制,极容易陷入囚徒困境而导致两败俱伤的局面。

保护贸易政策的实施也有一定的合理性。保护贸易政策所产生的影响并非全部是负面的,虽然从长远来看保护贸易政策不利于世界经济与贸易的发展,甚至不利于当事国本国的经济贸易的发展,但基于某种特殊原因,在特定的国家和特定的时期实施保护贸易政策还是有益的。保护贸易政策可使发展中国家的幼稚工业得到扶持;可以在短期内改善国际收支和就业;可以避免经济的剧烈震荡,从而达到培育国际竞争力,促进生产力发展和经济增长的目的;同时,保护贸易政策也是保障国家安全、保护生态环境和人民身体健康、维护社会公平的需要。当然,承认保护贸易政策的合理性并非意味着对贸易保护主义的肯定。几百年的世界经济发展史已证明,自由贸易政策更能促进世界经济的发展,更符合人类的长远利益。

(三)贸易政策的选择

自由贸易政策主要流行于资本主义自由竞争时期。当时英国率先实行了自由贸易政策,旨在从海外获得廉价原料并推销其工业品,产业资本也因此获得了巨额利润。但是,由于各国工业化发展水平的不同,一些经济发展起步较晚的国家,如美、法、德则实行了保护贸易政策。资本主义进入垄断阶段以后,由于世界市场相对变小,竞争更加激烈,发达资本主义国家纷纷开始实行贸易保护主义政策。但是,这一时期的保护贸易政策与以前的保护贸易政策是不同的,是超保护贸易政策,具有更强的保护性,明显的侵略性、扩张性。

从世界范围来看,保护贸易政策和自由贸易政策像孪生兄弟,在不同国家、一国之内不同发展时期,同时存在并交叉地使用着。它们似乎是一对永远不能调和的矛盾,主张自由贸易者可以对贸易保护主义大张挞伐,贸易保护者也可以对自由贸易提出异议。尽管自由贸易政策在理论上要优于干预的贸易保护政策,但由于不同国家之间的利益差别对贸易政策选择的影响,理想中的自由贸易政策并不是现实中各国贸易政策的真实写照。与此同时,由于任何外贸活动都要涉及至少两个国家的利益,但就某一项具体的外贸活动来说,一国之所得往往关联到另一国之所让步,所以现实中的国际贸易政策实际上是各国政策博弈的结果。一国当前的贸易政策以及贸易干预程度实际上是各方利益相互平衡的一种反映。

第二节　关税措施

一、关税的基础知识

关税是最常用的贸易措施,是一国政府实施贸易政策的最主要的工具。

(一)关税的含义

关税(tariff)是指进出口商品经过一国关境时,由政府所设置的海关向其进出口商征收的税收。

关税是由海关针对进出口行为来征收的。海关是设在关境上的国家行政管理机构,它的任务是根据本国有关的政策、法令和规章,对进出口商品、货币、金银、行李、邮件、运输工具等进行监督管理,征收关税,查禁走私物品和打击走私活动,临时保管通关货物和统计进出口商品等。征收关税是海关的重要任务之一。

关境是海关管辖的范围,也即海关征收关税的领域。一般说来关境和国境是一致的。但是,有些国家相互缔结关税同盟,参与同盟的国家,其领土成为统一的关境,这时这些国家形成的统一关境就大于国境。另外,有些国家因在国境内设立了自由港、自由贸易区等经济特区,置于关境范围之外,这时关境就小于国境。

就税收特征而言,关税是一种间接税,其纳税人虽然一般是进出口商人,但是关税负担最终还是因商人对货物的加价而转嫁到消费者身上。

(二)征收关税的目的

征收关税的目的主要有两个:一是增加本国财政收入;二是保护本国的工业生产和国内市场。以增加国家财政收入为主要目的而征收的关税称为财政关税(revenue tariff)。财政关税的税率视国库需要和影响贸易数量而制定,如税率过高便会阻碍进口或影响出口,达不到增加财政收入的目的。随着一些国家经济的发展,财政关税在财政收入中的重要性及其所占比重相对降低,这主要是由于其他税源增加;还由于许多国家曾广泛地利用高关税限制商品进口,以保护国内生产和国内市场,于是财政关税就为保护关税所代替。以保护本国工、农业为主要目的而向外国商品进口征收的关税称为保护关税(Protective Tariff)。保护关税税率越高,越能达到保护的目的。

保护关税是当代各国保护贸易政策的重要措施之一。第二次世界大战后,经过关贸总协定及世界贸易组织的多次关税减让谈判,各国的关税水平均有较大幅度下降,关税对进口国市场的保护作用也大大缩小,非关税措施在保护政策中的作用日益加强。目前,主要发达国家的平均关税水平已下降到5%左右,中国作为发展中国家平均税率也已降至10%以下。若再考虑国家之间签署的贸易协定,发达国家和发展中国家的平均关税水平将会更低。由此可见,关税的保护作用已不十分突出。但是,由于关税本身的杠杆作用,关税仍是各个国家实行贸易保护的重要手段。

二、关税的种类

(一)按商品的流向分类

按商品的流向分类,关税可分为进口税(import duties)、出口税(export duties)和过境税(transit duties)。

1. 进口税。进口税是指进口国家的海关在外国商品输入时,根据海关税则对本国进口商所征收的关税。这种进口税在外国货物直接进入关境或国境时征收,或者外国货物由自由港、自由贸易区或海关保税仓库等提出运往进口国的国内市场销售,在办理海关手续时征收。

进口税可分为普通关税和正常关税,其中正常关税又称最惠国税(MFNT),适用于从与该国签订了含有最惠国待遇条款的贸易协定的国家或地区所进口的商品。第二次世界大战以后,大多数国家都加入了关贸总协定和世界贸易组织,或签订了双边或地区贸易协定,相互提供最惠国待遇,享受最惠国关税,因此正常关税税率通常是指最惠国待遇关税税率。普通关税税率远高于最惠国税率,表4-1为中国部分商品当前的关税税率,可说明二者之间的差距。

表4-1 中国部分商品的进口关税税率

税则号列	货品名称	最惠国税率(%)	普通税率(%)
87035072	越野车(4轮驱动)	15	270
8133000	苹果	25	70
33061010	牙膏	3	150
07104000	甜玉米	10	70
84509010	干衣量不超过10千克的洗衣机	5	130
22029100	无醇啤酒	5	100
3041000	唇用化妆品	5	150
85094010	水果或蔬菜的榨汁机	7	100
62045100	羊毛或动物细毛	6	130

资料来源:中华人民共和国海关总署,2019年海关税则。

进口税是关税中最主要的税种,若不特指的话,关税一般指的就是进口税。征收进口税会引起进口商品在国内的销售价格的提高,从而导致国内相关产品供应量的增加以及对进口商品需求量的减少,因此进口税在限制外国商品进口、保护本国生产和市场方面具有明显的作用。一般来说,进口税税率越高,其保护程度就越高。

专题4-1

海关税则

海关税则又称关税税则,是指一国对进出口商品计征关税的规章以及对进口、出口的应税商品与免税商品加以系统分类的一览表。它是一国海关征收关税及实施关税政策的依据。海关税则一般包括两个部分:海关征税规章和关税分类表。前者是海关征收关税的各种规章制度,后者则包括税则号列、货物分类目录和税率三个部分。

海关税则可以分为单式税则和复式税则两种。前者是指一个税目下只有一个税率,对来自任何国家和地区的商品采取无差别待遇;后者是指一个税目下订有两个或两个以上的税率,对来自不同国家或地区的商品采取不同税率的差别待遇。在现代国际贸易政策的发展过程中,有单式税则向复式税则转变的趋势。

如果海关税则中的关税税率是由本国政府自主制定的,并有权加以变更,则称为自主税则或固定税则。如果关税税率需要与其他国家通过贸易谈判,并以条约或协定的方式加以确定,则称为协定税则(conventional tariff / agreement tariff)。例如,中国从原产于孟加拉国、印度、老挝、韩国、斯里兰卡的进口货物就适用《亚洲—太平洋贸易协定》的协定税率。在通常情况下,协定税则的税率总是低于自主税则的税率。

2. 出口税。出口税是指出口国海关在本国商品输往国外时对本国出口商所征收的关税。目前大多数国家对一般的商品出口并不征收出口税。那些征收出口税的国家,其主要目的包括:增加财政收入;保证国内生产,例如,针对某些出口的原料征收出口税以保证国内相关产业的原材料供给、限制外国跨国公司在国内低价收购商品以及防止不可再生资源的枯竭等;保障国内市场的供给;转嫁开发和生产垄断产品所需的费用;控制和调节某些商品的输出,保持出口的有序性,防止盲目出口,减少贸易摩擦,并保持其在国际市场上的有利价格;等等。

3. 过境税。过境税是指一国对通过其关境的外国货物所征收的关税。过境税在资本主义原始积累时期最为盛行。随着经济的发展,交通运输业日益发达,各国在货运方面竞争激烈,同时过境货物对本国生产和市场没有影响,所征税率也较低,财政意义不大,因此过境税相继被废除。第二次世界大战以后,大多数国家都不再征收过境税,仅仅在外国货物通过时征收少量的准许税、印花税、签证费和统计费。

(二) 按征收方法分类

按征收方法分类,关税可分为从量税(specific duties)、从价税(ad valero duties)、复合税(mixed or compound duties)、选择税(alternative duties)和滑准税(sliding duties)。

1. 从量税。从量税是以商品的重量、数量、容量、长度和面积等计量单位为标准计征的关税。从量税与商品数量成正比,与商品价格无直接关系。

在征收从量税时,大部分国家是以商品的重量来征收的。目前,各国对应税商品重量的计算方法大致可以分为三种:第一种是毛重法,即根据商品本身的重量、内包装以及外包装的重量确定商品的标准重量;第二种是半毛重法,即从总重量中剔除外包装的重量后确定商品的标准重量;第三种是净重法,即从总重量中剔除内、外包装物的重量后确定商品的标准重量。

从量税计算公式为:从量税额 = 商品数量 × 从量税率。

从量税有如下优点:①计税手续较为简便,计算简单,简化了商品的通关程序;②能够对难以估价的商品征税;③有助于应对伪报价格的违法行为;④能在一定程度上缓解国际市场价格波动对国内经济的影响。

从量税也有明显不足:①税负不合理,不能适应商品的质价相关关系,对质优价高的商品,保护作用相对减弱;②不能适应市场价格与通货膨胀的变化,在商品价格上涨时,税额不能随之变动,使得税收相对减少,保护作用下降;③不能适用于所有商品,比如,一些重量轻、价值高的艺术品、贵重物品等。

2. 从价税。从价税是以进出口商品的价格为标准计征一定比率的关税,其税率表现为货物价格百分率。表4-1中的税率均为从价税率。

从价税额的计算公式为:从价税额 = 商品价值 × 从价税率。

征收从价税的关键是确定商品的完税价格。完税价格(dutiable value)是指海关规定的、对进出口货物计征关税时使用的价格。海关对完税价格进行审定的过程称为海关估价(customs valuation)。目前,国际上最具影响的海关估价制度分为两种,分别是布鲁塞尔估价制度和新估价法规。在布鲁塞尔估价制度下,引入一个抽象的正常价格作为完税价格。正常价格即正常的竞争价格,是指在公开独立的市场上所有购买者均可以获得的价格。在新估价法规下,按照买卖双方达成的成交价格对进口商品进行估价。成交价格是指买卖双方在没有从属关系的公开市场上成交的已付或应付价格,基本上根据具体成交的合同价格或发票价格确定。新估价法规建立了一套公平、统一、中性的海关估价制度,比布鲁塞尔估价制度更加接近国际贸易惯例,赋予进出口商人保护本身正当利益的权利,有利于促成交易,因而,对国际贸易的发展有所助益。

从价税的优点主要包括:①税负合理,能体现商品的质价相关关系,对于质优价高的商品应缴纳的税额也较高,保护作用相应增强;②能够适应市场价格和通货膨胀的变化,在物价上涨时,税款相应增加,财政收入和保护作用均不受影响;③可适用一切商品,对于同种商品也可不必因其品质不同而进行详细分类;④税率明确,便于各国税率之间的比较和判断。

从价税的不足之处包括:①进口货物的完税价格难以准确、可靠地加以确定,征税手续较为繁杂;②不能自动抵制伪报价格、偷逃关税的违法行为;③不能阻止国际市场价格波动对国内经济的影响,因为在从价税下,进口商品征收关税后的价格会随着国际市场价格的波动而波动。④征纳双方容易因为价格问题产生摩擦,从而延缓通关进程。

3. 复合税。复合税又称混合税,是指对某种商品同时采用从量税和从价税两种方式计征的关税。复合税一般包括两种情况:一是以从量税为主,加征从价税;二是以从价税为主,加征从量税。

由于复合税综合了从量税和从价税的优点,在进口商品价格发生变化时,既可以保证财政收入的稳定,又可以起到一定的保护作用,因而可以更好地平衡税赋。其缺点在于复合税容易造成关税结构的复杂化,这在确定复合税中从价、从量部分的比例时尤为突出。

4. 选择税。选择税是指对同一种商品同时订有从价税税率和从量税税率,在征收时依据具体情况从中进行选择。在征税时一般会选择其税额较高的一种征税,但有时为了鼓励某种商品进口,也会选择其中税额低者征收。选择税具有灵活性的特点,可以根据不同时期经济条件的变化、政府征税目的以及国别政策进行选择,可以防止低价倾销进口以及不法商人低瞒价格偷逃税款的行为。其缺点是征税标准经常变化,令出口国难以预知,容易引起争议。

5. 滑准税。滑准税是指在关税税则中,对同一商品根据其价格水平的高低,划分为几个档次,并分别制定不同的税率。商品进口时,对价格高的商品实施低税率或免税,对价格低的商品则实施高税率。滑准税的目的在于将进口商品的价格维持在预定水平上,从而维持国内价格稳定,免受国际市场价格波动的影响,进而保护国内的生产。

专题 4-2

2019 年中国滑准税税率调整对棉花进口成本的影响

中国棉花进口实施关税配额管理制度。为保障纺织企业用棉需要,发放一定数量的棉花关税配额外优惠关税税率进口配额(简称棉花进口滑准税配额)。棉花进口配额的发放和管理由国家发改委会同商务部共同负责,关税税率则由国务院关税税则委员会公布。目前棉花进口关税分三种:89.4 万吨/年关税进口配额(1%关税)、滑准税进口配额(5%~40%关税)、常规进口(40%关税)。

根据国务院关税税则委员会通知,为促进经济高质量发展和进出口贸易稳定增长,根据《中华人民共和国进出口关税条例》的相关规定,自 2019 年 1 月 1 日起对部分商品的进出口关税进行调整。其中对配额外进口部分的棉花适用的滑准税税率进行了相应调整,具体方式如下:

1. 当进口棉花完税价格高于或等于 15 元/千克时,按 0.300 元/千克计征从量税。

2. 当进口棉花完税价格低于 15 元/千克时,暂定从价税率按下式计算:

$$Ri = 9.45/Pi + 2.6\% \times Pi - 1$$

其中,Ri 为暂定从价税率,当按上式计算值高于 40% 时,Ri 取值 40%;Pi 为关税完税价格,单位为元/千克。

根据滑准税税率的公式,计算出的进口棉花的滑准税率以及折算后的价格见下表(单位:元/吨)。

完税价(P_i)	1%关税税率下折	滑准税率下折	滑准税率(R_i)
10 628	12 008	13 820	16.50%
10 780	12 177	13 920	15.70%
11 995	13 526	14 713	10%
13 665	15 381	15 938	4.70%
14 879	16 731	16 927	2.20%
15 001	16 866	17 031	300元
15 790	17 743	17 899	300元
16 701	18 755	18 901	300元

当进口的棉花适用89.4万吨以内的关税进口配额时,按1%的税率计征关税,进口成本是最低的。对配额外进口部分的棉花适用滑准税税率,完税价格为10 628元/吨时,低于15 000元/吨,适用滑准税,依据公式计算出的滑准税率为16.50%。其他完税价格低于15 000元/吨的情况也适用滑准税,且由计算出的滑准税率可知,完税价格越高,滑准税率越低。当完税价格高于15 000元/吨时,例如,15 790元,适用300元/吨的从量税率。

三、关税的有效性和保护程度

(一)关税水平

关税水平(tariff level)是指一个国家的平均进口税率,可以用以大致衡量或比较一个国家进口税的保护程度。它有两种不同的计算方法,一种是算术平均法,一种是加权平均法。

算数平均关税税率表示的是按照关税税率表计算的一个平均值,不考虑每个具体商品的进口值。计算公式是:算术平均关税税率 = 所有税率相加之和 ÷ 所有税目之和。假设总共有五种进口商品,关税税率分别是100%,50%,25%,20%,5%,那么平均关税税率是(100% + 50% + 25% + 20% + 5%) ÷ 5 = 40%。这种计算方式因为有的税目税率很高,是禁止性的关税,实际很少进口;有些在贸易中的重要税目(如汽车)和不太重要的税目(如汽车座椅、安全带等)作为同样分量的两个税目计算,不考虑其进口额在总进口额中的权重,显然不太合理;而且从量税要换成从价税率才能相加,折算也有困难,因此具有一定缺点。

加权平均法不仅要考虑不同商品的不同税率,而且要考虑各类进口商品的进口值,进口值大的商品权重就大,进口值小的权重就小,因此能够更为准确地反映实际进口商品的平均税率水平。计算公式是:加权平均关税税率＝进口税款总额÷所有纳税进口商品总价值×100%。由于各国都有很多零关税或免税的进口商品,因此在计算平均关税水平时,有时需要考虑应纳税商品,其计算公式是:关税水平＝进口关税税款总额÷有税进口商品总价值×100%。由于将零关税或免税商品的进口额从进口商品总额中剔除出去,因此以这一方法计算出来的关税水平会偏高。

(二)名义关税和名义保护率

名义关税(nominal tariff)是指某种进口商品进入该国关境时按照海关税则所征收的关税。名义关税税率就是对进口商品征收进口关税所规定的百分比。

名义保护率是指由于实行保护而引起的国内市场价格超过国际市场价格的部分占国际市场价格的百分比。其计算公式是:

$$名义保护率 = \frac{进口货物国内市场价格 - 国际市场价格}{国际市场价格} \times 100\%$$

与关税水平衡量一国关税保护程度不同,名义关税衡量的是一国对某一类商品的保护程度。在不考虑汇率的情况下,名义保护率在数值上等于关税税率。

(三)有效保护率

有效保护率(effective rate of protection)又称实际保护率,是指因实施各种保护措施而引起的国内增值的提高部分与自由贸易条件下增值部分相比的百分比。从关税保护措施的角度来说,有效保护率就是征收关税所引起的国内加工增值同国外加工增值的差额占国外加工增值的百分比。其计算公式是:

$$ERP = \frac{V' - V}{V} \times 100\%$$

其中,ERP 表示有效保护率,V 表示自由贸易条件下产品生产过程的增值,V' 表示在各种保护措施作用下该生产过程的增值。

举例说明。假定在自由贸易条件下,一辆汽车的到岸价格折成人民币为20万元,进口引擎的价格为6万元,变速箱价格2万元,制动系统价格2万元,其他配件合计4万元。

(1)如果对进口汽车征收12%的名义关税,对进口零配件免税,计算有效保护率。自由贸易条件下,汽车整车为20万元,零配件共14万元,因此国外加工增值 $V = 20 - 14 = 6$ 万元。征收关税后,汽车整车价格为 $20 \times (1 + 12\%) = 22.4$ 万元,零部件免税,仍为14万元,因此征税条件下的国内增值 $V' = 22.4 - 14 = 8.4$。$ERP = (8.4 - 6) \div 6 \times 100\% = 40\%$。

(2) 如果进口汽车的关税不变,对进口零配件征收 6% 的关税,则国内增值 $V' = 22.4 - 14 \times (1 + 6\%) = 7.56$ 万元,国外加工增值 V 仍为 6 万元,依据同样的方法计算,$ERP = 26\%$。

(3) 若进口汽车关税不变,对进口零配件也征收 12% 的关税,则国内增值 $V' = 22.4 - 14 \times (1 + 12\%) = 6.72$ 万元,国外加工增值 V 仍为 6 万元,依据同样的方法计算,$ERP = 12\%$。

由上述例题的计算结果可知,当最终产品的名义税率大于原材料等中间产品的名义税率时,最终产品的有效保护率大于对它征收的名义税率。当最终产品税率不变,原材料税率开始上升时,最终产品的有效保护率会随之下降,直到原材料税率和最终产品税率一致时,最终产品的有效保护率会降至与名义税率相等的水平。以此类推,若原材料税率高于最终产品的税率,最终产品的有效保护率将低于其名义税率,甚至有可能变为负数。

名义保护和有效保护的区别在于:名义保护只考虑关税对某种成品的国内市场价格的影响;而有效保护则着眼于生产过程的增值,考虑到整个关税结构对被保护商品在生产过程中的增加值所产生的影响,它既注意了关税对产成品的价格影响,又注意到原材料和中间产品由于征收关税而增加的价格。

一国有效保护率的高低,取决于该国对最终产品和对中间产品征税税率的高低组合,即取决于该国的关税结构。因此,对某个行业实行保护时,要从原材料等中间产品到最终产品做总体考虑,以避免由于关税结构上的不合理,导致保护政策的失败。一般说来,许多国家的税率都是随着产品的加工深度而逐步提高的,原料进口免税,中间投入品免税或低税,最终产品征税最高。这样的关税结构使得保护作用比最终产品名义保护率的保护作用要大得多。事实上,几乎所有的发达国家都按照这一原则确立逐步升级的梯级关税结构。在与其他国家或地区进行关税谈判时,也要注意有效保护率,要慎重考虑什么商品可以减税,减税幅度多大,达到既不影响对本国加工制造业的保护而又相互减让关税的目的。

四、关税的经济效应

关税的经济效应是指一国对进口商品征收关税对本国国内价格、贸易条件、生产、消费、进出口、税收、再分配以及国民福利等方面产生的综合影响。关税经济效应的分析可以采用局部均衡分析和一般均衡分析两种方法,其中局部均衡分析的研究前提是假定一种商品的均衡价格只取决于这种商品本身的供求状况而不受其他商品的价格和供求状况的影响。此外,贸易参与国也可以分为贸易小国和贸易大国。为简化分析过程,在此仅对贸易小国和贸易大国的关税经济效应进行局部均衡分析。

（一）贸易小国进口关税的经济效应

贸易小国是指那些在某种特定商品的国际贸易中所占份额很小，难以对世界市场产生实质影响的国家。一国是否是小国与其国土面积、人口规模甚至国内生产总值的大小都无关，而取决于在特定商品上该国是价格的接受者还是决定者。

贸易小国进口关税的局部均衡分析旨在考察征收关税后该国进出口贸易和福利水平的变化情况。如图4－1所示，假定小国某种商品的国内均衡价格为P_e，高于世界价格P_w。如果小国按照国际价格参与贸易，则在P_w这一价格水平上，本国生产者愿意且能够供给的产品数量是Q_1，而本国消费者的需求量是Q_2，需求量和供给量之间的缺口，即Q_1Q_2将被进口商品替代，也就是在自由贸易条件下，这部分商品将会通过进口来满足国内需求。为了保护本国市场，假设小国决定对该商品的进口征收一定数量的关税，以使本国国内市场能够给本国企业留有更大的市场份额。假定对每单位进口商品征收t单位关税，价格由P_w上升到P_w+t，此时国内的供给量和需求量分别为Q_3和Q_4。由于价格上升，进口量由Q_1Q_2下降到Q_3Q_4，而国内的产量则由Q_1上升到Q_3。

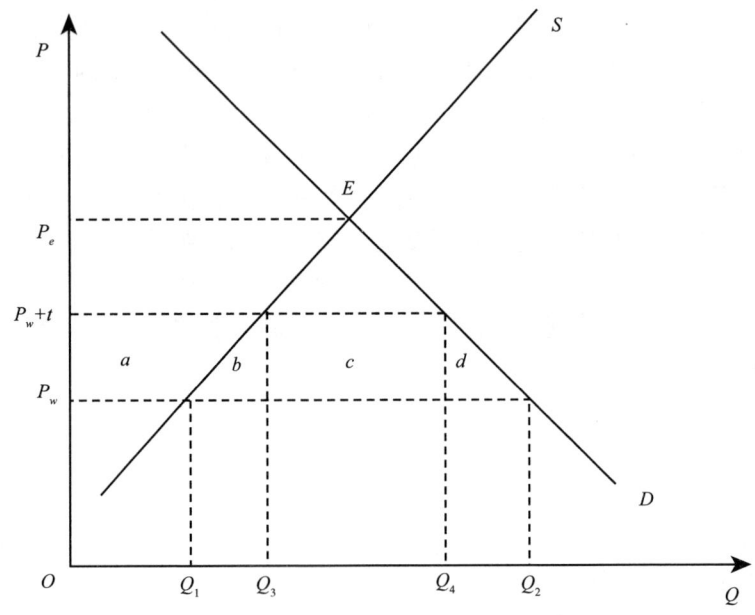

图4－1　贸易小国进口关税的局部均衡分析

具体来说,关税的各种经济效应可归纳如下。

1. 价格效应。贸易小国对世界市场价格没有影响,因此对进口品征税后,世界市场价格不变。但进口商缴纳关税后,进口成本提高,国内市场的价格也必然会提高,由自由贸易条件下的 P_w 提高到 $P_w + t$。

2. 生产效应。进口商品及国内替代品的价格提高后,国内生产厂商会相应提高产量,扩大生产,此即为关税的生产效应。价格的上升和产量的增加为本国生产厂商带来的利益,可由生产者剩余的变动来衡量。在图 4 – 1 中,当价格从 P_w 上升到 $P_w + t$ 后,生产者剩余的增加值为梯形面积 a,是征税给本国厂商所带来的福利。

3. 消费效应。进口商品及国内替代品的价格提高后,国内需求下降,消费数量由自由贸易条件下的 Q_2 下降到 Q_4。价格上升和消费数量减少使消费者蒙受损失,损失程度可由消费者剩余的变动来衡量。图 4 – 1 中,价格上升后,消费者剩余减少了梯形面积 $(a + b + c + d)$,即征收关税后国内消费者损失的福利。

4. 贸易效应。贸易效应等于生产效应和消费效应之和,即替代进口的部分加上消费减少所造成的进口量的下降。

5. 税收效应。征收进口关税为政府带来财政收入的增加。在图 4 – 1 中,矩形 c 的面积就是关税的税收效应。

6. 国际收支效应。因征收关税而导致的进口下降可以使国内用于商品进口的外汇支出减少,实现外汇节约,其数量等于 $(Q_1Q_3 + Q_4Q_2) \times OP_w$。

7. 福利效应。关税的征收使得国内不同经济主体的利益发生了不同变化:生产厂商获利,政府获得税收收入,而消费者蒙受损失。将各主体的福利变化加总,即 $a + c - (a + b + c + d) = -(b + d)$,可知贸易小国征收关税会产生 $b + d$ 的净福利损失。因此对贸易小国而言,自由贸易是最佳选择。

(二)贸易大国进口关税的经济效应

与贸易小国相比,贸易大国在国际贸易中的交易量较大,市场份额较高,所以可以利用自身的交易量优势来影响国际市场某种特定商品的供给或需求,并进而影响该商品的国际市场价格。当贸易大国对进口商品征收关税,进口量会有所下降,从而造成国际市场供大于求以及商品价格的下降,将征收关税的损失转嫁给出口商,并减轻由进口国的消费者承担的进口关税负担。

如图 4 – 2 所示,贸易大国某种商品的国内均衡价格也是 P_e,高于世界价格 P_w。在自由贸易条件下,按照 P_w 这一价格水平,本国生产者愿意且能够供给的产品数量是 Q_1,而本国消费者的需求量 Q_2,Q_1Q_2 是贸易大国从国际市场上的进口量,以弥补国内供求之间的缺口。为了保护本国市场,假设贸易大国决定对该商品征收进口关税。与贸易小国情况不同,当贸易大国对该商品征收关税后,国

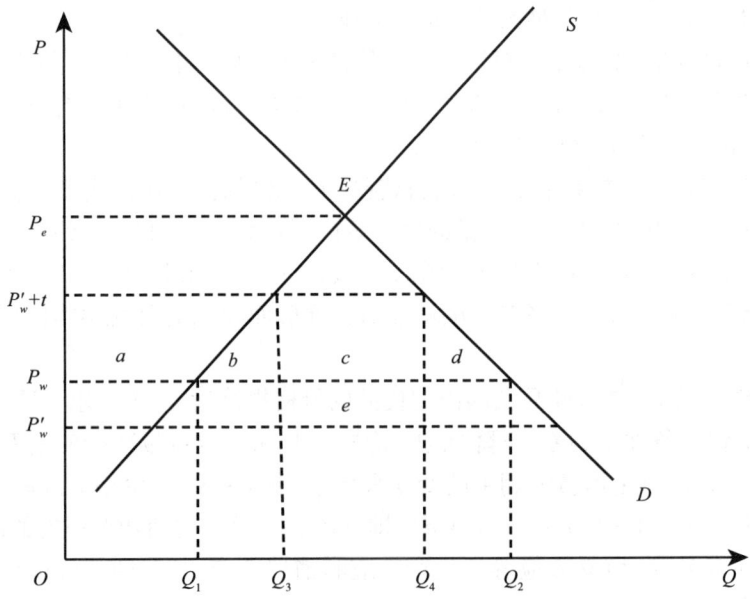

图 4-2　贸易大国进口关税的局部均衡分析

内该商品的价格会上升,本国厂商产量增加,但消费者需求量下降,因此供求缺口缩小,进口量下降。进口量的下降意味着大国对世界市场上的该商品的需求下降,在世界市场该商品供给不变的前提下,世界市场价格会降低,假定由 P_w 下降到 P'_w,假设对每单位商品征收 t 单位的关税,则征收后的国内价格上升到 $P'_w + t$,此时国内的供给量和需求量分别为 Q_3 和 Q_4,进口量由征收前的 $Q_1 Q_2$ 下降到 $Q_3 Q_4$。

与贸易小国相同,关税的征收同样给贸易大国带来价格上涨的价格效应、本国生产扩大的生产效应、消费下降的消费效应、进口萎缩的贸易效应以及增加关税收入的税收效应等经济效应。但是由于贸易大国的需求变动对世界市场价格产生影响,因此其关税的经济效应表现出与贸易小国明显不同的特征。

1. 国内价格的上涨幅度小于贸易小国。由于世界市场价格被压低,进口国国内价格为新的世界市场价格加上进口关税,因此国内价格上涨幅度小于征收的关税。贸易大国关税的价格效应的这一特征也使其在生产增长幅度、消费下降幅度和贸易萎缩程度等方面均小于贸易小国。

2. 贸易条件改善。贸易大国征收关税降低了该商品的世界市场价格,本国的进口价格降低,在其他条件不变的情况下,意味着本国贸易条件得到改善。

3. 福利效应发生变化。贸易大国征收关税后,厂商福利,即生产者剩余增加,在图 4-2 中以梯形面积 a 表示,消费者损失为 $(a + b + c + d)$。但政府的关

税收入却应该是 $c+e$，净福利变动为 $a+c+e-(a+b+c+d)=e-(b+d)$。与贸易小国征收关税只会带来净福利的损失不同，贸易大国征税净福利的变化有三种可能：①$e<(b+d)$，净福利损失；②$e=(b+d)$，净福利不变；③$e>(b+d)$，净福利增加。

贸易大国征收关税可能会带来净福利的增加，这种可能性来自贸易条件效应，即贸易大国凭借其强大的市场影响力，通过压低进口价格，改善自身贸易条件，将一部分利益从国外进口商那里转移到本国，从而部分甚至全部补偿本国因征税而导致的价格上涨、贸易萎缩而蒙受的损失。不难看出，与贸易小国相比，贸易大国通常处于更为有利的地位。

第三节 非关税措施

非关税措施也称非关税壁垒(non‑tariff barriers, NTBs)，是指除了关税以外的一切限制外国商品进口的各种措施。由于目前关税已经降到很低的水平，因此，现代贸易保护主义不再以关税作为主要手段，非关税壁垒已成为新贸易保护主义的主要武器。与关税壁垒相比，非关税壁垒具有更大的灵活性和针对性，制定过程较为迅速，手续也较为简便，能够随时针对某个国家的某种特定商品设置或更换相应的进口限制措施，从而达到限制进口的目的。而调整关税税率则需要通过严格的立法程序并办理必要的手续。另外，非关税壁垒也具有更强的隐蔽性和歧视性，其信息往往不公开，或规定较为烦琐复杂的标准或手续，使出口商难以适应和应对。相反，关税税率一经确定后，就需要公之于众，并依法执行。

非关税措施名目繁多，本节仅介绍国际贸易中主要的非关税措施。

一、进口配额制

进口配额制(import quotas system)又称进口限额，是指一国政府在一定时期内(通常指一季度、半年或一年)，对某些商品的进口数量或金额加以直接限制。在规定期限内，配额以内的货物可以进口，超过配额的不准进口，或需要征收很高的关税后才允许进口。进口配额是许多国家实行进口数量限制的重要手段之一。

进口配额主要分为绝对配额和关税配额两大类。

（一）绝对配额

绝对配额(absolute quotas)是指在一定时期内，对某些商品的进口数量或金额规定一个最高数额,达到这个数额后,便不准进口。这种方式在实施中,有以下两种形式。

1. 全球配额(global quotas or unallocated quotas)。全球配额对来自任何国家或地区的商品一律适用,不分国家和地区,在世界范围内使用,按进口商的申请先后或过去某一时期的进口实际数额批给一定的额度,直至总配额发放完为止,超过总配额就不准进口。全球配额制使得一国在对外贸易中难以贯彻国别政策。

2. 国别配额(country quotas)。国别配额是在总配额内按国家和地区分配的配额,超过规定的配额便不准从该国或地区进口。为了区分来自不同国家和地区的商品,在进口商品时进口商必须提交原产地证明书。实行国别配额可使进口国家根据它与有关国家或地区的政治经济关系分配不同的配额,实行差别待遇。

(二)关税配额

关税配额(tariff quotas)是指允许商品进口的数量超过配额,但对在规定配额以内的进口商品,给予低税或减免税待遇;对超过配额的进口商品,征收较高的关税。关税配额的实施方式按进口来源也可以分为全球配额和国别配额;按征收关税的目的可分为优惠性关税配额和非优惠性关税配额。其中优惠性关税配额是指对关税配额以内进口的商品给予较大幅度的关税减让甚至免税,而对超过配额进口的商品按原来的最惠国税率征税;非优惠性关税配额是指对关税配额内进口的商品一般按最惠国税率征收原来的进口关税,对超过配额的进口商品则征收极高的进口附加税或给予罚款。

专题4-3

中国粮食产品的进口关税配额

中国实施关税配额的产品包括小麦、玉米、稻谷和大米、糖、羊毛、毛条、棉花、化肥等8类产品。根据《农产品进口关税配额管理暂行办法》,2018年中国粮食进口关税配额量为:小麦963.6万吨,玉米720万吨,大米532万吨。粮食的关税配额属于优惠性关税配额,其配额内的优惠税率如下表所示。

商品类别	税则号列	普通税率(%)	最惠国税率(%)	关税配额税率(%)
小麦	10011100	180	65	1
	11010000	130	65	6
	11031100	130	65	9
	11032010	180	65	10

续表

商品类别	税则号列	普通税率(%)	最惠国税率(%)	关税配额税率(%)
玉米	10051000	180	20	1
	10059000	180	65	1
	11031300	130	65	9
	11042300	180	65	9
	11042300	180	65	10
稻谷和大米	10061011	180	65	1
	11029011	130	40	9

注：表中各类商品的税号并未全部列出。

二、"自愿"出口配额制

"自愿"出口配额制（"voluntary" export quotas，VEQ）又称"自动"出口限制，是指出口国在进口国的要求和压力下，"自动"规定在一定时期内（一般为3年）出口国对该国某些商品出口的数量限制，在限定的配额内控制出口，超过配额则禁止出口。

自愿出口限制包括非协定的自愿出口限制和协定的自愿出口限制两种形式。非协定的自愿出口限制是指出口国迫于进口国的压力，自行单方面规定出口额，限制商品的出口。协定的自愿出口限制是指进出口双方通过谈判签订双边或多边的"自愿"出口限制协议，出口国按照协定规定的某些商品的出口配额，自行限制出口。

与进口配额相比，自愿出口配额也可以起到限制进口的作用，但在控制主体、强制性等方面存在着一定的差异。自愿出口配额制由出口国直接控制出口商品数量，而进口配额制则是由进口国直接控制进口商品数量。自愿出口配额制带有被迫强制性的特点，进口配额制具有自动强制性特点。

专题4-4

自愿出口限制实例：日本汽车出口

在20世纪60年代和70年代的大部分时间里，由于美国消费者与外国消费者对汽车种类及型号需求的不同，美国汽车工业基本不与进口汽车形成竞争。美国消费者，因为生活在一个大国，而且燃油税很低，因此比欧洲人和日本人更喜欢大型汽车。另外，外国公司也没有选择在大型汽车市场上与美国竞争。

但是在1979年，石油价格急剧上涨和暂时的汽油短缺使美国市场一下子转向小型汽车，而当时日本生产商的成本无论在哪个方面都已经低于美国的竞争者，因此它们迅速打入美国市场并满足了新的需求。1980年，日本超过美国成为世界上最大的汽车生产国。进入20世纪80年代以后，日本的汽车占美国进口汽车总量的67%，占美国市场汽车销售额的20%。1980年，丰田汽车在美国市场销售了70万辆，是1970年的3.5倍。与此同时，美国的三大汽车公司全部亏损，这是通用汽车公司自1921年以来的第一次亏损。而克莱斯勒公司则依靠政府的贷款担保才摆脱了困境。

随着日本厂商的市场份额持续扩大以及美国的产量不断下滑，美国汽车产业开始出现保护主义的声音：20世纪70年代中期，全美汽车工人联合会开始公开呼吁配额与反倾销政策；到了80年代初期，美国国会许多议员已经意识到由于来自日本的产业竞争，汽车产业的衰落已成为一项政治议题，汽车产业也成了更大范围的政治活动的关注焦点，而非仅仅是一个在经济上具有重要意义的产业。

美国国内的强大政治力量要求保护美国的汽车工业。为了避免单方面的行为和引发贸易战的危险，美国政府要求日本限制出口。日本因害怕若不答应美国要求，可能招致美国的单方面保护措施，也就同意限制其销售。在1981年，双方达成了第一份协议，把日本每年向美国的汽车出口量限制在168万辆，1984—1985年又把总数修正到185万辆。1985年美国允许日本不再执行这一协议。这一自愿出口限制产生的影响复杂，主要由于以下原因：

第一，日本和美国产的汽车显然不是完全替代品；

第二，作为对配额的反应，日本汽车工业也从某种程度上提高了汽车质量，转而出售具备更多功能的较大型的汽车；

第三，汽车工业明显不是完全竞争的。

尽管存在这些因素，其基本结果与先前对自愿出口限制的讨论还是一样的，日本汽车在美国的售价上升，日本公司获得了由此产生的"租"。美国政府估计美国在1984年的总损失为32亿美元，这些损失主要来自转移到了日本的"租"而非本国的效率损失。

三、进口许可证制

进口许可证制（import license system）是指进口国规定某种商品必须事先领取许可证才能进口的管理制度。

从进口许可证与进口配额的关系来看，进口许可证可分为两种。

一是有定额的进口许可证。即国家预先规定有关商品的进口配额，在限额内,根据进口商的申请,对每一笔进口货物发给进口商一定数量或金额的进口许可证。如联邦德国对纺织品实行进口配额制,每年分3期公布配额数量,配额公布后进口商可提出申请,获得进口许可证后即可进口。进口配额一旦用完,当局不再发放进口许可证。

二是无定额的进口许可证,即进口许可证不与进口配额相结合,国家有关政府机构预先不公布进口配额,有关商品的进口许可证只在个别考虑的基础上发放。因为它是个别考虑的,没有公开的标准,因而给正常贸易带来更大的困难,起到更大的限制进口的作用。

从进口商品许可程度上看,又可分为以下两种。

一是公开进口许可证(open general license),也称一般进口许可证,即允许商品"自由进口",对进口国或地区不加限制。

二是特种进口许可证(specific license),即进口商必须向进口国政府有关当局提出申请,经有关当局逐笔审查批准后才能进口。这种进口许可证多数都指定商品进口的国别或地区。

四、外汇管制

外汇管制(foreign exchange control)是一国政府通过法令对国际结算和外汇买卖实行限制以平衡国际收支和维持本国货币汇价的一种制度。

对外贸易与外汇有着密切的联系,出口可以收进外汇,进口需要付出外汇,因此外汇管制必然直接影响到进出口。在外汇管制下,出口商必须把他们出口所得到的外汇收入按官定汇率卖给外汇管制机构;进口商也必须在外汇管制机构按官定汇价申请购买外汇。本国货币的出入国境也受到严格的限制。这样,国家有关政府机构就可以通过确定官定汇价、集中外汇收入和控制外汇供应数量的办法达到限制进口商品品种、数量和控制进口国别的目的。

1931年,世界性经济危机爆发后,许多国家实行了外汇管制。第二次世界大战后初期,由于国际收支长期失衡,黄金外汇储备短缺,故许多国家不得不继续实行外汇管制。20世纪50年代后半期之后,发达国家的国际收支有所改善,"美元荒"日趋缓和,于是逐步放松了外汇管制,最后实行了货币自由兑换。20世纪90年代以来,由于金融危机不断加深,某些国家的外汇不足,故进口外汇管制又有逐渐加强之势。

五、进口和出口的国家垄断

在对外贸易中,对某些或全部商品的进、出口规定由国家直接经营,或者把商品的进、出口垄断权交给某些垄断组织,这就是进口和出口的国家垄断(state monopoly)。一些国家进、出口的垄断,主要集中在三类商品上:第一类是烟和酒,可以取得巨大财政收入;第二类是农产品,便于实现国家的农业政策,如美国的农产品信贷公司高价收购国内农产品,低价向国外倾销;第三类是武器。有些发展中国家也实行进、出口的国家垄断,主要是为了维护经济独立,摆脱在外贸方面被发达国家控制。

六、歧视性的政府采购政策

歧视性政府采购政策(discriminatory government procurement policy)是通过政府采购的形式,从保护本国生产而不是从商业的观念出发,尽可能购买和消费本国产品,歧视外国产品,以此来限制国外产品在本国的销售规模,达到限制外国商品进口的目的。

发达国家大多制定法令,规定政府机构在采购时要优先购买本国产品,从而导致对国外产品的歧视。例如,美国在《购买美国货法案》中规定:"凡是美国联邦政府所要采购的货物,应该是美国制造的,或是用美国原料制造的""只有在美国自己生产的数量不够,或者国内价格太高,或者不买外国货就会损害美国利益的情况下,才可以购买外国货。"又如,英国限定通信设备和电子计算机要购买本国产品;日本有几个地区规定,政府机构需用的办公设备、汽车、计算机、电缆、机床等,只能采购本国产品。

歧视性政府采购政策使外国商品处于不公平的竞争地位,甚至被剥夺了竞争的资格,因而是一种非常有效的非关税措施。

七、技术性贸易壁垒

(一)技术性贸易壁垒的含义

技术性贸易壁垒(technical barriers to trade,TBT),即技术性贸易限制措施,是指政府为了限制进口,以维护生产、消费者安全和人民健康为理由,制定复杂苛刻的技术标准、卫生检验检疫规定以及商品包装和标签规定。这些规定十分复杂且多变,使外国产品难以适应,从而起到限制外国商品进口的作用。合理的技术标准、卫生检疫和行政规则是必要的,但是在贸易保护主义较为盛行的今天,这些规定就成为各国限制进口的非关税壁垒。这类措施是非关税壁垒中最隐蔽、最难应对的一种,保护效果也十分显著,因此在各国日益受到重视。

(二)技术性贸易壁垒的类型

目前世界各国使用的 TBT 主要有以下几类。

1. 技术标准(technical standard)。商品必须符合一些极为严格、烦琐的技术标准才能进口。例如,联邦德国不准意大利生产的车门从前往后开的汽车进口;法国严禁含有红霉素的糖果进口;美国则对进口的儿童玩具规定了严格的安全标准。许多国家对技术安全标准都有严格的规定,出口商品若达不到进口国的所谓标准,就难以向这些国家出口。

2. 卫生检疫规定(health and sanitary regulation)。各国在卫生检疫方面的规定越来越严,对要求卫生检疫的商品也越来越多。如美国对其他国家或地区生产的食品、饮料、药品及化妆品,要求必须符合美国"联邦食品、药品及化妆品"的规定。其条文还规定进口货物通过海关时,均须经联邦食品药物管理署(FDA)检验,否则不准进口。法国规定,果汁饮料中不得加入葡萄糖,这项规定是为抵制美国货而制定的,因美国的果汁饮料往往添加葡萄糖。

3. 商品包装和标签的规定(packing and labeling regulation)。一些发达国家对国内市场销售的商品制定了包装和标签的种种条例,这些规定内容繁杂、手续麻烦,出口商为了出口商品,不得不按规定重新改换包装和标签,费时费工,增加成本,削弱了商品的竞争力。如发达国家基本禁止使用稻草、木材等传统包装材料,以防这些包装物夹带病虫害危害进口国的森林和农作物的安全。美国规定,进口食品必须在包装上标明所含各种成分及其所占比重;说明中不得写有该食品具有治疗效果的文字,否则,就要列入药品的范围,药品则需特殊批准才准进口。如果在食品中带有"止咳生津""消暑止渴"等字样,对美出口将受限制。有些国家对商品标签的文字也有严格要求,比如,日本和俄罗斯只允许使用本国文字来标注标签。

4. 绿色壁垒(green barriers, GBs),又称为环境贸易壁垒,是国际贸易中以保护有限资源、环境和人类健康为名,通过蓄意制定一系列苛刻的、高于国际公认或绝大多数国家难以接受的环保标准,限制或禁止外国商品的进口,从而达到贸易保护目的而设置的贸易壁垒。在国际贸易实践中,绿色壁垒主要包括如下几种。

(1)绿色关税制度。这是绿色壁垒的初期表现形式,主要是发达国家以保护环境为名,对一些污染环境、影响生态环境的进口产品课以进口附加税,或者限制、禁止其进口,甚至实施贸易制裁等。如1991年美国禁止从墨西哥进口金枪鱼及其制品,理由是墨西哥在利用海豚捕获金枪鱼时,导致海豚死亡数量过多,违反了美国于1972年颁布的《海洋哺乳动物保护法》。

(2)绿色技术标准制度。发达国家利用其科学技术水平较高、处于技术垄断地位的条件,以保护环境为名,通过立法手段,制定严格的强制性的环保技术标准,限制国外商品进口。这些标准对于发展中国家来说是很难达到的,因而势必导致发展中国家的产品被拒在发达国家市场之外。1996年4月,国际标准化组织(ISO)专门技术委员会公布了ISO14000环境管理体系国际标准,要求世界各地的制造商的生产环境应满足ISO14000的标准。ISO14000系列标准提供了以预防为主,减少和消除环境污染的管理办法,但同时也为国家设置绿色壁垒提供了依据。

(3)绿色环境标志制度。环境标志是贴在商品外包装上的一种图形,以向消费者表明:该产品或服务从研制、开发到生产、使用直至回收利用的整个过程均符合环境保护的要求,对生态系统无危害或危害极小。这种制度兴起于20世纪70年代,如联邦德国的"蓝色天使"标志,北欧四国的"白天鹅制度",欧盟的"EU制度",日本的"生态标志制度",新加坡的"绿色标志制度"等。发展中国家的产品若想进入这些国家,首先要向其申请,获批准后才发给这个标志。这不仅提高了成本,而且耗费时间,加大了发展中国家产品进入发达国家市场的困难。

(4)环境卫生检疫制度。海关的卫生检疫制度一直存在,以确认进口商品是否达到进口国的相关标准。关贸总协定乌拉圭回合谈判通过的《实施卫生与动植物检疫措施协议》(Agreement on the Application of Sanitary and Phytosanitary Measures),建议使用国际标准,规定成员国政府有权采取措施,保护人类与动植物的健康。实际上,发达国家往往以此作为控制从发展中国家进口的重要工具。它们对食品的安全卫生指标十分敏感,尤其对农药残留、放射性残留、重金属含量的要求日趋严格。由于生产条件和水平的限制,发展中国家很多产品达不到标准,其出口到发达国家市场的农产品和食品受到很大影响。例如,日本对我国的限制就很严,细菌含量标准高,且不是抽检,而是每批整批都要检,这使得我国山东荣成市出口日本的虾仁、鱿鱼均因细菌超标而被提出退货。

(5)绿色补贴制度。出于发达国家对进口商品环保要求的提高以及自身可持续发展的需要,20世纪90年代以来,发展中国家日益重视环境和资源的保护,产品成本中开始计算环保和资源费用。此外,发达国家还将严重污染环境的产业转移到发展中国家,这使发展中国家的环境成本进一步提高。发展中国家绝大部分企业本身无力承担治理环境污染的费用,政府有时只能为此而给予一定的补贴。而发达国家却以这种"补贴"违反WTO的规定为由,限制来自发展中国家的产品进口。

八、限制进口的其他非关税措施

(一)歧视性国内税

国内税是指在一国境内,对生产、销售、使用或消费的产品征收的税。歧视性国内税(discriminated internal taxes)是指利用国内各种课税制度来限制进口的办法。一些国家,特别是西欧国家曾经广泛地采用征收国内税制度来限制进口。这是一种比关税更灵活更易于伪装的贸易政策手段,因为国内税通常不受贸易条约或多边协定限制。此外也可以体现出差别性,对同一商品因其生产国不同,就可以征收不同的国内税,并进而起到限制进口的作用。现今歧视性国内税的使用越来越受到世贸组织国民待遇原则的限制,但一些国家往往会采取巧妙措施予以规避。

(二)最低限价和禁止进口

最低限价(minimum price)就是一国政府规定某种进口商品的最低价格,凡进口货价低于规定的最低价格时,则征收进口附加税或禁止进口(closing import)。如1980年英国对我国闹钟的进口,实行最低限价措施,规定如果每只低于60便士就禁止进口。此种措施在正常贸易下被世贸组织所禁止。

(三)进口押金制度

进口押金制(advanced deposit)又称进口存款制,是进口商在进口商品时,必须按进口金额的一定比率和在规定的时间内,在指定的银行无息存储一笔现金,这样就增加了进口商的负担,加大了进口成本,影响了进口商的资金周转,从而起到限制进口的作用。此种措施在20世纪90年代初期被废除。

(四)海关估价制度

海关估价制(customs valuation)是指进口国海关确定进口商品完税价格的制度。海关估价的目的是为了客观、合理地确定应税商品的完税价格。但由于世界各国或地区海关估价的原则、标准、方法和程序等不尽相同,有些国家会高估进口货物的价格,相当于提高了进口关税水平,从而对货物进口构成不合理的非关税壁垒。

在多边贸易体制下,为建立一个公平、统一、中性的海关估价制度,关贸总协定"东京回合"谈判中达成《海关估价守则》,"乌拉圭回合"在对这一守则进行修订和完善的基础上,达成了《海关估价协议》。世贸组织要求,每一个成员必须接受该协议。

第四节 贸易救济措施

贸易救济(trade remedy)亦称"对外贸易救济"或"外贸救济",是指国内产业受到或即将受到国际贸易损害时,主管当局对此种已发生或即将发生的损害采取的补救或预防措施。在世贸组织的一系列多边贸易规则中多是维护与发展自由贸易的规则,比如,关税减让、禁止数量限制和非关税壁垒规则等,在保护国内产业方面只有三个相关的国际贸易救济规则,这就是反倾销、反补贴和保障措施。由于国际自由贸易在促进各国经济发展的同时也可能使有关国家的国内产业受到不公平贸易行为或措施的损害,有关国家为了在不背离自由贸易政策的前提下为受到损害的国内产业提供适当的救济,才通过立法形式确立了贸易救济制度。因此,贸易救济贯穿了两个基本理念:一是自由理念,即贸易救济必须有利于促进国际贸易的自由化;二是公平理念,即贸易救济必须有利于保障不同国家之间的公平贸易。

然而,在世贸组织成立后,传统的贸易保护做法,如配额、许可证等非关税壁垒作用日益弱化,而世贸组织规则允许的贸易救济措施包括反倾销、反补贴和保障措施的使用频率却大大提高,许多世贸组织成员都想以此来阻拦国外产品进入本国市场,所以贸易救济措施的使用已经超出了维护公平贸易和避免产业遭受严重损害的范围。

一、倾销与反倾销

倾销(dumping)是指以低于同类产品正常价值的价格在国外市场销售出口产品的行为。倾销带来的低价销售虽然有利于进口国的消费者,但却会严重损害与进口商品相竞争的厂商或产业,且会严重扰乱正常贸易秩序。因此各国从自身利益出发,对来自其他国家的倾销行为予以坚决反对和禁止,这就形成了反倾销。然而,如果反倾销措施的实施超过了其合理的范围与程度,也会成为另一种形式的贸易歧视行为。

(一)倾销的确定

倾销的确定是实施反倾销措施的首要条件之一。确定进口产品是否存在倾销,关键在于确定其正常价值和出口价格,并将两者进行比较。出口价格低于正常价值时,即存在倾销。出口价格低于正常价值的差额,就是倾销幅度,又称倾销差额。

按照世贸组织的《反倾销协定》,进口产品的正常价值可用以下三种价格依次确定。

1. 国内销售价格。如果出口国国内市场的正常贸易过程中有同类产品的可比价格的,以该可比价格为正常价值。国内销售价格一般采用批发价格。

2. 对第三国的出口价格。如果出口国国内市场的正常贸易过程中不存在同类产品的销售,或由于出口国国内市场的特殊情况或销售量较低,不允许对此类销售进行适当比较的,则以该同类产品出口至一适当的第三国的可比价格为正常价值。

3. 结构价格。以生产成本加上合理金额的管理、销售和一般费用及利润为正常价值。

世贸组织各成员方规则中规定确定进口产品正常价值的方法,也和《反倾销协定》的上述规定大体相同。

专题 4-5

非市场经济国家正常价格的确定

世贸组织《反倾销协定》规定,由于出口国国内市场的特殊市场情况,不允许对此类销售进行适当合理比较时,进口成员方可以不将出口国国内市场上同类产品的销售价格作为确定正常价值的根据。

一些成员方常常将"非市场经济国家"视作特殊情形,拒绝以该非市场经济国家国内市场的销售价格作为确定正常价值的根据。如欧盟在确定进口产品的正常价值时,通常首先要确定出口国是否为市场经济国家。如果不是,欧委会就会认为其国内价格不能作为确定正常价值的可靠依据,从而采用其他方法确定进口产品的正常价值。印度、泰国等国家的反倾销当局在确定进口产品的正常价值时,也拒绝将非市场经济国家的国内市场价格作为正常价值。

针对非市场经济国家,有关国家通常的做法是选择一个第三国作为替代国,以"替代国价格"来确定正常价值。美国就是从市场经济国家中选择一个被认为是可比的国家作为非市场经济国家的替代国,以该替代国的相应商品价格,或生产相应商品的生产要素价格作为确定正常价格的依据,由于缺乏明确的选定替代国的标准,往往会导致反倾销的滥用。如欧盟、美国在对中国出口产品进行反倾销调查时,常常采用替代国办法来确定中国出口产品的正常价值。由于它们选择替代国具有极大的随意性,并且通常不考虑中国在资源、劳动力等方面的优势,以它们选定的替代国为参照,中国的出口产品便很容易被认定为倾销,并被征收高额反倾销税。

(二)实施反倾销的条件

按照关贸总协定的规定,进行反倾销要具备三个条件:一是存在倾销;二是倾销对本国同类产品产业造成了严重损害或实质损害,或形成了实质损害的威胁,或实质阻碍某项新兴产业的建立;三是损害和倾销之间必须具有因果关系。若符合这三个条件,则进口受损方可以对倾销产品征收不超过该产品倾销幅度的反倾销税。

在有关当局接到反倾销申诉,针对上述三个条件进行反倾销调查时,若发现存在以下情况时就应拒绝或停止调查:①倾销或损害的证据不足。②倾销幅度很小,占正常价值的百分比不到2%。③实际或潜在的损害无足轻重,即从特定成员方进口的倾销产品占进口成员方相同产品总进口量不到3%。除非特殊情况,反倾销调查应当在1年内结束,无论何种情况,最长不得超过18个月。

(三)对倾销的救济措施

1. 临时性措施,是指进口成员方在正式征收反倾销税之前,为防止倾销继续发生或继续造成损害或损害威胁而采取的一种短期补救措施。临时反倾销措施主要有两种形式:一是征收临时性反倾销税;二是采取担保方式,即支付与反倾销税等量的保证金或保税金。

2. 价格承诺,是指有关出口商自愿承诺提高倾销产品的价格或停止以倾销价格出口的措施。若出口方提出价格承诺,且得到进口方的同意,则倾销调查程序可暂时中止或终止,不采取临时措施或征收反倾销税。

3. 征收反倾销税。反倾销税的征收必须是在终裁存在倾销、产业损害及其因果关系后,由进口方当局来决定。征收的反倾销税不得超过倾销幅度,且应在抵消造成损害的倾销所需的时间和限度内实施,但最长一般不超过5年。

二、补贴与反补贴

补贴(subsidies)一般是指政府或任何公共机构对"某些企业"提供的财政捐助,以及对其收入和价格的支持。接受了补贴的产品往往会具有更强的价格优势,因此补贴经常被作为刺激出口或限制进口的手段。为确保一国的补贴与反补贴措施不至于不合理地妨碍国际贸易和他国利益,关贸总协定"乌拉圭回合"制定了《补贴与反补贴协议》(Agreement on Subsidies and Countervailing Measures,SCM)。

(一)补贴的范围

根据SCM的有关规定,补贴范围包括:①政府以赠予、贷款或资金注入等形式直接转让资金,或以贷款担保等形式潜在地转让资金和债务;②政府放弃或不征收财政收入;③政府提供货物或服务,或购买货物;④政府向基金机构拨款,或委托、指令私人机构履行上述三项功能;⑤其他补贴。

(二)补贴的基本类型

SCM的目的是禁止或不鼓励政府使用那些对其他成员方的贸易造成不利影响的补贴,而不是反对所有补贴。为此,SCM根据补贴的性质将其分为以下三种。

1. 禁止性补贴,又称红色补贴,是指对进口替代品或出口品在生产、销售环节,直接或间接提供的补贴。它直接扭曲进出口贸易,或严重损害别国经济利益,是 SCM 要求任何成员都不得授予或维持的补贴措施。

2. 可申诉补贴,又称黄色补贴,是指在一定范围内允许实施,但如果在实施过程中对其他成员方的利益造成严重损害,或产生歧视性影响时,受损一方可对该补贴措施提出申诉的补贴。这类补贴从一方出于维持国民经济平衡发展的需要而对某些企业进行扶持的角度来看,具有合理性;但从接受补贴的企业可能在国际或国内市场上具有非正常竞争力,并进而对他国利益带来损害的角度看,又具有不合理性,因此 SCM 对其不绝对禁止,但也允许受损方提起申诉。

3. 不可申诉补贴,又称绿色补贴,是指实施该类补贴的政府着眼于本国经济的发展需要而采取的,并对国际贸易不会直接造成消极影响的补贴措施。例如,不针对某个行业或企业的非专向性补贴,或政府对科研、落后地区以及环保进行的补贴,都属此类补贴。

(三)反补贴措施

1. 临时措施。如果反补贴调查当局初步认定存在补贴,且对进口成员方相关产业造成严重损害或严重威胁,为防止损害继续扩大,可征收临时反补贴税。

2. 补救承诺。如果反补贴调查期间,出口成员方政府承诺取消被诉补贴,或出口商承诺修正其出口价格,并且有关承诺已为调查当局所接受,就视为达成了补救承诺。这时,反补贴调查应停止或中止。若之后情况表明并不存在产业损害或产业威胁,则补救措施应自动取消。

3. 征收反补贴税。如果反补贴调查当局最终裁定存在补贴和产业损害,那么进口成员方当局便可决定对受补贴进口商品征收反补贴税。反补贴税不得高于补贴数额,自生效之日起应在 5 年内停止,除非停止征收反补贴税可能造成补贴的继续或再度发生损害。

三、保障措施

保障措施(safeguard measures)又称保障条款,是指当产品的进口数量激增,以至对生产同类或直接竞争产品的国内产业造成严重损害或严重损害威胁时,进口成员方可以在非歧视原则的基础上对该产品的进口实施限制。该措施是世贸组织成员政府在正常贸易条件下维护本国国内产业利益的一种重要手段。通常被称为"保障条款"的是《关贸总协定》第 19 条,该条认为,在特定情况下允许任何缔约方为保障本国经济利益而解脱总协定的一定义务。

1. 保障措施实施的前提条件。

(1)有关产品的进口大量增加。

(2)进口增加是因意外情况以及多边贸易谈判所带来的贸易自由化的

结果。

(3) 对国内产业造成严重损害或严重损害威胁。

(4) 客观证据表明,进口增加与国内产业损害有因果关系。

2. 保障措施的实施。

(1) 保障措施的实施必须有限度,必须限定在防止或补救严重损害和提供产业调整所必须的程度和时间内。保障措施包括关税和数量限制两种,如果使用数量限制作为保障措施,则不应将进口数量减少至低于最近3年内进口的平均水平。

(2) 保障措施应当遵循WTO的无歧视原则,即应该对该产品的所有出口方一视同仁,不能有选择地针对其中一两个成员。

(3) 保障措施应该在一定期限内实施。保障措施属于紧急措施,应该是暂时性的,且应随着补救措施的见效而逐步放宽或减弱限制。保障措施一般不超过4年,最长不超过8年。

专栏4-6

钢铁大战——美国钢铁保障措施案

2002年3月,美国总统宣布,对10种进口钢材采取保障措施,在为期3年的时间里,加征最高达30%的关税。包括中国在内的一些WTO成员将本案提交WTO争端解决机制,是为"美国钢铁保障措施案"(United States — Definitive Safeguard Measures on Imports of Certain Steel Products, DS252)。这是中国在WTO的第一案。按照经验丰富的美国贸易代表办公室律师的说法,这也是WTO有史以来最大、最复杂的案件。2003年12月4日,美国总统宣布取消保障措施,此案宣布全部结束。

在进口产品增加,给国内产业造成严重损害,或者有可能造成严重损害的情况下,进口国可以通过提高关税或者实施进口数量限制,对该国内产业进行保护。这种保护措施就是保障措施。WTO明文允许各成员采取这种措施。《关贸总协定》第19条("对某些产品进口的紧急措施")和WTO《保障措施协定》就是专门为此而制定的。当然,这些规定同时要求,采取保障措施必须遵守一定的纪律。最为基本的纪律就是:进口确实增加了,国内产业确实受到了严重损害,并且,更为重要的是,国内产业的严重损害必须是由进口增加造成的,即进口增加与严重损害之间必须有因果关系。

本案中,欧盟、日本、韩国、中国、瑞士、挪威、新西兰和巴西等8个起诉方提出了11项法律主张,包括未预见的发展、进口产品定义、国内相似产品定义、进口增加、严重损害、因果关系、对等性、最惠国待遇、措施的限度、关税配额分配、发展中国家待遇等,即指责美国的保障措施在这些方面都违反了WTO规则,几乎涉及WTO《保障措施协议》每一个实质性条款的适用和理解。美国则百般辩解。最后,专家组和上诉机构通过对一些关键法律点的审查,认定美国的措施不符合WTO规则,宣布美国败诉。

美国对外宣称,美国钢铁行业在美国经济中起着重要的作用。但其他钢铁生产国一直对钢铁市场进行干预,对其钢铁业直接提供财政支持,造成全球钢铁产量严重过剩,世界市场供大于求。因此,美国产业受到了严重的影响。现在,美国钢铁行业财务困难,利润大幅下降,投资和市场份额收缩,许多企业已经寻求破产保护。美国对钢铁进口实施暂时的保障措施,是为了给美国钢铁产业提供一个机会,使之调整适应外国钢铁的大量进口。

事实上,美国钢铁产业的现状,很大程度上归咎于美国国内产品竞争和产业结构的问题。2000年,美国钢铁产量1.12亿吨,是世界第三大钢铁生产国。美国有13家综合钢铁厂(integrated producers),65家小钢厂(minimills)。小钢厂技术先进,生产成本低,员工包袱轻,其生产的产品对综合钢厂形成了有力的竞争,压低了产品的价格。而综合钢厂由于需要承担的退休员工社会保障成本过高等原因,技术更新和产业调整缓慢。美国钢厂众多,形成了产量过大,产品整体竞争力不强的状况。

相比之下,20世纪90年代,欧盟对其钢铁行业的结构进行了大刀阔斧的调整,主要是通过实施较为严格的政府资助管理规则和竞争规则,对钢铁结构进行市场化调整。钢铁行业兼并收购之风盛行。欧盟多数钢铁产品由少数几家在全球钢铁行业最具效率的钢铁公司生产,在全球10大钢铁企业中,欧盟就占了5家。其结果是欧盟钢铁行业在国际钢铁市场上的竞争力得以提高。

美国将钢铁行业的困难归咎于进口增加,并且对进口采取限制措施,在世界上引起了强烈的反应。钢铁生产国纷纷指责美国的贸易保护主义做法,认为这将对刚刚开始的WTO多边谈判造成不利的影响。欧盟、日本、韩国等国家与美国举行了《保障措施协议》项下的磋商。

由于美国限制钢铁进口的措施,使得原来向美国出口的钢铁流向其他国家,一些国家对这种"贸易转移"可能产生的对本国钢铁行业的影响进行调查,其中,欧盟于2002年3月,对进口钢铁产品采取临时保障措施。此外,欧盟、日本等国家还向WTO通报了准备对美国产品实施贸易报复的清单。同时,欧盟、日本、韩国、中国、瑞士、挪威、新西兰和巴西等国家将美国保障措施提交WTO,要求裁决其违反WTO的有关规定。这在WTO争端解决的案件中,无论从涉及国家的数量,还是从对贸易的影响,都是首屈一指的。

第五节 出口鼓励措施和出口管制措施

一、出口鼓励措施

许多国家在利用关税和非关税措施限制进口的同时,还采取各种措施对本国产品的出口给予鼓励。出口鼓励措施是指出口国政府为增强本国出口产品的国际竞争力,促进本国商品的出口,开拓和扩大国外市场而采取的经济、行政和组织等方面的各种措施。出口鼓励政策是一国对外贸易政策重要组成部分,其措施主要包括以下几种。

(一)出口信贷

出口信贷(export credit)是一个国家的银行为了鼓励商品出口,加强商品的竞争能力,对本国出口厂商或国外进口厂商提供的贷款,它是一国的出口商利用本国银行的贷款扩大商品出口,特别是金额较大、期限较长,如成套设备、船舶等出口的一种重要手段。出口信贷主要有两种。

1. 卖方信贷(supplier's credit),指出口国银行向出口厂商,即卖方提供贷款,以便出口厂商既能加速资金周转,又能向外国进口商提供延期付款的条件,从而促进商品的出口。

2. 买方信贷(buyer's credit),指出口国银行直接向国外进口厂商和进口国银行提供贷款,其条件是贷款必须用于购买债权国的商品,因而起到促进商品出口的作用,这就是所谓的约束性贷款。

很多国家都设立专门银行,开展出口信贷业务,例如,美国的"进出口银行"、日本的"输出入银行"、法国的"对外贸易银行"及中国的"进出口银行"。这些银行的资金由政府拨付。

(二)出口信贷国家担保制

出口信贷国家担保制(export credit guarantee system)是一国政府设立专门机构,对本国出口商和商业银行向国外进口商或银行提供的延期付款商业信用或银行信贷进行担保,当国外债务人不能按期付款时,由这个专门机构按承保金额给予补偿。这是国家用承担出口风险的方法,鼓励扩大商品出口和争夺海外市场的一种措施。

出口信贷国家担保制有如下特点:①担保金额大,有时达信用额的70%~

80%,大多数情况可达到100%;②担保的范围广,除一般商业性风险外,还包括政治风险、其他经济风险(如货币贬值);③保险费的费率低,一般只是商业保险费用的10%左右;④担保的对象可以是出口国厂商,也可以是出口国银行。

(三)出口补贴

出口补贴(export subsidies)是鼓励出口的一种措施。它是政府或同业公会对某种出口商品给予出口商或生产者以现金补贴或财政上的优惠,以便降低成本和价格,加强其在国际市场上的竞争力。它是自重商主义时期就有的,并延续至今的一种鼓励出口措施。出口补贴有直接的和间接的两种。

1. 直接补贴(direct subsidies),是指出口某种商品时,直接支付给出口厂商的现金补贴。如根据欧盟共同农业政策的规定,成员向第三国出口如谷物、奶制品、肉类、食糖等过剩农产品时,可向共同农业基金申请出口补贴,以消除由于欧盟农产品成本高于国际市场价格水平而对出口者产生的不利因素。补贴根据欧盟农产品的市场价格与国际市场的差价,以及生产与库存情况而定,随行就市,逐笔申请。世贸组织反对使用直接补贴,将其列为禁止的补贴。

2. 间接贴补(indirect subsidies),即政府对某些商品的出口给予财政上的优惠。如退还或减免出口商品应缴纳的销售税、消费税、增值税、盈利税等;对加工出口商品而进口的原料、半成品实行暂时免税或退税;对于出口商品降低运费等。这些方法都是为了减少出口成本,扩大销路。

专题 4-7

出口退税

出口退税是国家运用税收杠杆奖励出口的一种措施,是一种国际惯例。一般分为两种:一是退还进口税,即出口产品企业用进口原料或半成品,加工制成产品出口时,退还其已纳的进口税;二是退还已纳的国内税款,即已报送离境的出口货物,由税务机关将其在出口前的生产和流通的各环节已经缴纳的国内增值税或消费税等间接税税款退还给出口企业的一项税收制度。一国可以根据自己的政治、经济目标和财政承受能力,从实际出发,在法定征税税率以内,确定适当的出口退税水平,既可以选择退税和不退税,也可以选择多退税和少退税。

在国际市场需求规模一定的情况下,出口商品竞争力是影响出口规模的主要因素。出口退税之所以能发挥鼓励出口的作用,在于出口商得到国家出口退税后,可以通过降低出口商品价格的方式增强其产品在国际市场的竞争力。世界上很多国家都有出口退税政策。

（四）外汇倾销

外汇倾销(exchange dumping)是指一些国家的政府为了鼓励本国产品对外多出口，而故意让本国的货币对外贬值，降低用外国货币表示的本国商品的价格，以达到扩大本国商品出口的目的。此外，一个国家的货币贬值后，外国进口商品在国内销售时的价格就必然上涨，从而又起到限制进口的作用。这就是外汇倾销的双重作用。但是，外汇倾销要达到扩大出口的目的，必须依赖两个条件：一是本国货币贬值的幅度必须高于国内物价上涨的程度；二是其他国家不同时采取同等程度的货币贬值或其他报复性手段。

（五）建立经济特区

经济特区是一些国家为了促进本国经济的发展和鼓励对外贸易，而采取的一项重要措施。所谓经济特区，是指一些国家或地区在其国境以内、关境以外划出的一定范围的区域，并在交通运输、通信联络、仓储与生产方面提供良好的基础设施并实行免除关税等优惠待遇，用以吸引外国企业从事贸易与出口加工工业活动。经济特区的建立，有助于吸引外国投资、引进先进的生产与科学技术，增加本国的财政收入和外汇收入，从而繁荣本国经济。

经济特区的出现，距今已有400多年的历史，早期的经济特区主要以开展自由贸易为主，现在的经济特区已发展成为贸易、生产、科技开发等多种类型，具体形式有：

1. 自由港或自由贸易区。自由港(free port)亦称自由口岸，一般设在港口或港口地区；自由贸易区(free trade zone)亦称自由区或对外贸易区，一般设在邻近港口的地区或港口的港区。自由港和自由贸易区除名称不同，所处的地理位置略不同外，在性质、特征、作用等方面基本是一样的，所以人们一般都把它们并为一类。无论是自由港或自由贸易区都是划在关境以外，对进出口商品的全部或大部分实行免征关税，并且允许外国或本国的厂商在港内或区内自由从事生产、加工、储存、展览、拆改装等业务活动，然后免税出口，以促进本港或本地区经济发展和对外贸易的发展，增加财政收入和外汇收入。我国香港是把港口及港口所在的城市均划为自由港；汉堡是把港口及港口所在城市的一部分划为自由贸易区。

2. 保税区(bonded area)，亦称保税仓储物流区。这是一国中央政府设置，受海关监督和管理的可以较长时间存储和加工商品的区域。保税区能便利转口贸易、对外加工贸易，增加有关费用的收入。运入保税区的货物可以进行储存、改装、分类、混合、展览，以及加工制造，但必须处于海关监管范围内。外国商品存入保税区，不必缴纳进口关税，尚可自由出口，只需缴纳存储费和少量费用，但如要进入关境则需缴纳关税。各国的保税区都有不同的时间规定，逾期货物未办理有关手续,海关有权对其拍卖,拍卖后扣除有关费用,余款退回货主。

3. 出口加工区(export processing zone),是一些国家或地区在其邻近港口或机场附近的地区,划出一定的区域范围,配以良好的码头、车站、道路、仓库、厂房等基础设施和生活服务设施以及提供免税等各种优惠待遇,以吸引外国企业和本国企业在区内投资办厂,生产的产品全部或大部出口销售的加工区域。出口加工区可分为综合性出口加工区和专业性出口加工区两种。前者指经营多种出口加工产品的加工区域;后者指经营某种特定的出口加工产品的加工区域。兴办出口加工区,其作用是有助于吸收外国投资、引进先进设备和技术,促进本地区的经济发展,扩大出口加工工业和加工品的出口,增加外汇收入。出口加工区与自由港或自由贸易区的主要区别是,它不以发展贸易为主,而主要面向工业,以发展出口加工工业为主。

4. 自由边境区(free perimeter),是一些国家的政府为了开发某些边境地区的经济,按照自由贸易区和出口加工区的模式,在本国的指定边境设立的吸收国内外厂商投资,开展贸易,并给予免税或减税的区域。外国货物可在自由边境区内生产、加工、储存、包装、展览,如转运到本国其他地区出售则要照章纳税,出口则全部或大部分免税。

5. 自由过境区(free transit zone),也叫中转贸易区,是一些沿海国家为方便内陆的邻国进出口货运,开辟某些海港、河港或国境城市作为过境货物的自由中转区。在区内,对过境货物简化通关手续,免征关税或只征少量过境费用。过境货物可短期存储或重新包装,但不得加工制造。过境区一般都提供保税仓库设施。

(六)促进出口的组织措施

促进出口的组织措施主要有:①国家设立专门组织,研究与制定出口战略,扩大出口;②由国家建立商业情报网,加强国外市场情报工作,为出口厂商提供信息;③组织贸易中心和贸易展览会,组织贸易代表团和接待来访,以推动和发展对外贸易,组织出口厂商的评奖活动,对出口商给予精神奖励等。

二、出口管制措施

出口管制是许多国家实行贸易歧视政策的手段,是一些国家从其本身的政治、经济利益出发,对某些商品,特别是战略物资和先进技术的出口实行限制和禁止的措施。

(一)出口管制的原因

出口管制有经济和政治两方面的原因。①经济原因包括:为了使国内价格维持在一个较低的水平；为了使世界市场的价格维持在一个较高的水平；为了满足国内生产的需要；为了保持本国的技术优势。②政治原因包括：出于对某些国家的敌视，采取经济制裁、禁运等措施；服从战争的需要，如在战争期间或为了战备需要，与敌对国家在战略物资及有关的先进技术资料，包括武器、军事设备、军用飞机、军舰、先进的通信设备等方面的交易采取严格控制或严密封锁；联合起来反对霸权的需要，如石油输出国组织（OPEC）联合控制石油的生产与出口，以对抗西方国家控制能源的霸权行为。

除经济、政治原因外，世界各国还会出于保护历史和文化的原因，对某些重要的文物、古董、艺术品以及黄金、白银等特殊商品实行出口管制。

（二）出口管制商品

出口管制商品包括：①战略物资和先进技术资料。如军事设备、武器、军舰、飞机、先进电子计算机及有关技术资料等。②国内生产紧缺的原材料、半制成品及国内供应不足的某些商品。③为了缓和与进口国的贸易摩擦，在进口国的要求或压力下，"自动"控制出口商品。④某些古董、艺术品、黄金等特殊商品。⑤受某些国际条约或国际组织的表决决议的要求，对某些国家实施经济制裁而限制出口的商品。

（三）出口管制的形式

出口管制的形式主要有两种。

1. 单方面出口管制，指一国根据本国的出口管制法案，设立专门机构对本国某些商品出口进行审批和颁发出口许可证，实行出口管制。以美国为例，美国的出口管制主要由国务院和商务部负责。除此以外，能源部和财政部在个别产品和技术上也拥有出口管制的权力。若国务院或商务部做出不允许出口的决定，负责执法和保证决定实施的部门包括商务部、国土安全部下属的海关和边境保护局，以及司法部。

2. 多边出口管制，指几个国家的政府，通过一定的方式建立国际性的多边出口管制机构，商讨和编制多边出口管制货单和出口管制国别，规定出口管制的办法等，以协调彼此的出口管制政策和措施，达到共同的政治和经济目的。

1949年11月成立的巴黎统筹委员会（简称"巴统"）就是一个国际性的多边出口管制机构，主要是对社会主义国家实行出口管制。"巴统"成员国为美国、英国、法国、意大利、加拿大、比利时、卢森堡、荷兰、丹麦、葡萄牙、挪威、德国、日本、希腊、土耳其、澳大利亚等16个国家。其主要工作是编制禁运货单，规定禁运国别或地区，确定审批程序，加强转口管制，讨论例外程序，交换情报等。但有关出口管制商品的申报手续和具体管理仍由各参加国自行实施。随着国际形势的变化，这个委员会的管制有所放宽，在20世纪50年代，禁运单项目多达300项，至

90年代初,已减至100项左右。至1994年4月,该组织宣布解散。

本章小结

1. 本章就国际贸易政策措施的目的、关税和非关税壁垒等问题进行分析和讨论。其中关税是各国普遍采用的主要贸易政策措施,其种类繁多,常见的关税是进口税。进口税根据其征税方法不同可分为从量税、从价税、复合税和选择税。海关征税的依据是海关税则。非关税壁垒的形式多种多样,相比关税而言有更大的灵活性和针对性,具有更强的隐蔽性和歧视性,更能达到限制进口的目的。非关税壁垒设立的目的主要是试图减少进口数量以提高进口商品的价格,保护国内同类产品的国内市场。因此,对于非关税壁垒,无论何种形式,都可以从数量和价格两个方面说明它们的影响。

2. 关税经济效应的分析有局部均衡分析和一般均衡分析两种,本章介绍的是前者,即对某一进口商品的供给、需求和价格进行分析。征收关税对贸易小国而言会造成社会福利的净损失,而对贸易大国而言则有可能通过改善贸易条件提高国民收益。

3. 关税的有效保护率考虑了某一行业的生产结构及贸易大国对其制成品和中间投入品保护措施等多个因素,比较合理地反映了一国进口加工行业的实际保护程度。

4. 出口鼓励措施使得贸易政策的重心从消极防御转向积极拓展。与此同时,出于某政治目的和经济利益的考虑,以及为履行贸易协定中应尽的义务,有些国家对一些商品实行出口管制,由此形成了出口管制制度。

思考题

1. 简述国际贸易措施的主要目的。
2. 用局部均衡分析方法说明进口关税对贸易小国生产者、消费者及政府关税收入的经济效应。
3. 什么是倾销?一国出口商品的正常价值如何确定?
4. 什么是非关税壁垒?与关税壁垒比较,非关税壁垒有什么特点?
5. 绝对配额与关税配额有什么区别?国别配额和全球配额有什么区别?
6. 鼓励出口和限制出口的措施主要有哪些?

区域经济一体化与多边贸易体制

★ 学习目的与要求 ★

1. 掌握区域经济一体化的主要形式与内涵,了解主要区域经济集团。
2. 掌握关税同盟理论,了解其他区域经济一体化理论。
3. 了解关贸总协定及世界贸易组织,掌握世贸组织的基本原则。
4. 了解多哈回合谈判的进展及困境。

区域经济一体化又称贸易集团化、区域经济集团化,是第二次世界大战后世界经济出现的一种新现象。第二次世界大战后,在科技革命的推动下,生产力迅速发展,导致各国相互分工与依赖日益加深,经济活动日益国际化、全球化,同时世界市场的竞争也更加激烈。由于世界经济发展不平衡,一些发达国家为了确保自身的优势地位,发展中国家为了谋求共同发展,纷纷采取区域经济合作方式维护本国的经济利益。

第一节 区域经济一体化概述

一、区域经济一体化的含义

区域经济一体化(regional economic integration)是指地理区域上比较接近的两个或两个以上的国家之间所实行的某种形式的经济联合,或组成的区域性经济组织。一般情况下,区域经济一体化需要建立超国家的决策和管理机构,制定共同的政策措施,实施共同的行为准则,规定较为具体的共同目标(例如,消除成员国间的关税和非关税堡垒,实现商品和生产要素的自由流动)。它要求参加一体化的国家让渡部分国家主权,由一体化组织共同行使这一部分主权,实行经济的国际干预和调节。

二、区域经济一体化的类型

（一）按一体化程度划分

按照一体化程度由低到高的顺序,区域经济一体化可分成六种形式。

1. 优惠贸易安排(preferential trade arrangement,PTA),是指两个或两个以上的经济体通过协商达成协议,对全部商品或部分商品规定较为优惠的关税。这是区域经济一体化的最低级和最松散的形式。如1932年建立的英帝国特惠制。某些实行特惠贸易安排的区域最终发展成为自由贸易区,如1977年的《东南亚国家联盟的特惠贸易安排》后来发展成为东盟自由贸易区。

专栏 5-1

亚太贸易协定

《亚太贸易协定》(以下简称《协定》)前身为签订于1975年的《曼谷协定》,是在联合国亚太经济社会委员会主持下,为促进南南合作,在发展中国家之间达成的一项优惠贸易安排。我国于2001年5月23日正式加入《协定》,目前其正式成员包括孟加拉国、中国、印度、韩国、老挝和斯里兰卡六个国家。《协定》是我国参加的第一个优惠贸易安排,覆盖近30亿人口,也是我国目前唯一涵盖东亚、南亚地区并在实施的优惠贸易协定。作为中国参加的第一个区域性多边贸易组织,《协定》在中国关税史上具有重要地位。一方面,在《协定》框架下,我国第一次给予其他国家低于"最惠国税率"的关税优惠税率;另一方面,我国也是第一次通过关税谈判从其他国家获得特别关税优惠。

2. 自由贸易区(free trade area,FTA),是指两个或两个以上的经济体签署协议,相互取消进口关税和数量限制等关税或非关税措施,使区域内各成员国的商品可以完全自由流动,但成员国仍保持各自对来自非成员国进口商品的限制政策。如1960年成立的欧洲自由贸易联盟,2010年1月1日建成的中国—东盟自由贸易区(China and ASEAN Free Trade Area,CAFTA)。

3. 关税同盟(customs union),是指成员国之间完全取消关税和其他贸易壁垒,并对非成员国实行统一的关税税率或其他贸易限制措施的经济一体化组织。关税同盟是比自由贸易区更高一级的区域经济一体化的组织形式,它除了包括自由贸易区的基本内容外,成员国还撤除了各自原有的关境,组成了共同的对外关境。关税同盟开始带有超国家的性质,是实现全面经济一体化的基础。如早期的欧洲经济共同体(European Economic Community,EEC)以及2010年1月启动的包括俄罗斯、哈萨克斯坦、白俄罗斯三国的俄白哈关税同盟。

4. 共同市场(common market),是指成员国之间不仅实行商品的自由贸易,对非成员国实行共同的对外关税政策,而且共同市场成员国之间的生产要素(劳动力、资本)可以完全自由流动。如欧洲共同体在1992年年底建成的统一大市场。

5. 经济联盟(economic union),是指成员国在共同市场的基础上进一步实现经济政策协调(如实行统一的货币政策、财政政策、福利政策等)。成员国间一体化的程度从商品交换扩展到生产、分配乃至整个国民经济领域,形成了一个有机的经济实体,最典型的例子是目前的欧洲联盟(European Union,EU)。

6. 完全经济一体化(perfectly economic integration 或 complete economic integration),是区域经济一体化的最高级形式,除了具有经济联盟的特点外,各成员国在经济、金融、财政等方面实行完全统一政策,完全消除商品、资金、劳动力等自由流动的人为障碍,并建立起统一的中央机构和执行机构对所有事务进行控制。区域经济一体化发展到这一阶段,已经由经济联盟扩展到政治联盟。目前世界上尚无此类经济一体化组织,只有欧盟在为实现这一目标而努力。

在以上六种区域经济一体化的形式中,最常被采用的是自由贸易区。截至2019年4月,向世贸组织通报并仍然有效的区域贸易安排一共有312个,属于自由贸易协定的有258个,比重占到近83%。

（二）按参加国的经济发展水平划分

1. 水平一体化(horizontal integration)。水平一体化又称为横向一体化,它是由经济发展水平相同或接近的国家组成的。从区域经济一体化的发展实践来看,现存的一体化大多属于这种形式,例如,欧洲联盟、东盟自由贸易区、中美洲共同市场。

2. 垂直一体化(vertical integration)。垂直一体化又称为纵向一体化,是由经济发展水平不同的国家所组成的。如1994年1月1日建成的北美自由贸易区,它把经济发展水平不同的发达国家(美国、加拿大)和发展中国家(墨西哥)联系在一起,使建立自由贸易区的国家之间在经济上具有更大的互补性。

（三）按一体化的范围大小划分

1. 部门一体化(sectional integration),是指区内各成员国的一种或几种产业(或商品)的一体化。如1952年7月25日建立的欧洲煤钢共同体(European

Coal and Steel Community);1958年1月1日建立的欧洲原子能共同体(European Atomic Energy Community)。

2. 全盘一体化(overall integration),是指将区域内各成员国的所有经济部门加以一体化。如欧洲联盟和1991年解散的经济互助委员会。

三、当代区域经济一体化的特点

区域经济一体化的雏形可以追溯到1921年成立的比利时和卢森堡经济同盟(1948年荷兰加入,组成比荷卢同盟)。但是,区域经济一体化真正形成并迅速发展,则始于第二次世界大战后,并经历了三个发展阶段:20世纪50~60年代的高潮时期、20世纪七八十年代停滞不前时期、20世纪80年代中期以来的第二次发展高潮。

进入20世纪90年代以来,区域经济一体化出现了以下几方面的特点。

(一)区域经济一体化组织呈现出加速发展的态势

区域贸易安排虽然早已有之,但在最近十年明显提速。从跨太平洋战略经济伙伴关系协定(TPP)、跨大西洋贸易和投资伙伴关系协定(TTIP),到区域全面经济伙伴关系(RCEP)、中日韩自贸区,各种区域、次区域和自贸区安排,不仅以前所未有的迅猛之势在全球遍地开花,而且体量越来越大,经济体量排名前列的大国都积极参与其中。据世贸组织统计,到2014年年底,世贸组织成员国中仅有蒙古未参与任何一个区域贸易协定;2015年2月,日本和蒙古签署了经济伙伴关系协定,至此,世贸组织164个成员都参与了一个或多个区域贸易安排。

(二)世界贸易日益向各个区域经济贸易集团集聚

目前,全球贸易的一半以上都是在各个区域经济贸易集团内部进行的,区域经济合作对世界贸易和经济发展的影响越来越大。除少数国家和经济体外,绝大多数贸易伙伴与其区域贸易协议成员间的贸易比重不断提高。据美国贸易代表办公室统计,美国已签和在谈自由贸易协定的国家作为一个整体,已成为世界第一大经济体,占全球国内生产总值的42%,吸纳了美国70%的出口。2013年,欧盟内部贸易比重为63%。亚太区域内贸易比重也高达55%以上。据世贸组织专家估计,当前全球贸易的一半左右在各区域经济集团内部进行。

(三)自由贸易区迅猛发展由大国带动的特点非常突出

2013年,美国、欧盟、韩国、墨西哥的自由贸易协定伙伴分别为20个、53个、47个、44个,这些国家和地区同其自由贸易协定伙伴的进出口额占其外贸总额的比重分别为40%、28%、35%、81%。与之相比,中国同已生效的自由贸易协定伙伴的贸易额占中国外贸总额的比重为26%,如不包括台港澳地区,只有12%。美国、欧盟、日本还通过发展跨洲的自由贸易协定关系,在全球合纵连横,抢占势力范围。

(四)区域经济一体化内容广泛深入

新一轮的区域协定涵盖的范围大大扩展,不仅包括货物贸易自由化,而且还包括服务贸易自由化、农产品贸易自由化、投资自由化、贸易争端解决机制、统一的竞争政策、知识产权保护标准、共同的环境标准、劳工标准,甚至还要求具备共同的民主理念等。

(五)跨洲、跨区域经济合作的兴起和发展

进入20世纪90年代,区域经济合作的构成基础发生了较大变化,打破了狭义的地域相邻概念,出现了跨洲、跨洋的区域合作组织。例如,日本与墨西哥签署自由贸易协定。不同区域经济集团之间也展开了连横合作。自1995年开始,南方共同市场和欧盟之间开始探讨建立自由贸易区的问题,而东盟与欧盟外长会议之间就政治、经济领域内广泛的问题进行探讨业已制度化。

(六)发达国家在自由贸易区中力推国际经贸新规则

由于多哈回合谈判长期陷入困境,全球贸易投资自由化、便利化裹足不前,发达国家正通过加快自由贸易区建设,试图推行高标准的国际经贸新规则,抢占未来竞争和发展的制高点,重塑全球贸易投资规则体系。

四、几个重要的区域经济一体化谈判

(一)TPP协定和CPTPP协定

TPP(Trans–Pacific Partnership Agreement)协定,也就是"跨太平洋战略经济伙伴协定",也被称作"经济北约",最初只是由新西兰、新加坡、智利三国领导人倡议发起的,之后文莱加入,被称为P4,影响力有限。2005年6月,智利、新西兰、新加坡、文莱签署协定,2006年5月生效。2009年11月,奥巴马赴新加坡参加APEC峰会前,宣布美国加入TPP,强调这将促进美国的就业和经济繁荣,为设定21世纪贸易协定标准做出重要贡献。与此同时,秘鲁、越南和澳大利亚也宣布加入谈判,由此实现了P4向P8的转变,影响随之扩大。2011年11月10日,日本正式决定加入TPP谈判。2012年10月8日,墨西哥正式成为TPP的第十个成员国。2012年10月和2013年9月,加拿大、韩国分别宣布正式加入TPP。

美国之所以选择TPP这一最初并不起眼的区域贸易安排,主要是在2008年全球金融危机后美国经济复苏面临巨大挑战,必须依靠向亚洲出口来推进本

国经济增长。亚洲地区现已成为世界经济增长重要的推动力量,美国需要也希望通过亚洲市场来实现出口翻番和增加就业的目标。东亚地区追随全球区域经济一体化趋势,建立了"10+6""10+3""10+1"经济合作模式,亚洲区域内部的贸易额也迅速增长。美国希望借助TPP参与到亚洲一体化的进程中。

在先后进行了19轮谈判和多次部长级会议后,2015年10月5日,TPP取得实质性突破,12个国家结束谈判,达成TPP贸易协定。该协定覆盖范围广泛的贸易和贸易相关问题,包括货物贸易、海关和贸易设施、卫生检疫措施、贸易的技术壁垒、贸易救济、投资、服务、电子商务、政府采购、知识产权、劳动、环境等议题。依据协定,相关国家间约1.8万种商品的关税将在未来一段时间内逐步减少或完全取消。

TPP的12个成员国,遍布北美、南美、东亚、东南亚和大洋洲,横跨太平洋。据IMF数据测算,2014年TPP成员国的经济规模占全球经济总量的36.21%,其贸易规模占全球贸易总量的27.64%。这些国家中,既有人口大国,也有人口小国;既有资本主义国家,也有社会主义国家;既有基督教国家,也有佛教国家,还包含儒家文化圈;既有发达国家,也有发展中国家;既有以制造业为主导产业的国家,也有以资源为主导产业的国家。TPP主张全面市场准入,取消或削减所有货物和服务贸易以及投资的关税和非关税壁垒,促进区域内生产和供应链的发展。

然而TPP的建设路程并非一帆风顺。2016年11月,新当选的美国总统特朗普表示,他将会在上任的第一天发布总统行政令,退出TPP。2017年1月23日,特朗普上任后签署行政令,正式宣布美国退出TPP,称退出对美国工人是一件好事。

2017年11月11日,日本宣布除美国外的11国就继续推进TPP正式达成一致,2018年3月8日,11国代表在智利首都圣地亚哥签署CPTPP协定,即《跨太平洋伙伴关系全面与进步协定》。2018年12月30日,CPTPP协定正式生效。CPTPP与TPP在市场准入、贸易便利化、电子商务和服务贸易等方面均无差异,最大区别在于新协定冻结了旧协定中关于知识产权等内容的20项条款。

可以说,虽然CPTPP的新框架仍然保留着迄今为止最高水平的经贸规则,但是与TPP框架中的内容相比,还是有了一定程度的缩水。此外,缺少第一大经济体的美国以后,CPTPP覆盖约5亿人口,GDP的全球占比为13%,而原来的TPP则是世界上规模最庞大的区域性自由贸易协定。美国"缺席"以后,CPTPP区域内的人口和经济总量以及对全球经济和贸易的影响力都有了很大程度的下降。

(二)跨大西洋贸易和投资伙伴关系协定(TTIP)

跨大西洋贸易和投资伙伴关系协定(Transatlantic Trade and Investment Partnership,TTIP)是美国和欧盟这两个当今世界最大的经济体之间就建立一个横跨北大西洋的自由贸易区而进行谈判的协定。欧美双方早在20世纪90年代初就有建立跨大西洋自由贸易区的设想。全球金融危机后,这一设想逐步变为现实。2013年2月,美欧领导人就尽快启动双边自由贸易协定谈判达成一致。2013年6月17日,欧盟委员会主席巴罗佐和美国总统奥巴马在英国北爱尔兰举行的八国集团峰会期间宣布,欧盟与美国正式启动双边自由贸易协定谈判,并计划于2015年年底完成所有议题的谈判。

美国是当今世界最大的单一经济体,欧盟是世界最大的区域国家集团,美国与欧盟的贸易与投资关系也是世界最大、最复杂的经济关系。目前,欧盟和美国分别占世界国内生产总值的25.1%和21.6%,占世界贸易总额的17.0%和13.4%。美国贸易代表办公室的数据表明,2012年跨大西洋贸易流量(包括商品贸易、服务贸易、投资收益等)平均每天超过40亿美元,双方的货物与服务贸易额每年约为1万亿美元。美国对欧盟货物与服务出口占美国出口总额的21%,自欧盟货物与服务进口占美国进口总额的19%。美国购买了欧盟货物出口总额的17%和服务出口总额的25%;而欧盟货物进口的11%和服务进口的31%由美国提供。2011年跨大西洋两岸对外直接投资(FDI)总规模高达3.7万亿美元。美国政府估算,跨大西洋贸易与投资活动支持了美国和欧盟约1 300万个就业岗位。

如果欧美达成协议,将会建起世界最大的自贸区,涉及全球40%的经济产出和50%的贸易活动。据欧盟估计,一旦欧美自贸协定生效,每年将分别给欧盟和美国经济创造1 190亿欧元和950亿欧元产值,同时也将对国际经贸规则的制定产生深远影响。如果TTIP生效,将引领世界贸易、投资规则制定,重新树立西方世界在经济领域的领导权。

因谈判仅在技术层面取得有限进展,美欧双方放弃了在2016年完成TTIP谈判的设想,TTIP谈判正式搁浅,最终的结果应该是达成一个简易版的TTIP。

除TTIP外,欧盟还与加拿大进行全面经济和贸易协定谈判。2016年10月31日,经过七年的漫长谈判,欧盟与加拿大在比利时布鲁塞尔签订了历史性的双边自贸协定《综合经济与贸易协定》(Comprehensive Economic and Trade Agreement,CETA)。协定将把拥有五亿人口的欧盟单一市场,同加拿大这个全球第十大经济体连接起来。协定落实后,欧盟与加拿大之间的关税种类将减少99%,并因此每年新增120亿美元的贸易量。

(三)区域全面经济伙伴关系协定(RCEP)

2012年11月,东盟10国、日本、韩国、澳大利亚、新西兰、印度和中国宣布启动《区域全面经济伙伴关系协定》(RCEP)谈判。自2002年以来,中国、日本、韩国、澳大利亚、新西兰、印度分别与东盟10国签署了五个"10+1"自贸协定。在此基础上,东亚区域经济一体化进程不断加快,并呈现多元化的发展趋势。2012年11月20日,在柬埔寨金边举行的东亚领导人系列会议期间,温家宝总理会同上述其他15国的领导人,共同发布《启动〈区域全面经济伙伴关系协定〉(RCEP)谈判的联合声明》,正式启动这一覆盖16个国家的自贸区建设进程。这标志着东亚更大范围的经济一体化迈出了关键一步,充分展现了东亚各国加速整合并推进区域经济一体化的坚定决心。

RCEP谈判涉及货物贸易、服务贸易和投资三大领域,除市场准入外,还包括各类规则谈判。2015年8月,RCEP第三次部长会议期间,货物贸易市场准入谈判取得突破,各成员就初始出价模式达成一致意见,并承诺2015年年底前实质性结束谈判,达成一个现代、全面、高质量、互惠的区域自由贸易协定。RCEP谈判自启动以来,到2018年11月已举行两次领导人会议,14次部长级会议和24轮谈判。

RCEP是亚洲地区规模最大、成员最多、影响最为深远的自贸区谈判。"10+6"这16个国家的人口占全球的48%,GDP的总和占全球的30%,RCEP一旦谈成、建成,将极大地优化本地区的生产网络和价值链,促进地区的和平稳定和繁荣发展。

(四) 中日韩自贸区

中日韩自由贸易区的设想是在2002年中日韩三国领导人峰会上提出的。2012年11月20日,在柬埔寨金边召开的东亚领导人系列会议期间,中日韩三国经贸部长举行会晤,宣布启动中日韩自贸区谈判。2013年3月、7月中日韩自贸区第一轮谈判、第二轮谈判分别在首尔和中国举行。到2019年4月,已进行了十五轮谈判。

中日韩作为东亚地区三个大国,GDP总量已达到15万亿美元,占全球GDP的20%、亚洲GDP的70%、东亚GDP的90%,已超过欧盟,但三国之间的贸易量只占三国对外贸易总量的不足20%。建立中日韩自贸区将逐步实现货物、人员和资本的自由往来,促进各国产业调整和经济发展。中日韩经济相互依存度很高,中国是韩国的最大贸易伙伴,中日尽管政治关系一度出现"冷冻"状态,也还是各自主要的经济和贸易伙伴,日本还是中国游客去得最多的旅游目的地。三国已经结成事实上的利益共同体。可以清楚看到,中日韩加快自贸区谈判有着扎实的基础和实际需要。

第二节 世界主要区域经济贸易集团

近年来,随着区域经济一体化进程的推进,区域经济贸易集团数目激增,其中对世界经济贸易最具影响力的有欧盟、北美自由贸易区、亚太经合组织。此外,在拉美地区的南方共同市场也有着重要的影响。

一、欧洲联盟

欧洲联盟(简称欧盟,European Union,EU)是一个集政治实体和经济实体于一身、在全球区域经济一体化进程中起着重要的典范作用的区域经济集团。

(一)从欧洲共同体到欧洲联盟

1. 欧共体的成立。欧盟的前身是欧洲共同体(European Community,EC)。欧洲共同体是欧洲煤钢共同体、欧洲经济共同体和欧洲原子能共同体的统称。

第二次世界大战后,欧洲的战胜国和战败国均遭到削弱,因此西欧各国比任何时候都更渴望统一,期望以联合的力量来反对美国的控制、反对来自军事大国的威胁。这一共识无疑是欧洲共同体产生的一种内在动力。

1950年5月,法国外长R.舒曼提出联合经营法国、德国煤炭及钢铁工业的"舒曼计划"。根据这一计划,法国、德国、意大利、荷兰、比利时、卢森堡6国政府于1951年4月签署《建立欧洲煤钢共同体条约》(即《巴黎条约》)。1952年7月,该条约生效,欧洲煤钢共同体建立。1957年3月,上述6国在罗马签署《建立欧洲原子能共同体条约》和《建立欧洲经济共同体条约》(两个条约合称《罗马条约》)。1958年1月1日罗马条约生效,欧洲原子能共同体和欧洲经济共同体正式建立。1967年7月,这两个共同体和欧洲煤钢共同体的主要机构合并,统称为欧洲共同体。

2. 关税同盟的建立。欧共体建立后,为实现经济一体化目标,在各个领域协调成员国的行动,实行了一系列共同政策。这些共同政策构成了欧共体经济一体化的基本内容。欧共体是以关税同盟为起点,建立起一个共同市场,并向经济与货币联盟发展。

按《罗马条约》的规定,共同体成员国应当在12年的过渡期里建成关税同盟,但在1968年7月1日,削减内部关税的进程就全部完成,各国对外关税税率也实现了统一,关税同盟正式建成,比《罗马条约》规定的时间提前了一年半。

1962年,欧共体成员国开始逐步实施共同农业政策,以促进成员国农业的发展,为国民经济的增长打下坚实的基础。

3. 从共同市场到经济联盟。为巩固已取得的成果并在此基础上向更高级的经济一体化发展,欧共体在1969年12月提出了建立经济与货币联盟的计划。20世纪70年代末,欧洲货币体系建立。进入80年代,建立经济与货币联盟重又提上议事日程。1985年3月,欧共体执委会主席德洛尔提出建立单一欧洲市场的宏伟蓝图。1993年1月1日,欧洲统一大市场正式启动,在欧共体边境内部逐步实现人员、货物、服务和资本的自由流通。

欧共体各成员国在1987年就提出了建立"欧洲联盟"的目标,统一大市场的建立为实现这一目标奠定了坚实的基础。1992年,欧共体成员国政府代表签署了《欧洲经济与货币联盟条约》和《政治联盟条约》,即《欧洲联盟条约》,因签署地在荷兰的马斯特里赫特,因此又称《马斯特里赫特条约》,简称《马约》。该条约于1993年11月1日正式生效,欧盟正式取代了欧共体。从"欧洲共同体"到"欧洲联盟",不仅是一个简单的名称更换的问题,实际表明欧洲一体化进程发生了重大进展,成员国经济的聚合程度进一步提高。

4. 经济货币联盟的建成。根据《马约》的条款,欧盟的目标是建立欧洲经济货币联盟和欧洲政治联盟。1989年6月,欧洲理事会马德里会议根据欧委会主席德洛尔的报告,确定了建立经济与货币联盟的一般性基本原则,决定分三阶段于1999年1月1日前逐步实现经济与货币联盟。起初,主要目标是实行成员国之间的完全的资本自由流动,加强成员国在货币政策和经济政策领域里的协调;到1998年欧洲中央银行建立以及1999年1月欧元正式启动,欧洲经济货币联盟建成。欧元于2002年正式取代欧洲联盟成员国的国家货币。欧洲经济货币联盟是欧洲经济一体化发展的新阶段,欧元的启动是国际金融领域自布雷顿森林货币体系以来最重要的历史事件。

在政治联盟方面,各成员国朝着巩固基础、消除壁垒、实现进步、改善民生、促进均衡发展的目标前行,并主张通过实行共同外交和安全政策。在实现这些目标的道路上,欧盟不断迈出新的步伐。

(二)欧盟的扩大

欧洲区域经济一体化的进程除表现为一体化程度的加深外,还包括成员国数目的不断扩大。《罗马条约》规定,任何一个欧洲国家都可以申请加入欧共体(欧盟),但必须得到成员国的一致同意。自欧共体创立以来,欧盟已实现了7次扩大。

第一次扩大。1973年1月1日,英国、丹麦、爱尔兰加入欧共体,使其成员国由6国扩大为9国。3国特别是英国的加入提高了欧共体在世界上,尤其在欧洲的地位。

第二次扩大。1981年1月1日,希腊加入欧共体。希腊与东欧国家毗邻,吸纳希腊,可以加强欧共体对东欧国家的影响。但希腊的加入使得欧共体成员国之间的经济差距拉大。

第三次扩大。1986年1月1日,西班牙、葡萄牙加入欧共体,欧共体扩展为12国。西班牙和葡萄牙的经济发展水平都较低,两国的加入加剧了共同体内部的经济不平衡。但两国处于欧非大陆的通道要冲上,接纳这两个国家,可以使欧共体同地中海、非洲国家和拉美国家更为接近。

第四次扩大。1995年1月1日,瑞典、芬兰和奥地利的加入使欧盟扩大为15国。这三个国家都是原欧洲自由贸易联盟国家,经济发达,它们的加入使欧盟的市场容量得以扩展,也有助于欧盟加强与其他欧洲国家的联系。

第五次扩大。2004年5月1日,塞浦路斯、捷克共和国、爱沙尼亚、匈牙利、拉脱维亚、立陶宛、马耳他、波兰、斯洛伐克和斯洛文尼亚等10个中东欧国家加入欧盟,这是第二次世界大战后欧洲一体化进程中规模最大的一次扩容。至此其成员国达25个,人口4.53亿人。10个中东欧国家的加入,使欧洲一体化建设跨越了冷战时期遗留在欧洲大陆上的历史鸿沟,使欧盟在经济上变得更强,在政治、外交和安全领域的分量更重。尽管这次扩大也给欧盟带来新的困难和挑战,但它为欧洲建设进一步向纵深发展奠定了更加坚实的基础。

第六次扩大。2007年1月1日,罗马尼亚、保加利亚加入欧盟,欧盟成员国增至27国。这两个国家的加入可以说是第五次扩大的余波。

欧盟的第五次和第六次东扩,使得欧盟内部经济实力差距进一步扩大。欧盟东扩后人口增加27%,但国内生产总值只增加了6%。成员国间经济发展水平的差距进一步拉大,当年欧盟人均GDP为34 151美元,最高的卢森堡是欧盟平均水平的327.1%,最低的保加利亚只有平均水平的22.7%。巨大的经济差距及新成员国对欧盟财政补贴和支持的渴望,无疑将增加欧盟的财政负担,同时欧盟公民也普遍担心欧盟继续扩大将带来安全、移民、失业和有组织犯罪等一系列问题。

第七次扩大。2013年7月1日,克罗地亚加入欧盟,成为欧盟的第28个成员国。

2016年6月23日,英国通过全民公投确立脱离欧盟。英国首相特雷莎·梅2017年3月29日正式向欧盟递交"脱欧"信函,这意味着在加入欧盟44年后,英国成为首个寻求退出该联盟的成员国。

专栏 5-2

英国脱欧

2016年6月23日,我们见证了一个历史性的事件,英国就脱离欧盟举行全民公投。计票结果显示,"脱欧"一方支持率为51.9%,即1570万人支持脱欧,而赞成"留欧"的投票者共有1458万人,占48.1%。根据公投结果,英国决定退出欧盟。

英国脱欧并不是瞬时发生的偶然事件,而是有长久的历史积淀。事实上,英国的欧盟之路历经坎坷:

1960年,英国首次申请加入欧盟前身的欧洲经济共同体(EEC),遭法国总统戴高乐否决。

1973年,英国重启加入欧共体谈判,终成为成员国。加入欧共体后,1974年爆发的石油危机导致英国并未取得预期中的经济成就。1975年,英国进行了首次"脱欧"公投,结果2/3的投票人选择留在欧共体。虽然英国留在了欧共体内,但却开启了英国"脱欧"公投的先例。

1993年,欧盟取代欧共体,欧洲一体化取得重大进展,但是英国拒绝加入申根区且撒切尔夫人施行民族主义政策,英国已逐渐被边缘化。另一方面,英国在1992年退出"欧洲汇率体制",并在1999年欧元区成立后从未加入欧元区。法德大力倡议的欧洲一体化逐渐偏离了英国的理念。

近几年,全球经济疲软,欧盟经济的不景气对英国经济的促进作用进一步减少,受南欧国家潜在危机拖累,英国财务难以实现自由。财政投入也给英国带来了压力,移民的涌入也对英国产生了压力。多因素的叠加,使英国脱离欧洲一体化束缚的意愿愈加强烈,2016年6月英国公投后确立脱欧。

英国脱欧公投后,欧盟与英国的关系面临重塑。英国让渡给欧盟的国内政策制定权将重新回到英国手中,但英国也将面临新的挑战,比如,虽然恢复了对外关税制定权,但会导致成本增加,影响效率;无法享受欧洲统一市场的规模经济效益,影响贸易和投资发展;对外影响力下降,自由贸易谈判受阻,地缘政治格局也将改变。

——摘选自东艳《英国脱欧是否标志区域一体化的退潮》,中国社会科学院世界经济与政治研究所工作论文。

(三)欧元区的扩大

欧元区是指欧盟成员中使用统一货币——欧元的国家区域。1998年,欧盟11个成员国德国、法国、荷兰、比利时、卢森堡、西班牙、葡萄牙、奥地利、意大利、芬兰、爱尔兰制定了欧元趋同标准,并随着1999年1月1日欧元的正式出现而成立了欧元区。此后,又有若干个欧盟成员国陆续加入欧元区:2001年1月1日,希腊加入;2007年1月1日,斯洛文尼亚加入;塞浦路斯和马耳他于2008年1月1日加入;斯洛伐克于2009年1月1日加入;爱沙尼亚、拉脱维亚、立陶宛分别于2011年1月1日、2014年1月1日、2015年1月1日加入。到2016年,欧元区共有19个成员国,人口超过3.3亿人。在欧盟的15个老成员国中,只有英国、瑞典、丹麦未加入欧元区。

在世界市场上作为一个整体的区域集团,欧盟不仅因为新加入国家正处于经济起飞阶段而拥有更大的市场规模和市场容量,而且作为世界上最大的资本输出方和最大的商品与服务出口方,再加上其相对宽松的对外技术交流与发展政策,对世界其他地区的经济发展都起着至关重要的作用。欧盟是世界最大的贸易经济体,进出口均居世界首位。进入21世纪以来,随着全球贸易自由化的发展,欧盟作为整体在世界贸易中的竞争力和贡献率也在逐步加强并远超美日和中国。

专栏5-3

申根国家

1985年6月14日,法国、德国、荷兰、比利时、卢森堡5国在卢森堡小镇申根签署了相互开放边境的协定,因签字地点在申根,故称为《申根协定》(Schengen Accord)。《申根协定》是涉及欧盟内部统一大市场四大自由流通中"人员自由流通"的一项特殊协定。它最初是由部分欧洲国家自发达成的,后来被纳入欧盟管辖范畴。协定的主要内容包括在协定签字国之间不再对公民进行边境检查;外国人一旦获准进入"申根领土"内,即可在协定签字国领土上自由通行。《申根协定》的成员国亦称"申根国家"或者"申根公约国",成员国的整体又称"申根区"。截至2011年,共有26个欧洲国家加入了"申根协定",其中包括22个欧盟成员国。瑞士、冰岛、列支敦士登、挪威四国不是欧盟和欧元区的成员国,仅是申根国家。到2019年4月没有新的国家加入申根区。

二、北美自由贸易区

(一)北美自由贸易区的建立

北美自由贸易区(North American Free Trade Area,NAFTA)由北美地区的美国、加拿大和墨西哥3国组成,1994年1月1日正式成立。NAFTA是世界上第一个由发达国家和发展中国家联合组成的贸易集团,是垂直型区域经济一体化的代表。北美自由贸易区的建立,对北美、拉美,以致对冷战结束后新的世界经济格局的形成,都产生了重大而深远的影响。

NAFTA 的前身是 1988 年 1 月 2 日签署、1989 年 1 月 1 日生效的《美加自由贸易协定》。《美加自由贸易协定》的签署推动了北美地区经济一体化的谈判进程,其所确定的基本准则成为美国与墨西哥等拉美国家谈判的依据,其所包含的内容则成为美、加、墨三国进行 NAFTA 谈判的蓝本。

《美加自由贸易协定》生效后,当时美国就想让墨西哥参加进来。1990 年 8 月,美、加、墨开始就三国间的自由贸易协定进行洽商,经过一年多的艰苦谈判,1992 年 8 月 12 日,三国就建立北美自由贸易区达成协议,并于同年 12 月 17 日正式签署《北美自由贸易协定》。1994 年 1 月 1 日,该协定正式生效,北美自由贸易区宣布成立。

(二)美洲自由贸易区的建设

在推动建立 NAFTA 的同时,美国又提出创建美洲经济圈即美洲自由贸易区(Free Trade Area of Americas,FTAA)的主张。1990 年 6 月,美国总统布什在国会演说中提出反映这一主张的"开创美洲事业倡议";1994 年 12 月,克林顿总统在由 34 个国家参加的美洲国家首脑会议上,正式提出成立美洲自由贸易区的建议,各国在会议上初步达成协议,要求到 2005 年前在扩大 NAFTA 的基础上实现这一目标。美国拟通过逐步扩大战略,最终组成以美国为核心和领导,以美、加两国为基础,以墨西哥为内圈,再扩大到外圈的广大拉美国家的西半球自由贸易区。但 NAFTA 南扩却引发了美国与巴西等拉美国家的分歧,同时受其他一些因素的影响,谈判进展缓慢,FTAA 最终陷入僵局。作为替代模式,一些国家纷纷与美展开了多、双边自由贸易谈判,如美国先后与智利、危地马拉、尼加拉瓜、萨尔瓦多和洪都拉斯、哥斯达黎加等国签署自由贸易协定。

总体而言,北美自由贸易区是在经济全球化浪潮中,美、加、墨三国区域内分工协作加强,要求进一步相互开放市场,实现商品、人员、资金、技术的流动,增强北美地区在国际经济中的总体竞争实力的结果。同时也突出地体现了美国为了适应全球化进程中各种区域性贸易安排加快发展的趋势,应对来自欧盟以及可能形成的东亚经济区的竞争,联合加拿大与墨西哥巩固和加强美国在世界经济发展总体格局中主导地位的要求。

(三)美国—墨西哥—加拿大协定的签署

2017 年 1 月,特朗普就任美国总统后,提议对《北美自由贸易协定》进行重新谈判,且在当年 4 月声称欲退出该协定,以达到重新谈判新协定的目的,为美国争取更有利的条件。2017 年 8 月,新协定的谈判启动。到 2018 年 11 月 30

日,美、墨、加三国领导人签署了取代 NAFTA 的新协定——《美国—墨西哥—加拿大协定》(USMCA)。

相比 NAFTA,新协定更有利于美国,墨西哥在汽车产业、工人时薪方面都对美国进行了让步,加拿大也不得不大幅度向美国开放其乳制品市场。新协定虽已签署,但能否生效还需要三国立法机构的批准。有消息称,该协定将于 2020 年 7 月生效。

三、亚太经合组织

亚太经济合作组织(Asia-Pacific Economic Cooperation, APEC)成立于 1989 年,是目前世界上最大的区域经济合作组织,共包括 21 个亚太国家和地区,其人口约占世界的 45%,经济总量约占世界的 55%,贸易总量约占世界的 50%。20 多年来,APEC 在诸多领域取得了显著的成果,为南北合作和南南合作提供了一个示范和创新的平台,在全球经济活动中居于举足轻重的地位。

(一)亚太经合组织的成立及发展进程

APEC 诞生于全球冷战结束、亚太地区在世界经济中日益重要的年代。1989 年 11 月,在澳大利亚总理霍克的提议下,澳大利亚、美国、日本、韩国、新西兰、加拿大及当时的东盟六国(文莱、印度尼西亚、马来西亚、缅甸、新加坡、泰国)在澳大利亚首都堪培拉举行了 APEC 首届部长级会议,标志着这一组织正式成立。1991 年 11 月,APEC 第三届部长级会议通过《汉城宣言》,正式确立了这一组织的宗旨和目标,即"为本地区人民的共同利益保持经济的增长与发展;促进成员间经济的相互依存;加强开放的多边贸易体制;减少区域贸易和投资壁垒"。1991 年 11 月,中国以主权国家身份,中国台北和香港(1997 年 7 月 1 日起改为"中国香港")以地区经济体名义正式加入 APEC。1993 年 11 月,墨西哥、巴布亚新几内亚加入;1994 年智利加入;1998 年 11 月,秘鲁、俄罗斯、越南加入。截至 2010 年 11 月,APEC 共有 21 个成员。此外,APEC 还包括三个观察员:东盟秘书处、太平洋经济合作理事会(PECC)和太平洋岛国论坛。APEC 接纳新成员需全部成员协商一致。

自成立以来,亚太经合组织在推动区域和全球范围的贸易投资自由化和便利化、开展经济技术合作方面不断取得进展,为加强区域经济合作、促进亚太地区经济发展和共同繁荣做出了突出贡献。

(二)亚太经合组织的特点

从 APEC 的宗旨来看,APEC 既不同于世界贸易组织这类以全球贸易自由化为目标的国际经济组织,也不同于欧盟、北美自由贸易区等紧密型的地区贸易集团,而是在承认亚太地区地域广、民族众多的前提下,对国际经济组织形式与开展地区合作样式的一种创新。具体来讲,APEC 主要有以下三个特点。

(1) APEC 成立之初是一个区域性经济论坛和磋商机构,经过二十几年的发展,已逐渐演变为亚太地区重要的经济合作论坛。它是一个正式的官方组织,每年各成员的领导人、部长和高官都要与会,但同时又不是纯粹的政府组织,还有企业家领袖参与,是官商结合、以官为主的组织。另外,APEC 从一开始就形成了经济部长和外交部长(中国台北和中国香港除外)同时与会的"双部长会议"模式,故虽称为"经济合作"组织,但其议题不局限于经济领域。

(2) 严格地说,APEC 是一个由"议程"(agenda)推动的论坛,而非结构完备的组织。除秘书处之外没有其他日常的组织架构。因此,APEC 又被称为"软组织""弱组织""论坛"。

(3) 长期以来,APEC 实行以"自主自愿,协商一致"为核心的独特的行事原则,创造了独一无二的"APEC 方式",它与世贸组织和其他多边贸易集团所采用的谈判、强制、法律约束的原则有根本的不同。其主要内容包括:①承认成员的多样性,强调灵活性、渐进性;②相互尊重、平等互利;③协商一致,自主自愿;④协调的单边主义;⑤开放的地区主义。

(三) 亚太经合组织取得的成就和存在的问题

APEC 成立后,在推动亚太地区贸易和投资自由化与便利化、促进区域经济联系和一体化进程、开展经济技术合作等方面都发挥了不可替代的作用。此外,在反恐合作、防控禽流感、防范自然灾害、反腐败、气候变化、能源安全和清洁发展等方面,成员之间也都有不同程度的合作。2010 年横滨 APEC 部长级会议确定将在各成员之间自由贸易协定的基础上,在亚太地区建立自由贸易区(Free Trade Area of the Asia – Pacific, FTAAP),即把 APEC 转型为亚太自由贸易区。2014 年 11 月,在北京 APEC 会议期间,FTAAP 进程正式启动。这将把亚太区域经济一体化提升到新的更高水平。

在取得诸多成就的同时,APEC 自身的发展也遇到一些问题和挑战。首先,APEC 自主自愿的合作原则使得集体行动缺乏长期效率。其次,发达成员对贸易投资自由化这一重要议题采取观望态度,如何继续推进贸易投资自由化进程成为很严重的现实问题。其三,在"开放的地区主义"条件下,APEC 区域内达成的贸易投资自由化成果也适用于区域外成员,这必然会引发区域外成员的"搭便车"行为。这使得 APEC 成员将注意力更多地转向具有封闭性、排他性特征的自由贸易区和区域贸易安排。其四,近年来,在发达成员的主导下,越来越多的非经济议题分散了成员对贸易投资自由化、经济技术合作等传统议题的关注。这一方面将挫伤发展中成员的积极性,同时也将削弱 APEC 在亚太区域经济合作中的引领地位。

四、南方共同市场

南方共同市场（MERCOSUR）简称南共市，是世界上第一个完全由发展中国家组成的共同市场，到目前已成为仅次于欧盟、NAFTA、APEC 的区域经济集团。南共市的宗旨是通过有效利用资源、保护环境、协调宏观经济政策、加强经济互补，促进成员国科技进步和实现经济现代化，进而改善人民生活条件并推动拉美地区经济一体化进程的发展。

南共市在 20 世纪 90 年代建立之初，包括阿根廷、巴西、乌拉圭和巴拉圭 4 个国家，其目标是建立共同体。对内，共同市场成员国之间取消关税和非关税壁垒，实行商品、服务、资本和劳务的自由流动；对外，实行统一的共同对外关税，建立关税同盟。1991 年 3 月，4 国总统在巴拉圭首都亚松森签署《亚松森条约》，宣布建立南方共同市场。该条约于当年 11 月 29 日正式生效。1995 年 1 月 1 日起南共市正式运行，关税同盟开始生效。

南共市成立后，其成员国数目也有所扩大。目前，该组织有 6 个正式成员国，包括阿根廷、巴西、巴拉圭、乌拉圭、玻利维亚、委内瑞拉。其中委内瑞拉是在 2012 年 7 月 31 日加入南共市的。委内瑞拉的加入，扩大了南方共同市场的战略影响，使之从南美洲延伸到加勒比海地区。南方共同市场在可再生能源和不可再生能源方面均有巨大的发展潜力。但是由于国内局势的不稳定，委内瑞拉自 2017 年 8 月起被无限期中止成员国资格。另外，玻利维亚的"入市"程序尚未最终完成。除正式成员国外，南共市还有智利、秘鲁、哥伦比亚、厄瓜多尔、苏里南、圭亚那等联系国。

南共市的建立极大地促进了地区一体化发展。南共市自成立以来已经从最初的经济一体化组织逐渐发展成为一个经济、政治、军事和文化同盟，成员国间的贸易往来有明显增加。然而，自建立至今，南共市仍是一个不完全的关税同盟，与最初共同市场的目标还有相当大差距。这主要是因为南共市仍缺乏明确的游戏规则，缺乏一个强有力的推进一体化进程的机构。

第三节 区域经济一体化理论

区域经济一体化理论是解析区域经济一体化所带来的效应与影响的理论。像传统贸易理论与新贸易理论一样，区域经济一体化理论也可以基于假设前提的不同区分为传统理论框架和现代理论框架。其中传统理论框架是以维纳（Jocob Viner)所提出的关税同盟理论为基础和代表的,其假设前提是完全竞争、产品同质、要素不流动。

一、关税同盟理论

关税同盟是经济一体化组织的基本形式,也是国际一体化进程的核心内容,主要研究对内取消关税和对外统一关税所引起的贸易变化,该理论一直在国际区域经济一体化理论中居于主导地位,也是最为完善的部分。关税同盟理论的核心在于揭示关税同盟对成员国和非成员国所带来的不同的经济效应。

（一）关税同盟的静态效应

1950年,维纳出版了《关税同盟问题》,首次提出了贸易创造和贸易转移这两个在一体化经济学中最基本和最重要的概念,并以此着重分析了成员国参与关税同盟后的贸易流和贸易条件的变化。

1. 贸易创造效应和贸易转移效应

（1）贸易创造(trade creation)效应。贸易创造是指关税同盟内部取消关税壁垒后,使国内生产成本高的产品被其他成员国生产成本较低的产品所取代。来自其他成员国较低廉的进口取代了昂贵的国内生产,新的贸易得以创造。原来用于生产成本高的国内资源转向成本低的商品生产。由于贸易创造过程使得经济资源得到优化配置,因此可以提高成员国国内的福利水平。这就是比较利益原则所揭示的自由贸易所带来的经济利益。

（2）贸易转移(trade diversion)效应。贸易转移又称贸易转向,是指关税同盟对外实行统一的保护关税,使得原来从外部世界进口的较低廉的商品变为来自伙伴国的较昂贵的进口,贸易从外部世界转向关税同盟成员国,这类似于自由贸易理论指出的增加税收给一国带来的经济损失。

假设商品X在A,B,C三国的价格分别为35美元、26美元、20美元,在A国征收100%的关税的情况下,商品X最便宜的供给是国内生产,因此A国不会与B,C两国发生贸易。假设A,B两国结成关税同盟,A从B免税进口X,对C仍征收100%的关税,则B国商品X的价格就是最低廉的,A国将从B国进口以替代国内生产,这就是贸易创造。如果A国最初征收50%的关税,对A国来讲,商品X的最便宜的供给者是C国的30美元,A国从C国进口。现在A,B两国结成关税同盟,对C国仍保持50%的关税,A国将改为从B国进口X商品,这就是贸易转移。

2. 其他效应。除了贸易创造和贸易转移两个主要的效应外,经济一体化的静态效应还包括其他几个方面,如贸易扩大效应。贸易扩大效应是从需求方面形成的概念,而贸易创造效应和贸易转移效应则是从生产方面形成的概念。此外,关税同盟建立后,可以减少行政支出,减少走私,加强集体谈判力量。

3. 关税同盟经济效应的进一步分析。如图 5-1 所示,假设有 A,B,C 三个国家,三国均为小国,都生产同一种产品,且三国间的贸易壁垒仅有关税壁垒,其他壁垒都已关税化。纵轴 P 表示价格,横轴 Q 表示数量。D_A 和 S_A 分别表示 A 国在该产品上的需求曲线和供给曲线。P_B 和 P_C 分别表示 B,C 两国国内的市场价格。未结成关税同盟前,A 国对 B,C 两国的关税政策没有差异,假定对每单位产品征收从量税 T,则 B,C 两国的产品在 A 国的价格分别是 $P_C + T$ 和 $P_B + T$。由于 C 国在该产品上更具有价格优势,因此 A 国会选择从 C 国进口。A 国市场上,该商品价格为 $P_C + T$,需求量为 D_0,本国供给量为 S_0,供求之间的缺口即从 C 国的进口量 $S_0 D_0$。

若 A,B 两国结为关税同盟,A 国取消对 B 国的关税壁垒,但对 C 国的壁垒仍保持不变。此时 B 国在 A 国市场上的售价为 P_B,由于 $P_B < (P_C + T)$,因此 A 国将从 B 国进口,A 国市场价格下降为 P_B,在这一价格水平上,A 国的需求量为 D_1,本国供给量为 S_1,A 国从 B 国的进口量为 $S_1 D_1$。

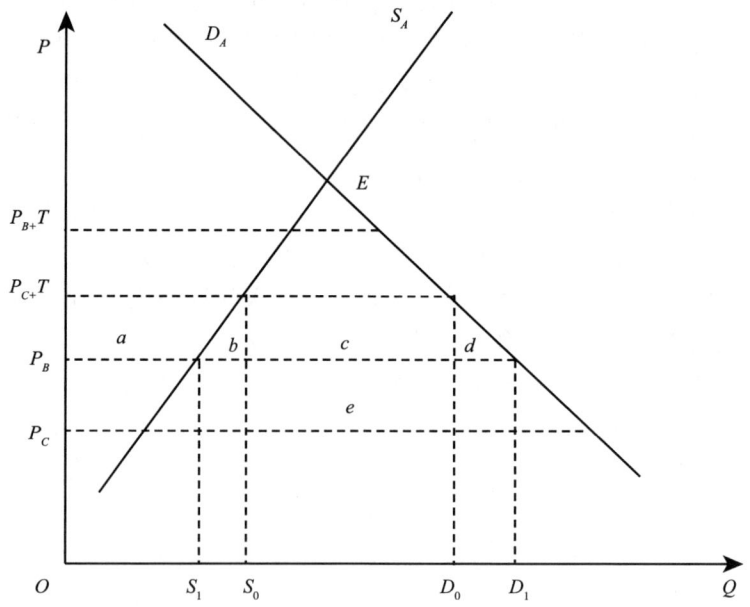

图 5-1 关税同盟的经济效应分析

与结盟之前相比,A 国的进口量增加了 $S_1 S_0 + D_0 D_1$,这也是关税同盟所创造出的新的贸易。此外,由于相比结盟前,A 国的市场价格由 $P_C + T$ 下降到 P_B,

因此，关税同盟产生了$(a+b+c+d)$的消费者剩余以及$(-a)$的生产者剩余。总体来看，贸易创造使得 A 国福利水平增加 $b+c+d$。

关税同盟的组建使得 A 国从 C 国进口的 S_0D_0 数量的商品转为从 B 国进口，贸易转移由此产生。组建同盟前，A 国政府可获得$(c+e)$的关税收入，但在结盟后，这部分收入将会失去，因此贸易转移给 A 国带来$(c+e)$的福利损失。

通过上述分析可知，贸易创造效应可以通过提升全球资源的配置效率带来福利水平的提升，而贸易转移则会降低资源的配置效率，从而导致福利损失。对 A 国来说，结成关税同盟的净福利效应为$(b+d-e)$，究竟是福利提升还是福利损失取决于 $b+d$ 和 e 的对比。

一国加入关税同盟后，福利是增加还是减少主要取决于以下几个因素的影响：①加入同盟后国内价格下降的幅度。如果价格下降幅度足够大，加入同盟后就能获得净增加。②国内价格供给和需求弹性。一国国内价格供给和需求弹性越大，该国加入关税同盟后获得的消费者剩余就越多，失去的生产者剩余就越少，从而就越有可能获得社会福利的净增加。③加入关税同盟前的关税水平。一国加入关税同盟前的关税水平越高，加入关税同盟后国内价格下降的幅度就越大，因而就越有可能获得福利的净增加。④关税同盟内成员国的互补性大于竞争性，贸易创造效应小于贸易转移效应；反之，则贸易创造效应大于贸易转移效应。

（二）关税同盟的动态效应

关税同盟的动态效应是指关税同盟对成员国就业、产出、国民收入、国际收支和物价水平会造成什么样的影响。动态效应主要包括规模经济效应、竞争效应和投资效应。

1. 规模经济效应。关税同盟建立以后，突破了单个国内市场的限制，原来分散的国内小市场结成了统一的大市场，使得市场容量迅速扩大。各成员国的生产者可以通过提高专业化分工程度，组织大规模生产，降低生产成本，使企业获得规模经济递增效益。尽管向世界其他国家出口也可以达到规模经济的要求，但是世界市场存在激烈竞争和许多不确定性，而区域性经济集团的建立则可以使企业获得据以实现规模经济的稳定市场。当然，若成员方的企业规模已经达到最优，则建立区域性经济集团后再扩大规模反而会使平均成本上升。

2. 竞争效应。关税同盟的建立促进了成员国之间的相互了解，同时也使成员国之间的竞争更加激化。参加关税同盟后，由于各国的市场相互开放，各国企业面临着来自其他成员国同类企业的竞争。在这种竞争中，必然有一些企业被淘汰，从而形成在关税同盟内部的垄断企业，这有助于抵御外部企业的竞争，甚至有助于关税同盟的企业在第三国市场上与别国企业竞争。但是有些学者对此持相反看法,认为区域经济一体化的发展,使贸易壁垒消除,内部市场扩大,易于获取生产的规模经济,从而产生独占,导致效率和福利下降。

3. 投资效应。关税同盟的建立会促使投资的增加。一方面,市场容量的扩大将促使同盟内企业为了生存和发展而不断地增加投资;另一方面,同盟外的企业为了绕开关税同盟贸易壁垒的限制,纷纷到同盟内进行投资,在同盟内部设立"关税工厂"(Tariff Factory),来自关税同盟以外的投资会因此增加。但是,也有一些学者认为,关税同盟建立后,由于受贸易创造效应影响的产业会减少投资,且外部资金投入会使成员国的投资机会减少等原因,关税同盟内部的投资不一定会增加。

4. 生产要素自由流动的经济效应。区域经济一体化的建立,不但推动了区内商品的自由流通,生产要素趋向于自由流动。资本和劳动力从边际生产力低的地区流向边际生产力高的地区,使生产要素配置更加合理,要素利用率提高,降低了要素闲置的可能性,从而使产量增加,提高了经济效益。

5. 加速经济增长效应。区域经济一体化促进了商品和生产要素的自由流动,刺激了投资增加,厂商面临更加激烈的竞争并能实现规模经济,那么大规模的厂商能提供充裕的资金用于研究与开发,更激烈的竞争环境使厂商致力于更多的创新活动,从而促进区域内各成员国的经济加速成长。

关税同盟理论已成为经济一体化理论的核心,但我们不能简单地以关税同盟理论代替经济一体化理论,因为一体化还包括共同市场、货币联盟等高级一体化形式,涉及要素流动、政策协调等方面的内容,而这些是关税同盟理论所未能涵盖的。

二、自由贸易区理论

自由贸易区是经济一体化最基本的形式。英国学者罗布森(Robson)将关税同盟理论应用于自由贸易区,提出了专门的自由贸易区理论。与关税同盟等其他国际区域经济一体化形式相比,自由贸易区有以下两个显著特征:①自由贸易区成员国在实行内部自由贸易的同时,对外不实行统一的关税和贸易政策;②实行严格的原产地规则,只有原产于区域内或主要在区域内生产的产品才能进行自由贸易。

与关税同盟类似,自由贸易区也可能存在贸易创造效应和贸易转移效应。但是由于成员国对非成员国保持不同的关税,因此会产生贸易偏转(trade deflection)的可能性,即区内某成员国向其他成员国出口产品的同时,从区外非成员国进口相同产品以替代本国产品满足国内需求的一种贸易流向。贸易偏转的存在使得贸易创造效应和贸易转移效应的作用机制与关税同盟理论中的作用机制有一定的差异。

如图5-2所示,A,B两国均为小国,均生产并进口同一产品,两国生产效率均低于世界平均水平,同时两国均只存在关税这一种贸易壁垒,但A国的税率高于B国,假设两国单位产品的从量税分别为T_A和T_B。D_A,S_A分别是A国该产品的需求曲线和供给曲线,D_B,S_B分别是B国该产品的需求曲线和供给曲线。该产品的世界市场价格为P_W。

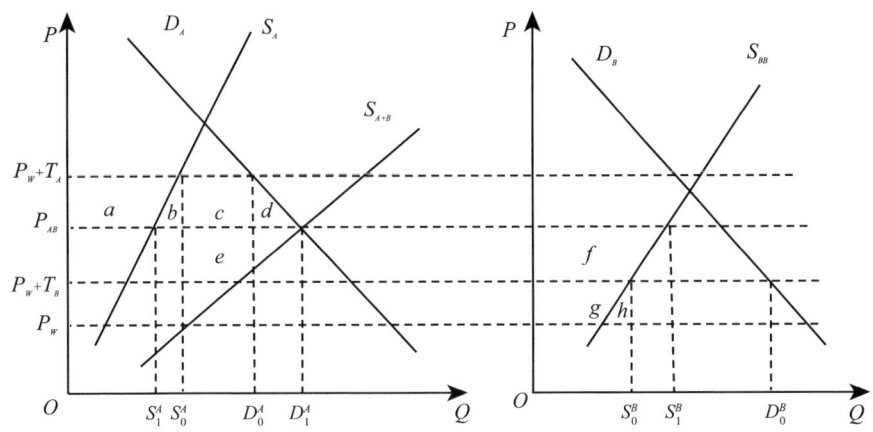

图5-2 自由贸易区的经济效应分析

结成自由贸易区之前,A国国内市场价格为$P_W + T_A$,本国产量和消费量分别是OS_0^A,OD_0^A,进口量为$S_0^A D_0^A$;B国国内市场价格为$P_W + T_B$,本国产量和消费量分别是OS_0^B,OD_0^B,进口量为$S_0^B D_0^B$。

A,B结成自贸区后,两国生产的商品可以在区内自由流动。由于A国国内价格高于B国,因此B国产品就流向A国。为满足国内需求,B国以$P_W + T_B$的价格增加对该产品的进口。B国产品进入A国,增加了A国的供给,其供给曲线移动到S_{A+B},其国内市场价格降至P_{AB},本国的产量由OS_0^A下降到OS_1^A,消费量则由OD_0^A上升到OD_1^A,因此进口量由$S_0^A D_0^A$上升到$S_1^A D_1^A$,增长了$S_1^A S_0^A$和$D_0^A D_1^A$,这显示了自由贸易区的贸易创造效应。由于价格下降,A国的生产者剩余减少a,消费者剩余增长$(a+b+c+d)$。总体来看,贸易创造使得A国福利增加$b+c+d$。此外,自贸区的建立使得A国从其他低成本国家的进口数量$S_0^A D_0^A$转为从B国进口,这就产生了贸易转移效应。自贸区建立之前,A国在进口时可以获得$c+e$的关税收入,而自贸区建立后使其失去这部分收入,也即贸易转移使得A国福利减少$c+e$。A国净福利为$b+d-e$,福利究竟是增长还是下降取决于$b+d$和e的对比。

结成自贸区后，B国的国内市场价格仍为 P_W+T_B，但是B国产品是按照 P_{AB} 的价格在A国销售，因此产量由 OS_0^B 上升到 OS_1^B。B国在 P_{AB} 这一价格下生产的产品全部出口到A国，而本国的需求量仍是 OD_0^B，B国国内的需求都靠进口来满足，因此进口量也是 OD_0^B，相比未建成自贸区之前的进口量 $S_0^B D_0^B$，B国的进口增长了 OS_0^B。B国在向A国出口的同时，又从其他非成员国进口来满足本国消费者的需求，这一现象就是贸易偏转。贸易偏转很难用原产地规则来禁止。自贸区使得B国的消费者剩余不变，生产者剩余增长 f，同时由于从非成员国的进口量增长 OS_0^B，因此关税收入增加 $g+h$。由此可见，与A国构建自贸区给B国带来净福利的增长是 $f+g+h$。

基于以上分析可知，贸易偏转的存在使得自由贸易区与关税同盟的贸易创造和贸易转移的作用机制有所差别，自由贸易区导致的贸易创造并不必然优化资源配置。但是贸易偏转所带来的从高效率非成员国的进口增加又在一定程度上优化了资源配置。总体来看，自由贸易区对全体成员国带来的好处大于关税同盟。此外，从非成员国来看，在关税同盟条件下，非成员国的出口会减少，社会福利水平随之下降；而在自由贸易区条件下，非成员国的出口不但不会减少，反而还会增加。这样，非成员国的福利水平也可得到提升。

三、协议性国际分工理论

协议性国际分工理论由日本学者小岛清提出。大多数关于区域经济一体化内部成员国间分工的理论，都是依据古典学派提出的比较优势原理。但小岛清认为，经济一体化组织内部如果仅仅依靠比较优势原理进行分工，不可能完全获得规模经济的好处，反而可能导致各国企业的集中和垄断，影响经济一体化组织内部分工的发展和贸易的稳定。而区域经济一体化的目的就是要通过扩大市场来实现规模经济。因此，必须实行协议性国际分工，使竞争性贸易的不稳定性尽可能保持稳定，并促进这种稳定。

协议性分工理论的内容是：在实行分工之前两国都分别生产两种产品，但由于市场狭小，导致产量很小，成本很高。两国经过协商后，一国放弃某种商品的生产并把国内市场提供给另一国，而另一国则放弃另外一种商品的生产并把国内市场提供给对方，即两国达成相互提供市场的协议，实行协议性国际分工。协议性分工导致市场规模扩大，产量增加，成本下降。协议各国都享受到了规模经济的好处。协议性分工不能通过价格机制自动地实现，而必须通过当事国的某种协议加以实现，也就是通过经济一体化的制度把协议性分工组织化。

对于各国从协议性分工中所得到的利益,我们以日本和美国在卡车和轿车上的分工为例,用图 5-3 来分析。图中有四幅小图,其中(a)(b)分别是日本和美国生产卡车的长期平均成本曲线图,(c)(d)分别是日本和美国生产轿车的长期平均成本曲线图。横坐标、纵坐标如图所示。假设日本和美国轿车与卡车的生产技术和资源配置都相同,因此其长期平均成本曲线完全相同。在未实现协议性分工之前,两国各自生产 100 辆卡车和 100 辆轿车。市场狭小,产品的成本很高,假设都等于 2 万美元。经过协商后,日本专门生产卡车,其产量由 100 辆扩大到 200 辆,同时满足本国和美国市场的需求。因生产规模扩大带来的规模收益的递增,日本卡车生产成本由 2 万美元下降到 1.5 万美元。与此同时,美国专门生产轿车,其情形与日本的卡车生产相同。由此可见,协议性分工给日本和美国都带来规模报酬递增的收益。

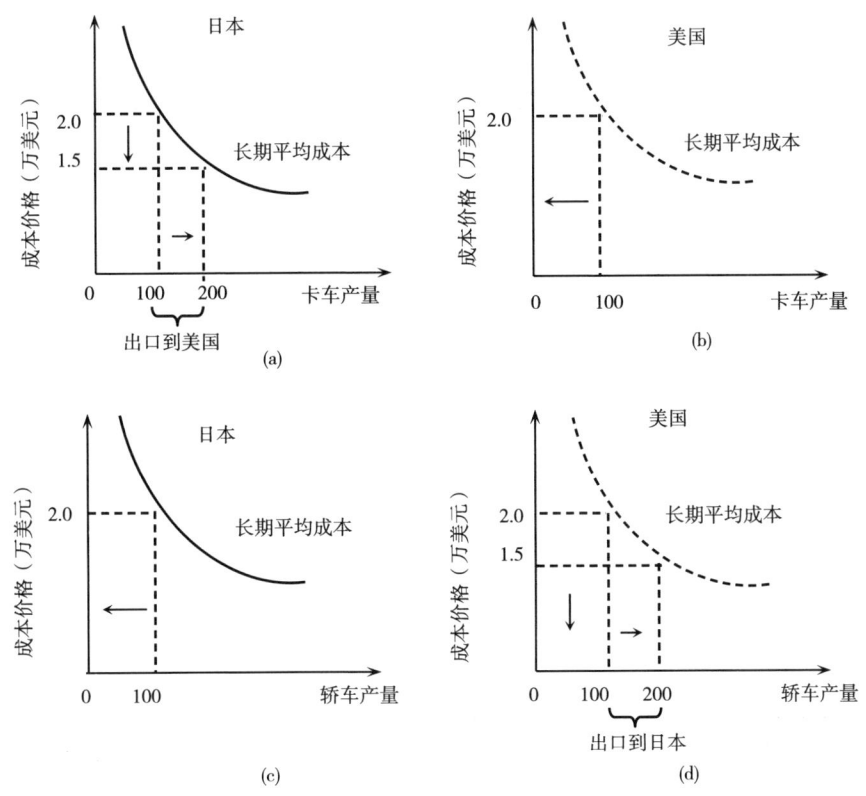

图 5-3 协议性国际分工的效应分析

尽管协议各国都享受到了规模经济的好处,但是要使协议性分工取得成功,必须满足三个条件:①实行协议性分工的两个(或多个)国家的要素比率没有多大差别,工业化水平等经济发展阶段大致相等,协议性分工对象的商品在各国都能进行生产;②作为协议性分工对象的商品,必须是能够获得规模经济效益的商品;③对于参与协议性分工的国家来说,生产任何一种协议性对象商品的成本和差别都不大,否则就不容易达成协议。

因此,成功的协议性分工必须在同等发展阶段的国家建立,而不能建立在工业国与初级产品生产国之间;同时,发达国家之间可进行协议性分工的商品范围较广,因而利益也较大。另外,生活水平和文化等方面互相接近的国家和地区容易达成协议,并且容易保证相互需求的均等增长。

但也有学者认为,通过协议性分工获取规模效益不是绝对的,因为在区域内企业生产规模已经达到最优的情况下,因国际区域经济一体化组织的建立导致生产规模的再扩大反而会因平均成本的上升而出现规模报酬递减。

第四节　世界贸易组织及多边自由贸易谈判

世界贸易组织(World Trade Organization,WTO),简称世贸组织,成立于1995年1月1日,在组织形式上完全取代其前身关贸总协定,是正式的国际经济组织。WTO是规范国际经贸规则的多边经济组织,是当今世界唯一处理成员之间贸易规则的国际组织,也是独立于联合国的永久性国际组织。

一、关贸总协定

关贸总协定的全称是关税与贸易总协定(General Agreement on Tariffs and Trade,GATT),是WTO的前身。关贸总协定是一个政府间缔结的有关关税和贸易规则的多边国际协定,其宗旨是通过削减关税和其他贸易壁垒,消除国际贸易中的差别待遇,促进国际贸易自由化,以充分利用世界资源,扩大商品的生产与流通。关贸总协定于1947年10月30日在日内瓦签订,并于1948年1月1日开始临时适用。缔约之初,关贸总协定共有包括美国、法国、英国、加拿大、中国、印度等国家在内的23个成员国。截至1994年年底,总协定已有正式缔约方近120个,缔约方之间的贸易约占世界贸易的90%以上。关贸总协定从形式上看是一个贸易协定,但实际上已成为战后国际贸易领域内的一个国际性组织,它同世界银行、国际货币基金组织一起被称为世界经济贸易关系的三大支柱。

GATT的宗旨主要通过其职能来实现。其主要职能包括:①组织多边贸易谈判,尽力消除各种贸易壁垒;②协调缔约方之间的贸易关系,解决各种贸易纠纷;③根据国际贸易发展的新情况,制定国际贸易的新规章;④研究和促进各成员方的经济和贸易的发展。

自1947年到1993年,GATT先后主持了8轮多边贸易谈判,通过协商等手段,解决了多起贸易纠纷,使缔约方之间的关税与非关税水平大幅降低,为规则和规范的实施以及确保缔约方之间权利和义务的平衡起到了重要作用。历次多边贸易谈判的基本情况如表5-1。

表5-1 关税与贸易总协定历次多边贸易谈判情况简表

届次	谈判时间	谈判地点	参与方	主要议题	谈判主要成果
1	1947年4~10月	日内瓦	23	关税减让	达成45 000项商品的关税减让,使占资本主义国家进口值54%的商品平均降低关税35%,导致总协定临时生效
2	1949年4~10月	安纳西(法)	33	关税减让	达成近5 000项商品的关税减让,使应征税进口值5.6%的商品平均降低关税35%
3	1950年9月~1951年4月	托奎(英)	39	关税减让	达成近9 000项商品的关税减让,使占进口值11.7%的商品平均降低关税26%
4	1956年1月~5月	日内瓦	28	关税减让	达成近3 000项商品的关税减让,使占进口值16%的商品平均降低关税15%,相当于25亿美元的贸易额
5	1960年9月~1962年7月	日内瓦(狄龙回合)	45	关税减让	达成4 400项商品的关税减让,使占进口值20%的商品平均降低关税20%,相当于49亿美元的贸易额
6	1964年5月~1967年6月	日内瓦(肯尼迪回合)	54	关税统一减让	以关税统一减让方式就影响世界贸易额约400亿美元的商品达成关税减让,使关税税率平均水平下降35%,相当于1 500亿美元的贸易额

续表

届次	谈判时间	谈判地点	参与方	主要议题	谈判主要成果
7	1973年9月~1979年4月	日内瓦（东京回合、尼克松回合）	99	(1)关税减让 (2)消除非关税壁垒	以一揽子关税减让方式就影响世界贸易额约3 000亿美元的商品达成关税减让与约束，使关税水平下降35%。9个发达国家工业制成品关税降至4.7%；达成多项非关税壁垒协议和守则；通过了给予发展中国家优惠待遇的"授权条款"
8	1986年9月~1993年12月	日内瓦（乌拉圭回合）	117	(1)关税减让 (2)非关税壁垒 (3)总协定规章 (4)与贸易有关的投资和知识产权问题 (5)服务贸易	达成内容广泛的协议，共45个；减税商品涉及贸易额高达1.2万亿美元；减税幅度近40%，近20个产品部门实行了零关税；发达国家平均税率由6.4%降为4%；农产品非关税措施全部关税化，纺织品的歧视性配额限制在10年内取消，服务贸易制定了自由化原则，建立世界贸易组织取代总协定

由表5-1的8轮谈判可以看出GATT发展和演变的过程及特点：①参加GATT的国家不断增加；②多边贸易谈判的内容范围在扩大，时间也越来越长；③美国在GATT中的作用举足轻重，历次多边贸易谈判都是在美国的提议下进行的，这就是为什么一些多边贸易谈判是以美国人名命名的原因；④历次多边贸易谈判中，发达国家尤其是美国、欧洲经济共同体、日本等是谈判主角，也是谈判的主要受益者。尽管发展中国家在总协定中的权益日益受到重视，但它们从中获得的实惠较少。

自1948年到1995年，历时47年中，GATT在国际贸易领域的作用日益加强。在GATT的主持下，多边自由贸易谈判使得关税税率大幅下降，促进了资本主义国家的贸易自由化和国际贸易的发展。GATT形成了一套国际贸易政策和措施的规章，在一定程度上成为该协定缔约方制定和修改对外贸易政策和措施及从事对外贸易活动的主要法律依据。通过GATT主持下的磋商、调解，许多国家间的贸易争端得到了解决，某些矛盾得到暂时缓和。GATT的条款主要是维护发达国家的利益，但对发展中国家维护其自身利益和促进对外贸易发展也逐渐起到一定作用。

二、世界贸易组织

世界贸易组织简称世贸组织。

(一)世贸组织的产生

在 GATT 临时实施的过程中,无论是各缔约方政府,还是学术界都一直非常关注成立国际贸易组织的问题,并提出了一系列构想。在 1986 年乌拉圭回合多边贸易谈判开始之时,议题并没有涉及世界贸易组织的建立,而只是设立一个关于修改和完善 GATT 体制职能的谈判小组。但是,由于乌拉圭回合谈判不仅包括传统的货物贸易问题,而且涉及服务贸易、知识产权保护、与贸易有关的投资措施以及环境等新议题,考虑到 GATT 作为一项临时适用的多边条约,其主要职能是协调货物贸易,因此非货物贸易议题能否在 GATT 原有框架下进行谈判,就成为谈判各方必须正视的问题。因此,各缔约方普遍认为,有必要在 GATT 的基础上建立一个正式的国际贸易组织来协调、监督和执行乌拉圭回合谈判将会取得的成果。

几经磋商后,1993 年 11 月,在乌拉圭回合结束前形成了正式的《建立多边贸易组织协定》,并根据美国的提议,将多边贸易组织命名为"世界贸易组织(WTO)"。根据世界贸易组织协定的规定,1995 年 1 月 1 日世界贸易组织正式成立,与 GATT 并行一年后,1996 年 1 月 1 日正式取代 GATT,担当全球经济贸易组织的角色。

(二)世贸组织的宗旨与目标

世贸组织的宗旨基本承袭了 GATT 的基本宗旨,但又做了适当补充和加强。概括起来主要有以下几点:①提高生活水平,保证充分就业,大幅度稳步提高成员实际收入和有效需求;②扩大货物和服务的生产和贸易;③持续发展,合理利用世界资源,保护环境;④保证发展中国家(或地区)成员贸易、经济的发展;⑤建立一体化的多边贸易体制。

世贸组织的目标是:建立一个完整的、更有活力和持久的多边贸易体系,以包括关税与贸易总协定、以往贸易自由化努力的成果和乌拉圭多边贸易谈判的所有成果。

为有效实现上述宗旨和目标,世贸组织规定各成员应通过互利互惠的安排,大幅度削减关税和其他贸易壁垒,在国际经贸竞争中,消除歧视性待遇,坚持非歧视贸易原则,对发展中成员给予特殊和差别待遇,扩大市场准入程度及提高贸易政策和法规的透明度,以及实施通过与审议等原则。

(三)世贸组织的管辖范围

世贸组织的目标是建立一个完整的、更具有活力的和永久性的多边贸易体制。与关贸总协定相比,世贸组织管辖的范围除传统的乌拉圭回合确定的货物贸易外,还包括长期游离于关贸总协定之外的知识产权、投资措施和非货物贸易(服务贸易)等领域。世贸组织具有法人地位,它在调解成员争端方面具有更高的权威性和有效性。

世界贸易组织负责的协定、协议及管辖范围包括:①有关货物贸易的多边协议,包括《1994年关税与贸易总协定》《农业协议》《关于卫生和动植物检疫措施的协议》《纺织品和服装协议》《贸易的技术性壁垒协议》《与贸易有关的投资措施协议》《反倾销协议》《海关估价协议》《装船前检验协议》《原产地协议》《进口许可证协议》《补贴与反补贴协议》《保障措施协议》;②《服务贸易总协定》及其附件;③《与贸易有关的知识产权协定》;④《贸易争端解决程序与规则的谅解》;⑤贸易政策审议机制;⑥《贸易便利化协定》。

专题5-4

世界贸易组织的《贸易便利化协定》

2013年12月,世贸组织巴厘部长级会议上通过了《贸易便利化协定》(Trade Facilitation Agreement,TFA)。2014年11月底,世贸组织通过有关议定书,交由各成员履行核准程序。经国务院批准,我国于2015年9月4日向世贸组织提交批准书。2017年2月22日,随着卢旺达、阿曼、乍得以及约旦等4个成员向世贸组织提交批准书,已有112个成员接受该协定,超过了《建立世界贸易组织协定》规定的三分之二成员接受的生效条件,协定正式生效。至2019年4月9日,共有142个世贸组织成员加入了该协定。

《贸易便利化协定》共分为三大部分,24个条款,旨在简化进出口程序,包括加快货物流动、放行和清关,以及促进海关与有关当局合作的条文,令跨境贸易更容易,并提供更透明及可预计的营商环境,有助于商户降低成本、提升效率。

《贸易便利化协定》作为世贸组织成立近20年来达成的首个多边贸易协定,是多哈回合谈判启动以来取得的最重要突破,对世界经济具有重要意义和深远影响。根据国际机构测算,有效实施《贸易便利化协定》将使发达国家贸易成本降低10%,发展中国家成本降低13%~15.5%。《贸易便利化协定》实施最高可使发展中国家出口每年增长9.9%(约5 690亿美元),发达国家增长4.5%(约4 750亿美元),带动全球GDP增长9 600亿美元,增加2 100万个就业岗位。

(四)世贸组织的基本原则

世贸组织的基本原则是对关贸总协定的继承和发展,主要体现在《关税与贸易总协定》《服务贸易总协定》及各次谈判所达成的一系列协定中。与GATT原则比较,世贸组织的基本原则既是对GATT"原则之中有例外,例外之中有原则"的继承,又是对GATT中"例外"过多、"例外"异化为利用例外和差别待遇实行贸易保护政策这一弊端的修正。各国学者在总结世贸组织原则时,观点不一,在此将世贸组织的基本原则总结为七条。

1. 非歧视原则。非歧视原则是关贸总协定和世贸组织的基石,主要体现为最惠国待遇和国民待遇这两大原则,涵盖货物贸易、服务贸易以及与贸易有关的知识产权等方面。其中最惠国待遇是指一成员方立即和无条件地将其在货物贸易、服务贸易和知识产权保护领域给予第三方的优惠待遇给予其他成员方。最惠国待遇原则的例外主要有以下四种情形:一是由关税同盟和自由贸易区等形式出现的区域经济安排,在这些区域内部实行的是一种比最惠国还要优惠的"优惠制";二是对发展中国家实行的差别和特殊待遇(如普遍优惠制);三是边境贸易中,为便利毗邻国家间的过境贸易,可对毗邻国家给予更多优惠;四是在知识产权领域,允许各成员方对最惠国待遇原则保留一些例外。

国民待遇原则要求在国内税收和规章等政府管理措施方面,外国产品或服务、服务提供者或知识产权进入本国后,在本国市场上应享受同等待遇。这一原则保证了进口商品、服务和知识产权和本国商品能在同等条件下竞争,避免缔约方利用征收国内税及费用的办法保护国内生产,抵消关税减让效果。在货物贸易中,国民待遇原则是普遍适用的,但也有某些例外,主要有差别运费例外、政府采购例外、特殊补贴例外、祖父条款例外①和影片放映例外等。

国民待遇原则和最惠国待遇原则一样,其目标也是保证"市场竞争机会均等"。但是,两者有所区别,最惠国待遇要求对其他成员一视同仁,国民待遇要求的是平等地处理本国和其他成员之间的关系,使其他成员在本国市场上不受歧视。

2. 充分市场准入原则。在世贸组织框架下,充分市场准入原则是指通过多边贸易谈判,实质性削减关税和减少其他贸易壁垒,开放市场,为货物和服务在国际间的流动提供便利。市场准入就是外国产品或服务进入东道国市场的"门槛"高低水平。市场准入原则要求各成员方通过提高贸易制度的透明度、实质

---

① "祖父条款"的基本含义是:各成员在申请加入关贸总协定时,其议定书指定之日前现有正式立法并具有措辞或明文表达的普遍强制性的法律、法规若与关贸总协定的规定相冲突,前者优先适用。如《关贸总协定》第3条第三款规定:在一定时间前已经实行的国内税如果与《关贸总协定》国民待遇原则有抵触,可以推迟国民待遇条款。但是在乌拉圭回合中,各成员方已经采取一揽子方式接受了乌拉圭回合通过的协议,这表明当成员方国内法的规定与世贸组织协定规定发生冲突时,世贸组织协定优先适用。但在区域贸易安排、出口信贷基准利率、知识产权保护等领域仍然有明确的例外或国际条约之间的互相援引。

性地削减关税、逐步拆除非关税贸易壁垒等措施,形成开放国内特定市场的时间表和具体承诺,推进服务贸易自由化的进程,从而改进各个成员方进入东道国市场的条件。这是关贸总协定中最基本的内容之一。

充分市场准入原则的例外:一是关税减让制度的例外,包括关税减让表上未载入产品的例外;农产品、纺织品关税减让的例外;关税减让表附带款目、条件和规格所形成的例外;《关贸总协定》第2条第二款所规定的例外;关税减让表修改的例外;发展中成员的优惠待遇的例外;其他关税减让制度的例外;二是禁止数量限制制度的例外,包括一般禁止数量限制的例外;国际收支失衡的例外;保障措施允许的数量限制;非歧视实施数量限制的例外;三是服务贸易市场准入原则的例外,主要体现在各成员方的具体承诺这一部分。

3. 透明度原则。透明度原则是指世贸组织成员应公布其所制定和实施的与贸易有关的法律、法规、政策和做法以及有关的变化情况,不公布的不得实施;同时,还应将这些法律法规、政策和做法以及有关的变化情况通知世贸组织。世贸组织成员所参加的影响国际贸易政策的有关国际协议也在公布和通知之列。

透明度原则的例外:在特定情况下成员可以不必遵守透明度原则的规定,比如,成员方不必透露危害国家安全的资料。在货物贸易领域,世贸组织并不要求成员方公开那些会妨碍法令的贯彻执行、违反公共利益的机密资料。事实上,各国都有其内部掌握的国家经济机密,很显然这些不应属于透明度范围。在服务贸易领域,《服务贸易总协定》也不要求任何成员提供那些一旦公布就会妨碍其法律实施或对公共利益不利或损害具体企业正当合法的商业利益的机密资料。

4. 互惠原则。世贸组织体系的核心特征一直是定期降低世界关税。创建世贸组织的乌拉圭回合继续坚持了互惠的关税减让方针,并通过就服务、知识产权、卫生和安全措施以及产品标准达成新的协定,扩大了该体制的范围。互惠原则是成员方在互惠互利基础上进行关税减让和非关税措施削减,相互给予特权、利益和豁免,相互对等地开放各自的国内市场,其目的是维持成员方之间的利益平衡,推动多边贸易谈判。在世贸组织中,互惠原则是与最惠国待遇原则相联系的,往往是在双边谈判中以互惠为基础达成某项协议,再通过最惠国待遇原则将双边互惠推广到多边互惠,从而推进贸易自由化。

互惠原则的例外:互惠原则的例外突出体现为免责与对发展中成员的优惠待遇。在某些特殊情况下,世贸组织允许成员方援引免责条款,修改或撤回它已做出的关税减让。世贸组织还给予发展中成员特殊和差别待遇,规定在关税减让谈判中,发展中国家成员可以要求与发达国家非对等的和更优惠的待遇。

发达成员对发展中成员所承诺的关税减免或削减其他贸易壁垒的义务,不能希望互惠,不应当期望发展中成员在贸易谈判中做出与它们自身发展、财政和贸易方面的需要不相称的贡献。

5. 公平贸易原则。公平贸易原则是指成员方应避免采取扭曲市场竞争的措施,纠正不公平贸易行为,创造和维护公开、公平、公正的市场环境。公平竞争是市场经济顺利运行的重要保障,也是建构多边贸易体系中各成员方相互信任的基础。维护公平贸易原则的义务,不仅是成员方政府的责任,而且还是成员方企业的责任。尽管在关贸总协定和世贸组织协议中没有明确地对公平贸易原则做出规定,但这不妨碍该原则在世贸组织规则中的地位。公平贸易原则体现在:世贸组织允许成员采用征收反倾销税和反补贴税的方法,以抵销倾销和补贴这两种典型的不公平贸易行为对国内产业所产生的不利影响;《反倾销协议》和《补贴与反补贴措施协议》也在防止另外一种倾向,即反倾销和反补贴措施本身成为公平贸易的障碍。

6. 对发展中国家的特殊优惠待遇原则。超过 3/4 的世贸组织成员是发展中国家以及正处于对非市场经济体系进行经济改革进程中的国家。对发展中国家的特殊优惠待遇原则指如果发展中国家在实施世贸组织协议时需要一定的时间和物质准备,可享受一定期限的过渡期的优惠待遇。这是关贸总协定和世贸组织考虑到发展中国家经济发展水平和经济利益而给予的差别和更加优惠的待遇。是对世贸组织无差别待遇原则的一种例外。此外,对最不发达国家除了在世贸组织协议的实施上有额外的灵活性之外,同时世贸组织还号召其他国家加速实施对涉及这些国家出口利益的货物有影响的市场准入减让,为这些国家寻求进一步的技术支持。

这一原则是鼓励发展和经济改革的原则。在该原则下,发展中国家所享受的贸易优惠合法化,有利于发展中国家经济和贸易的发展以及发展中国家间的经济合作。

7. 允许例外和保障措施原则。例外和保障措施的构成。例外包括:一般例外;安全例外;发展中国家特殊待遇例外;地区经济一体化、知识产权、诸边贸易协议、边境贸易例外等。保障措施包括:紧急限制进口措施、保护幼稚产业措施、国际收支限制措施、有关承诺修改或撤回、义务豁免等。

三、世贸组织推动的多哈回合多边贸易谈判

世贸组织成立后,到 2017 年 12 月为止已举行过 11 届部长级会议。第 12 届世贸组织部长级会议计划 2020 年在哈萨克斯坦举行。部长级会议是各成员方最重要的谈判场合,是世贸组织的最高决策机构,有权对多边贸易协议中的

任何事项做出决定。但它不是一个常设机构,只是一个由各成员方部长参加,定期举行会议,对国际贸易重大问题做出决策的会议制度。从第三次西雅图部长级会议开始,世贸组织就计划发起乌拉圭回合之后的新一轮多边贸易谈判,但无论是新一轮多边贸易谈判的启动还是此后的谈判,都充满了波折。

(一)"千年回合"启动的失败

世贸组织第三届部长级会议于1999年11月30日在美国西雅图举行。会议计划发起新一轮全球多边贸易谈判。但直到会议召开之前,各成员也未能就新一轮谈判应优先考虑的议题达成一致。围绕会议议题的争论主要集中在三个方面。

1. 关于乌拉圭回合结束时达成协议的实施问题。历时7年的乌拉圭回合谈判达成了《乌拉圭回合多边贸易谈判成果的最后文件》,简称《最后文件》。这是一个"一揽子文件",包括28个协议,涉及21个领域,远远超过以前历届谈判的成果。《最后文件》涉及工业品降税;农产品非关税壁垒关税化以及国内支持措施的减少;纺织品和服装进口数量限制的分阶段取消;进口许可证程序的完善;与贸易有关的投资措施;与贸易有关的知识产权保护;等等。

到1999年,发展中成员国认为不少协议没有被很好地贯彻,发展中国家没有得到应有的利益。比如,发展中国家在贸易优惠、实施知识产权等贸易协议时可享受较长的过渡期等规定并没有被很好地贯彻。因此,发展中国家认为,与其讨论新的议题和做出新的市场开放承诺,不如加强对现有协议实施情况的审议与监督。而发达国家也认为,发展中国家没有很好地履行协议,即使个别发展中国家实施有困难,也只能单独提出,而不能给所有发展中国家延长过渡期。

2. 关于"既定议程"问题。"既定议程"是根据乌拉圭回合谈判结束时达成的,关于下一轮谈判应包括的议题,即"进一步改革农业体制"和"服务贸易体制"这两大议题。关于两大议题具体谈什么以及怎么谈等问题引起了成员间的很大分歧。在农业方面,发展中国家认为其市场准入机会未能得到保证,反而有所减少;而发达国家则认为,发展中国家在农业问题上没有很好地履行协议,采取了一些不透明的关税做法。在服务贸易领域,发达国家希望进一步开放包括金融、电信、保险等它们占优势的服务业市场,而发展中国家则希望对自然人流动及承包工程等问题进行谈判。

3. 关于新一轮谈判是否应加入新议题的问题。发达国家鼓吹加入新议题,如"贸易与投资""贸易与环境""贸易与竞争政策""贸易与劳工标准"以及"电子商务";而发展中国家对此不感兴趣,因为就目前的经济和贸易情况来看,发达国家提出的议题对发展中国家未来的贸易发展将造成巨大的冲击。例如,如果环境标准定得太严格,必将限制发展中国家的贸易发展。

西雅图会议召开后,135个参会方在新一轮贸易谈判议程上仍未能达成一致。以美国和澳大利亚为代表的凯恩斯集团坚持把取消农产品出口补贴问题列入议程,但遭到欧盟与日本的强烈反对;美国、欧盟和日本等发达国家主张立即在世贸组织内设立工作小组,以探讨童工、劳工工作条件及工会的权利,但遭到大部分发展中国家的反对。此外,各国对其他一些重大议题也存有分歧。由于分歧难以弥合,因此世贸组织西雅图部长级会议以失败告终,"千年回合"未能如期启动。

前美国贸易谈判代表夏皮罗认为,西雅图会议失败表明各国在国际贸易是否需要进一步自由化的问题上缺少真正的共识。欧盟贸易专员兰米也认为,世界贸易组织确实需要改革。因此,西雅图会议未能启动"千年回合"不是一个偶然现象,它表明了发达国家,尤其是美国对新一轮谈判的目标严重背离广大发展中国家的愿望和利益,因而造成整个进程动力不足。

(二)"多哈回合"的启动

在西雅图会议失败两年后,2001年11月,147个世贸组织成员在卡塔尔首都多哈举行的世贸组织第四届部长级会议启动了新一轮多边贸易谈判,又称"多哈发展议程"(Doha Development Agenda,DDA),简称"多哈回合"。这是世贸组织成立以来第一次就启动多边贸易谈判达成协议。

多哈会议讨论的焦点集中于六个领域:农产品贸易自由化、世贸组织协议的实施、贸易与环境、世贸组织规则、"新加坡议题"、知识产权保护与公共健康。由于在这六个领域的谈判取得了突破性进展,会议达成的"部长级宣言"确定,新一轮多边贸易谈判将在21个领域内进行,具体包括:与规则实施相关的问题;农业;服务业;非农产品的市场准入;与贸易有关的知识产权协议;贸易与投资的关系;贸易与竞争政策的关系;政府采购的透明度;贸易便利;小国经济;贸易、债务与融资;贸易与技术转移;技术合作与能力建设;特殊与差别待遇;工作行动计划的组织与管理。

新一轮多边贸易谈判议程涉及的范围以及参与谈判的成员数目超过以往任何一次谈判,不仅涉及原有规则的实施和修改,而且涉及一系列新规定的制定。按照"部长级宣言",上述议题的绝大部分谈判都应在2005年1月1日前结束。但是世贸组织成员方的经济发展水平差异、贸易政策差异、贸易规模和构成的差异、参与不同的区域贸易协定都会影响它们在多边贸易谈判中的立场。在众多的谈判领域中,既有发达国家与发展中国家的利益冲突,又有发达国家之间、发展中国家之间的利益冲突。因此,各种分歧很多,达成协议的难度也大大增加。例如,在发达国家之间,利益冲突最严重的领域是农产品贸易自由化。以美国、澳大利亚等农产品出口国为一方,主张全面推进农产品贸易自由化;以欧盟、日本为另一方,强调农业部门的特殊性,不能把农产品贸易与工业品贸易等同起来。在农产品问题的谈判上,美欧是冲突双方的主角。而多数发展中国家则主张发达国家应该单方面降低来自发展中国家农产品出口的市场准入限制,减少出口补贴和国内支持,给予发展中国家更多的差别待遇。因此,如何协调谈判各方立场至关重要。

由于多边贸易谈判的方式是一揽子式的,如果主要大国之间在一些主要问题上难以达成妥协,整个谈判将无法取得最终成果。要在预定的三年内完成所有谈判,前景不容乐观。

(三)"多哈回合"的谈判进程

多哈回合谈判的宗旨是促进世贸组织成员削减贸易壁垒,通过更公平的贸易环境促进全球,特别是较贫穷国家的经济发展。谈判包括农业、非农产品市场准入、服务贸易、规则谈判、争端解决、知识产权、贸易与发展以及贸易与环境等8个主要议题。谈判的关键是农业和非农产品市场准入问题,主要包括削减农业补贴、削减农产品进口关税及降低工业品进口关税三个部分。

多哈回合启动以来,谈判进程一波三折。在谈判过程中,因为涉及各方利益的进退取舍,谈判始终十分艰难。

1. 坎昆会议的失败。2003年9月10日至14日,世贸组织第五届部长级会议在墨西哥南部的滨海小城坎昆举行。146个成员参会,并对世贸组织新一轮谈判进行了中期评估,发表了《部长会议声明》。会议原本计划就主要谈判范畴确立谈判形式框架和展开新议题谈判,借此开展第二阶段的多哈发展议程谈判,但由于各方固守立场,在农产品市场准入、农业补贴、非农产品市场准入以及是否启动投资、竞争政策、政府采购透明度以及贸易便利等四个新议题(合称"新加坡议题")等问题上存在的分歧难以缩小,会议未能取得预期结果。这次挫折使得2005年前如期结束谈判成为泡影,也是世贸组织成立8年来无果而终的第二次部长级会议。

2. 《多哈发展议程框架协议》的签署。2004年7月,世贸组织总理事会[①]在瑞士日内瓦召开,为了打破僵局,各方在分歧严重的情况下将许多棘手的问题暂时搁置起来。在这次总理事会上,世贸组织成员达成《多哈发展议程框架协议》,订明主要谈判范畴(特别是农业贸易和非农产品市场准入)的框架和展开贸易便利化谈判,令谈判取得突破。尤其在农业问题上取得进展,最终确定取

---

① 总理事会是一种会议制度,由所有世贸组织的成员方代表组成。总理事会主要在部长级会议休会期间履行部长理事会的职责,是除部长级会议之外,世贸组织的最高权力机构,负责世贸组织的日常领导与管理工作。

消农业出口补贴、总体削减国内支持和分层削减农产品关税,发达国家的国内支持削减20%。由于在7月达成,因此《多哈发展议程框架协议》也被称为"七月套案"。总理事会决定将多哈谈判的结束期限不设限期的延长。在此后于瑞士达沃斯举行的小型部长级会议上,确定在2006年年底结束谈判。

3. 香港会议上取得进展。2005年12月13—18日世贸组织第六届部长级会议在中国香港举行。会议的重点是推进多哈回合谈判,使之能够在2006年年底最后期限前结束。会议通过了《香港宣言》。根据《香港宣言》,世贸组织各成员将于2013年全面取消不同形式的农业补贴,2008年开始给予最不发达国家免关税、免配额的待遇,2006年取消棉花补贴,2006年年底将按照此次明确的路线图完成多哈回合谈判。其中,确定全面取消农业补贴和棉花补贴的日期被认为是较大的进展。由于世贸组织对香港会议的期望值降低,放弃了在会议上达成"全面谈判模式"的目标,因此香港会议"免于失败"。

4. 多哈回合的中止。香港会议之后,多哈回合谈判进入关键时期,世贸组织成员进行了各种级别的活动,展开了紧锣密鼓的磋商。但从实际情况看,谈判进展依然缓慢,各自的立场仍存在巨大分歧,预计达到的谈判进度目标一再落空,多边贸易谈判陷入危机。面对各方不妥协的态度,2006年7月27日,时任世贸组织总干事拉米提出全面无限期中止多哈回合谈判的建议,并获得世贸组织总理事会的正式批准。

多哈回合中止的最直接原因是农产品领域的分歧,尤其是美欧之间在关于削减国内补贴和削减农产品进口关税问题上的严重分歧直接导致了本轮谈判的中止。发达国家和发展中国家在谈判议题的设定、谈判目标和谈判具体主张等问题上的分歧是谈判的主要矛盾,也是导致谈判中止的主要原因。

多哈回合的中止带来如下几方面的影响:①世贸组织成员获得贸易自由化预期收益的时间将显著推迟,在极端的情况下(谈判破裂),甚至丧失获得这一收益的任何机会;②多哈谈判的中止使多边贸易体系处于严重削弱的危机之中;③区域贸易协定加速蔓延;④多边贸易摩擦加剧;⑤全球贸易保护主义压力加大。由于会产生上述消极影响,且考虑到谈判成功后将可能给绝大多数世贸组织成员带来巨大的经济利益,因此世贸组织宣布中止多哈谈判后,各方面仍在进行积极的挽救。

5. 多哈回合的重启。经过多方努力,2007年1月27日,24个世贸组织成员的部长级官员在达沃斯会晤,并承诺尽快全面重启2006年7月中止的多哈回合谈判,此后在日内瓦召开了由世贸组织全体成员大使参加的会议,与会大使一致同意全面恢复多哈回合各个议题的谈判。然而,从多哈回合谈判主要分歧方美国、欧盟、印度等的表态来看,各方在农业和非农产品市场准入问题上的严重分歧依然没有解决。尽管各方在达沃斯会议后称对谈判感到乐观,但取得突破的前景实际上仍不明朗。事实证明,2007 年全年谈判并无进展,而美国总统的"快车道程序"授权已于当年 7 月 1 日期满失效。"快车道程序"的失效使得美国参与谈判达成协议的难度大增,多哈回合谈判前途阴云密布。

此后全球金融危机发生,各方对谈判能否达成结果缺乏信心,美国等发达国家更是纷纷看淡世贸组织的发展,对多哈回合谈判失去耐心,把重点转移到了《跨太平洋战略经济伙伴协定》(Trans-Pacific Partnership,TPP)、《跨大西洋贸易与投资伙伴协定》(Transatlantic Trade and Investment Partnership,TTIP)、《诸边服务业协定》(Plurilateral Services Agreement,PSA)等谈判以及缔结双边或区域自由贸易协定方面。

6.《巴厘一揽子协议》的达成。2013 年 5 月,多哈回合谈判出现了转机。巴西人罗伯托·阿泽维多正式接任拉米就任世贸组织总干事。他认为各种区域性的贸易协定也是建立在世贸组织规则基础之上的,因此需要强化的是世贸组织,而重启多哈回合谈判是强化世贸组织的头等大事。他的目标是争取在有限的时间内,在贸易便利化、农业和发展三个议题上达成共识,即早期收获。2013 年 12 月 3—7 日,世贸组织第九届部长级会议在印度尼西亚巴厘岛顺利举行。会议最后就早期收获达成一致,通过了《巴厘一揽子协议》,这被认为挽救了多哈回合。《巴厘一揽子协议》在四个方面达成了协议:贸易便利化、农业、棉花、关于发展与最不发达国家议题。后三者都是以若干部长决议和宣言的方式体现的,而贸易便利化方面除了部长决议之外,通过了《贸易便利化协定》(Agreement on Trade Facilitation)。这是世贸组织成立以来首次就这方面的议题达成一致,涉及通关便利化等,旨在简化进出口贸易流程,以降低贸易成本。该协定对于世贸组织多边贸易体制的发展有很大的意义。

7. 多哈回合仍处于困境。2015 年 12 月,世贸组织第十届部长级会议在肯尼亚首都内罗毕举行。会议达成了包括《内罗毕部长宣言》《农业出口竞争决定》《信息技术协定》扩围协议等在内的内罗毕一揽子协议,各方承诺全面取消农产品出口补贴。内罗毕会议让世贸组织在国际经贸规则制定中的作用得以加强。

2017 年 12 月,世贸组织第十一届部长级会议在布宜诺斯艾利斯召开,来自 164 个成员的代表就农业、渔业、贸易便利化、电子商务、中小企业发展等议题展开激烈谈判磋商,虽然一些关键议题并无突破,但各方交换意见,达成了一系列部长决定,并成功设置了电子商务、投资便利化等新议题,为全球贸易进一步谈判打下了基础。

尽管谈判取得一些进展,但由于各方在关于推进谈判方式、方法上存在明显的不同意见,有部分发达国家成员甚至提出了取消发展授权,另辟蹊径的主张,因此,多哈回合距离完成全部议题谈判并签署一揽子成果协议为时尚早,依旧处于困境之中。

(四)"多哈回合"陷入困境的原因

1. 议题设置过于宽泛。多哈回合谈判的议题覆盖以下 8 个方面:农业贸易、非农产品市场准入、服务贸易、规则谈判、贸易与发展、争端解决、知识产权、贸易与环境问题,不仅包括传统领域贸易自由化、技术转让等问题的探讨,还涉及渔业补贴、外国投资、环境保护、原产地标识、贫穷国家以低廉价格获得药品等新的领域,几乎囊括了多边贸易体系目前所能涉及的所有议题。

面对新引入的议题,发达国家和发展中国家持完全相反的态度。对于发达国家而言,新议题所涉及的多是其已有一定经验的领域,故新议题的引入是发达国家在这些领域建立新的有利于自身贸易规则的良好契机,并利用规则扩大市场份额、创造新的经济增长点。相反,对于发展中国家而言,这些领域是其尚未涉猎或经验较少的,国内规则制度缺位,即使能在谈判中达成协议,在之后国内推行的过程中也会遭遇较大阻力,立法成本高而收益少甚至没有收益;另外,由于乌拉圭回合的执行状况并不理想,发展中国家并未享受发达国家承诺的应享有的红利,因此发展中国家也不愿意匆匆迈入新议题的谈判,而更希望先落实上一轮谈判的执行问题。

2. 世贸组织的谈判方式存在弊端。世贸组织谈判是成员驱动、以协商一致为基本决策程序的谈判。多边主义和非歧视的属性是世贸组织谈判最大的特点,在 164 个成员之间开展谈判①并达成普遍适用的贸易规则,并在最惠国待遇的基础上开放市场,可以使制定和执行规则的行政和商业成本大大降低。但随着成员数量的增加,成员间差异增大,寻求共识和利益交汇点的难度增加,致使谈判成功的概率随之降低。如果谈判机制变得过于庞杂或由于形势变化而不能随之进行调整,也会导致交易成本的上升。

世贸组织回合式谈判的机制特点是"一揽子承诺"与"两分格局",这两个特点也不利于谈判的进展。"一揽子承诺"(single undertaking)是关贸总协定乌拉圭回合所提出的谈判方式,并被沿用至世贸组织多哈回合谈判。其主要含义是谈判达成的协定是不可分割的一个整体,对所有成员都具有法律约束力,不得挑挑拣拣、提出保留。所谓"两分格局",即发达成员与发展中成员之间的对

---

① 世贸组织也允许由少数成员先行先试,开展诸边谈判,即仅由部分世贸组织成员参加的谈判。在不违反世贸组织基本规则的情况下,诸边谈判结果或为开放式,在最惠国待遇基础上对全体世贸组织成员实施(如《信息技术协定》);或为封闭式,仅对谈判参加方和以后加入方实施(如《政府采购协定》)。

立分野。一方面按世贸组织的原则,发展中成员可以享受特殊和差别待遇;另一方面是由于发达成员承担了更多市场开放的义务,因此对谈判拥有更多的发言权,发展中成员无须做出互惠性的减让,相应地在谈判中的影响力也更小。近年来,无论是"一揽子承诺"还是"两分格局"都受到了日益严峻的挑战。随着部分发展中国家的崛起,特别是新兴经济体成为主要贸易国,"两分格局"的合理性遭到了发达成员的挑战,发达成员要求对发展中成员进一步细分,要求新兴经济体承担更多市场开放的义务;而随着多哈回合谈判久拖不决,成员也开始诟病"一揽子承诺"阻碍成员就共识度较高的议题先行达成一致。

3. 推动谈判的核心力量及利益诉求的分散化。尽管奉行协商一致的谈判原则,但关贸总协定和世贸组织谈判实际上受到大国贸易政策的显著影响。事实上,多边贸易体系也需要一个绝对强势的角色来维系和推动。由于拥有巨大的市场及其他历史原因,美国在多边谈判中成为最关键的成员,对谈判进程拥有更多发言权。但在多哈回合谈判进程中,一方面美国的精力在一定程度上被区域贸易协定的谈判分散,减弱了对多边谈判的推动;另一方面,随着历史的演进,推动多边谈判的核心力量也在发生变化,权力更加分散,欧盟、日本、加拿大等发达经济体以及中国、印度、巴西等新兴经济体在谈判中越来越拥有话语权。核心成员在国内体制上的差异以及谈判目标的差异,加大了多边谈判取得预期结果的难度。可以说,权力和利益诉求的分散化和多边体系的成员一致同意的内在要求之间存在矛盾,这使得多边谈判在缺乏强劲推动力的同时,又新增了数量可观的潜在反对票,多哈回合谈判的处境可见一斑。

4. 双边合作、区域经济一体化对多边贸易体制的冲击。多哈回合推进的迟滞,使发达国家对自身的贸易策略进行重大的调整,即首先与贸易伙伴达成双边或诸边协议,待其在一定范围内具有影响力后,再吸引其他担心被边缘化而逐步接受这些协议的成员加入,从而使其上升为多边规则。双边、区域贸易协定事实上分散了各成员的注意力,也减少了各成员推动多哈谈判的动因,客观上成为对多哈谈判回合的冲击因素。

然而,从世贸组织官方观点来看,双边和区域贸易协议对多边贸易协议(Multilateral Trade Agreement, MTA)的影响应该是利大于弊的,前者之于后者应该是垫脚石而不是绊脚石。总干事阿泽维多在谈及跨太平洋伙伴关系协定等区域贸易协定对于多哈谈判进程的影响时表示,现在多哈回合谈判中遇到的问题正是需要双边谈判或区域协定来解决的,双边或区域贸易协定的达成可以帮助解决这些问题,因此是有利于多边谈判向前推进的。

第五章 区域经济一体化与多边贸易体制

本章小结

1. 区域经济一体化是指两个或两个以上的国家或地区通过达成某种协议而建立起来的区域经济统一化组织。区域经济一体化按照一体化程度从低到高可以分为6种形式：优惠贸易安排、自由贸易区、关税同盟、共同市场、经济联盟和完全经济一体化。

2. 在当今世界众多的区域经济集团中，影响力最大的是欧盟、北美自由贸易区、亚太经济合作组织。此外，欧美以及东亚地区等国家也在进行重要的区域经济一体化谈判，包括TPP协定、CPTPP协定、跨大西洋贸易和投资伙伴关系协定、区域全面经济关系协定以及中日韩自由贸易协定。

3. 区域经济一体化理论是解析区域经济一体化所带来的效应与影响的理论，其中最重要的是关税同盟理论。关税同盟是区域经济一体化中比较成熟的一种形式，它对内实行自由贸易，对外实施统一关税，这对国际贸易和区域内外的国家以及世界福利都会产生多重影响。其对贸易的影响可以分为贸易创造效应和贸易转移效应。从静态利益来看，加入关税同盟的利弊取决于贸易创造效应和贸易转移效应的对比，若前者大于后者，关税同盟可改善成员国的福利和世界福利，但贸易转移的存在对非成员国的福利有不利影响。除关税同盟理论外，还有自由贸易区理论和协议性国际分工理论。

4. 世界贸易组织是当今世界唯一处理国与国之间贸易规则的国际组织，其前身是关税与贸易总协定。相比关贸总协定，世贸组织的管辖范围更广，除货物贸易外，还包括知识产权、投资措施和服务贸易等领域。世贸组织的基本原则是对关贸总协定的继承和发展，可将其总结为7条：非歧视原则、充分市场准入原则、透明度原则、互惠原则、公平贸易原则、对发展中国家的特殊优惠待遇原则、允许例外和保障措施原则。

5. 世贸组织和关贸总协定的主要职能就是通过多边自由贸易谈判推动全球贸易自由化。关贸总协定已完成8轮谈判。世贸组织推动的第九轮谈判，也即多哈回合谈判，因各种原因陷入困境，至今距离完成全部谈判议题并签署一揽子成果协议仍为时尚早。

思 考 题

1. 什么是区域经济一体化？按照一体化程度的高低，区域经济一体化可分为哪几种类型？

2. 分析关税同盟的贸易创造效应和贸易转移效应,并说明两种效应的大小主要取决于哪些因素。

3. 自由贸易区的经济效应与关税同盟的经济效应有何区别?

4. 关税同盟的建立会带来哪些动态效应?

5. 两国在什么条件下可以进行协议性分工?协议性分工可给参与国带来何种收益?

6. 世界贸易组织的基本原则有哪些?

5. 试分析"多哈回合"陷入困境的主要原因。

第六章 国际服务贸易

★ 学习目的与要求 ★

1. 掌握《服务贸易总协定》关于服务贸易的定义。
2. 掌握世界贸易组织对于服务贸易的分类,了解其他分类方法。
3. 掌握国际服务贸易理论中的传统比较优势理论,了解其他服务贸易理论。
4. 了解《服务贸易总协定》产生的背景、主要内容及中国入世后在服务贸易上所做的减让。

20世纪70年代以前,相对于货物贸易来说,国际服务贸易处于一个相对从属的地位,并未受到应有的重视。因为服务贸易不同于货物贸易的特点,所以并未为人们所关注。随着经济的发展和科技的进步,国际服务贸易开始加速发展。1979年,全球服务贸易以24%的增长速度首次超过了增幅为21.7%的货物贸易。到2011年,服务业占世界经济总量的比重已达到70%,服务出口占世界总出口贸易的比重也从20世纪70年代的17%左右上升到2017年的23.6%。到2018年,世界服务贸易出口额已由70年代的2 000多亿美元增长到5.91万亿美元。国际服务贸易在世界经济中的地位发生了很大的变化,在许多国家的国民经济中也扮演着越来越重要的角色。在这一背景下,有必要增强对与服务贸易相关的概念、理论、政策、规则的学习和理解。

第一节　国际服务贸易概述

一、国际服务贸易的概念

简单来说,国际服务贸易就是国家(或地区)之间相互提供服务这一无形产品的商业行为。西方学者对服务贸易概念的探讨是从"服务"的概念开始的。然而由于"服务"本身就是经济学中极具争议的范畴,因此国际服务贸易也没有统一的、公认的、确切的定义。下面介绍两种具有代表性的解释。

(一)联合国贸发会议的定义

联合国贸易与发展会议利用过境现象来阐述服务贸易,将国际服务贸易解释为货物的加工、装配、维修以及货币、人员、信息等生产要素为非本国居民提供服务并取得收入的活动,是一国与他国进行服务交换的活动。狭义的国际服务贸易是指有形的、发生在不同国家之间,符合服务定义的、直接的服务输出与输入。广义的国际服务贸易是指既包括有形的服务输出与输入,也包括在服务提供者与消费者没有实体接触情况下发生的无形的国际服务交换。除了特定情况外,一般所说的服务贸易是指广义的国际服务贸易。

(二)《服务贸易总协定》的定义

世贸组织在乌拉圭回合的谈判过程中,首次将服务贸易列为谈判的范围,并于1994年达成《服务贸易总协定》(GATS),对整个服务贸易的概念、范围及相关的国际规则做出了明确规定。在谈判过程中,发展中国家和发达国家出于自身服务业发展现状的差异以及各自利益的维护,在如何界定国际服务贸易方面的观点严重对立,长期相持不下。最终《服务贸易总协定》采用描述性方式,将服务贸易定义为:"①从一缔约方境内向任何其他缔约方提供服务;②在一缔约方境内向任何其他缔约方消费者提供服务;③一缔约方在其他任何缔约方境内通过提供服务的商业存在而提供服务;④一缔约方的自然人在其他任何缔约方境内提供服务。"

第一类国际服务贸易主要是指"跨境交付",即服务的提供者在一成员方的领土内,向另一成员方领土内的消费者提供服务的方式。其中"跨境"是指"服务"的过境,服务提供者和服务消费者都无须移动,可以通过电信、邮政、计算机网络等手段实现对境外的外国消费者的服务,如国际电信服务、信息咨询服务或卫星影视服务等。

第二类国际服务贸易一般是通过服务消费者的跨境移动来实现的,一般被称为"境外消费"。其中最典型的为境外旅游、去境外接受教育培训服务、医疗服务或技术鉴定服务等。

第三类国际服务贸易主要涉及市场准入和直接投资,即一成员方的服务提供者在另一成员方领土内设立商业机构,在当地为消费者提供服务,取得收入,通常被称为"商业存在"。该机构的服务人员既可以来自服务提供商的母国,也可以从东道国雇佣;服务对象可以是东道国的消费者,也可以是来自第三国的消费者。常见形式主要有在境外设立金融服务分支机构、律师及会计师事务所、维修服务站等。与第二类不同的是,第三类服务强调通过生产要素流动到消费者所在地来提供服务。

第四类国际服务贸易主要是指成员方的服务提供者以自然人的身份进入另一成员方的领土内提供服务,通常被称为"自然人流动"。最常见的是建筑设计与工程承包以及所带动的劳务输出。这类服务贸易方式有两个特点:一是自然人的国籍在一缔约方,服务地点在另一缔约方;二是自然人以商业目的为导向,在异国提供服务,其部分收入汇回境内,用于境内消费。如果单个自然人受雇在外国机构工作,取得的收入用于自己的消费,一般不被视作服务贸易。

虽然《服务贸易总协定》将服务贸易界定为跨境交付、境外消费、商业存在、自然人流动等服务的四种提供方式,但实际上服务的提供往往不是一种方式就能完成的,而是几种方式的联合,但这并不与它作为一个整体的服务贸易定义相冲突。《服务贸易总协定》对国际服务贸易的解释具有权威性,被广泛接受。

二、国际服务贸易的分类

由于国际服务贸易的多样性和复杂性,目前尚未形成统一的分类标准。许多经济学家和国际经济组织为了分析方便和研究的需要,从不同角度对国际服务贸易进行了分类。

(一)以要素密集度为标准

这种分类以生产要素密集程度为核心,按照服务贸易中对资本、技术、劳动力投入要求的密集程度,将服务贸易分为三类:

(1)资本密集型服务,包括空运、通信、工程建设等。

(2)技术与知识密集型服务,包括银行、金融,法律、会计、审计、信息服务等。

(3)劳动密集型服务,包括旅游、建筑、维修、消费服务等。

发达国家资本雄厚,科技水平高,研发能力强,主要从事资本密集型和技术、知识密集型服务贸易,如金融、银行、保险、信息、工程建设、技术咨询等。这类服务附加值高,产出大。相反,发展中国家资本短缺,技术开发能力差,技术水平低,一般只能从事劳动密集型服务贸易,如旅游、种植业、建筑业及劳务输出等。这类服务附加值低、产小。

（二）世贸组织的分类

乌拉圭回合服务贸易谈判小组结合服务贸易统计和服务贸易部门开放的要求,提出了以部门为中心的分类方法,将服务贸易分为12大类。

1. 商业性服务,指在商业活动中涉及的服务交换活动,共分为6类,既包括个人消费的服务,也包括企业和政府消费的服务。

（1）专业性（包括咨询）服务,包括法律服务;工程设计服务;旅游机构提供的服务;城市规划与环保服务;公共关系服务以及与上述服务项目有关的咨询服务活动。此外还包括设备安装及装配工程服务(不包括建筑工程服务)、设备的维修服务(例如,成套设备的定期维修、机车的检修、汽车等运输设备的维修等)。

（2）计算机及相关服务,包括计算机硬件安装的咨询服务、软件开发与执行服务、数据处理服务、数据库服务及其他。

（3）研究与开发服务,包括自然科学、社会科学及人类学中的研究与开发服务、交叉科学的研究与开发服务。

（4）不动产服务,指不动产范围内的服务交换,但是不包含土地的租赁服务。

（5）设备租赁服务,主要包括交通运输设备,如汽车、卡车、飞机、船舶等,和非交通运输设备,如计算机、娱乐设备等的租赁服务,但不包括其中有可能涉及的操作人员的雇用或所需人员的培训服务。

（6）其他服务,指生物工艺学服务;翻译服务;展览管理服务;广告服务;市场研究及公众观点调查服务;管理咨询服务;与人类相关的咨询服务;技术检测及分析服务;与农、林、牧、采掘业、制造业相关的服务;与能源分销相关的服务;人员的安置与提供服务;调查与保安服务;与科技相关的服务;建筑物清洁服务;摄影服务;包装服务;印刷、出版服务;会议服务;其他服务等。

2. 通信服务,由公共通信部门、信息服务部门、关系密切的企业集团和私人企业间进行信息转接和服务提供。主要包括：邮电服务、信使服务;电信服务,包括电话、电报、数据传输、电传、传真;视听服务,包括收音机及电视广播服务;其他电信服务。

3. 建筑服务,主要指工程建筑从设计、选址到施工的整个服务过程。具体包括：选址服务;国内工程建筑项目;建筑物的安装及装配工程;工程项目施工建筑;固定建筑物的维修服务;其他服务。

4.销售服务,指产品销售过程中的服务交换。主要包括:商业销售,主要指批发业务、零售服务、与销售有关的代理费用及佣金等;特许经营服务;其他销售服务。

5.教育服务,指各国间在高等教育、中等教育、初等教育、学前教育、继续教育、特殊教育和其他教育中的服务交往,如互派留学生、访问学者等。

6.环境服务,指污水处理服务,废物处理服务,卫生及相似服务等。

7.金融服务,主要指银行和保险业及相关的金融服务活动。包括:①银行及相关的服务:银行存款服务;与金融市场运行管理有关的服务;贷款服务;其他贷款服务;与债券市场有关的服务,主要涉及经纪业、股票发行和注册管理、有价证券管理等;附属于金融中介的其他服务,包括贷款经纪、金融咨询、外汇兑换服务等。②保险服务:货物运输保险,其中含海运、航空运输及陆路运输中的货物运输保险等;非货物运输保险,具体包括人寿保险、养老金或年金保险、伤残及医疗费用保险、财产保险服务、债务保险服务;附属于保险的服务,如保险经纪业、保险类别咨询、保险统计和数据服务;再保险服务。

8.健康及社会服务,主要指医疗服务、其他与人类健康相关的服务;社会服务等。

9.旅游及相关服务,旅馆、饭店提供的住宿、餐饮服务,膳食服务及相关的服务;旅行社及导游服务。

10.文化、娱乐及体育服务,指不包括广播、电影、电视在内的一切文化、娱乐、新闻、图书馆、体育服务等。

11.交通运输服务,主要包括:货物运输服务,如航空运输、海洋运输、铁路运输、管道运输、内河和沿海运输、公路运输服务,也包括航天发射以及运输服务,如卫星发射等;客运服务;船舶服务(包括船员雇用);附属于交通运输的服务,主要指报关行、货物装卸、仓储、港口服务、起航前查验服务等。

12.其他服务,除以上方面的其他服务。

(三)IMF 的分类

国际货币基金组织按照国际收支统计将服务贸易分为以下几种。

1.民间服务(或称商业性服务),是指 1977 年国际货币基金组织编制的《国际收支手册》中的货运;其他运输、客运、港口服务等;旅游;其他民间服务和收益。进一步分类如下:①货运:运费、货物保险费及其他费用;②客运:旅客运费及关费用;③港口服务:船公司及其雇员在港口的商品和服务的花费及租用费;④旅游:在境外停留不到一年的旅游者对商品和服务的花费(不包括运费);⑤劳务收入:本国居民的工资和薪水;⑥所有权收益:版权和许可证收益;⑥其他民间服务:通信、广告非货物保险、经纪人、管理、租赁、出版、维修、商业、职业和技术服务。一般把劳务收入、所有权收益、其他民间服务统称其他民间服务和收益。

2. 投资收益，指国与国之间因资本的借贷或投资等所产生的利息、股息、利润的汇出或汇回所产生的收入与支出。

3. 其他政府服务和收益，指不列入上述各项的涉及政府的服务和收益。

4. 不偿还的转移，指单方面的（或片面的）、无对等的收支，即资金在各国间移动后，并不产生归还或偿还的问题，因此又称单方面转移，一般指单方面的汇款、年金、赠予等。根据单方面转移的不同接受对象，又分为私人转移与政府转移两大类。政府转移主要指政府间的无偿经济技术或军事援助、战争赔款、外债的自愿减免、政府对国际机构缴纳的行政费用以及赠予等收入与支出。私人转移主要指汇款、从国外取得或对国外支付的养老金、奖金、赠予等。

（四）国际服务贸易的统计分类

国际服务贸易的统计分类是一种操作性的应用分类，其根据的是 IMF 统一规定和使用的各国国际收支账户形式，要点是将国际收支账户中的服务贸易流量划分为两类：一类是同资本项目有关，即同国际的资本流动或金融资产流动相关的国际服务贸易流量，称作"要素服务贸易"流量；另一类则是只与经常项目相关，而同资本项目无直接关联的国际服务贸易流量，称作"非要素服务贸易"流量。

1. 要素服务贸易。要素服务的概念源于传统的生产力三要素理论。该理论认为，社会财富来自因提供劳动、资本和土地三种生产要素而获得的报酬。由于国际领域中土地的流动性有限，而劳动要素所获得的报酬同国际资本流动或金融资产流动只有间接关系，没有直接关系，因此只有资本要素所提供的服务及其报酬才属于"要素服务贸易"的范畴。资本的跨国流动，无论是国际直接投资、间接投资，还是国际信贷，其收益流量均作为金融资产的要素报酬记入国际收支账户的服务贸易项目。收益流量的表现形式通常是利息、股息以及利润。

2. 非要素服务贸易。"非要素服务贸易"是相对于"要素服务贸易"而言的。它是指与国际间资本流动或金融资产流动无直接关联的国际服务贸易流量。主要涉及劳务项目、运输服务、旅游服务（旅馆和餐厅）、金融服务、保险服务、咨询、管理、技术等专业服务和特许使用项目等内容。由于非要素服务贸易所包含的内容太过庞杂，因此在规范界定"要素服务贸易"的前提下，一般采用剩余法或排除法来衡量"非要素服务贸易"。两者的关系如下：

非要素服务贸易 = 国际服务贸易 − 要素服务贸易

= （经常项目 − 货物贸易 − 单方面转移支付） − 要素服务贸易

国际服务贸易的操作性统计分类是目前世界各国普遍接受的国际服务贸易分类法,其优点在于能使一国或一个经济体系比较准确迅速地掌握其外汇收支状况,但该种分类在经济学逻辑上是不清晰、不完备的。此外要素服务与非要素服务的划分也不尽合理,并且模糊了服务产品的进出口与服务业本身跨国投资以及生产要素跨国流动的界限。

(五)国际服务贸易的逻辑分类

国际服务贸易的逻辑分类是一种理论分类,这种分类在操作上有难度,但是有利于理论研究。

1. 基于服务产品的分类。这一分类方法的前提是认为国际服务贸易实质上就是服务产品的贸易。根据服务处于再生产的环节,可将服务产品分为三类:一是消费性服务,即消费者在消费者服务业市场上购买的服务,是经济社会提供的最主要的服务;二是生产性服务,即生产者在生产者服务业市场上购买的服务,作为中间投入服务,用于商品和服务的进一步生产,包括经营管理、计算机应用、会计、广告设计和生产性安全保护以及相对独立的产业服务,如金融业、保险业、房地产业、法律和咨询业等;三是分配性服务,即消费者和生产者为获得商品或供应商品而必须购买的服务,是一种连带性服务或追加性服务,如企业内商品的仓储、搬运、分配等。

2. 按是否伴随货物贸易的分类

(1)国际追加服务。国际追加服务贸易是同有形货物贸易有着直接联系的国际服务贸易。对消费者而言,商品实体本身是其购买和消费的核心效用,服务并不能提供直接、独立的效用,而是提供或满足某种追加的效用,因此不能成为独立交换的对象。追加服务发生在产前、产中、产后各个环节中,如产前的可行性研究、市场调研;产中的质量控制和检验、设备租赁、人事管理与培训;产后的广告、运输、售后服务等。在追加服务中,相对较为重要的是国际交通、运输和国际邮电通信。随着经济服务化的发展,生产厂商提供的追加服务越来越成为其非价格竞争的重要因素。

(2)国际核心服务。国际核心服务与有形商品的生产和贸易无关,是作为消费者单独购买的、能为消费者提供核心效用的一种服务。国际核心服务根据消费者与服务提供者距离远近可分为面对面型国际核心服务和远距离国际核心服务。面对面型国际核心服务是指服务供给者与消费者双方实际接触才能实现的服务,伴随着生产要素中的人员和资本的跨国界移动。例如,金融业的输出存在资本跨国界移动,国际旅游服务伴随人力资本跨国界移动。远距离国际核心服务不需要服务供给者与消费者实际接触,一般需要通过一定的载体方可实现跨国界服务。例如,以通信卫星作为载体进行的国际视听服务、国际金融服务。

与操作性的国际服务贸易的统计分类相比,国际服务贸易的逻辑分类更符合一般经济学的思想,但是同统计分类相比较,逻辑分类的实际应用性还是很差的。大部分有关国际服务贸易的研究和讨论,都不以理论性的逻辑分类的概念和定义作为实际分析工具。

三、国际服务贸易的统计

国际服务贸易的统计是对国际服务贸易的总体和各部门规模、国别规模及进出口流向、发展现状和趋势进行定量描述。由于世界各国尚未形成对国际服务贸易的公认定义,加之各国原有统计制度的差异,全球统一的国际服务贸易统计体系还难以建立。目前国际服务贸易统计的基本原则是:总体上,遵循《服务贸易总协定》对国际服务贸易的定义,确定以四种方式作为服务贸易统计的主体范围;操作上,以居民和非居民之间的服务交易(balance of payments,BOP)和通过外国附属机构实现的服务交易(foreign affiliates trade in service,FATS)两条主线进行。

(一)国际收支统计(BOP)

国际收支统计的依据是国际货币基金组织的《国际收支手册》(Balance of Payments Manual,BPM)[①]。国际收支统计描述了一国对外贸易和资本流动的状况,具有一致性和可进行国际比较的特点。由于国际收支统计由来已久,方法较为成熟,同时和大多数国家的统计体系相匹配,因而成为世界公认的标准化的国际贸易统计体系。国际收支统计的对象包括服务贸易和货物贸易,并且侧重货物贸易。是否跨越国境或边界交易是纳入国际收支统计的基本原则。国际收支统计就是将与服务贸易有关的实际交易数据进行重新汇总、整理和记录,从而形成一套针对国际服务贸易的专项统计。

尽管被广为接受,但是国际收支统计存在明显不足,主要体现在:按照国际收支统计的原则,国际贸易只是居民与非居民之间的服务交易,包括跨境交付、境外消费和自然人移动,没有反映当前世界服务贸易中占据主导地位的商业存在。这是因为,商业存在形式的服务交易双方均是法律意义上的同一国居民(当外国附属机构在一国设立的期限超过一年时)。也就是说,国际收支统计并没有包括《服务贸易总协定》界定的所有服务贸易范围。

---

① 当前国际经济机构如世界贸易组织、联合国贸发会议发布的服务贸易数据,基于依据的《国际收支手册》的版本不同,其数据分为"服务贸易(BPM5)"和"服务贸易(BPM6)"两部分。

(二)外国附属机构统计(FATS)

按照国际收支统计的跨境原则,商业存在无法纳入国际服务贸易的范畴,所以国际服务贸易国际收支统计实际上不能完整反映一国对外服务贸易的总体情况。如何以《服务贸易总协定》为基准进行服务贸易统计,成为优化和发展国际服务贸易统计的主要方向。随着国际直接投资的迅速发展,以商业存在形式发生的国际服务贸易已经占据世界贸易总额的近20%,因此明确这部分交易的发生形式和数量规模十分必要。

外国附属机构统计反映了外国附属机构在东道国的服务交易情况,包括与投资母国之间的交易、与东道国居民之间的交易以及与其他国家之间的交易。外国附属机构分为内向和外向两个方面。别国在东道国的附属机构的服务交易称为内向外国附属机构统计,东道国在别国的附属机构的服务交易称为外向外国附属机构统计。

从统计范围来看,外国附属机构统计实际包括外国附属机构的跨境交易和非跨境交易,其核心是非跨境交易。从统计对象来看,只有对方绝对控股并能控制的企业,也即外方股权比例高于50%的企业才能被列入外国附属机构统计的统计范围。这与直接投资的统计对象不同,直接投资以外资比重超过10%为标准。从统计内容来看,外国附属机构统计既包括投资的流量和存量,也包括企业经营状况和财务状况及其对东道国的影响,但其主要内容是企业的经营活动状况。外国附属机构统计的中心内容是:外国附属机构作为东道国的居民,与东道国其他居民之间进行的交易,即其在东道国进行的非跨境交易,以及这种交易对东道国经济的影响。

外国附属机构统计弥补了商品贸易统计、跨境服务贸易统计和外国直接投资统计的不足,更为全面地反映了外资企业的生产和服务提供对贸易流动的影响以及由此产生的利益流动。国际收支统计与外国附属机构统计相互补充,能够反映服务贸易的全貌,获得完整的服务贸易统计。但是,国际收支统计和外国附属机构统计不能简单相加,一是因为两者统计的范围、内容和记录原则不同;二是因为两者统计的内容有部分重叠,直接相加会造成重复统计。如何将各服务项目与四种提供方式一一对应,是亟待解决的问题。2002年出版的《国际服务贸易统计手册》(Manual on Statistics of International Trade in Service,MSITS)做了一些尝试。

专栏6-1

中国服务贸易的统计方法

中国的服务贸易统计由两部分构成,一部分是国际收支统计(BOP)中的服务贸易项目,另一部分是外国附属机构服务贸易统计,即FATS统计。其中BOP服务统计由国家外汇管理局按照国际货币基金组织的《国际收支手册》的要求汇总编制,包括分国别和分省(区、市)统计。FTAS统计(包括内向统计和外向统计),由国家统计局、商务部和国家外汇管理局依照世界贸易组织等国际机构的要求,参照有关发达国家的做法,结合我国实际情况联合制定统计办法。中国服务贸易统计遵循的原则是国际可比性、可操作性、经济性、渐进性。

表6-1是基于《国际收支手册》第六版统计出的中国服务贸易出口分类数据。由统计结果可知,中国服务贸易在2017年有2 395亿美元的逆差,其中贸易规模最大的类别是旅行服务,其次是运输服务,这两个类别的服务贸易都是逆差,尤其是旅行服务的逆差高达2 161亿美元。

表6-1 2017年中国服务贸易出口分项目表(BPM6)

服务类别	进出口		出口		进口		贸易差额
	亿美元	占比(%)	亿美元	占比(%)	亿美元	占比(%)	(亿美元)
总额	6 957	100.00	2 281	100.00	4 676	100.00	-2 395
加工服务	183	2.63	181	7.94	2	0.04	179
维护和维修服务	82	1.18	59	2.59	23	0.49	36
运输	1 300	18.69	371	16.26	929	19.87	-558
旅行	2 935	42.19	387	16.97	2 548	54.49	-2 161
建筑	325	4.67	240	10.52	86	1.84	154
保险和养老金服务	145	2.08	40	1.75	104	2.22	-64
金融服务	53	0.76	37	1.62	16	0.34	21
知识产权使用费	333	4.79	48	2.10	286	6.12	-238
电信、计算机和信息服务	469	6.74	278	12.19	192	4.11	86
其他商业服务	1 044	15.01	615	26.96	429	9.17	186
个人、文化和娱乐服务	35	0.50	8	0.35	28	0.60	-20
别处未提及的政府服务	52	0.75	17	0.75	35	0.75	-18

数据来源:中国商务部服务贸易统计。

表6-2和表6-3分别是2016年FTAS的内向统计数据和外向统计数据。无论是其他国家在中国设置的附属机构还是中国在其他国家设置的附属机构,按行业来看,租赁和商务服务业均有最高的销售收入。中国在其他国家设置建筑服务业附属机构获取的销售收入仅次于租赁和商务服务业。

表6-2 2016年内向附属机构销售收入排名前十大行业

行业名称	企业数量（家）	销售收入（亿元）	利润总额（亿元）	从业人员总数 总数	从业人员总数 外方
租赁和商务服务业	24 629	12 618.5	1 837.2	709 027	41 141
房地产业	8 215	9 558.4	2 049.3	442 491	8 209
信息传输、计算机服务和软件业	8 706	9 088.5	2 002.5	842 789	11 474
批发和零售	49 841	8 622.4	1 455.9	1 548 941	56 733
交通运输、仓储和邮政业	4 884	5 042	412.7	290 014	9 255
金属制品、机械和设备维修业	5 856	3 899.2	152.5	650 895	10 845
科学研究、技术服务和地质勘查业	8 184	1 797.1	-44.7	252 885	10 179
住宿和餐饮业	3 854	1 346.3	94.6	484 004	5 988
金融业	2 762	1 088.3	290.8	97 470	1 749
建筑服务业	1 732	1 047.5	93.2	58 555	2420

数据来源：中国商务部服务贸易统计。

表6-3 2016年外向附属机构销售收入排名前十大行业

行业名称	企业数量（家）	销售收入（亿元）	从业人员总数 总数	从业人员总数 中方
租赁和商务分服务业	3 042	17 980.6	226 507	151 551
建筑服务业	—	10 466.2	372 799	—
批发和零售业	6 673	6 084.5	151 490	56 809
信息传输、软件和信息技术服务业	1 130	2 245.3	60 639	43 475
交通运输、仓储和邮政业	630	1 970.4	33 561	15 670
房地产业	594	1 856.2	44 247	32 449
居民服务、修理和其他服务业	615	740	6 256	1 341
科学研究和技术服务业	1 056	635.5	46 056	12 906
农、林、牧、渔服务业	275	424.8	22 115	4 331
文化、体育和娱乐业	309	157	6 444	950

数据来源：中国商务部服务贸易统计。

四、国际服务贸易的特点

与国际货物贸易比较,国际服务贸易具有以下几个明显的特点。

(一)服务贸易标的的无形性

服务是无形的,具有不可触摸性、不可储存性和不易运输性,因而导致国际服务贸易交易方式的多样化。一般来看,国际服务贸易主要通过以下三种方式实现:一是直接出口,指服务出口国通过电信、邮电或计算机的联网向服务进口国直接提供服务,这种贸易不涉及人员、物资和资金的流动。二是间接出口,指由服务进口国的消费者直接到服务出口国消费服务。三是国外当地生产当地销售,是指服务出口国的企业、经济实体或个人直接到服务进口国去提供服务。

(二)服务生产和消费的同步性

服务的生产与消费往往是同时发生的,通常无法通过服务转让而达到赢利目的,所以服务的生产和出口过程一定程度上也就是服务的进口和消费过程。

(三)与生产要素的跨国移动紧密相关

国际服务贸易更多地依赖于生产要素的国际移动和服务机构的跨国设置,国际间的服务交换无论采取什么样的形式,它都与资本、劳动力和信息等生产要素的跨国界移动紧密相关。

(四)统计数据无法在海关贸易统计数据中显示

服务贸易的统计数据和货物贸易的统计数据一样,在各国国际收支平衡表中得到体现,但前者不能像后者那样,在各国海关进出口统计上显示。

(五)国际服务贸易管理的复杂性

对服务贸易的监控往往只能通过国家立法和制定行政法规实现,因此它所涉及的法规形式和强度远远超过货物贸易。

第二节 国际服务贸易理论

传统的国际贸易理论是建立在货物贸易基础上的,主流国际贸易理论体系中没有专门论述服务贸易的内容,因此,严格地说,服务贸易并未形成自身的理论体系。然而,随着服务贸易实践的发展,其理论的不足与滞后越来越凸显。西方理论界自20世纪70年代中期开始关注服务贸易领域的研究。

服务贸易理论的核心是有关服务贸易的基本特征和基本原理。但如何围绕这一核心,构建相对完整的服务贸易理论体系,理论界存在两种选择:一是依据国际服务贸易的实践和特点,借鉴相关学科领域的研究成果,发展出相对独立的服务贸易理论;二是将传统的货物贸易理论加以延伸,扩展到服务贸易领域,用相应的逻辑和概念阐述服务贸易,从而实现货物贸易理论和服务贸易理论的对接。从服务贸易理论的实际发展来看,理论界更多地倾向于第二种选择。这不仅是因为第一种选择存在着实际的困难,更重要的是,理论界在做第一种选择,试图建立相对独立的服务贸易纯理论的时候,无法与传统的货物贸易理论彻底决裂,其结果是不由自主地又回到第二种选择。

一、传统比较优势理论

(一)传统比较优势理论适用性的争论

英国经济学家大卫·李嘉图提出的比较优势理论以亚当·斯密的绝对优势理论为基础,其观点是一国应专门生产并出口具有比较优势的产品,从其他国家进口其处于比较劣势的商品,则两国都能从贸易中得到利益。

将比较优势说运用于服务贸易的解说,是货物贸易理论向服务贸易理论延伸的典型表现。由于比较优势理论自身存在缺陷,再加上这种在西方国家理论界居主导地位的见解又很难在发展中国家获得支持,于是出现了关于传统货物贸易比较优势理论适用性问题的争论。

概括起来,理论界存在着观点迥异的两派,此外还有"改进派"。

其一为"适用论",认为服务贸易与货物贸易无本质差别,因而不存在两套理论,比较优势论合乎逻辑地适用于服务贸易。代表人物有辛德利、史密斯、萨丕尔、卢茨等人。1981年,萨丕尔和卢茨根据国家间要素禀赋和技术的差异,对货运、客运和其他民间服务做了一系列的实证研究,发现"传统的贸易理论不仅适用于货物贸易,也适用于服务贸易,要素禀赋在货物贸易和服务贸易模式的决定上都具有重要作用"。萨丕尔还提出服务贸易比较优势的动态性观点,这对发展中国家开展服务贸易的动因能提供较为合理的解释。1984年,辛德利和史密斯认为,在理论和经验分析中,没有必要在概念上严格区分货物和服务,因为比较优势强有力的逻辑超越了这些差别。理查德·库伯则明确指出,作为一个简单明了的思想,比较优势普遍有效。斯特恩和霍克曼也认为,传统比较优势理论的完全竞争、技术均等化和无经济扭曲等假设在服务业中遇到困难,尽管如此,当充分考虑这些因素后,也没有理由认为需要改变比较优势法则的具体标准;虽然技术移动将产生各种差异,但服务流动与要素移动都将依然符合比较优势法则的要求。

其二为"不适用论",认为服务贸易与商品贸易源于不同的概念范畴,应有不同的理论渊源。R. 迪克和 H. 迪克应该是最早解释服务贸易模式的学者,他们使用显示比较优势指标(RCA)分析要素禀赋对服务贸易的影响,对 18 个经合组织国家的各种比较优势指标进行跨部门回归分析。结论是:没有证据表明比较优势决定着服务贸易模式。桑普森和斯内普则从大部分服务贸易中生产要素在国际间流动的特性出发,认为这与比较优势的基本假设"两国生产要素不能流动"相悖,要素禀赋理论不足以解释服务贸易。菲克特库等人对此问题的研究是基于服务与货物的不同特性。菲克特库认为,服务具有不同于货物的以下几个特点:第一,国际服务贸易是提供劳动活动与货币的交换,而不是物与货币的交换;第二,国际服务贸易中服务的生产和消费大多是同时发生的,提供的劳动活动一般不可储藏;第三,统计方式不同,国际服务贸易的统计在各国国际收支平衡表中显示,而在各国海关进出口统计中没有显示。服务和货物的上述区别使得国际贸易原理不适用于服务贸易。安·赫尔曼等认为,目前用于解释货物贸易比较优势的理论,如要素禀赋论,规模经济学说,技术差距与生产周期论等的适用性都有待讨论。

其三是"改进论",为大多数国际经济学家所认可。该理论认为,科学技术革命已改变或正在改变传统服务商品的特性,国际贸易原理的合理内核适用于服务贸易。但由于服务自身客观存在的特性确实使得商品贸易理论的解释力不足,存在一定的局限性,因此不能完全套用,需要进行模型的扩展和修正。事实上,许多学者也在不断地对比较优势理论在服务贸易领域的应用进行检验,结果发现服务贸易领域同样存在比较优势的合理内核,只不过对服务贸易的某些特征不能提供令人满意的答案。主要是许多商品和服务的投入往往交织在一起,比较成本难以获得,从这个角度看,把比较优势应用到服务贸易中,存在明显的度量问题。

(二)服务贸易比较优势的决定因素或源泉

传统比较优势理论是否适用于服务贸易,以及在多大程度上适用的理论研究及其争论似乎已经明了,人们开始注重从不同角度讨论服务贸易比较优势的决定因素或源泉。

由于服务业涵盖行业众多,不同行业的要素组合不同,如金融保险业中人力资本对比较优势的形成起关键作用,而建筑工程承包则主要是劳动力因素的决定影响。因此,人们从多方面研究服务贸易的决定基础,将服务技术要素、资源要素、管理要素、资本要素、基础设施要素以及人力资本要素等纳入其中。目前,关于服务贸易比较优势决定因素的理论分析较为零散。概括起来,这些因素有政府管理体制、自然禀赋、文化传统、服务基础设施、人力资本等。然而,由于服务贸易部门繁多,所以,不同部门比较优势的决定因素往往相去甚远。有学者认为，现代服务领域的比较优势已不再是传统意义上的生产成本，而主要是技术知识和管理，也就是人力资本。有的学者将决定比较优势的各种要素归纳为三种基本要素，即体力要素、人力资本要素和实物资本。也有学者主张分行业研究形成比较优势的因素等。

比较优势最终将反映在国家间同种产品的价格差异上，价格差异是国际贸易发生的基础，服务贸易也不例外。在这一方面，克莱维斯（I. Kravis）、巴格瓦蒂（J. Bhagwati）等人相继提出了服务价格国际差异模型。克莱维斯和巴格瓦蒂借助传统贸易理论解释服务价格与实际人均收入的相关性，并认为发达国家在金融、工程咨询、信息处理等资本、技术密集型服务上相对价格较低，具有比较优势，而某些发展中国家在工程承包等劳动密集型服务上具有比较优势。另外也有经济学者运用计量分析方法解释国际服务价格水平的差异，得出大致相同的结论。

二、要素禀赋理论在国际服务贸易方面的应用

要素禀赋理论由赫克歇尔和俄林提出。赫克歇尔和俄林从生产要素禀赋的角度出发分析导致国际贸易产生的原因。他们认为，在两国技术水平相同的前提下，两国所生产的同种产品的价格差异是由于生产成本存在差异，而生产成本的差异是由生产要素的价格差异引起的，生产要素的价格差异又是由两国生产要素的丰裕程度不同决定的。因此，国际贸易产生的原因是两国间生产要素禀赋的差别。

要素票赋差异不仅可以说明商品与商品之间的相对价格差异，在普遍意义上讲也可以说明商品与服务之间，以及服务与服务之间的相对价格差异。在不考虑技术因素的条件下，服务的成本取决于生产所需的要素密集程度和要素价格。劳动密集型服务的相对价格在劳动力丰富的国家较低，在劳动力稀缺的国家较高；资本密集型服务的相对价格在资本丰富的国家较低，在资本贫乏的国家较高。就一般情况而言，一国通过出口密集使用其禀赋相对丰裕的生产要素的服务和进口密集使用其禀赋相对稀缺的生产要素的服务而从中获得利益，国际服务贸易也因此出现。在现实生活中，发达国家的资本禀赋较丰裕，欠发达国家的劳动禀赋相对丰裕。就不同的服务而言，资本密集型的服务在发达国家的相对价格要低于欠发达国家，而劳动密集型服务的相对价格则相反。如发达国家在金融、运输、电信等为基础的资本密集型的现代服务贸易领域拥有比较优势，而发展中国家在以劳动密集型为基础的餐饮、劳务输出与输入等服务贸易领域拥有比较优势。

资本、劳动等要素依然是构成服务贸易比较优势的重要基础，比较要素服

务优势的确可以在很大程度上用于解释国际服务贸易领域的一些现象。但传统的要素禀赋论并不能完全解释服务贸易，这是因为：

第一，比较要素服务优势具有移动性和短暂性。许多服务是人力资本密集型的，比如，信息处理、工程咨询等。由于人力资本是通过教育、培训以及研究和开发获得的，因此人力资本所导致的比较优势完全取决于一个国家提供教育、培训和研究与开发等基础设施的能力。同时，与人力资本有关的知识和技能又体现在可以自由流动的人的身上，这些专业人员流动到哪个国家，就可能把相关的比较优势带到该国。另外，当其他国家达到相同的技术水平和教育水平时，高新技术的优势很快就会失去，而他国则通过教育、培训和研究与开发等，也能得到与人力资本、技能相联系的比较优势。

第二，国际服务贸易产生的原因并不仅仅由于两国间生产要素禀赋的差异，新贸易理论认为，相对要素价格的差异和国家间的经济规模差异共同作用的结果是贸易的根本原因。需求差别、收入相似也是国际贸易发生的原因。服务贸易的决定基础也被一致公认为是相对要素禀赋差异、规模经济差异和竞争优势差异。由于服务业涵盖行业众多，不同行业的要素组合不同，如金融保险业中人力资本对比较优势的形成起关键作用，而建筑工程承包则主要受劳动力因素的影响。因此，人们从多方面研究服务贸易的决定基础，将服务技术要素、资源要素、管理要素、资本要素以及人力资本要素等纳入其中。现代服务领域的比较优势已不再是传统意义上的生产成本，而主要是技术知识和管理，也就是人力资本。有的学者将决定比较优势的各种要素归纳为三种基本要素，即体力要素、人力资本要素和实物资本。此外也有必要分行业研究形成比较优势的因素等。

第三，许多服务是作为中间投入（如金融、咨询和电信服务）出现在贸易与非贸易品的生产过程中的，因而出现两个阶段生产函数，先是服务生产函数，再是投入使用的商品生产函数。但这两个阶段要素投入是不同的。如专业服务之间存在巨大差别且往往没有替代品，这些服务生产投入的大多是具体的特殊要素。而传统要素优势论认为生产要素的投入是同质的。

第四，服务贸易的生产要素移动要比货物贸易频繁得多。服务贸易无论是过境交付、商业存在还是境外消费或人员移动，往往都与劳动力、资本、信息等要素中的一项或多项移动同时进行，因而，服务要素的过境移动通常成为服务贸易实现的要件。这也是要素禀赋论需要解决的一个问题。

第五，国际服务贸易中服务的生产和消费基本上是同时进行的。因此，在服务贸易生产函数中，体现重要的要素投入时必须考虑到需求因素，要更加注重从服务贸易的流向、相关的市场结构以及需求特征角度去探讨服务贸易优势,仅仅从资源禀赋角度探讨服务贸易优势是远远不够的。而 H-O 模型主要是从供给角度分析国际贸易的,当可贸易服务的生产函数与主要要素投入相结合时,任何国际服务贸易将依赖于需求因素而不是生产成本,强调的是需求因素导致的成本增量或消费者选择,运输成本、信息成本、服务种类、消费环境、消费者收入及偏好等因素均构成服务贸易条件。

三、生产区段和服务链理论

相比比较优势理论来说,规模经济和与国际市场不完全竞争相联系的产品差异,可以更好地解释增长迅速的产业内贸易,这种状况在服务贸易领域表现得更为明显。关于规模经济和不完全竞争条件下的服务贸易的代表性理论有琼斯(R. Jones)和基尔考斯基(H. Kierzkowski)的生产区段和服务链理论、马库森(J. Markusen)的服务部门内部专业化(内部积聚)理论和弗兰克斯(J. Francois)的外部专业化(即强调服务在协调和联结各专业化中间生产过程中的外部积聚作用)理论。其中生产区段和服务链理论指出科技进步引致服务价格下降,服务生产趋于分散化,生产组合方式多样化,从而导致对服务链的强烈需求,国际服务贸易由此发生。马库森和弗兰克斯从需求角度分析了规模经济和不完全竞争下的服务贸易,进一步印证了琼斯等人的观点。

科技进步使服务生产成本趋于下降,服务价格变得越来越低廉,这一变化导致了服务生产的分散化、迂回性。将生产过程分散在不同地点,增加了生产方式的组合,从而导致对服务链更为强烈的需求。由此,国际服务链得到了更为频繁和大量的使用,进而成为生产过程不可缺少的组成部分。琼斯和基尔考斯基为此提出"生产区段和服务链"(production blocks and service links)理论,探讨企业产出水平的提高、收益的增加和要素分工的益处,以及三者如何促使企业转向通过服务链联结各个分散生产区段的新型生产方式。一系列协调、管理、运输和金融服务组成服务链,当生产过程逐渐分散到由不同国家的生产区段合作生产时,对国际服务链的需求就会明显上升,从而诱发国际服务贸易。

(一)生产过程的分散化

图 6-1 描述了生产过程的分散化过程。其中 a 表示单一生产区段,即某个生产过程在同一地点完成,服务投入的影响在这一阶段并不明显,仅仅参与生产区段的内部协调和联结厂商和消费者的营销活动。若假设某厂商位于生产区段内的技术隐含着规模报酬递增效应,且边际成本不变,则在图 6-2 中,aa' 表示总成本随生产规模的扩大而上升,其斜率为边际成本;截距 Oa 表示厂商和其他与生产区段有关的固定成本。

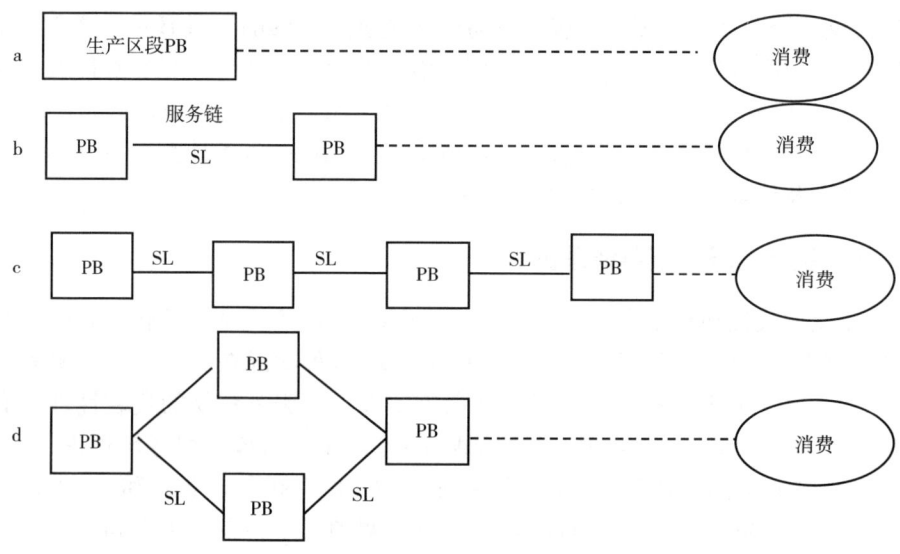

图6-1 生产过程的分散化

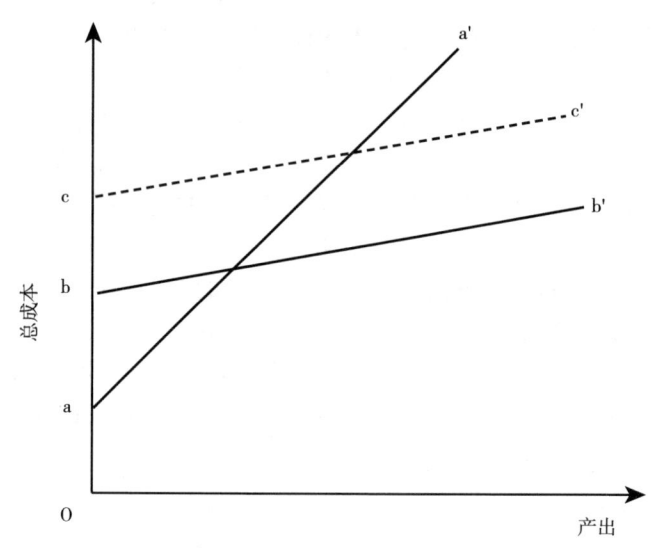

图6-2 总成本和产出

生产的扩张使社会分工与专业化程度愈益加深,加速了生产区段的分离。图6-1b反映了这一情况。假定生产分散化改变了固定成本和变动成本之间的比例,且在生产区段之间增加投入大量固定成本可以导致较低的边际成本,生产分散化后的总成本与产出的关系如图6-2中的实线bb'。在该阶段中,服务业起到了重要作用。图6-1b中的两个生产区段需要通过服务来协调和联结,由此会产生服务链成本,如运输服务成本、协调服务成本。由于生产区段的分散导致总成本中增加了联结生产区段的服务链成本,故新的成本产出线应为虚线 cc'。在图6-2中这些服务成本与生产规模基本无关,因为线 cc' 与线 bb' 平行。即使服务链成本随着生产水平的上升而增大,也只需将线 cc' 画得比线 bb' 稍陡一些即可。但是,含有服务链的边际成本应低于相对集中生产(线 aa')的边际成本,否则,厂商将不愿意采用分散生产的方式。

如果生产区段与服务链重复图6-2的过程,生产区段与服务链数量将不断增加,最终演变成如图6-3所描述的情形。

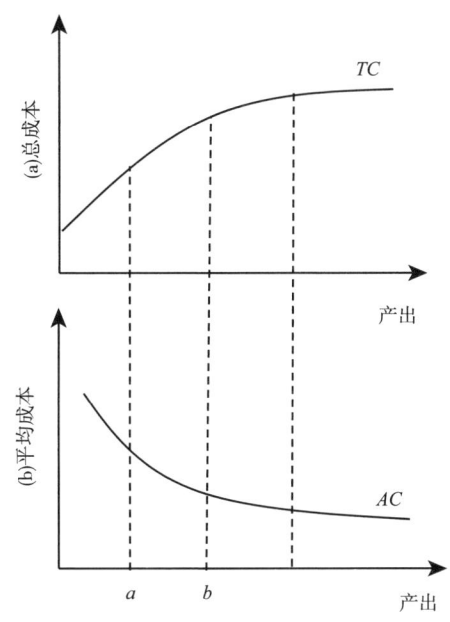

图6-3 分散后的平均成本与产出

事实上,工业的发展使劳动分工和专业化不断加深,从而导致分散度的提高和生产者服务贸易的增加。图6-1c表示前一生产区段的产品可能作为下一生产区段的生产原料;图6-1d则显示了一种新组合,即各个生产区段的同时运行,每一生产区段的产品在最后的一个生产区段组装成最终产品。图6-3描述了上述分散化过程。

对于任何分散水平,生产区段内固定成本和边际成本的结合,即各生产区段通过各服务链对较大固定成本的联结,使得平均成本随着产量的增加而降低。而且,当一项新的分散技术导致更高的分散水平时,平均成本下降的速度将会更快。

图6-4说明随着生产的扩大,边际成本与产量的这种关系刺激厂商采用更为分散的生产技术,边际成本阶段性下降,产量阶段性上升。若假定生产仍停留在由单一厂商完成的生产区段,且市场需求弹性小于无穷大,则厂商将增加生产直至 $MC=MR$。然而一条既定的边际收益曲线可能与边际成本曲线相交于多个不同的点。如果需求增长足以使边际收益曲线移到 MR_1 处,位于 b 点的边际收益等于边际成本,但 b 点仅是局部利润最小点,因为增加或减少某个微小产量都将增加利润。a 和 c 点更具竞争力。a 点处的利润显然大于 b 点,这就是说,若产量从 a 点移到 b 点,那么较低水平的分散生产技术,将导致边际成本超过边际收益的边际损失;但如果一旦采用更为分散的生产技术,从 b 点向 c 点方向的任何微小延伸,都将使边际成本低于边际收益。

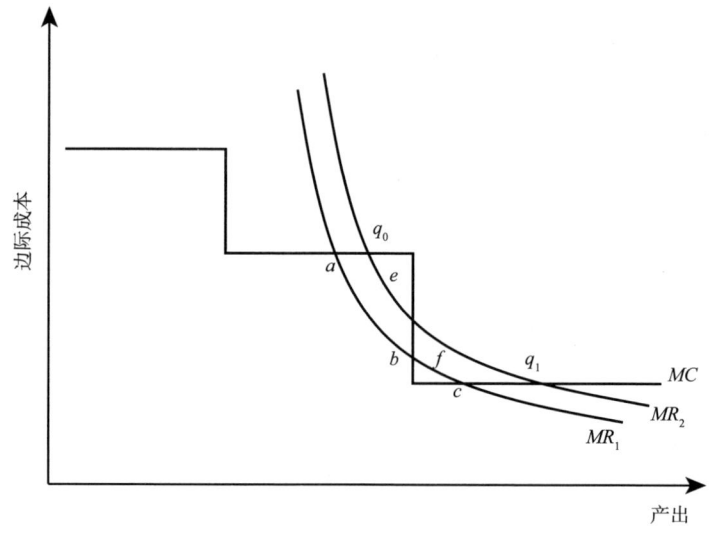

图6-4 边际成本与产出

如果需求持续平稳增长,同时边际收益曲线外移至 MR_2,e 部分与 f 部分的面积恰好相等,厂商在 q_0 和 q_1 处生产没有差别。需求的平稳增加导致生产更为分散,使产量呈阶梯状上升。如果边际收益曲线或相应的需求曲线越富有弹性,则产量的阶梯状就越明显。

(二)国际贸易中的服务链

假定在世界市场上交易的都是最终产品而非中间产品和服务,国内生产的商品集反映其比较优势,人们重视规模报酬递增导致的集中化生产,那么与闭关自守状态相比,允许最终产品自由贸易带来的专业化分工能够增加贸易国的福利。同时,生产过程数量的减少使得剩下的生产过程可以更大限度地分散生产。如果一国在某种商品上具有总体比较优势,但并非国内每个生产区段和服务链的成本都比较低,那么,为了追求效率,厂商将在国内和国外分散生产。现实中生动的例子就是,世界汽车工业的发展推动着汽车零部件的国际贸易。

图 6-5 描述了外国服务链引入前后的成本变化,即在同一分散水平上由一条服务链联结的两个生产区段的比较优势结构。H 线代表两个生产区段均在国内时的固定成本和可变成本,H' 增加了服务链成本。若国内和国外各有一个生产区段成本较低,则国内和国外组合生产之后的成本由 M 表示。假定固定成本仍与 H 相同,但联结国内和国外生产区段的服务链成本大于两个区段均在国内时的成本,即 $ca > ba$,那么,用于联结跨国生产区段的服务链成本将会把最优成本——产出曲线 H' 线折成 beM'。也就是说,当产量大于 h 时,可以采用国内和国外相互结合的分散方式进行生产。

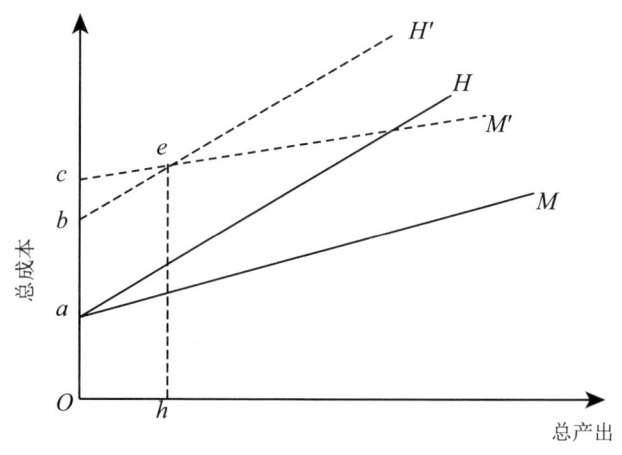

图 6-5 总成本和产量:外国服务链的影响

在上述模型中,生产区段位于不同地点,服务链可由一国以上的服务提供者提供。图 6-5 是假定国内外生产区段的固定成本相同,实际上也可以不同。如果国外生产区段拥有成本优势,那么,它不仅体现在可变成本上,也应体现在固定成本上。另外一个假定是联结跨国生产区段的服务链成本大于联结国内生产区段的成本,这也有例外情况。

以电信、运输和金融服务业为代表的现代服务技术的进步,已卓有成效地降低了国际服务链的相对成本,使得跨国生产所需的最小规模变得越来越小,图 6-5 中的 h 点逐渐左移。这样就极大地刺激了各生产区段跨国生产的积极性。在各厂商积极利用国际服务链进行高效率分散生产的过程中,国际服务贸易,特别是生产者服务贸易就获得了大幅度增长。这一理论也揭示了在国际服务贸易中生产者服务贸易比重持续上升的根本原因。

第三节 服务贸易总协定

第二次世界大战以后,随着社会经济的发展及科学技术的进步,服务贸易日益崭露头角,在经济生活中发挥重要的作用。服务贸易的迅猛发展使得多边贸易谈判的重点也由货物贸易转向服务贸易。1986年9月,关贸总协定的埃斯特角部长宣言中将服务贸易作为三项新议题之一,列入乌拉圭回合多边贸易谈判议程,拉开了服务贸易首次多边谈判的序幕。1993年12月15日,经各方努力,《服务贸易总协定》(General Agreement on Trade in Service,GATS)最终达成,并于1994年4月15日在马拉喀什正式签署。《服务贸易总协定》是迄今为止第一套有关国际服务贸易的,具有法律效力的多边规则。

一、服务贸易总协定产生的背景

服务贸易能被列为多边贸易谈判的议题并且能最终产生服务贸易总协定,首先得益于以美国为首的发达国家的支持。

1979—1982年,西方世界发生了世界性的经济危机。受危机影响,美国经济增长缓慢,货物贸易的赤字逐年扩大。但美国在服务贸易领域却占有明显优势,连年保持顺差。以1984年为例,美国的货物贸易有1 140亿美元的逆差,而服务贸易却有140亿美元的顺差。作为世界最大的服务贸易出口国,美国急切地希望打开其他国家的服务贸易市场,通过大量的服务贸易出口来弥补贸易逆差,推动经济增长;而各国对服务贸易的不同程度的限制,成为美国通过服务贸易获得更大收益的障碍。因此,美国积极倡导实行全球服务贸易自由化。

对于美国的提议,欧盟起初抱有质疑,但调查后发现当时的欧共体服务贸易的出口量要高于美国,服务贸易的自由化显然对欧盟的发展有利,因此转而坚决地支持美国。日本虽然是服务贸易的最大进口国,呈逆差形势,但由于在国际贸易中呈现顺差,加之为调和与美国之间日益尖锐的贸易摩擦,也始终支持美国。

发展中国家对服务贸易自由化的态度经历了一个从坚决抵制到逐步接受

的过程。当美国开始提出将服务贸易作为多边贸易谈判的议题时,绝大多数发展中国家都坚决反对服务贸易的自由化,认为发展中国家在诸如银行、保险、证券、信息、咨询等资本知识密集型的服务行业都不具有比较优势,许多部门尚未成熟,难以应对来自发达国家的激烈竞争,过早地实行服务贸易自由化只会挤垮这些尚处于幼稚阶段的行业。此外,发展中国家也担心服务贸易的开放会威胁到国家的主权、机密和安全。

然而随着发达国家在服务贸易谈判问题上取得一致意见,发展中国家的立场也有所改变。首先,部分新兴发展中国家和地区在某些服务业上已具备相当的竞争优势,例如,韩国的建筑工程承包以及新加坡的航空运输业,优势都比较明显。这些国家希望通过谈判来扩大本国优势行业的出口。其次,大部分发展中国家已认识到在国际谈判中参与规则制定过程的重要性。如果发展中国家不积极参与服务贸易谈判,最终只会形成由发达国家主导的服务贸易规则,而发展中国家只能被动接受,其利益将会受到更大的损害。因此,许多发展中国家也先后表示愿意参加服务贸易谈判。

二、《服务贸易总协定》的主要内容

1995年1月1日正式生效的《服务贸易总协定》是多边国际贸易体制下第一个有关服务贸易的框架性法律文件,是乌拉圭回合达成的三项新议题之一。该协定的制定与生效是国际服务贸易的一个重要里程碑,它不仅扩大了关贸总协定机制的管辖范围,而且是迄今为止服务贸易领域内第一个较系统的国际法律文件。

《服务贸易总协定》的宗旨是在透明度和逐步自由化的条件下,扩大全球服务贸易,并促进各成员的经济增长和发展中成员服务业的发展。协定考虑到各成员服务贸易发展的不平衡,允许各成员对服务贸易进行必要的管理,鼓励发展中成员通过提高其服务能力、效率和竞争力,更多地参与世界服务贸易。

(一)《服务贸易总协定》的框架

《服务贸易总协定》有广义和狭义之分。狭义的《服务贸易总协定》仅指协定本身,除序言外包括六个部分:范围和定义、一般义务和纪律、具体承诺、逐步自由化、组织条款、最后条款。广义的《服务贸易总协定》指与服务贸易有关的附件及补充协议等,主要包括五个部分:

(1)《服务贸易总协定》条款。

(2)八项附件:豁免附件、自然人提供服务活动的附件、空运服务附件、金融服务附件、金融服务第二附件、海运服务附件、电信服务附件、基础电信谈判附件。

(3)各国对服务贸易的初步自由化承诺表。

(4)九项决议:机构安排的决议、争端处理程序的决议、有关服务贸易和环境的决议、关于自然人流动问题谈判的决议、关于金融服务的决议、关于海运服务谈判的决议、对基础电信谈判的决议、有关专家服务的决议、有关金融服务承诺的谅解书协议。

(5)在世贸组织成立后的后续谈判过程中所达成的三项协议:《全球金融服务协议》《全球基础电信协议》《信息技术协议》。

(二)世贸组织成员在服务贸易领域的一般义务与纪律

《服务贸易总协定》(下称《协定》)第二部分规定了各成员必须遵守的义务和纪律,其中最主要的有:

1. 最惠国待遇。最惠国待遇是服务贸易的基本原则。《协定》第2条第1款规定:"每一成员方给予任何其他成员方的服务或服务提供者的待遇,应立即无条件地以不低于前述待遇给予其他任何成员方相同的服务或服务提供者。"但第2条第2款、第3款规定了实施最惠国待遇时的例外,如不适用边境贸易,体现了《服务贸易总协定》的灵活性。

2. 透明度原则。《协定》第3条规定,各成员方在服务贸易领域中的各种法律与管制措施应具有透明度。除紧急情况外,成员应立即并最迟在协定生效前公布涉及或影响服务贸易总协定运作的各种相关措施;应每年向理事会报告新的或更改的措施;设立咨询点,及时答复其他成员方就上述事项的咨询。

3. 对发展中国家的特殊优惠原则。《协定》第4条规定,各成员方要通过谈判具体承诺的方式来促进发展中国家更多地参与服务贸易,在技术上、销售渠道和信息网络上支持发展中国家增强服务能力、效率和竞争性,并提高其优势部门的市场准入水平;发达成员方应建立向发展中成员方的服务提供者提供上述相关信息的联络点;对最不发达国家予以特殊优惠,准许这些国家不必做出具体的开放服务市场方面的承诺,直到其国内服务业具有竞争力。

除上述三条外,《协定》的第二部分还就经济一体化、国内规定、认可、垄断、商业惯例、紧急保障措施、支付和转让、国际收支平衡的保障限制、政府采购以及一般例外和安全例外等义务和原则进行了统一规定。

(三)具体承诺

《服务贸易总协定》从市场准入、国民待遇和附加承诺三个方面对各成员在部门和分部门中涉及的具体承诺列出了应遵守的原则和规定,为各成员的承诺细目表制定了一致标准。其中的市场准入和国民待遇条款是《服务贸易总协定》最重要的条款,也是争议的焦点。

1. 市场准入。《协定》第16条规定,对于以本《协定》认可的方式提供的市场准入方面,每一成员对任何其他成员的服务和服务提供者给予的待遇,不得低于其在具体承诺减让表中同意提供的待遇。若一成员在其承诺减让表中给予了不止一种的有关服务提供的准入渠道,那么别国的服务提供者可以自由选择其所乐意的那一种。市场准入条款不是作为普遍义务,而作为具体承诺而与各部门的开放联系在一起,这样可以使分歧较小的部门早日达成协议。

2. 国民待遇。《协定》第17条规定,对于列入减让表的部门,在遵守其中所列任何条件和资格的前提下,每一成员在影响服务提供的所有措施方面给予任何其他成员的服务和服务提供者的待遇,不得低于其给予本国同类服务和服务提供者的待遇。国民待遇也只适用于承诺开放的部门。

(四)逐步自由化

为逐步实现更高的服务贸易自由化水平,达成《服务贸易总协定》的目标,《协定》规定,各成员应在《协定》生效之日起不迟于5年开始定期进行连续回合的谈判;自由化进程不应当一刀切,应适当尊重各成员的政策目标及其总体和各部门的发展水平。

(五)机构条款

这一部分主要规定了《服务贸易总协定》的争端解决机制及组织机构。《协定》所规定的争端解决机制是建立在关贸总协定《关于争端解决的规则和程序的谅解协议》的基础之上。

为便利《协定》的实施并促进其目标的实现,《协定》规定成立服务贸易理事会。所有成员的代表都有权参加该理事会,理事会主席应由各成员选举产生。

(六)最后条款

这一部分规定了《协定》中利益的否定、术语的定义以及附录。其中"利益的否定"列明了在哪些情况下成员方可拒绝给予其他成员协定项下的利益。

三、中国加入世贸组织服务贸易承诺减让

《服务贸易总协定》对各国计划在市场准入、国民待遇方面做出承诺和附加承诺的部门或分部门的服务贸易减让表做了规定。中国在加入世界贸易组织时提交了服务贸易减让表。服务贸易减让表包括水平承诺和具体承诺两大部分。

自1986年7月起,中国就踏上了漫长的复关和入世之路。到2001年9月,世贸组织中国工作组第18次会议通过了中国入世的所有法律文件,其中包括中国工作组报告书、入世议定书以及货物贸易减让表和服务贸易减让表等附

件。中国一加入世界贸易组织,就意味着我们必须遵守世界贸易组织的一揽子协议之一的服务贸易总协定的规定,同时更应遵守中国在入世承诺表中所做出的承诺。

(一)世界贸易组织成员如何就服务贸易进行承诺

按《服务贸易总协定》的规定,世界贸易组织一成员对其他成员的承诺应根据本国实际情况,采取肯定列表的方式,列明承诺内容。因此,每一成员都有各自服务贸易的承诺表。成员的服务贸易承诺分为"水平承诺"和"具体承诺"两部分。其中水平承诺针对跨境服务、境外消费、商业存在、自然人移动等四种服务贸易提供方式,对所有服务部门就"市场准入"和"国民待遇"做出承诺;具体承诺则只针对成员本身选定的服务部门就市场准入和国民待遇对四种服务贸易提供方式做出承诺。

(二)中国的水平承诺和具体承诺

1. 关于从境外向中国境内提供服务(跨境交付)。关于跨境交付,中国在减让表的水平承诺部分未做规定。

具体的服务部门中,广告服务、建筑及相关工程服务、内水运输、计算机订座系统服务有限制;佣金代理和批发服务、零售服务、教育服务、环境服务(不包括咨询)、部分保险服务、部分银行及金融服务、部分证券服务、部分海运服务、航空运输服务、建筑及相关工程服务不做承诺;其他大多数服务没有限制。

2. 关于中国的消费者或企业在境外使用服务(境外消费)。在减让表的水平承诺部分未做规定。在具体的服务部门中,广告服务有限制,保险经纪不做承诺,其他服务没有限制。

3. 关于外国企业在中国设立附属企业或分支机构(商业存在)。服务贸易减让表的水平承诺就以下措施做出了具体承诺。

(1)企业或机构的形式。外商可在中国投资设立外商独资企业和合资企业,其中合资企业包括股权式合资企业和契约式合资企业。股权式合资企业中的外资比例不得少于该合资企业注册资本的25%。入世后对于各合同协议或股权协议,设立或批准现有外商从事经营或提供服务的许可中所列所有权、经营和活动范围的条件,将不会比中国加入世界贸易组织之日时有更大的限制。

允许在中国设立外国企业的代表处,代表处不得从事任何营利性活动,但外国律师事务所、会计、审计和簿记服务事务所、管理咨询事务所除外。

由于有关外国企业分支机构的法律和法规正在制定中,因此对于外国企业在中国设立分支机构不做承诺,除非在具体服务部门中另有标明。

(2)土地使用政策。土地归国家所有。企业和个人使用土地需遵守下列最长期限限制:居住目的为70年;工业目的为50年;教育、科学、文化、公共卫生和体育目的为50年;商业、旅游、娱乐目的为40年;综合利用或其他目的为50年。

此外,在具体的服务部门中对中国开放电信、银行、保险、证券、音像、分销等服务业的进程一一做了具体承诺。

4. 关于外国服务者个人到中国境内提供服务(自然人流动)。减让表的水平承诺就与以下类别的自然人入境和临时居留有关的措施做出了承诺,其他未做承诺。

对于在中国领土内已设立代表处、分公司或子公司的世贸组织成员的公司的经理、高级管理人员和专家等高级雇员,作为公司内部的调任人员临时调动,允许其入境首期停留3年。

对于被在中国领土内的外商投资企业雇用从事商业活动的世贸组织成员的公司的经理、高级管理人员和专家等高级雇员,按有关合同条款规定给予其长期居留许可,或首期居留3年,以时间短者为准。

服务销售人员,即不在中国领土内常驻、不从中国境内的来源获得报酬、从事与代表服务提供商有关的活动、以就销售该提供商的服务进行谈判的人员,如果此类销售不向公众直接进行,而且该销售人员不从事该项服务的供应,则该销售人员的入境期限为90天。

此外,在医疗服务、计算机及其相关服务、教育服务、口译与笔译服务等具体的服务部门也有相关具体承诺。

四、对《服务贸易总协定》的评价

服务业不仅能直接吸纳大量的服务就业人口,而且还可以通过服务贸易在境外间接创造出许多的就业机会。世界经济的增长和各国经济的发展也越来越倚重于服务业以及服务贸易的发展。《服务贸易总协定》为各国发展对外服务贸易和参与国际服务贸易竞争提供了一个广泛认可、可供遵循的国际准则,有助于抑制服务贸易领域保护主义的蔓延,加强和巩固服务贸易自由化的发展态势,大大推动国际服务贸易的增长。从这个角度来说,《服务贸易总协定》的出台是有着积极意义的。此外,《服务贸易总协定》也具有一定的灵活性,认识到发展中国家与发达国家在发展阶段上的差别,明确了对发展中成员的诸多保留和例外,给予发展中成员特殊和差别待遇。

但与此同时,《服务贸易总协定》在服务贸易自由化方面也存在着部门性的不平衡。发达国家具有优势的部门如金融和基础电信部门往往会成为谈判中的优先部门,而发展中国家具有优势的部门则关注不多。此外,涉及发展中成员利益的一些条款规定得较模糊,对发展中国家的保护力度不够。

本章小结

1. 国际服务贸易的概念及分类是本章的重要内容之一,作为国际服务贸易的管辖机构,世界贸易组织的界定和分类是需要重点了解的内容。此外,国际服务贸易的统计方法主要包括国际收支统计(BOP)和外国附属机构统计(FATS)。由于两者统计的范围、内容和记录原则不同,且统计的内容有部分重叠,因此不能简单地直接相加。

2. 传统的国际贸易理论是建立在有形产品交换基础上的,服务贸易能否用传统的国际贸易理论来进行解释,目前尚未有统一定论。在这一问题上,存在三种不同的观点:一是认为国际贸易原理不适用于服务贸易;二是认为国际贸易原理完全适用于服务贸易,没有必要把服务贸易和一般的有形产品贸易区别开来;第三种观点介于前两种观点之间,既肯定了国际贸易的基本原理对于服务贸易的适用性,同时也承认传统理论在解释服务贸易时所具有的局限性和缺陷,主张在利用国际贸易理论来解释服务贸易时,必须对传统理论进行若干修正。目前国内外大多数学者支持第三种观点。

3. 《服务贸易总协定》在1993年12月达成,是迄今为止第一套有关国际服务贸易的,具有法律效力的多边规则,其宗旨是在透明度和逐步自由化的条件下,扩大全球服务贸易,并促进各成员的经济增长和发展中成员服务业的发展。《服务贸易总协定》要求成员必须遵守最惠国待遇原则、透明度原则、对发展中国家的特殊优惠待遇原则,等等。

4. 中国已加入世贸组织,因此必须遵守服务贸易总协定的规定,同时更应遵守中国在入世承诺表中所做出的承诺。成员的服务贸易承诺分为"水平承诺"和"具体承诺"两部分。中国所做出的承诺使其服务业和服务贸易的开放水平扩大,这既带来了良好的机遇,同时也意味着严峻的挑战。

思 考 题

1. 简述世贸组织对服务贸易的界定及分类。
2. 与货物贸易相比,服务贸易有何特点?
3. 国际服务贸易的国际收支统计与外国附属机构统计两者有何区别?为何在统计一国服务贸易总额时,不能将两种方法统计出来的数据简单加总?
4. 试述传统比较优势理论对服务贸易的适用性。
5. 按照《服务贸易总协定》,世贸组织的成员如何就服务贸易进行承诺?

实务篇

国际货物买卖合同概述

★ 学习目的与要求 ★

1. 了解国际货物买卖合同的含义、形式、内容。
2. 了解国际货物买卖合同可能适用的法律规范。
3. 掌握国际货物买卖合同有效成立的条件。

第一节 国际货物买卖合同的含义

根据《联合国国际货物销售合同公约》(以下简称《公约》)的规定,国际货物买卖合同是指营业地位于不同国家(或地区)的当事人之间所达成的、以买卖货物为目的的协议。如果站在某一个国家的角度上,国际货物买卖合同就是该国企业与营业地在其他国家的企业所订立的货物进口或出口的合同,它也被称作国际货物销售合同。

一、国际货物买卖合同的特点

根据《公约》的规定,国际货物买卖合同有以下三个特点。

第一,国际性。即,国际货物买卖合同是在营业地处于不同国家(或地区)的当事人之间订立的。

第二,国际货物买卖合同中的标的物为货物。《公约》明确排除了六项不符合"货物"的标的物,包括公债、股票等有价证券,为供私人、家属或家庭使用而进行的购买以及电力等。

第三,国际货物买卖合同的性质是买卖。根据国际货物买卖合同,卖方要将货物的所有权转移给买方,而买方必须为此支付货款。

二、国际货物买卖合同的地位和作用

国际货物买卖合同规定了买卖双方可以享受的权利和必须承担的义务,对双方都具有法律约束力。在合同签订后,买卖双方必须严格按合同条款履行各自的义务,否则就被视为违反合同,即违约。如果一方当事人违约使另一方当事人遭受损失或损害,受损害的一方可依法向违约方提出损害赔偿要求,违约方必须承担损害赔偿责任。若当事人在履行合同时发现合同的某些条款规定不妥,或因客观情况发生变化而必须修改合同的某些内容,或必须终止双方的合同关系时,须由合同的一方提出请求,由另一方确认。如果一方提出而另一方不同意,则除非是发生了人力不可抗拒等特殊情况,原合同仍对双方有约束力。

随着我国外向型经济的发展,虽然我国企业在开展对外经济活动时订立了种类繁多的合同,如在国际租赁业务中签订的租赁合同、在技术及劳务合作业务中签订的合同等,但是在所有这些涉外经济合同中,国际货物买卖合同仍然是最重要、最基本的合同,其基础地位体现在以下几方面。

第一,从国际贸易发展的历史来看,国际货物买卖在国际贸易中占据着极为重要的地位。国际贸易最基本和最原始的方式就是不同国家(地区)之间的商品交换,其他贸易方式都是在国际货物买卖发展到一定程度之后,为适应国际经济交往的需要而逐步发展起来的。

第二,即便国际贸易发展到今天,对一个国家而言,货物的进口与出口,尤其是逐笔成交、以货币结算的单边进口或出口,往往仍是其对外经济活动中最重要的内容,在对外经贸往来中占有最大的比重,其他方面的贸易通常要以国际货物买卖为基础。例如,在我国技术贸易引进"软件"的同时,经常还要发生有关的机器设备,即"硬件"的进口,就属于这种情况。

第三,在国际货物买卖合同签订后,为使该合同顺利履行,买卖双方还要与其他一些经济单位签订一系列相关的合同,产生出其他各种合同关系,如保险合同、运输合同、同银行建立的申请开立信用证或托收货款的合同关系等。尽管这些合同独立于买卖合同,不受买卖合同的约束,但它们都是以货物买卖合同为依据建立的,在交易的标的物的名称、数量、价值以及卖方交货的时间、投保险别等诸多内容上都要与货物买卖合同条款的规定相一致,而这恰恰体现了国际货物买卖合同是涉外经济合同中的基本合同的地位。

三、货物买卖合同的形式

各国法律对国际货物买卖合同的形式有不同的要求。目前,绝大多数国家的法律对货物买卖合同基本上都采取所谓"不要式原则",即不规定任何特定的形式要求,当事人以口头方式或书面方式,或是以某种行为订立的合同,都被认为是合法和有效的。例如,《英国货物买卖法》规定,买卖合同得以以书面方式、口头方式或部分书面、部分口头的方式订立,也可以由当事人以行为来表示订立合同的意愿。德国法律规定,只有土地的买卖才必须订立书面合同,而且要向土地主管部门登记才能生效。《公约》也规定,国际货物买卖合同无须以书面形式订立或以书面形式来证明,在形式方面不受任何其他条件的限制。在需要时,当事人合同可以用包括人证在内的任何方式来证明买卖双方之间的货物买卖合同已成立。

我国的《合同法》中对国际货物买卖合同的形式的规定与《公约》是相同的,即在一般的国际货物买卖中,合同既可以以书面形式,也可以以口头或其他形式成立。这种规定与我国过去相关法律中国际货物买卖合同只能以书面形式成立的规定方法有很大差别,标志着在国际货物买卖合同的形式方面,我国的法律规定最终与国际通行做法相一致。

第二节　国际货物买卖合同的内容

一、书面合同的具体形式

尽管从法律角度上看,国际货物买卖中的双方当事人以书面、口头或其他方式订立的买卖合同都是有效的,但由于国际货物买卖具有环节多、过程复杂的特点,因此买卖双方签订一份包括各项交易条件的书面合同,对各自的权利和义务做出全面、具体的说明还是十分必要的。这一方面是由于在没有书面合同的情况下,双方当事人可能会因对双方经过磋商所达成的具体条款的记忆或是理解的误差而在履行合同的过程中产生争议,使合同无法顺利执行;另一方面也是因为一旦买卖双方在交易中产生争议,需要提交仲裁或司法诉讼来解决时,便会在证明双方当事人之间确实存在合同关系的问题上遇到困难。从这个角度考虑,我国企业在货物进出口的具体业务中与外商所订立的合同仍主要采取书面形式。

在国际货物买卖中可能出现的书面合同形式包括正式合同(contract)、确认书(confirmation)、协议(agreement)、备忘录(memorandum)等许多种,我国所签订的货物进出口合同,主要采用正式合同和确认书两种形式。

正式的进口或出口合同的特点是内容比较全面,对各项交易条件、买卖双方的权利和义务以及发生争议后的处理办法等都有明确细致的规定,特别适用于大宗、复杂、贵重的货物的交易。其中的进口合同(import contract)也被称为购买合同(purchase contract),出口合同(export contract)也可以被称作销售合同(sales contract)。

确认书是一种简式合同,包含的条款比正式合同简单,通常只列明几项主要的或基本的条款。虽然确认书与正式合同在格式及内容的繁简上有所不同,但却具有同等的法律效力,对买卖双方均有约束力。确认书适用于金额较小、批数较多的货物交易,在代理、经销等长期协议下的交易中也被普遍采用。确认书也有销售确认书(sales confirmation)和购买确认书(purchase confirmation)两种。

在我国的进出口业务中,对上述两种形式的书面合同都有使用。一般情况下,各进出口企业都印有固定格式的进出口合同或成交确认书,若与外商当面成交,即由买卖双方共同签署;若通过往来函电成交,先由一方签署,然后将合同正本一式两份送交对方签署并退回一份,以备存查,并作为履行合同的依据。

二、书面合同的内容

正式的书面合同无论具体结构如何,一般都由约首、正文和约尾三部分组成。

(一)约首

约首相当于合同的序言部分,一般包括合同名称、编号、签订日期和地点、双方当事人的名称和地址、电传号码、传真号码、E-mail 地址、双方订立合同的意愿和对履行合同的承诺等。下面的例子就是一份正式合同的约首部分。

正　　本　　合　　同　　　　No._____
(ORIGINAL)　　　　CONTRACT

　　　　　　　　　　　　　　　　Date _____

卖　　方_____　　Telex：
(The Sellers)　　　　　　　　　　　Fax：
　　　　　　　　　　　　　　　　E-mail：

买　　方_____　　Telex：
(The Buyers)　　　　　　　　　　　Fax：
　　　　　　　　　　　　　　　　E-mail：

兹经买卖双方友好协商,同意按下列条件与条款签订本合同:

(the buyers and the sellers have through friendly consultations mutually agree to conclude this contract in accordance with the following terms and conditions)

(二)正文

正文是书面合同的主体,是一份合同的核心内容,包括各项详细的交易条件。

1. 商品名称(name of commodity),要详细地写出商品的全称,以免与其他商品相混淆;如果是有商标牌号的商品,一般要连同牌号一并列出;有些商品还要注明生产年份。

2. 品质规格(specification),必须明确列出交易商品的品质规格,若在同一合同中对多种规格的商品或成套商品进行了交易,须将所有规格和搭配比例清楚列出,不得省略。

3. 数量(quantity),数量必须注明计量单位。

4. 包装(packing),商品的包装条件经常会同品质规格连在一起,要将包装物料、每件包装的大约重量详尽列出;包装计量单位必须与数量条件中的计量单位相一致。

5. 单价(unit price),商品单价必须与价格术语一起规定。

6. 总值(total value),商品总值的计值货币必须同单价的计价货币相一致。

7. 装运期限(time of shipment),根据买卖双方选择使用的贸易术语,要明确规定货物必须出运的时间或是货物必须运到的时间。

8. 装运港/地(port/place of loading),按照适合水运的贸易术语(如FOB,FAS等)成交时,必须明确规定装货港口;而如果是以适合各种运输方式的贸易术语(如FCA等)成交,则需规定货物起运的地点。

9. 目的港/地(port/place of destination),按照适合水运的贸易术语(如CFR,CIF等)成交时,必须明确规定货物运输的目的港;如果以适合各种运输方式的贸易术语(如CPT,CIP等)成交,则需规定货物最终要送达的地点。

10. 保险(insurance),按CIF等贸易术语成交时,需要详细规定保险条款;而按FOB,CFR等贸易术语成交时,仅写明保险由"买方自理"即可。

11. 付款条件(terms of payment),对付款方式的规定必须清楚、具体,如果双方约定以信用证方式付款,必须详细说明选择使用的信用证的类型。

12. 单据(documents),在这部分内容中要详细列出卖方必须向买方提供的单据的种类和份数。

13. 装船通知(shipping advice),按FOB与CFR贸易术语成交时,对这一条款须详细规定,以便买方能够及时向保险人投保。

14. 商品检验(commodity inspection),必须明确规定对货物进行检验的机构、采用的检验方法、应出具的检验证书、进行检验的时间和地点、买方复验的权利等。

15. 不可抗力(force majeure),应明确规定不可抗力事故的范围及通知时间、通知方式、证明文件的出具机构等。

16. 索赔(claim),要明确提出索赔的期限、索赔方式等。

17. 仲裁(arbitration),应明确规定未来可能出现的争议将以仲裁方式解决,同时规定仲裁地点、仲裁机构以及仲裁费用的承担等事项。

以上各项条款必须相互衔接,不能彼此脱节,更不能相互矛盾。例如,如果在品质、数量方面分别规定了增减价条款、溢短装条款,在支付条件中也应规定相应的增减幅度,以免影响结汇;商品的性质不同,检验与索赔的期限也应有所不同,要根据具体情况适当约定,以免陷于被动。

(三)约尾

约尾是一份书面合同的结尾,一般包括对合同所使用的文字及其效力、合同正本份数、副本效力、买卖双方的签字、订约的时间与地点等项内容的说明。

相对于正式合同而言,销售(购买)确认书的内容比较简单,一般只包括商品名称、规格、数量、包装、单价、总值、装运期、付款条件等几项主要交易条件。确认书一般都没有约尾,有的还没有约首。

第三节 国际货物买卖合同适用的法律规范及其有效成立的条件

一、国际货物买卖合同适用的法律规范

依法成立的国际货物买卖合同不仅体现了买卖双方的经济关系,还体现了他们之间的法律关系。只有符合法律规范的合同才能在法律的约束下顺利履行,也只有在这个条件下,当一方当事人的利益受到损害时,他才能依据合同得到法律的保护。由于国际货物买卖合同的双方当事人分处于不同国家,因此其法律适用问题比国内购销合同要复杂得多。在国际货物买卖的具体业务中可能适用的法律规范主要包括以下几种情况。

(一)与合同有关国家国内的相关法律

世界上很多国家都制定了管理对外贸易的法律、法规,国际货物买卖合同有可能受到合同双方当事人所在国国内的法律、法规,以及与合同相关的国家(如合同签约地或缮制地所在国家)的法律、法规的管辖。应该注意的是,不同国家对交易中出现的各种问题的法律规定往往存在差异,而且一般都对国际货物买卖合同的法律适用原则做出了具体规定。例如,我国按照国际通行的法律与惯例,规定合同当事人可自主选择处理合同争议所适用的法律;当事人没有选择的,适用与合同有最密切联系的国家的法律。

(二)双边或多边国际条约

国际货物贸易的买卖双方在订立和履行买卖合同时,还应符合双方所在国家政府之间缔结的有关条约以及双方共同参加的与合同有关的多边国际条约的相关规定。对于我国来说,这主要包括我国政府与某些国家缔结的双边或多边协定,以及我国参加的国际公约。其中与我国及很多国家对外货物买卖关系最密切、最为重要的国际公约就是《联合国国际货物销售合同公约》。

《公约》于1980年3月由联合国在维也纳召开的外交会议上通过,并于1988年1月1日起生效。我国政府参加了1980年的维也纳会议,并于1986年12月向联合国秘书长递交了对《公约》的核准书,是《公约》的首批参加国之一。《公约》是世界上迄今为止最全面、最详尽的关于国际货物买卖的统一的法律规范,它关于合同成立和买卖双方权利、义务的各项规定基本上是公平合理、可以接受的。虽然《公约》不具有强制性,买卖双方当事人可以在合同中排除其约束,或在一定条件下改变其效力,但它仍是目前国际货物交易中最经常被采用的法律规范之一。

除此之外,国际上还有关于国际海运、陆运、空运、工业产权等方面的多项公约,法院或仲裁机构在处理非缔约国企业之间的经济合同纠纷时也经常将其作为参考或予以引用。

(三)国际贸易惯例

国际贸易惯例是在国际贸易往来中逐渐形成的一些较为明确与固定的贸易习惯和一般做法,包括各种成文的与不成文的原则、准则和规则。在国际贸易业务中通常被采用的国际惯例主要指国际组织或商业团体就国际贸易中的某一方面内容所制定的成文的"规则""解释""定义""惯例"等。

惯例与各国国内法和国际法的区别在于它不具有普遍的、不可选择的法律约束力,而是遵从当事人"意愿自治"的原则。如果当事人在合同中明确规定不适用某项惯例,则该合同就不受该惯例管辖。但是,若双方当事人在合同中规定采用某项惯例确定他们之间的权利与义务,或者某些惯例被纳入国内法,或者当事人在合同中未约定也未排除使用某项惯例,而法庭或仲裁庭引用了该惯例作为判决或裁决的依据,那么,在此类情况下,国际贸易惯例就具有法律约束力。

二、国际货物买卖合同有效成立的条件

对国际货物买卖合同有效成立的条件,各国民法或商法一般都有规定,我国的《合同法》对此也做了说明。由于各国法律的有关规定差异较大,《公约》对合同的有效性问题没有涉及。一般可以从以下几方面说明国际货物买卖合同成立的必要条件。

(一)买卖双方当事人应具备法律行为能力

如果当事人是"自然人",则他必须是有法律行为能力的人。如果当事人是"法人",则签约人应是企业的全权代表;若不是法人代表而又代表企业订立合同,一般应有法人代表的授权证书、委托书或类似文件。

(二)必须是双方当事人在自愿的基础上表示意思一致

国际货物买卖合同的签订是一种法律行为,只有在双方当事人自愿表示意思一致时,合同才能成立。但是这种自愿应以合法为前提,即,如果一方用欺诈、威胁或暴力行为诱使或迫使另一方与其订立合同,则该合同没有法律效力。

(三)合同的标的物必须合法

国际货物买卖合同所涉及的货物、货款必须合法。货物应是政府允许自由进出口的商品,倘属政府管制的,应先取得有关许可证或配额;而外汇的收付也必须符合国家的规定。我国《合同法》规定,订立合同必须遵守中华人民共和国法律,并且不得损害中华人民共和国的社会公共利益,否则合同无效。有些国家的法律和行政法规除规定合同的标的物必须合法外,还规定合同的内容也必须符合有关的法律规定。

(四)合同必须互为有偿

国际货物买卖合同下,买卖双方互为有偿。换言之,一方当事人所享有的权利应以另一方当事人所承担的义务为基础,双方互有权利和义务。具体讲,卖方要按合同规定交货,而买方则要按合同规定付款。如果其中一方当事人不按合同要求向对方交货或付款,就负有向对方赔偿损失的责任。

(五)双方当事人所订立的合同的形式必须合法

如前所述,《公约》认为只要买卖双方达成意思一致,合同即告成立,对合同成立的形式并未做出具体规定。世界上许多国家对合同形式的规定都与《公

约》一致,但也有一些国家要求国际货物买卖合同还必须符合法律规定的形式并通过特定的审批手续。例如,有的国家规定合同必须采用书面形式,或是超过一定金额的合同必须采用书面形式,不承认口头合同的效力。

案例分析7-1

合同是否成立?

国内某生产企业S在取得出口经营权后努力开拓国际市场。经由某种渠道,该生产企业接触到了来自A国的商人B,并且获知对方在全球范围采购并在A国销售的产品恰好包含S生产的主要产品。

S决定加深同B的联系,争取与其签订产品的出口销售合同。为了吸引B的注意,S声称自己的产品品质优异,可以达到A国的国家标准,同时价格明显低于生产同类产品的另外一些发达国家企业的报价。

B认为S的产品物美价廉,遂决定与其开始合同磋商。在最后一天的磋商结束后,S按照其在国内的通常做法,设宴款待B,并在宴会达到高潮时获得了B"我们已就合同各主要条款达成一致,明天就与你们签署书面合同"的承诺。

次日,B通知该企业需要抽取其少量产品作为样品,以检测产品是否达到A国国家标准。检测发现,该企业产品能够达到中国国家标准,但未达到A国国家标准。

由此,B拒绝同S签约。

S认为,B做出了签约的承诺又拒绝签约,属于毁约,要承担相应的法律责任。B则认为,他之所以做出承诺,是因为S提供了不实信息,谎称产品能够达到A国国家标准。此外,B还提供了宴会的视频,证实B做出签约承诺时,已经处于醉酒状态。基于这两点,B认为双方之间的合同不能成立。

问题一:双方之间的合同是否成立?
问题二:从这一事件中应吸取什么经验教训?

本章小结

1. 国际货物买卖合同是指营业地位于不同国家(地区)的当事人之间所达成的、以买卖货物为目的的协议。由于国际货物买卖是各国(地区)之间经贸往来的基本形式,国际货物买卖合同也就成为国际经贸往来中的基本合同。

2. 国际货物买卖合同的成立可以采用书面或口头或其他形式,但无论采用哪一种具体形式,合同的有效成立都必须满足五个条件,即双方当事人要具备法律行为能力、合同是双方当事人在自愿基础上的意思一致、合同必须互为有偿、合同的标的必须合法、合同的形式必须合法。

3. 在合同的订立和履行过程中,往往还要涉及适用法律问题。对此,国际货物买卖合同既可能适用与合同有关的国家的国内法,也有可能受到一些双边或多边的国际条约或公约的约束,还有可能适用一些国际上通行的国际惯例,需要针对不同情况分别加以考虑。

思 考 题

1. 什么是国际货物买卖合同?它有哪些特点?
2. 国际货物买卖合同的主要内容有哪些?
3. 国际货物买卖合同的成立条件是什么?
4. 国际货物买卖合同可以采用哪些形式?

国际贸易商品的品质、数量和包装

★ 学习目的与要求 ★

1. 了解国际货物买卖合同中商品品质的规定方法。
2. 了解国际上常见的度量衡制度以及国际货物买卖合同中商品数量的规定方法。
3. 了解商品包装的类型及国际货物买卖合同中商品包装的规定方法。
4. 掌握如何根据所交易的商品的特点,在国际货物买卖合同中合理地规定商品的品质条款、数量条款及包装条款。

第一节 商品的品质

一、品质概述

(一)品质的含义与作用

商品的品质是商品的内在质量和外观形态的综合。内在质量指商品的化学成分、物理机械性能、生物学特征等内在素质,外观形态则指商品的造型、结构、颜色及味道等技术指标或要求。

每一种具体的商品都会表现为一定的品质,有些商品的品质通过肉眼观察就可以进行鉴定;有些商品除肉眼观察外,还要辅以触、嗅或尝等方式,才能比较全面地鉴定其品质;而国际货物贸易中的大多数商品,则须通过仪器检验来鉴定其内在品质。商品品质的鉴定结果表现为各种规格指标,对商品的市场价格和销路都会产生重大影响。

商品的使用效能在一定意义上取决于商品的品质,任何商品的内在质量和外观形态都必须达到某些特定的技术指标或要求,才能保证商品使用效能的实现。因此,在国际货物买卖中,品质条款的确定就成为交易双方交易磋商的基本内容之一,商品品质的优劣直接影响交易能否达成。此外,商品的品质还是决定商品销售价格的关键性因素,随着各国收入及消费水平的不断提高,优质产品尽管在价格上要高于一般商品,但仍然越来越受到消费者的青睐。可见,改进和提高商品的品质,不但能增强商品在国际市场上的竞争能力,扩大销售,还能提高销售价格,增加销售收入。

(二)国际贸易对商品品质的特殊要求

在国际贸易中交易的商品,在其品质上除应具有能满足消费者某种需要的特性,即有用性和必要的坚固耐用性外,还要注意国际贸易对商品品质的一些特殊要求。

第一,国际贸易商品要适应各国销售市场的消费习惯和消费水平。由于经济发展的不平衡,世界各国的消费习惯和消费水平相差较大。在消费水平比较高的国家,消费者往往更追求商品款式的新与异,而不过分要求商品的耐用性;而消费水平较低国家的消费者则更重视商品的耐用程度,对商品的外观形态、包装不十分讲究。

第二,国际贸易商品要适应各国销售市场的季节和其他自然条件。这一方面是由于在不同的季节和其他自然条件下,各国市场对某些商品的品质规格往往也会有不同的要求;另一方面也是由于要考虑某些商品的品质易受自然条件的影响而发生变化的客观事实。国际贸易商品的品质只有充分照顾到这些方面的要求,才有可能扩大销售、提高售价。

第三,世界各国在长期的发展过程中形成了各不相同的宗教与文化特点,这是在国际交往中必须尊重的。国际贸易商品各个方面的内容也要适应各国销售市场的民族风俗、文化传统、消费习惯和爱好特点,特别是要注意一些国家在宗教信仰方面的有关规定,保证销往这些国家的商品在包装、造型和商标图案等方面都不能与进口国的有关规定相抵触。

第四,国际贸易商品要符合进口国政府有关法令和条例的规定,尤其是与商品相关的质量标准。例如,发达国家对进口蔬菜、水果、茶叶等商品的农药残留量、陶瓷的含铅量、花生及花生制品的黄曲霉素含量、电器的安全指标等都有规定,凡是达不到规定或要求的商品,一律不准进口,有的甚至还要就地销毁,并由货主承担由此而产生的各项费用。因此,要使商品顺利地进入国际市场,就必须充分了解各国对进出口商品品质的管理规定,避免因此而遭受损失。

以上内容主要是从出口的角度说明国际货物买卖对商品品质的要求,而在进口业务中也应对国际贸易商品的品质有所注意,一方面要避免进口商品品质过低损害我国利益,不利于国内生产与科研的进行;另一方面也要避免品质过高,不适合我国当前国情的需要,从而造成不必要的浪费。

二、品质的表示方法

国际货物贸易中买卖的商品种类繁多、特点各异,其品质也要用不同的方法表示。在国际贸易实践中,商品品质既可以以实物来表示,也可以以文字说明来表示。

(一)以实物表示商品品质

这种方法包括看货成交和以样品表示商品品质两种情况。

1. 看货成交。这是直接根据商品目前的实际品质状况进行交易的一种做法,买方或其代理人一般要到卖方所在地验看货物,若认为商品品质符合其购买意图,就可以达成交易。这属于现货交易方式。由于买方或其代理人已经验看过货物,所以除非货物的缺陷是内在的,一般不能在收到货物后就货物的品质向卖方提出异议。

2. 以样品表示商品品质。样品是能够代表商品品质的少量实物,它可能从一批现货商品中抽取出来,也可能由生产和使用部门专门设计加工出来。以样品表示商品的品质,是指买卖双方在合同中约定,以样品作为衡量卖方交货品质是否合格的最后依据。用样品表示商品品质的做法也称凭样品买卖(sale by sample),它特别适用于工艺品、土特产品等品质没有标准化,又不容易用语言描述的商品的交易。

在凭样品买卖的交易中,被买卖双方认可并封存的样品成为标准样(Standard Sample),用以衡量卖方交货的品质。卖方要保证所交货物的品质不低于样品,否则买方可以拒收货物并提出损害赔偿的要求。

根据样品提供方的不同,凭样品买卖又可分为凭卖方样品买卖和凭买方样品买卖两种情况。

(1)凭卖方样品买卖(sale by seller's sample)是指凭卖方提供的样品磋商交易、订立合同、衡量卖方交货品质是否合格。在凭卖方样品进行交易时,应注意以下几方面的问题。

第一,卖方所提供的样品必须能够代表整批货物的平均品质水平,不应过高或过低。若样品的品质过高,卖方交货会有困难,进而引起双方之间的纠纷;而品质过低则会使卖方成交困难,即便成交也会在价格上受到损失。

第二,为防止买方日后对卖方所交货物的品质故意挑剔,卖方在向买方提供标准样时,应自己留存一份,同时向商检机构上交一份同样的样品。自己留存的一份样品作为日后向买方交货的依据,而上交商检机构的一份则作为处理双方之间可能发生的品质纠纷的依据。这些由卖方及商检机构留存的样品被称为复样(duplicate sample)。

第三,要严格区分标准样和参考样。标准样是卖方交货、买方验货的品质依据,对买卖双方具有法律约束力。参考样(reference sample)则是卖方主动向国外客户寄送的、以介绍商品为目的的样品,希望国外客户能通过了解样品来了解自己的业务,进而在未来与自己建立业务联系、达成交易。参考样通常只说明商品品质的一般状态,供买方参考,卖方并不承担交货品质与其完全一致的责任。因此在实际业务中,如果订立合同时采用了某种文字说明的方式表示了商品的品质,如用规格表示,同时又向买方寄送过样品,此时便应在合同中明确规定所提供的样品为参考样,否则卖方就要承担所交货物既符合合同规定的规格、品质又与样品完全一致的责任。

(2)凭买方样品买卖(sale by buyer's sample)是指买卖双方凭买方提供的样品磋商交易和订立合同,并作为衡量卖方交货品质合格与否的最后依据。凭买方样品买卖也被称为"来样成交",其优点在于卖方可以借此生产出适销对路的产品、扩大产品的销售。在凭买方样品进行交易时应注意以下两点:

第一,按买方提供的样品生产加工产品时,为避免与对方国家其他厂商发生工业产权纠纷,应在合同中明确规定,如果日后因此而发生有关工业产权的纠纷,所有责任概由买方承担。

第二,为避免日后在交货品质上发生争议,卖方自己可根据买方提供的样品进行复制或提供类似的样品,要求买方确认。一旦买方确认,卖方自己提供的这些样品就替代了买方原来提供的样品而成为整批货物生产或制造的依据。实际业务中称此样品为对等样或回样(counter sample)。这种做法实际上是将凭买方样品成交变为凭卖方样品成交,卖方所交货物的品质必须与对等样完全相符,需要注意的问题与凭卖方样品买卖时相同。

应该指出,采用以样品表示商品品质的方法,容易在履约过程中在交货品质方面产生争议。因此,只有在不能用文字说明表示商品品质的交易中,才可以酌情采用这种方法。在实际业务中,经常可以用样品表示商品的某一个或某几个方面的品质状态——例如,用样品表示商品的颜色,称"色样(color sample)";用样品表示商品的造型,称"款式样(pattern sample)";而与此同时货物其他方面的品质状况,就可以采用其他相应的方法(如文字说明)来表示。

案例分析 8-1

凭买方样品成交时的知识产权问题

某外商联系一家中国公司,希望中方能够按照该外商提供的样品,生产并对其出口某种家用电器,商标为"微风"。合同签订后,中方按时完成了商品的制造和发运,但商品在进口国海关被扣留,理由是进口商并非合同商品的商标及有关知识产权的所有者,也没有获得使用这些知识产权的授权。

事件发生后,除了向中方订货的外商要承担侵权的法律责任,中方作为侵权商品的实际制造者,也要承担相应的责任。

问题:凭买方样品成交时,应如何处理与知识产权相关的问题?

(二)用文字说明表示品质

这是指买卖双方在货物买卖合同中用文字、图表、照片等方式约定商品的品质,具体有以下几种情况:

1. 以规格表示商品品质。规格(specification)是足以反映商品品质的主要指标,如成分、含量、纯度、大小等。凭规格买卖(sales by specification)是国际货物买卖中最常用的表示货物品质的做法,由买卖双方在合同中规定交易商品的规格,以此来表示商品的品质。

用规格表示商品的品质的做法比较简单,对品质的说明也比较准确。但要注意的是商品往往同时具有多种用途和多种规格,在合同中只需要根据商品的不同用途选择相应的指标作为规格。例如,买卖东北大豆时,如果是用于榨油,就要将含油量作为表示大豆品质的主要指标;而若是用于食用,则要将蛋白质含量作为表示品质的主要指标。

2. 以等级表示商品品质。在日常经营中,厂商往往会依据行业的特点和长期的生产、贸易实践经验,在掌握产品品质规律的基础上,把同一类商品按其品质规格的差异分成不同的档次,由此便形成了表示品质优劣不同的若干等级(grade)。

凭等级买卖(sale by grade),是指买卖双方在合同中规定成交商品的等级,以此表示商品品质。

由于特定的等级往往包含了商品不同规格指标的特定水平,所以用等级表示商品的品质使交易双方在磋商中以对等级的讨论代替对许多种规格的讨论。但是,有些商品等级是由厂商自行制定的,没有强制性的约束力,买卖双方完全可以在订约时根据自己的意愿予以调整或改变。

3. 以标准表示商品品质。凭标准买卖(sale by standard),是指买卖双方在合同中约定商品品质要符合某种标准的规定,以此对卖方交货的品质进行衡量。

所谓标准(standard)是由政府机关和商业团体统一制定和公布的规格或等级。各个国家(地区)一般都制定有自己的标准,例如,我国有由标准化行政主管部门制定的国家标准,也有各类行业标准、地方标准和企业标准,除此之外还有各种国际标准。这些标准有些具有普遍的约束性,有些则没有约束性。如果标准没有约束性,买卖双方在订立合同时就可以另外约定货物的品质规格。另外,随着时间的推移、生产力水平的提高,各种标准都会进行修订,对商品品质的规定可能会发生改变,因此应确切了解合同中约定的标准的内容,并在合同中注明所援引的标准的版本、年份。

另外,还要注意以 FAQ 表示商品的品质的做法。FAQ(fair average quality)是指"良好平均品质",也被称为"大路货"。它是国际贸易中的一种比较常见的做法,经常出现在一些品质尚未标准化或等级化的农副产品的交易中;由于长期形成的习惯,在有些初级产品的交易中,也采用 FAQ 来表示其品质。

FAQ 的具体含义在国际上并不统一,我国某些农副产品的出口有时也使用 FAQ 表示品质,此时的 FAQ 标准是以我国产区当年该产品的平均品质为依据确定的。使用此种方式时,除在合同中订明 FAQ 外,通常还订明该产品的主要规格或提供样品,以免日后发生争议。

除以 FAQ 表示商品品质外,针对原木、冷冻鱼虾等商品的品质难以以文字说明、又无法用样品表示的情况,还可以用 GMQ(good merchantable quality)说明其品质。GMQ 是指"上好可销品质",它要求商品的品质上好,适于销售。由于这种规定方法比对 FAQ 的规定更加笼统,所以在国际货物买卖中一般很少使用。

4. 以商标、牌号表示商品品质。商标(trade mark)是商品生产者或销售者用来识别他所生产或出售的商品的标志,商标经注册成为注册商标,注册商标是一种工业产权,受法律保护。牌号(brand)是工商企业为其制造或销售的产品所规定的名称,以便与其他企业的同类产品相区别。一个牌号可以用于一种产品,也可以用于一个企业生产的所有产品。

有些商品的品质稳定,在市场上已经树立了良好的商业信誉,其商标、牌号本身就代表了一定的质量水平,可以用来表示商品的品质。

凭商标、牌号买卖(sale by trade mark or brand)是指买卖双方只在合同中约定商品的商标或牌号,并以此表示商品的品质。

在凭商标、牌号买卖商品时,卖方不向买方提供样品,双方在合同中也不规定商品的具体规格,但卖方交货时仍需要承担默示担保义务,即他必须按该牌号或商标通常具有的品质交付货物,否则不仅构成违约,要对买方进行相应的赔偿,还会损害商标或品牌的声誉。因此,在这种方法下,卖方一定要注意保证交货品质,把维护名牌产品的信誉放在首位;而买方则要注意防止卖方提供假冒产品,给自己造成损失。

5. 以产地名称表示商品品质。有些农副土特产品的品质受产地的自然条件和传统加工工艺的影响较大,品质优异且具有特色,用产地名称就可以说明其品质。

凭产地名称买卖(sale by the name of origin)是指买卖双方在农副土特产品的交易中,在合同中约定商品的产地,以此表示商品的品质。

采用这种方式表示商品的品质时,卖方应保证所交货物必须具有为国内外消费者所周知的、该产品所应具有的特定品质,否则卖方就构成品质违约,买方可以拒收货物并提出索赔。

6. 以产品说明书表示商品品质。凭说明书买卖(sale by description)通常出现在轻工产品、仪器仪表、机械产品、成套设备等的交易中。这些商品的结构比较复杂,对材料、设计、技术等的要求也比较严格,其品质很难用几项指标和简短的文字予以说明。在这种情况下,一般可以用说明书并附以图片、图表、图纸、各种数据来表示产品的品质,这被称为凭说明书买卖。

在凭说明书买卖时,卖方所交货物的品质必须符合说明书中规定的各项指标。但是由于这类商品的技术复杂,即使商品的各项指标在表面上与说明书完全相符,有时也无法达到设计所要求的性能。因此,按这种方式成交时除了要在合同品质条款中列入凭说明书买卖的内容外,还应订立品质保证条款或技术服务条款。例如,可以规定"卖方在一定期限内保证其商品的质量符合说明书所规定的指标和性能。如果在保证期内发现品质低于规定,或部件的工艺质量不良,或因材料内部隐患而产生缺陷,买方有权提出索赔,卖方有义务消除缺陷或更换有缺陷的商品或材料,并承担由此而引起的各项费用",或通过类似的条款来保护买方的利益不受伤害。

综上所述,表示商品品质的方法有很多种,在实际业务中可根据商品和交易的特点选择使用。

案例分析 8-2

出口商交货品质是否合格?

中国南方某出口公司为推销黄麻,向一些欧洲公司寄送了少量黄麻样品以吸引对方注意,寻找潜在的买主。一德国公司在收到样品后,联系了该出口公司,并最终就各项交易条件达成意思一致,签订了从该公司进口黄麻的合同。

中方出口公司按照合同规定的时间出运了黄麻,在发给德国进口公司的装船通知中,除向对方通报装船时间和载货船名等信息外,声称"所装货物与寄送给你方的样品相同"。

一段时间后,德方在目的港收到货物,在对货物进行检验后,发现货物的品质与合同品质条款的各项约定相符,但低于中方寄送的样品。于是,德方向中方出具了商检机构的检验证书,证明整批货物品质比样品低13%,要求中方承担出口商品品质违约的赔偿责任。

问题一:造成这起贸易纠纷的原因是什么?
问题二:中方是否应该对德方进行赔偿?

三、品质条款

(一) 规定品质条款的意义

合同中的品质条款是合同的重要条款之一。它既是构成商品说明的重要组成部分,又是买卖双方交接货物时对货物品质进行检验的依据;许多国家的法律都对卖方在交货品质方面所承担的义务做了规定。

《公约》规定,卖方交付的货物必须与合同规定的数量、质量和规格相符,如卖方违反合同规定,交付了与品质条款不符的货物时,其处理办法可根据违约的程度,主张损害赔偿(包括扣价)或要求修理、交付替代物,以至拒收货物、宣告合同无效。

因此,在实际业务中买卖双方都非常关注合同品质条款的规定。

(二) 订立品质条款应注意的问题

品质条款的内容根据表示品质的方法不同而有所差别,并视交易商品的特性而定。在规定品质条款时应注意以下问题。

1. 规定品质条款时,用词须简单、具体、明确,通常情况下,应避免使用"大约""左右""合理误差"等含糊笼统的字眼,也不能使用绝对化的词句。在凭样品买卖时,要在品质条款中列明样品的编号和寄送日期,并说明交货品质应与样品相同。

2. 应注意品质条款各项指标之间的相互关系,做到相互一致,避免矛盾和脱节。例如,在买卖某种农产品时,如果规定了杂质含量为3%,同时又规定矿物质含量为1%,这样,为使矿物质含量符合要求,需反复加工,结果很可能使杂质含量大大低于合同规定,这实际上意味着卖方以较低的价格向买方提交了高品质的货物,并因此而遭受损失。

3. 慎用两种不同的方法表示商品品质。大多数情况下,不能同时用两种方法表示商品的同一品质特征;在凭样品成交时,就不必在合同中规定表示同一品质特征的规格。如果在合同的品质条款中已规定了表示商品品质的具体规格,同时又对买方提供了样品(包括在交易磋商过程中提供的样品),则此时必须明确买方检验货物品质的最终依据是什么。如果以规格为准,就应在合同中注明"样品仅供参考",否则买方可以认为这是既凭样品又凭规格的买卖,此时卖方所交货物的品质除与规格相符外,还应与样品相符。

在实际业务中,并不是绝对不可以用两种方法表示商品的品质。但这时一般是用一种方法表示商品的某一方面的品质特征,而用另一种方法表示商品其他方面的品质特征。例如,在布匹交易中,可以用样品表示其颜色,而用规格表示纱支、幅阔、各种成分含量等。这样,在表示商品品质时,便不会遇到标准的双重性问题。

4. 应注意品质条款的科学性和灵活性。这首先要求对品质条款的规定要适度,不宜规定得过高或过低;其次要求根据交易的目的、交易标的物的用途,合理选择足以说明商品内在品质的重要指标;最后还要注意对品质条款不能规定得过死——为了避免卖方交货品质与合同稍有不符即构成违约,在制成品交易中可以在合同中加订品质公差条款,而在其他产品、特别是农副产品的交易中,则在合同中加订品质机动幅度并辅之以品质增减价条款。

(1)品质公差(quality tolerance)是指被国际同行业所公认的、或买卖双方所认可的产品品质差异。如果交易的商品具有国际公认的品质公差,则即便不在合同中对这种品质差异做明确规定,只要卖方所交货物的品质是在公认的误差范围内,就可以被认为是符合合同要求的。如果商品没有国际公认的公差,而买卖双方又觉得有必要为交易的商品规定一个品质差异范围,双方就需要通过协商,在合同中明确规定一个双方都愿意接受的品质差异标准。例如,在钢材的交易中就可以这样规定其长度公差:

$$\text{Length Tolerance}:6m+50mm$$

如果有些商品很难用非常确定的方法来规定其品质规格的公差,这时就只能对此做笼统规定,例如,规定"颜色允许有合理差异"等。但这样的规定方法执行起来比较困难,买卖双方容易因此而发生纠纷。

(2)品质机动幅度是指在合同中规定的、允许卖方所交货物的品质出现差异的幅度,它通常可以采取以下三种规定方法。

第一,规定范围,即对某项货物的品质指标规定允许发生差异的一定范围,例如

品质:漂布,幅宽 35/36 英寸。

第二,规定极限。即对商品的某种品质规格规定上限或下限。例如,在买卖东北大豆时,其品质规格表示为

Quality: Broken grains   3%(max)   碎　粒　3%(最高)
          Moisture   15%(max)   水　分　15%(最高)
          Oil content   18%(min)   含油量　18%(最低)

第三,规定上、下差。即规定允许上、下差异的幅度,例如

Quality: Grey duck feather, Down content 18%,1% more or less(灰鸭毛,含绒量 18%,上、下 1%)

(3)品质增减价条款是指在合同的品质条款中,规定买卖双方要根据商品在品质机动幅度内的品质差异来调整合同的价格。在多数情况下,如果卖方交货的品质误差是在品质公差或者品质机动幅度的范围之内,卖方仍按合同计收价款,不必对合同价格进行调整。但由于农产品交易的成交量往往比较大,所以为保护买卖双方的经济利益,常常在规定品质机动幅度的同时也规定品质增减价条款。根据我国对外贸易的实践,品质增减价条款通常有以下三种规定方法。

第一,规定在品质机动幅度的范围内,根据交货的实际品质与合同规定品质的差异予以相应的增价或减价。例如,在买卖东北大豆时,就可以在合同的品质条款中规定,"水分 ±1%,价格 ∓1%;含油量 ±1%,价格 ±1.5%。"

第二,规定在品质机动幅度范围内,实际交货品质若低于合同规定的品质,买方要予以扣价;而如果交货品质高于合同规定,仍按合同价格结算货款,不予增价。这种规定方法对约束卖方按规定质量交货比较有效,买方也比较愿意接受。

第三,在品质机动幅度的范围内,买方按品质差异程度的不同采用不同的扣价办法。例如,在合同的品质条款中规定,"若实际交货品质低于合同规定的 1%,扣价 1%;低于合同规定的 1%~2%,扣价 3%",这样可以达到促使卖方按合同规定品质交货的目的。

在上述三种规定方法中,第一种规定方法比较公平合理,卖方愿意接受;但在实际业务中买方往往要求采用第二种规定方法。

案例分析 8-3

合同品质条款的规定有无不妥?

中国某出口公司与国外进口商达成出口某种农产品的合同,在合同磋商中约定了品质条款包含的各种规格,其中两项为:杂质 0.6%(最高)、碎粒 0.8%(最高)。

问题:这种规定方法是否妥当？合同能否顺利履行？

第二节　商品的数量

数量条款也是合同中的主要条款,它约定了买卖双方所交易的商品数量。根据《公约》的规定,卖方应承担按约定的数量交付货物的责任。如果卖方交货的数量大于合同约定的数量,买方可以拒收多交部分,也可以收下多交部分中的一部分或全部,但同时应对其按合同价格付款。如果卖方交货数量少于合同的约定数量,卖方应在规定的交货期届满前补交;但即使如此,买方在因此而遭受不便或承担不合理开支的情况下,也有向卖方要求损害赔偿的权利。此外,还有一些国家的法律或惯例规定,只要卖方交货数量与合同规定不符,买方就有拒收货物的权利。因此,卖方在实际业务中要适当掌握成交数量,并认真订好数量条款。

一、常用的度量衡制度和计量单位

(一) 度量衡制度

商品的数量是以一定的计量单位表述的,而计量单位又与特定的度量衡制度相关。在不同的度量衡制度下,同一计量单位所表示的数量也有所差异。目前,世界各国所采用的度量衡制度不尽相同,在国际贸易中使用比较广泛的度量衡制度有公制(The Metric System,也被称为米制)、英制(The British System)、美制(The U. S. System)和国际单位制(The International System of Unit,SI)四种。其中,公制广泛使用于亚洲和非洲的大多数国家,美制主要在北美洲国家和地区使用,英制则主要在英联邦国家使用。虽然英联邦国家从 1970 年开始改用公制,但至今英联邦的许多地区还在使用英制计量单位。

由于国际度量衡制度的不统一会给国际经济贸易往来造成极大的不便,因此,为消除度量衡制度方面的障碍,促进国际贸易的发展,国际标准计量组织于 1960 年在第十一届国际计量大会上颁布了以公制为基础的国际单位制,并在随后的时间里被许多国家所采用。国际单位制共包括七个基本单位、两个辅助单位,它们是表示长度的"米(m)"、表示质量的"千克(kg)"、表示时间的"秒(s)"、表示电流强度的"安培(A)"、表示热力学温度的"开尔文(K)"、表示物质的量的"摩尔(mol)"、表示发光强度的"坎德拉(cd)"、表示平面角的"弧度(rad)"和表示立体角的"球面度(sr)"。通过这九个单位就可以导出不同科技领域的全部计量单位。

我国自1959年至1984年一直以公制作为度量衡制度。1984年2月27日,国务院颁布命令,在全国范围内执行新的《法定计量单位制》。要求从1991年1月1日起,除个别特殊领域外,不得再使用非法定计量单位。我国的法定计量单位以国际单位制为基础,在我国的进出口业务中,对进口商品通常要求采用法定计量单位;对出口商品,除了需要照顾对方国家的贸易习惯而在合同中约定采用公制、英制或美制计量单位外,一般也都使用我国的法定计量单位。

案例分析8-4

交货数量是否充足?

中国对英国出口一批大米,在合同中规定,大米总量为10吨,麻袋装,每麻袋净重80千克。英国进口商在收到大米后,向中方索赔,理由为交货数量不足。中方经与英方反复沟通,发现英方在目的港收到麻袋装大米共计125袋,并无破袋现象发生。据此,中方坚持自己交货数量完全符合合同规定,英方的索赔没有道理,而英方则认为中方交货数量不足的事实存在,应承担相应的赔偿责任。

问题:争议产生的原因是什么?

(二)计量单位

根据商品的性质,需要在特定的度量衡制度下选择不同的计量单位来表示商品的数量。目前,国际货物贸易中常用的计量单位可概括为以下几种。

1. 长度单位。主要包括:

公制——公里(kilometer)、米(meter)等;

英制和美制——码(yard)、英尺(foot)、英寸(inch)等。

这些计量单位之间的换算关系为:

1公里=1 000米

1米=1.094码=3.280 8英尺=39.37英寸

在金属绳索、绸缎、布匹等类商品的交易中,一般要使用长度单位说明商品的数量。

2. 重量单位。主要包括:

公制——公吨(metric ton)、公斤(即千克,kilogram)、克(gram)等;

英制和美制——长吨(long ton,即英吨)、短吨(short ton,即美吨)、磅(pound)、盎司(ounce)等。

这些计量单位之间的换算关系为：

1 公吨 = 0.984 2 长吨 = 1.102 3 短吨

1 公斤 = 2.204 6 磅 = 35.273 6 盎司

1 磅 = 16 盎司

在矿砂、钢铁、盐、羊毛及油类等天然产品的交易中经常要使用重量单位。此外，黄金、白银等贵重商品的数量一般要用"克"和"盎司"计量。而钻石之类特别珍贵的商品的数量则常用"克拉(carat)"来计量。

3. 面积单位。主要包括：

公制——平方米(square meter)等；

英制和美制——平方码(square yard)、平方英尺(square foot)、平方英寸(square inch)等。

它们之间的换算关系为：

1 平方米 = 1.195 9 9 平方码 = 10.763 9 平方英尺 = 1 550 平方英寸

这些表示面积的计量单位一般出现在皮革、玻璃、地毯等商品的交易中。

4. 容积单位。主要包括：

公制——升(litre)、立方米(cubic meter)等；

英制和美制——加仑(imperial gallon,英制；U. S. gallon,美制)、立方码(cubic yard)、立方英尺(cubic foot)、立方英寸(cubic inch)、蒲式耳(bushel)等。

以上计量单位之间的换算关系为：

1 升 = 0.22 英制加仑 = 0.264 美制加仑

1 立方米 = 1.308 立方码 = 35.314 7 立方英尺 = 61 023 立方英寸

1 英制蒲式耳 = 1.032 057 美制蒲式耳

1 英制加仑 = 277.42 立方英寸

1 美制加仑 = 231 立方英寸

在国际货物交易中，使用容积单位说明商品数量的情况相对较少，一般只出现在木材、天然气和化学气体的交易中；但应注意，在一些国家中习惯使用蒲式耳作为某些农产品的计量单位。

5. 个数单位

个数单位主要包括罗(gross)、打(dozen)、件(piece)、套(set)、双(pair)、卷(roll)、包(bale)等。其换算关系为：

1 罗 = 12 打 = 144 件

个数单位广泛地应用于工业制成品，特别是日用消费品、机械产品及轻工业品的交易中。

二、计算重量的方法

国际贸易中许多商品的数量都是按重量计量的,而由于商品的性质、商业习惯及计量目的的不同,计算重量的方法有很多种,所以在介绍商品数量的计量时必须对商品重量的计算方法做出介绍。

(一)按毛重计算

毛重(gross weight,GW)是指商品本身的重量与内、外包装重量之和。在国际贸易中一般很少用毛重作为计算货物总价值的基础,它更多的是作为运输部门按重量吨计收运费的依据。但在一些单位价值较低的商品,如粮食、饲料等农副产品的交易中,因其包装价值同商品价值相差不大,有时也以毛重作为计算商品总价的基础。通常将此种方法称为"以毛作净(gross for net)"。

(二)按净重计算

净重(Net Weight,NW)是指货物本身的实际重量。在国际货物贸易中,由于净重可以反映成交商品的真实数量,所以凡是按重量成交的商品,绝大多数都按净重计价。如果在合同中没有明确规定交货的数量是按毛重还是按净重计算,习惯上也是按净重计算。净重与毛重之间存在如下关系:

$$净重 = 毛重 - 皮重$$

这里所说的皮重(tare)就是商品内外包装的总重量。在实际业务中,根据毛重和皮重就可以计算出商品的净重。视具体情况的不同,皮重可以通过下面四种方法求得。

(1)实际皮重法(real tare)。即通过对商品包装进行逐件称量,再进行加总,得出总皮重。用这种方法计算皮重结果最精确,但也最麻烦,费用耗费也最多。因此,只有在单位价值较高的商品交易中才采用这种方法求得皮重。

(2)平均皮重法(average tare)。如果商品的包装材料和包装规格比较整齐划一,就可以采用平均皮重法,即称量几件商品的包装的重量,加总之后算出平均值,作为这批商品的平均皮重,然后乘以商品的总件数,得出这批商品的总皮重。

(3)习惯皮重法(customary tare)。如果商品的包装比较规范,重量相对变化不大,并在长期的业务实践中为国际贸易界所公认,这时就可以直接将大家公认的重量作为皮重,而不必再对商品的包装进行称量。

(4)约定皮重法(computed tare)。这是指买卖双方不再对商品皮重进行称量,而是在合同中约定每件商品包装的重量,以此作为计算总皮重的基础。

(三)按公量计算

公量(conditioned weight)是一种相对比较特殊的计算商品重量的方法,它是指用科学方法抽出商品中的实际水分,然后再加上买卖双方在合同中约定的标准的含水量所求得的商品重量,一般只在计量经济价值较高、但含水量极不稳定的商品重量时使用。例如,羊毛、生丝等商品,在不同国家或地区的不同气候条件下,其重量差异较大,采用公量作为计价基础,可以避免买卖双方因对商品重量的不同理解而产生纠纷。公量的计算公式如下:

$$公量 = \frac{实际重量(1+标准回潮率)}{1+实际回潮率}$$

公式中的标准回潮率也被称为公定回潮率,它是指买卖双方在合同中约定的商品所含水分与干量之比,实际回潮率则是商品实际所含水分与干量之比,可以通过抽样测算。

(四)按理论重量计算

国际贸易中有些商品的规格和尺寸是固定的,每件重量也大致相等。这样就可以通过单件商品重量与交易的总件数来推算出商品的总重量,由此而得出的重量称为理论重量(theoretical weight)。在钢板、马口铁等商品的交易中,往往以此种方法求得商品的重量。

(五)按法定重量计算

法定重量(legal weight)是指商品本身的重量与直接接触商品的包装物料的重量之和。在进出口业务中,外商有时要求在有关单据或信用证上分别列明 Gross Weight, Net weight 和 Net Net Weight,这里的 Net Net Weight 才是通常意义上商品的净重,而 Net Weight 是指法定重量。有些国家的海关以法定重量为基础对进口商品计收从量关税。

三、数量条款

(一)数量条款的内容

由于商品的数量要由计量单位来表示,所以货物买卖合同中的数量条款也就相应地包括数量和计量单位两部分内容。大多数情况下,交易双方在磋商交易和签订合同时,都在数量条款中规定了明确的、不容增减的数量,如"4 000公吨""1 000码"等,这时卖方必须承担按合同规定的确切数量对买方交货的义务。

(二)规定数量条款时应注意的问题

数量条款是国际货物买卖合同中的主要条款之一,这一条款的规定是否合理,关系到合同能否得到顺利履行。买卖双方在规定数量条款时,一般应注意以下几个问题。

1. 合理约定进出口商品的数量。卖方在出口业务中要适度把握出口商的数量。如果出口商品的数量偏少,出口国商品在世界市场的占有率就会偏低;而如果出口商品数量过大,也会引起出口商品国际市场价格下跌,给出口商与出口国带来损失。另外,规定出口商品的数量还要考虑到国外客户的情况,应尽量使出口商品数量与国外客户的经营能力与经营作风相适应,以使我国出口商品在国外市场保持经常、稳定的销售。

买方在进口业务中,主要根据我国市场上的实际需求与自身支付能力确定进口商品的数量。另外,进口方也应考虑进口商品国际市场行情的变化趋势,以防因进口商品价格波动而遭受无形的价格损失。

2. 对进出口商品数量的规定要明确、具体,尽量在商品的数量条款中对商品的数量、计量单位做出明确的规定,在按重量成交的交易中还要说明计算重量的具体方法。

3. 在必要时可以合理规定数量机动幅度。国际贸易中交易的货物有些是散装商品,由于商品本身的特征以及生产、运输、船舶舱位等原因,卖方很难准确地按合同规定的数量交货。为避免买卖双方因微小的数量问题发生争议,影响合同的顺利履行,双方当事人对这类商品须在数量条款中规定一定的数量机动幅度。

数量机动幅度是在合同中规定的、卖方所交货物的实际数量可以多于或少于合同中规定数量的幅度。数量机动幅度一般有两种规定方式。

(1)在合同的数量条款中的具体数量之前加"约"字,以此来表示卖方交货的数量可以有一定的灵活性。例如,"Quality:1 000 000 yards about(数量:大约1 000 000 码)"。但应该注意的是,不同国家、不同行业对"约"字的含义有不同的解释,如,有的解释为2%,有的解释为5%,而国际商会在《跟单信用证统一惯例》中规定,如果信用证上商品的数量前有"约"字,则应解释为允许有不超过10%的增减幅度。因此,在采用这种做法时,买卖双方容易因解释上的差异而产生纠纷。进出口合同中应尽量避免采用这种方式来规定数量机动幅度,即使采用,买卖双方也须就这种约量的含义做出书面说明。

(2)在合同中规定具体卖方交货数量差异幅度,表现为合同数量条款下的溢短装条款(More or Less Clause)。例如:

Quality:100 metric tons with 2% more or less at Seller's option,such excess or deficiency to be settled at contracted price.(数量:100公吨,2%增减幅度,由卖方决定,多交或少交部分按合同价格计算。)

从以上条款可以看出,完整的溢短装条款由三部分内容组成:①机动幅度,即允许多交或少交货物的百分比,如上例中的"2% more or less";②选择权,即约定何方有权决定多交或少交,如上例中就规定"at Seller's option";③超过或不足部分的计价方法,如在上例中所规定的"to be settled at contracted price"。

在溢短装条款中,可以根据不同的具体情况规定选择权,决定由买方还是由卖方或船方选择多交或少交货物。通常情况下,由履行交货义务的一方,即卖方选择的比较多见;但当交货多少涉及载货船的舱容问题时,交货的机动幅度一般由负责安排运输的一方选择,或是直接由船长根据货物装载情况做出选择。

关于多交或少交部分货物的计价问题,比较常见的做法是,只要数量的差异是在溢短装条款规定的机动幅度的范围内,多交或少交部分的货物都按合同价格计算。但是,数量上的溢短装在一定条件下关系到买卖双方的利益。如果双方成交量较大、商品的市场价格波动又比较频繁,若对多交或少交部分仍按合同价格计价,有选择权的一方就可以根据交货时市场价格的变化,做出对自己有利的选择,损害另一方的利益。比如,若交货时市场价格下跌,则卖方愿意多交而买方希望卖方少交。因此,为防止有权选择多交或少交的一方,利用行市的变化而取得额外利益,有时也规定超过或不足部分以装船日或到货日的国际市场价格结算。

第三节 商品的包装

一、商品包装概述

(一) 包装的意义

在现代化的商品生产中,商品对包装的依赖性已越来越明显,包装本身的商品性也在不断增强,成为部门间买卖的对象。可以说,商品包装已成为实现商品生产、流通、销售乃至消费良性循环的重要因素之一,而与此相应,包装的生产部门也已成为重要的工业部门之一。虽然从本质上看包装仍然是商品的附属品,但优质产品的销量与售价也可能会因包装较差而受到影响。我们可以从以下几个方面来分析商品包装的意义。

1. 从商品生产的角度来看,只有进行了适当的包装,绝大多数商品的生产过程才算完成。而且在生产过程中,合理的包装设计和先进包装机械的使用有助于生产企业实现生产的机械化和自动化,提高生产效率,减少损耗,节省各项费用,使企业获得良好的经济效益。

2. 从物资流通的角度来看,实物形态商品的流动包括了运输、装卸、储存、信息管理等多个环节,商品在这一过程中容易受到损害;而包装恰恰能起到保护商品、减少损失的作用,因而便在商品物流中具有了重要意义。此外,合理的商品包装在物流过程中还能提高运输、装卸、储存和管理的效率,起到减少各种管理费用支出的作用。

3. 从商品销售的角度来看,市场上竞争力强、销售旺盛的商品往往具有良好的包装,在保护商品的同时也起到了宣传、促销的作用,还可以提高销售工作的效率,减少货损,有助于企业改善经济效益。

4. 从商品消费的角度来看,合理的商品包装在保证卫生、提供方便、减少浪费、节约时间等方面给消费者带来了越来越大的利益。这一方面使消费者得到心理上的满足;另一方面也加深了消费者对商品的认识,并愿意进行更多的购买,而这又反过来进一步推动了商品生产和商品流通的发展。

在进出口商品的流转过程中,商品包装已在以上诸方面发挥着重要作用,做好出口商品的包装工作,对增强出口产品的竞争力、更大范围地占领国际市场以及提高商品的售价都具有十分重要的现实意义。

(二) 包装方式的种类

进出口商品的包装方式各不相同,一般可以进行如下的分类。

1. 散装(in bulk),是指不加任何其他包装,而直接将货物置于舱体、车体或船体的一定部位内的做法,特别适用于大宗的、不易碰损的商品。这些商品一般不容易包装或不值得包装,主要包括煤炭、矿砂、油类等。散装要求商品在流转过程中有特定的运输工具、特定的港口装卸设备和特定的仓储条件。如果这一切条件都具备,散装运输可以加快货物的装卸速度,节省运费和包装费用,从而降低交易成本;反之,不具备必要的条件而又要采用散装运输,则容易引起货损货差。

2. 裸装(nude packed),是指将商品用铁丝、绳索等加以捆扎或以商品自身捆扎成捆、堆或束,而不再添加任何额外的包装物料的包装方式。裸装特别适用于钢材、铁丝、橡胶等品质比较稳定、可以自成件数、能抵抗外界影响、难于包装或不需要包装的商品。

3. 包装(packed),是国际贸易中最常见的货物包装方式,指针对货物的特性选择适当的物料,采用特定的方法对商品进行覆盖、包裹、捆绑等处理,以达到在流转过程中保护商品、在销售时宣传商品等目的。

本节的内容主要针对国际贸易中包装这种方式,并将商品的包装分为运输包装与销售包装两部分进行介绍。

二、运输包装

运输包装也被称为大包装或外包装,是为了方便商品的运输而进行的包装,其最主要的作用是在运输、装卸、储存过程中很好地保护商品,还可以发挥方便运输、装卸和储存,提高物流效率以及传达信息、方便管理的作用。据此,运输包装应具有一定的牢固性和方便运输的基本特性。此外,运输包装的使用还要符合进口国家的有关规定和惯例。例如,有些国家为了提高装卸效率,对拥挤现象比较严重的港口,规定进口货物必须使用集合运输包装,否则不准进港卸货;还有些国家在包装材料、包装重量、危险品包装的防毒、防爆技术标准等方面均有严格规定,例如,美国、日本等国禁止用稻草、木屑等易生虫卵的材料作为包装衬垫材料。业务人员对这些方面的规定应该有足够的了解。

（一）运输包装的种类

运输包装包括单件运输包装和集合运输包装两大类。单件运输包装是指在运输过程中一个包装作为一个独立计件单位;而集合运输包装是指将若干个单件包装组合成一件大包装。

1. 单件运输包装。按包装的造型,单件运输包装可以分为箱(cases)、桶(drums)、袋(bags)、包(bales)、捆(bundles)等,在现代单件运输包装容器中最常见的主要有瓦楞纸箱和木箱。

在众多的单件运输包装中,瓦楞纸箱富有弹性,具有良好的防震缓冲性能,且密封性好,能防尘,有助于保持产品的清洁卫生,广泛应用于包括蔬菜水果、加工食品、针棉织品、化妆品、医药用品以及自行车、家用电器在内的许多商品的运输中。此外,瓦楞纸箱的自身重量轻,空箱能折叠,便于储存,也可节约运费;纸箱用后还可以回收利用,节省资源,并有利于环保。

2. 集合运输包装。集合运输包装主要包括集装包、集装袋、集装架、集装箱和托盘。

集装箱是各种集合运输包装中最常见的一种,其密封性良好,适于大型集合运输包装。集装箱具有独特的优点:首先,集装箱的强度足以抵御流通中的冲击、震动以及盗窃行为给商品造成的损失,所以货物即使经受长途运输和多次装卸也不易出现货损货差;其次,由于集装箱的密封性好,不怕雨淋,因而可以露天存放,节省了仓储费用;其三,集装箱的坚固耐用性可以对货物提供有效的保护,因此货物的内包装得以简化,甚至不用,从而节省了包装费用;最后,集装箱的大型性有利于实现货物的快速装卸,加速运输工具的周转,还可以简化理货和交接手续,缩短了货物送达时间,降低了运输费用。

但在使用集装箱作为运输包装时应该注意,它所需要的初期投资大,需要有一定的配套设施,还需要有效的管理,才能达到良好的效果。目前,集装箱在全球货物贸易中被广泛采用,除一般的散货集装箱外,还为适应装载不同产品的需要,发展了多种专用集装箱,如保温、冷藏、罐状集装箱等。

(二)运输包装标志

运输包装标志是在进出口货物的运输、交接、仓储及商检等流转过程中,为了便于有关方面识别货物、核对单证,而在商品的运输包装上刷制的标志。按作用的不同,运输包装标志可以分为运输标志、指示性标志与警告性标志三种。

1. 运输标志(shipping mark),也被称为唛头,是指书写、压印或刷制在外包装上的由几何图形、文字和数字组成的符号,以便承运人和收货人识别货物。在过去的国际贸易业务中,一项运输标志通常包括以下内容。

(1)几何图形、文字、数字或英文字母。其中的英文字母一般选择收货人或发货人的名称缩写或代号;常用的几何图形有圆形、三角形、菱形、钻石形、星形等。

(2)运输目的地。目的地名称一般不能使用简称或代号。如果有重名的地点,还应在此加列国家的名称,以免发生错运。

(3)货物的件号或批号。一般用 m/n 的形式表示,其中 n 为该批货物的总件数,m 为该件货物在整批货物中的编号。

(4)货物的体积和重量。

(5)货物的原产地,指货物制造、生产、加工的国别。有些国家海关要求所有进口货物都必须标明原产地名称,否则不准进口。

除以上几项外,有的运输标志还包括许可证号码、合同号码等。

随着国际贸易的发展,国际货物流量不断增加,国际多式联运越来越多地被采用,而计算机在运输和单证流转方面也发挥了越来越大的作用。为适应这一发展趋势,联合国欧洲经济委员会简化国际贸易程序工作组在国际标准化组织和国际货物装卸协调协会的支持下,研究制定了"标准运输标志",于 1979 年正式向各国推荐使用。

标准运输标志由四项内容按规定顺序排列而成:第一项,收货人或买方的名称字首或缩写。第二项,参考号码,这个号码必须是交易中最重要的号码,如运单号码、订单号码或发票号码等,由买卖双方共同协商确定;但它也要尽可能地简短,以尽量避免混乱或写错。第三项,运输目的地,即货物的最终目的港或目的地的名称;如果需要转运,还要标明转运港或转运地点的名称,并在它前面加"VIA"一字,例如,"汉堡 VIA 香港(目的地为汉堡,经由香港转运)"。第四项,件数号码,即要标明货物的总件数和每一件货物的顺序号。这四项内容是货物安全运抵目的地交货所必需的。除此之外,为了某种需要,买卖双方也可约定将商品的毛重、原产地或进口许可证号码等项内容标在运输包装上,但这些内容不是运输标志的一部分,必须把它们清楚地与运输标志分隔开来。

在下例中,①为传统的运输标志;②为标准化的运输标志,可将二者进行对比。

①德国汉堡 ASSOCIATED BUYING CORPORATION LIMITED

  合同号码:1234

  进口许可证号码:SA—100—77—357900

  件数号码:1/25

  目的港:汉堡

  净重:401公斤

  毛重:462公斤

  尺码:105cm×90cm×62cm

  英国制造

②简化为标准化的运输标志后这一运输标志可以写作:

  ABC

  1234

  汉堡

  1/25

制作运输标志时应注意,运输标志上的文字和图形要简明、清晰、易于辨认,文字与字母的大小要符合运输部门的规定,在每件商品相对应的两个侧面上都要刷上相同的标志,同时要注意不能在商品的运输包装上刷制带有广告性质的图形或文字。

2. 指示性标志。指示性标志又被称为安全标志或注意标志,它是根据商品的特性提出的、在商品的储运过程中应注意的事项,它用醒目的图形和文字印刷在商品的外包装上。如在易碎商品的外包装上标以"小心轻放"、在受潮后易变质的商品的外包装上标以"防止潮湿"等文字,并配以图形指示。

3. 警告性标志。警告性标志是指在易燃、易爆、有毒、有放射性等危险品的运输包装上,用醒目的图形和文字标明的规定用于各类危险品的标志,以警告有关人员采取必要的防护措施,从而保证人员与货物的共同安全。

三、销售包装

销售包装,也称小包装或内包装,是直接接触商品、并随商品进入零售市场、与消费者直接见面的包装。销售包装也具有一定的保护商品的作用,但更重要的是还具有美化、宣传商品,吸引消费者的作用。销售包装的合理、美观有助于引起消费者的购买欲望,增加消费者的购买信心。在一些发达国家市场,商品销售包装是消费者决定是否购买此商品的一个重要因素。

在出口商品销售包装的设计上,首先要适应进口国家的消费习惯以及消费者在图案和色彩方面的爱好特点,如信奉伊斯兰教的穆斯林禁止用猪和类似猪的动物作为销售包装上的图案、法国人讨厌墨绿色等;其次还要符合进口国在销售包装方面的规定,如加拿大政府规定,销往加拿大法语区的商品必须同时使用英、法两种文字;另外还有些国家对药品说明及某些商品标签的内容有严格的规定,并经常以此作为限制外国产品进口的一种手段。

销售包装种类繁多,可以满足不同的销售目标:有便于陈列展销的堆叠式包装、挂式包装、展开式包装;便于识别的透明包装、开窗包装和习惯包装;便于使用的携带式包装、易开包装、喷雾包装、配套包装、复用包装和礼品包装等。

四、中性包装

中性包装(neutral packing)是国际贸易中的习惯做法和特定要求,它是指在商品的内外包装上不注明制造国别、产地、厂商和原有注册商标、牌号等内容,从而使商品来源不可识别。中性包装有助于出口商避开进口国家或地区的配额限制、关税壁垒和非关税壁垒等方面的一些歧视性、限制性乃至敌对性的贸易政策和贸易保护措施,达到扩大出口的目的。尤其是对那些暂无直接外交关系、正在交战之中或正处于对方经济制裁中的国家或地区,中性包装成为各自向对方出口商品的一种必要手段。通常的做法是,一方采用中性包装将商品出口到第三国,经过对商品的重新包装和整理后,再由第三国的中间商出口到对方国家。

根据商业秘密的程度可以将中性包装分为定牌中性包装和无牌中性包装。定牌中性包装是指卖方按照合同中的约定,在商品的包装上使用买方指定的商标和牌号,但不注明原产地和制造厂商的包装方式;无牌中性包装俗称"白牌",是指在商品的包装上既无原有商标、原制造国别和厂商名称,也无买方的商标、牌号,需经买方重新对商品进行包装后再销往最终的销售市场的包装方式。

我国法律明确规定,在国内销售的商品不得使用中性包装。在商品包装上未用中文标明商品名称、生产者和产地(重工业品未注明厂址)的,即被视为伪劣商品。在出口商品时,如果买方无特殊要求,在商品的包装上都要用中英文注明"中国制造"以及制造厂家和生产代号、商检代号等。

当然,我国在出口商品时也接受中性包装业务。如果合同规定采用中性包装,生产厂家就必须严格按出口合同的要求组织生产。对于无牌中性包装要做到:第一,无国别、无产地、无厂名、无商标、无牌号、无中文字样、无特定代号;第二,包装内不附带说明书、合格证、设备清单等中文资料;第三,不使用印有中文的书报、布料等作为包装填充材料。对于定牌中性包装,除按买方要求注明其指定的商标、牌号或商号名称与代号外,也应做到上述几点。此外,在洽谈定牌中性包装时还应注意对买方提供的图案、文字的内容进行审查,绝不能够接受与我国法律、政策相抵触,或与精神文明标准不符的图案和文字;同时,如果约定使用买方指定的商标、牌号,则须在合同中明确规定,若日后因此而发生工业产权纠纷或出现侵权行为,由买方承担一切责任和费用。

五、包装条款

与品质条款与数量条款相同,包装条款也是合同的主要条款之一。依据有些国家的法律规定,合同中有关包装的规定是商品说明的组成部分,如果卖方未按合同规定的包装条件向买方提供货物,就属于违约,买方可以要求损失赔偿。因此,买卖双方必须在合同中合理规定包装条款。包装条款通常有具体规定与笼统规定两种方法。

(一)具体规定方法

这是指买卖双方在合同的包装条款中,对包装材料、包装方式、包装费用和运输标志等项内容做出明确规定。例如

Packing:In galvanized iron drums of 175 kgs. net.

(包装:镀锌铁桶装,每桶净重175千克。)

Packing:In new single jute bags,each containing 100 kilos net. Tare weight not less than 1 kilo.

(包装:单层新麻袋,每袋净重100公斤,皮重不少于1公斤。)

采用这种方式规定包装条款时应注意:

1. 在包装方式方面,一般都要说明包装的内含量;对于需要根据花色或尺寸的不同而搭配装箱的商品,买卖双方应具体约定搭配方式及搭配量,以免日后发生异议。

2. 在包装材料方面,包装材料多数情况下都由卖方提供,并随商品一起交付给买方。如果买方要求由自己提供包装材料,则买卖双方须在条款中约定买方提供包装材料的时间和方式。若买方逾期提供包装材料,使卖方不能按时交货并由此而产生了其他额外费用,买方应承担一切责任。

3. 在包装费用方面,包装费用通常都包括在货价之内,买卖双方在合同中不另行约定。但是,如果买方要求特殊包装,导致了超出正常包装费用的额外包装费用的发生,则这部分额外的包装费用应由买方承担,对此须在合同中做出具体约定。

4. 在运输标志方面,运输标志按照惯例一般由卖方设计确定。但在有些情况下,买方要求指定运输标志,此时买卖双方须在合同中对买方提供运输标志的时间做出规定。若买方逾期尚未指定,则卖方可以自行决定运输标志。此

外,有些国家对进口商品的运输包装所使用的唛头和标记有严格规定,此时卖方应向买方取得详细指示,从而保证合同的顺利履行。

在实际业务中,有时会出现买方开来的信用证中所规定的唛头与合同规定不符的情况。例如,某一出口合同,规定唛头由卖方决定,卖方在备货时即将其刷妥;但买方开来的信用证又规定了唛头,且与卖方刷妥之唛头不符。在这种情况下,卖方首先应根据合同规定要求买方修改信用证;如果买方坚持不改,卖方只能根据信用证上规定的唛头重新刷制,由此而发生的额外费用可以向买方索赔。如果卖方以买方违约为由,既不要求改证,也不重新刷唛,按原样出运,势必造成单、证不符而遭银行拒付。结果,受损失的还是卖方自己。

(二) 笼统规定方法

在实际业务中,买卖双方有时在合同中仅对包装条件做笼统规定。例如:

Packing: As per sell's usual export packing.

(包装:按卖方一般出口包装。)

尽管包装条款对商品包装未做明确规定,但按照某些国家法律和惯例的规定,在这种条款下,商品的包装至少要符合以下几个默示条件:适合商品的特性,能防止货物受损、变质;有足够的牢固性,能防止货物散失、短损和被盗;方便运输、搬运及堆积;便于识别和寻找;便于买方提货或验货;符合进口国家海关规定。如果商品包装不能满足上述默示条件,则买方可以依法向卖方提出索赔。但是,由于各国法律的有关规定并不统一,因此,笼统规定包装条款容易引起争议。除非买卖双方事先已对此予以明确,或在长期的业务往来中取得一致认识,一般不宜采用。

案例分析 8-5

违反包装条款的后果是什么?

澳大利亚某出口商对英国进口商出口某种饮料,合同的包装条款规定,饮料听装,24 听装一纸板箱。澳大利亚出口商在准备发货时发现 24 听装的纸板箱数量不足,于是将一部分饮料装在了每箱 30 听的纸板箱中。

货到目的港,英国进口商发现该批饮料品质合格,总量符合合同规定,但有一部分商品的包装与合同约定不符。恰在此时,英国饮料市场竞争激烈,销售难度增大,英国进口商便以澳大利亚出口商违反合同的包装条款为由,要求取消合同,并要求澳大利亚出口方对自己进行损害赔偿。

问题:英国进口商的要求是否合理?

第八章 国际贸易商品的品质、数量和包装

本章小结

1. 在国际货物买卖中,商品的品质是买卖双方都非常关注的问题之一。针对交易商品的特点,在国际货物买卖合同中既可以用实物表示商品品质,也可以用文字说明表示商品品质,即在品质条款中对商品的规格、等级、适用标准、商标、牌号、产地或说明书做出确切的规定。

2. 在规定品质条款时,既要具体明确,也要注意灵活性,对某些特定的产品规定品质公差或品质机动幅度。

3. 买卖双方在国际货物买卖合同中对商品数量进行约定时,首先要明确数量的计量方法与计量单位,对一些散装货物还应在数量条款中规定适当的机动幅度,以便使合同得以顺利履行。

4. 商品的包装条款也是国际货物买卖合同中的主要条款,在其中要规定运输包装的种类、运输包装的包装标志,必要时还要对销售包装的种类进行具体规定,同时还要注意国际贸易中中性包装的做法,以及采取这种做法时应注意的问题。

思 考 题

1. 表示商品品质有哪些方法?
2. 什么是复样和对等样? 它们有什么区别?
3. 什么是标准样品和参考样品?
4. 什么是规格、等级和标准?
5. 什么是 FAQ 和 GMQ?
6. 什么是商标和牌号?
7. 订立品质条款时应注意哪些问题?
8. 什么是品质公差和品质机动幅度?
9. 什么是毛重、净重、公量、理论重量与法定重量?
10. 如何计算商品的皮重?
11. 什么是以毛作净?
12. 什么是溢短装条款? 它包括哪些内容?
13. 什么是运输包装与销售包装? 它们各起什么作用?
14. 什么是运输标志? 标准化的运输标志包括哪几部分内容?
15. 什么是指示性标志和警告性标志?
16. 什么是中性包装? 它包括哪些具体做法? 应注意哪些问题?

国际贸易术语

★ 学习目的与要求 ★

1. 了解贸易术语的含义。
2. 了解有关贸易术语的国际惯例。
3. 掌握国际商会《Incoterms®2020》对各种贸易术语的解释。
4. 学会根据货物贸易的具体特征选择恰当的贸易术语,以保证合同的顺利履行。

第一节 国际贸易术语概述

一、国际贸易术语的含义

在国际货物贸易的具体业务过程中,合同当事人需要办理货物的进出口清关手续,安排货物运输和保险,支付各种捐税和运杂费用;货物在装卸、转运过程中还可能遭遇各种自然灾害和意外事故等风险。这样,上述手续由谁办理,费用由谁负责支付,风险如何划分就成为交易双方在洽谈交易、订立合同时必须明确的重要问题。

为了简化交易手续,缩短交易过程,节省磋商的时间和费用,买卖双方通常采用某种专门的术语来表明各自的权利和义务。这种用来表示商品的价格构成,说明交货地点,确定风险、责任、费用划分等问题的专门术语,就是贸易术语,它是在长期的国际贸易实践中产生的。

一般说来,贸易术语包含两方面的含义:一方面表示交货条件,另一方面表示价格的构成,特别是在货价中包含了哪些从属费用。贸易术语不同,则合同的交货条件不同,成交价格的构成也不同,双方各自承担的风险、责任和费用也就互不相同。因此,各种不同的贸易术语有其特定的含义。一般来说,卖方承担的风险、责任与费用少,合同价格就低;反之,如果卖方承担的风险、责任与费用多,合同价格就高。正因为贸易术语有表示价格构成因素的一面,所以它又被称为"价格术语",是合同价格的一个重要组成部分。

二、有关贸易术语的国际惯例

在长期的国际贸易实践中,由于各国(地区)法律制度、贸易惯例与习惯做法不同,在其国内形成的贸易术语也不尽相同,不同国家(地区)对同一个贸易术语的解释也存在差异,极易引起贸易纠纷。有关贸易术语的国际贸易惯例,正是为解决这一问题而产生的。

国际贸易惯例是指在国际贸易实践中逐步形成的、被各个国家(地区)的商人普遍接受,从而具有比较普遍指导意义的一些习惯做法或解释。它包括由国际上的一些组织、团体就国际贸易的某一方面,如贸易术语、支付方式等问题所做的解释或规定;国际上一些主要港口的传统惯例以及不同行业的惯例。此外,各国司法机关或仲裁机构的典型案例或裁决,往往也被视作国际惯例的组成部分。

有关贸易术语的国际惯例主要有三种,不同的惯例对贸易术语的解释存在差异。

(一)《1932 年华沙—牛津规则》

1928 年国际法协会在波兰华沙召开会议,制定了有关 CIF 买卖契约的统一规则,称为《1928 年华沙规则》。后经 1930 年的纽约会议、1931 年的巴黎会议和 1932 年的牛津会议的修订,最终定名为《1932 年华沙—牛津规则》。该规则全文共 21 条,主要说明了 CIF 买卖合同的性质和特点,并具体规定了采用 CIF 术语时,有关买卖双方所承担的风险、责任和费用的划分以及货物所有权的转移方式,对 CIF 术语的解释比较详细。

由于《1932 年华沙—牛津规则》只对一种术语进行了解释,更由于它没有随着国际贸易的发展以及国际货物运输、支付方式的进步而对内容进行相应的修订,在当前的国际货物买卖中已经很少使用。

(二)《1941 年美国对外贸易定义修订本》

1919 年美国的九个商业团体制定了《美国出口报价及其缩写条例》(The U. S. Export Quotation and Abbreviations)。1941 年又对它进行了修订,并改称

《1941年美国对外贸易定义修订本》(以下简称《定义》)。同年,该修订本被美国商会、全国进出口商协会和全国对外贸易协会所采用。它对 Ex Point of Origin(产地交货)、FOB(运输工具上交货)、FAS(运输工具旁交货)、C&F(成本加运费)、CIF(成本加保险费加运费)以及 Ex Dock(目的港码头交货)等六种贸易术语做了解释。

《定义》被美国、加拿大以及一些美洲国家普遍采用,但其内容与下文将要介绍的,并在美洲国家以外的其他国家(地区)被广泛采用的国际商会对贸易术语的解释相去甚远,致使买卖双方经常因对贸易术语的理解不同产生严重争议。例如,《定义》中对 FOB 术语有六种不同的解释,都在不同程度上与国际商会对 FOB 术语的解释有所不同。虽然近年来美国政府有关机构有意引导国内商人在进行国际货物买卖时,使用国际商会对贸易术语的解释,但因长期习惯等原因,大量美国及美洲商人仍在交易中采用《定义》对贸易术语的解释。因此,在进行对外贸易,尤其是同美洲国家进行交易时,应特别注意在合同中明确规定交易双方参照何种惯例对合同使用的贸易术语进行解释。

(三)《国际贸易术语解释通则2020》

《国际贸易术语解释通则®》,即 International Rules for the Interpretation of Trade Terms,缩写形式为 Incoterms®,是国际商会为了统一各国对贸易术语的解释、减少不必要的贸易纠纷而制定的。

此通则1936年首次制定,在半个多世纪里,为了不断适应国际贸易的巨大发展和科技、运输技术发展的需要,曾先后于1953年、1967年、1976年、1980年、1990年、2000年、2010年进行了七次修订,现行的《国际贸易术语解释通则®2020》(以下简称《Incoterms®2020》)是国际商会于2019年9月完成的第八次修订,并于2020年1月1日生效。

该通则将各术语下卖方和买方各自应承担的义务纵向排列列出,A 为卖方义务,B 为买方义务。例如:

"A1 卖方一般义务

卖方必须提供符合销售合同约定的货物和商业发票……"

《Incoterms®2020》包括11种贸易术语,并将其划分为仅适用于海运或内河运输方式和适用于各种运输方式两类。

仅适用于海运或内河运输方式的术语包括 FAS(Free Alongside Ship,即船边交货)、FOB(Free On Board,即船上交货)、CFR(Cost and Freight,即成本加运费)、CIF(Cost,Insurance and Freight,即成本、保险费加运费)。

适用于各种运输方式的术语包括 EXW(Ex Works,即工厂交货)、FCA(Free Carrier,即货交承运人)、CPT(Carriage Paid To,即运费付至指定目的地)、CIP

（Carriage and Insurance Paid to，即运费、保险费付至指定目的地）、DAP（Delivered At Place，即目的地交货）、DPU（Delivered at Place Unloaded，即目的地卸货后交货）和 DDP（Delivered Duty Paid，即完税后交货）。

　　需要说明的是，《Incoterms® 2010》与《Incoterms® 2020》在对贸易术语进行分组时，都是以术语适用的运输方式作为分组的标准，但是在现实业务与学习中，人们多数时候仍旧习惯采用传统的方式，根据贸易术语的第一个字母，将其分为 E 组、F 组、C 组、D 组。按照这种分组方式和顺序，可以清楚地看出在不同的术语下，卖方要承担越来越多的义务，而与此同时，买方承担的义务则越来越少。

　　尽管国际贸易惯例在解决纠纷时能发挥一定的作用，但惯例毕竟不是法律，对买卖双方没有强制性的约束力，故买卖双方有权在合同中做出与某项惯例不符的规定。然而如果双方同意采用某种惯例约束这项交易，并在合同中做出明确规定，这项惯例对贸易双方就有约束力。如果合同中没有对某一问题做出明确规定，也未订明采用某一惯例，当发生争议付诸诉讼或提交仲裁时，法庭和仲裁机构可引用惯例作为判决或裁决的依据。因而，在进出口业务中，多了解和掌握一些国际贸易惯例，对交易洽商、签订合同、履行合同和解决争端等是非常必要的。

第二节　《Incoterms® 2020》中仅适用海运或内河运输的贸易术语

　　在《Incoterms® 2020》包含的 11 种贸易术语中，FAS、FOB、CFR、CIF 术语仅适用于海运或内河运输方式，出口方都是在合同约定的装运港完成交货责任。尤其是其中的 FOB、CFR 和 CIF 三种术语，在实际业务中最为常用。本节着重介绍《Incoterms® 2020》对这四种贸易术语的解释，以及在使用这些术语时应注意的问题。

一、FAS 术语

　　FAS 术语完整的写法为 Free Alongside Ship（…named port of shipment）Incoterms® 2020，含义为"船边交货（……指定装运港）"价，是指当卖方在指定的装运港将货物交到买方指定的船边时，即为交货。货物灭失或损坏的风险在货物交到船边时发生转移，同时买方承担自那时起的一切费用。

在这一术语下,买方负责装船,订立从装运港到目的港的运输合同并及时将船名、装船日期通知卖方,以便卖方及时备妥货物。

因卖方承担在特定地点交货前的风险和费用,而且这些费用和相关作业费可能因各港口惯例不同而变化,买卖双方应尽可能清楚地约定在指定装运港内的交货点。

当货物使用集装箱包装时,卖方通常在集装箱码头将货物移交给承运人,而非交到船边,这时不宜使用 FAS 术语,而应使用适用各种运输方式的 FCA 术语。

在需要办理货物出口清关手续时,FAS 要求该项工作由卖方负责,但卖方不承担进口清关责任,无义务支付任何进口税或办理任何进口海关手续。

相对于本节中的 FOB,CFR,CIF 三种术语,FAS 术语在国际货物买卖中较少使用。

二、FOB 术语

(一) FOB 术语的含义

FOB 术语完整的写法为 Free on Board (…named port of shipment) Incoterms® 2020,含义为"船上交货(……指定装运港)",是指卖方要在合同规定的装运港,将货物装到买方指定的船上,并负担货物装船为止的一切费用和风险。

按这一术语成交,当货物在指定的装运港装到船上时,卖方即完成交货。这意味着买方必须从该点起承担货物灭失或损坏的一切风险。FOB 术语下,需要办理货物出口清关时,该出口清关手续由卖方办理。FOB 术语仅适用于海运或内河运输,若货物在装船前便已交给承运人,例如,在集装箱运输方式下,货物通常在集装箱码头交货,则 FOB 术语不适用,买卖双方应使用 FCA 术语。

(二) 使用 FOB 术语应注意的问题

1. 风险转移界线问题。根据 FOB 术语的含义,卖方承担合同规定的货物装上船以前的一切风险,而买方承担货物装上船以后的一切风险,风险的划分以货物被装载到船上为界。

2. 船货衔接问题。按 FOB 条件成交时,由买方负责租船订舱,并将船名和船期及时通知卖方,而卖方应负责将合同规定的货物在规定的装运港和装运期限内装上买方指定的船只。根据有关法律和惯例,如果买方未能按时派船,包括未经对方同意提前将船派到或延迟派到装运港,卖方都有权拒绝交货,由此产生的空舱费、滞期费以及卖方增加的存储费等各种损失均由买方负担。反之,如果买方指派的船只按时到达装运港,而卖方却未能备妥货物,由此产生的一切费用及损失由卖方承担。在按 FOB 条件成交时,如果买方事前委托卖方代为租船订舱,卖方对此可以接受,但需向买方声明:"卖方届时若租不到船或订不到舱位,与卖方无关,买方无权撤销合同,也无权向卖方索赔",租船订舱的风险和费用仍由买方承担。总之,按 FOB 成交,对装运港和装运期要慎重规定,应加强买卖双方之间的信息沟通,保证船货衔接。

3. FOB 术语的变形。根据 FOB 术语的含义,卖方要负责支付货物在装运港装上载货船舶之前的所有费用。由于买卖双方对"装船"的含义经常有不同理解,也由于装船是一个连续的过程,无法在某个分界线割裂成两部分,在租船运输方式下,为避免对装船费用的负担问题争论不休,买卖双方可以在货物买卖合同中选择不同的术语变形。该变形只说明装船费用由哪一方负担,对风险转移的界线不产生影响。

4. 要注意《1941 年美国对外贸易定义修订本》(即《定义》)对 FOB 术语的不同解释。《定义》对 FOB 有六种解释,前三种是在出口国内指定地点的内陆运输工具上交货,第四种是在出口地点的内陆运输工具上交货,第六种是在进口国指定的内陆地点交货,只有第五种"FOB Vessel(…named port of shipment)"同《Incoterms®2020》的解释比较相似,但关于风险划分界线和一些其他方面的规定不完全一样。尤其是按照《定义》的解释,卖方只是在买方请求并由其负担费用的情况下,协助买方办理货物的出口手续。

案例分析 9-1

出口商是否需要将货物装到船上?

中国一家进口公司与美国一家出口企业签订了货物进口合同,贸易术语为"FOB New York"。中方安排的载货船舶在合同约定的交货期内到达纽约港,并通知出口商准备装船。美国出口商回应称,货物已经备好,并置于纽约郊外某仓库,要求中方自行安排车辆前往该仓库提取货物,并承担装船责任。

中方认为,根据 FOB 术语的规定,出口商在双方约定的装运港,将货物装上买方安排的载货船舶时完成交货责任,因此,将货物由存储仓库运至装运港的责任应由卖方承担,美国出口商对中国进口商提出的要求是不合理的。

美方则认为,中方对 FOB 术语的理解是基于国际商会的《Incoterms®2020》,但合同并没有对此做出明确规定。而一个广为人知的事实是,在与美国商人达成交易时,除非在合同中明确规定适用《Incoterms®2020》解释贸易术语,则贸易术语的解释要以《1941 年美国对外贸易定义修订本》为依据。而根据《1941 年美国对外贸易定义修订本》的规定,如果中国进口公司要求美国出口商在装运港将货物装上载货船舶,则应在合同中规定使用"FOB Vessel New

York"。

由于合同中规定的术语是"FOB New York",那么,美国出口商只承担在出口地将货物交给买方的责任,因此由货物存储仓库至装运港的运输(包括相应的货物装卸)风险及费用,理应由中国进口商承担。

问题一:该争议应如何解决?
问题二:中国进出口企业应从这一争议中吸取哪些经验教训?

三、CFR 术语

(一) CFR 术语的含义

CFR 术语完整的写法为 Cost and Freight (…named port of destination) Incoterms® 2020,含义为"成本加运费价(……指定目的港)",是指卖方在装运港载货船上交货,货物灭失或损坏的风险在货交到船上时转移。卖方必须签订运输合同,并支付必要的运费,将货物运至指定的目的港。从卖方的角度看,CFR 在 FOB 的基础上增加了办理租船订舱和支付装运港至目的港的运费的责任。与 FOB 术语相同,CFR 术语要求卖方办理出口清关手续。

该术语仅适用于海运或内河运输,但它可能不适合货物在上船前已经交给承运人的情况,例如,用集装箱运输的货物通常是在集装箱码头交货。在此类情况下,应当选择使用 CPT 术语。

(二) 使用 CFR 术语应注意的问题

1. 两个分界点问题。CFR 属于装运港交货的贸易术语,使用该术语时,货物买卖合同的性质是装运合同。按 CFR 条件成交,卖方安排装运,但并不负担货物从完成装船到目的港之间的风险。因此,CFR 术语包含风险划分和费用划分两个分界点,风险划分是以货物在装运港被装上载货船舶为界,在此分界点之后增加卖方义务时应特别审慎,否则容易改变合同性质,将装运合同变为到达合同。在费用划分方面,卖方只支付承运人从装运港至目的港的正常运费,途中发生意外事故而产生的额外费用应由买方负担。

2. 装船通知问题。按 CFR 术语成交,卖方安排运输,买方办理货运保险,如卖方装船后不及时通知买方,买方就可能无法及时办理保险,甚至有可能出现漏保货运保险的情况。因此,卖方在装船后务必及时向买方发出装船通知,这是 CFR 术语下卖方的义务之一,一旦卖方未能及时、准确地向买方发出装船通知,就可能要承担货物在运输途中的全部风险。由此可见,尽管在 FOB 条件下卖方在装船后也应向买方发出通知,但在 CFR 条件下,装船通知意义更为重要。

3. CFR 术语的变形。根据 CFR 术语的含义,卖方需要支付将货物由约定的装运港运至约定的目的港的运费。在实际业务中,由于租船方式下船方不负责装卸货物,而买卖双方有可能会对"货物运至约定的目的港"的含义有不同看法,导致对由哪一方支付货物的卸货费用产生争执,这时可在合同中选择使用 CFR 术语的变形。该变形只用来约定卸货费用的负担问题,卸货过程中的风险仍由买方承担。

4. 在进口业务中慎重采用 CFR 术语。按 CFR 成交的进口业务中,由外商安排租船运输,我方负责保险,故应选择资信较好的国外客户成交,并对船舶提出适当要求,以免外商与船方勾结,或出具假提单,或租用不适航的船舶,使我方蒙受损失。在实际业务中,应尽量避免使用 CFR 进口。

案例分析 9-2

装船通知的重要性

某出口商与国外进口商以 CFR 术语达成合同,随后又与某船运公司签署了运输合同。在合同规定的交货期内,出口商将货物装船运往目的港。由于此时正值出口商出货高峰期,业务繁忙,出口商在货物装船后忘记对进口商发出装船通知。10 天后,船方通知出口商,载货船舶遭遇风暴,致使货物严重受损;而后出口商又收到进口商传真,声称由于没有收到出口商的装船通知,进口商并没有投保货物的海上货物运输保险,因此主张货物的损失全部由出口商承担。

问题:进口商的观点是否成立?

四、CIF 术语

(一) CIF 术语的含义

CFR 术语完整的写法为 Cost, Insurance and Freight (…named port of destination) Incoterms® 2020,含义为"成本、保费加运费价(……指定目的港)",指卖方在装运港将货物装到载货船上时完成交货,货物灭失或损坏的风险在此时转移。卖方除要承担与在 CFR 术语下相同的义务外,还要为买方在运输途中货物的灭失或损坏风险办理保险。除保险一项义务之外,买方的义务也与 CFR 相同。总之,CIF 术语要求卖方签订运输合同和保险合同并办理货物出口清关手续,卖方必须支付将货物运至指定的目的港所需的运费和海运保险费,交货后货物灭失或损坏的风险,以及由于各种事件造成的任何额外费用,都应由买方承担。

同 FOB、CFR 术语一样，CIF 术语仅适用于海运和内河运输，但可能不适合货物在上船前已经交给承运人的情况，例如，用集装箱运输的货物通常是在集装箱码头交货。在此类情况下，应当选择使用 CIP 术语。

（二）使用 CIF 术语应注意的问题

1. 风险与保险问题。按 CIF 条件成交，卖方应负责订立保险合同，按合同中约定的险别和金额投保货物运输险，支付保险费，提交保险单。但卖方的保险具有代办性质，货物在运输途中的灭失和/或损坏的风险由买方负担。如发生意外，买方凭保险单直接向保险公司索赔，能否得到赔偿卖方概不负责。

根据一般国际惯例，除非合同另有规定，卖方应以 CIF 货价加 10%，并以合同货币投保。如果在买卖双方的保险条款中规定了投保险别、保险金额等，卖方应按合同规定办理投保。如果双方没有约定具体险别，卖方只需要投保《伦敦保险协会货物保险条款》（C）或其他类似条款下的有限的，也就是保险公司承保责任比较低的险别。至于战争险、罢工险等，在买方负担费用的情况下，买方可要求卖方代办或买方自行办理。

2. 两个分界点问题。在 CFR 术语使用中的两个分界点的问题，同样适用于 CIF 术语。

3. CIF 术语的变形。在使用 CFR 术语时可能出现的术语变形问题，同样适用于 CIF 术语。

4. 单据的重要性。在 CIF 条件下，只要卖方在合同规定的装运港按期把货物装到驶往指定目的港的船上，同时办理保险并向买方提交合同规定的，包括物权凭证在内的有关单据，就算完成了交货义务。因此，CIF 属于象征性交货的贸易术语，即凭单交货、凭单付款。只要卖方如期向买方提交了符合要求的全套单据（单据名称、内容和份数均与合同规定相符），即使货物装船后或运输途中发生损坏或灭失，买方也必须履行付款义务。反之，即使货物安全到达并符合要求，买方也可以不履行付款义务。因此，在 CIF 交易中，单据具有特别重要的意义。

但是，在 CIF 术语下，卖方履行其交单义务只是得到买方付款的前提条件，不能因此忽视卖方交货的责任。如果卖方提交的货物不符合要求，买方即使已经付款，仍有权利按合同规定向卖方提出索赔。

5. CIF 价格不是"到岸价"。在使用 CIF 术语成交时，因为装运港到目的港的运费由卖方负担，并被包含在货物的价格中，很多人认为 CIF 是到岸价，买方无须支付货物到达目的港之前，在运输途中发生的各种费用。但是，CIF 价格中所包含的运费，只是正常运费，如果在运输途中遇到一些事件，导致额外费用的发生，则承运人会要求买方在目的港提取货物时先支付这些费用。由此，买方有可能会负责支付运输途中的一些费用,CIF 价格并不是真正意义上的"到岸价"。

案例分析 9-3

出口商必须将货物送到目的港?

某出口商与国外进口商以 CIF 术语达成合同,并在合同规定的交货期内出运了货物。但在运输途中,船运公司因与一起经济纠纷案件有牵扯,载货船舶在中途港装卸货物时被法院扣留,船上所有货物滞留该中途港。

进口商认为,CIF 术语下,出口商有义务支付运费,将货物由约定的装运港运到约定的目的港,现货物滞留中途港,说明出口商没有完成其在 CIF 术语下的义务,因此要求出口商务必另行安排船舶,将货物运到目的港。

问题:进口商的要求是否合理?

案例分析 9-4

出口商能否要求进口商支付货款?

一份 CIF 出口合同下,出口商按时发运了货物,准备了合同要求的所有贸易单据。在出口商向银行交单以收取货款之前,进出口双方均得到消息,载货船舶因遭遇恶劣天气而沉没,全部货物随之灭失。

问题:货物已经灭失,在这个案例中,出口商能否要求进口商按合同规定支付货款?

第三节 《Incoterms® 2020》中适用于各种运输方式的贸易术语

除了前述四种仅适用于海运或内河运输的贸易术语外,《Incoterms® 2020》还包括了其他七种贸易术语,可在实际业务中酌情使用。

一、EXW 术语

EXW 术语即 Ex Works (…named place of delivery) Incoterms® 2010,含义为"工厂交货价(……指定交货地点)",是指当卖方在其所在地或其他指定的地点(如工厂、车间或仓库等)将货物交由买方处置时,即完成交货。因为卖方通常在本国内完成交货,形式上类似国内贸易,所承担的风险、责任和费用都局限于出口国国内。该术语是《Incoterms®2020》所有术语中卖方承担责任最小的术语。

采用 EXW 术语时,卖方的基本义务只是在合同约定的时间、地点,将合同规定的货物交于买方控制,就完成了交货,风险也于交货的同时转移给买方。采用 EXW 术语购买出口产品的买方需要注意,卖方只有在买方要求时,才有义务协助办理货物的出口海关手续,即卖方无义务安排出口通关。因此,若买方不能直接或间接地办理出口清关手续时,不宜使用该术语。

应当明确,EXW 术语下,如果没有另外约定,卖方无义务将货物装上买方备妥的运输工具。但是,若双方希望在启运时由卖方负责装载货物,则须在合同中做出明确规定,通常,相关风险和费用仍由买方承担。

二、FCA 术语

(一)FCA 术语的含义

FCA 术语即 Free Carrier (…named place of delivery) Incoterms®2020,含义为"货交承运人价(……指定交货地点)",指卖方在卖方所在地或其他指定地点,将货物交给买方指定的承运人或其他人即完成交货义务。如果需要办理货物出口的海关手续,卖方还要负责货物的出口清关。

"承运人"指任何人在运输合同中,承诺通过铁路、公路、空运、海运、内河运输或上述运输的联合方式,履行运输或由他人履行运输。该术语适用于任何运输方式,也可适用于多种运输方式。

需要说明的是,由于 FCA 术语下,风险在交货地点转移至买方,则该地点的选择对买卖双方来说便非常重要,《Incoterms®2020》特别建议双方尽可能清楚地写明指定交货地内的交付点。如果双方希望在卖方所在地交货,则应当将卖方所在地址明确为指定交货地;如果双方希望在其他地点交货,则必须确定不同的特定交货地点。

(二)使用 FCA 术语应注意的问题

1. 风险转移问题。与在装运港交货的几种贸易术语不同,在 FCA 术语下,风险转移不是以货物装到船上为界,而是以货物交承运人处置时为界。不仅在海运以外的其他运输方式下如此,即使在海运时,风险转移的界限也是货物交承运人。但如果由于买方的责任,使卖方无法按时交货时,只要货物已明确划归买方,那么风险转移的时间可以提前。

2. 费用划分问题。在 FCA 术语下,买卖双方承担的费用也是以货交承运人为界。即卖方负担将货物交给承运人前的有关费用,而买方负担其后的各项费用。但如果买方委托卖方代办本应由自己办理的事项而产生了相应的费用,比如,委托卖方代办订立运输合同等,以及由于买方过失导致了额外费用,均应由买方负担。

3. FCA术语与FOB术语。由于国际货物运输技术不断发展,以及集装箱运输的普遍使用,在港至港的海运(或内河运输)中,已很少要求卖方将货物直接交到船上。因此,国际商会在推广《Incoterms® 2020》时,就已经建议国际货物买卖双方考虑以FCA术语替代传统的FOB术语。对身处内陆地区的卖方而言,这一建议可以使风险提前转移给买方,也可以更早地取得货物的运输单据,更早地收取货款。

4. FCA术语下的已装船提单。根据《Incoterms® 2020》,若买卖双方选择使用FCA术语达成交易,又在合同中要求卖方提供带有已装船批注的提单,则买方必须指示承运人出具这样的提单给卖方。然而由于在FCA术语下,承运人在收取货物、向卖方出具提单时,货物通常处于未装船状态,因此,在贸易实践中,承运人有可能会拒绝执行买方的这一指示。

案例分析9-5

FOB还是FCA?

某内陆出口企业以FOB术语对外商出口一批货物,为避免错过进口商安排的载货船舶,出口商在装船月份开始之初,就通过铁路运输将货物发到了合同约定的装运港,并存放在装运港的仓库。然而三天后,该仓库意外发生火灾,所有货物均被焚毁。

问题一:该出口企业应如何应对这一突发事件?

问题二:如果出口合同以FCA术语达成,则在火灾发生的情况下,进出口双方各自会面对什么局面?

问题三:出口时使用FOB术语和FCA术语最主要的区别是什么?

三、CPT术语

(一)CPT术语的含义

CPT术语即Carriage Paid to (…named place of destination) Incoterms® 2020,含义为"运费付至(……指定目的地)",是指卖方在双方约定的地点,将货物交给卖方指定的承运人或其他人。卖方必须签订运输合同并支付将货物运至指定目的地所需的费用,同时由买方承担卖方交货之后的一切风险和其他费用。因此,CPT 价格基本等于 FCA 价格加运费。

同 FCA 术语一样,CPT 术语下的"承运人"也是指任何人,在运输合同中,承诺通过铁路、公路、空运、海运、内河运输或上述运输的联合方式履行运输责任或由他人履行运输责任。

CPT 术语要求卖方办理出口清关手续。该术语同样适用于各种运输方式,包括多式联运。即便是在海运或内河运输方式下,如果买卖双方约定在货物装上船之前便已交给承运人,使用 CPT 术语比 CFR 术语更为适宜。

(二)使用 CPT 术语应注意的问题

1. 费用、风险转移问题。在 CPT 术语下,卖方负担到目的地的运费,但卖方承担的风险并没有延伸到指定目的地,而只承担交给承运人控制之前的风险。在多式联运的情况下,有可能涉及多个实际承运人,则卖方承担的风险自货物交给第一承运人时转移给买方。

费用的划分界线是在进口国目的地,即卖方负担从交货地点到指定目的地具体地点的正常运费,运输途中发生的额外费用由买方负担。装卸费可包括在运费中,由卖方负担,也可由双方在合同中规定。这样,在 CPT 术语下,风险、费用划分地点不同,也存在两个分界点的问题。

2. CPT 术语与 CFR 术语的异同。CPT 与 CFR 这两个术语都存在着风险和费用不同步转移的特点,即风险转移在先,费用转移在后。而且,按这两个术语签订的合同都属于装运合同,即卖方只需保证按时出运货物,不保证按时到货。

但是应注意,CPT 与 CFR 术语在许多方面都是不同的。首先,适用范围不同。CFR 只适于海运和内河运输方式,只能以装运港为交货地点;而 CPT 适用于各种运输方式,根据运输方式的不同,双方可对交货地点加以规定。其次,风险转移地点不同。CFR 条件下,风险划分以货物在装运港被装到船上为界;CPT 则以货交承运人为界。此外,卖方承担的责任、费用以及需要提交的单据也有所不同。

四、CIP 术语

(一)CIP 术语的含义

CIP 术语即 Carriage, Insurance Paid to (…named place of destination) Incoterms® 2020,含义为"运费和保费付至(……指定目的地)",是指卖方在双方约定的地点,将货物交给其指定的承运人或其他人。卖方必须支付将货物运至目的地的运费,同时由买方承担卖方交货之后的一切风险和额外费用。此外,卖方还必须为买方在运输途中货物的灭失或损坏风险签订保险合同。因此,在

CIP 术语下,卖方要订立运输合同和保险合同、支付运费和保险费。在这个意义上,CIP 价相当于 FCA 价加上运费、保险费或 CPT 价加上保险费。

CIP 术语可适用于各种运输方式,包括多式联运。在该术语下,"承运人"同样指任何人在运输合同中,承诺通过铁路、公路、空运、海运、内河运输或上述运输的联合方式履行运输责任或由他人履行运输责任。

买方应注意,根据《Incoterms®2020》的规定,在 CIP 术语下,卖方要投保符合《伦敦保险协会货物保险条款》(A)款或其他类似条款下的、保险公司责任范围广泛的险别。

CIP 术语要求卖方办理出口清关手续。

(二)使用 CIP 术语应注意的问题

1. 风险和保险的问题。在 CIP 术语下,卖方要负责办理货运保险并支付保险费,但货物自交付承运人起的风险(包括运往目的地的运输途中的风险)却由买方负担。所以,卖方的投保属于代办性质。在多式联运的情况下,有可能涉及多个实际承运人,则卖方承担的风险自货物交给第一承运人时转移给买方。

一般情况下,卖方应按约定的险别投保。如果没有约定险别,除合同另有规定,卖方应按 CIP 货价加 10%,以合同货币取得保险公司责任范围广泛的保险险别,例如《伦敦保险协会货物保险条款》(A)款。如果买方要求加保战争、罢工险,在买方负担费用的情况下,卖方应予办理。

2. CIP 术语与 CIF 术语的异同。CIP 与 CIF 术语的相同点表现在,它们的价格构成中都包括运到目的地的正常运费和约定的保险费,对保险金额的规定也大致相同。此外,两种术语下的合同均属于装运合同,风险转移和费用转移同 CPT、CFR 术语一样,都分两步进行。

CIP 与 CIF 的不同点主要是,CIP 术语适用于包括多式联运在内的各种运输方式。此外,两种术语下交货地点、风险划分界线、卖方需要投保的险别以及有关责任费用的划分也根据运输方式不同而有所不同。

该术语可用于任何运输方式,也可适用于多种运输方式。

五、DAP 术语

DAP 术语即 Delivered at Place (…named place of destination) Incoterms® 2020,也是《Incoterms®2020》中新增的术语,含义为"目的地交货(……指定目的地)"价,是指当卖方在指定目的地将仍处于抵达的运输工具之上,且已作好卸载准备的货物交由买方处置时,即为交货。卖方承担将货物运送到指定地点的一切风险,在需要时,负责办理货物的出口清关手续,但无义务办理进口清关,也不支付任何进口税或办理任何进口海关手续。

按此术语成交,买卖双方的风险和费用的划分是以约定目的地为界,卖方承担在此地点交货前的一切风险,买方则负责此后与货物相关的风险与费用,并办理进口清关手续,支付进口关税、税款和其他费用。如果双方希望由卖方办理进口清关、支付所有进口关税,并办理所有进口海关手续,则应使用 DDP 术语。

六、DPU 术语

DPU 术语即 Delivered at Place Unloaded(…named place of destination)Incoterms®2020,是《Incoterms®2020》中新增的术语,含义是"目的地卸货后交货(……指定目的地)",是指当卖方在指定目的地或指定目的地内的约定交货点,将货物从抵达的载货运输工具上卸下,交由买方处置时,即为交货。卖方承担将货物送至指定目的地并将其从运输工具卸下的一切风险,还要负责办理货物出口清关手续,但无义务办理进口清关,也不负责支付任何进口税或办理任何进口海关手续。

DPU 术语是《Incoterms®2020》中唯一要求卖方在目的地卸货的术语,因此卖方应当确保其可以在指定地组织卸货。如果买卖双方不希望卖方承担卸货的风险和费用,则不应使用 DPU 术语,可以考虑使用 DAP 术语。

该术语可用于任何运输方式,也可适用于多种运输方式。

七、DDP 术语

DDP 术语即 Delivered Duty Paid(…named place of destination)Incoterms®2020,含义是"完税后交货(……指定目的地)",是指当卖方在指定目的地将仍处于抵达的运输工具上,但已完成进口清关,且已作好卸载准备的货物交由买方处置时,完成自己在合同项下的交货义务。

DDP 术语下,卖方的责任最大。按此术语成交,卖方要承担将货物运至目的地的一切风险和费用,并且有义务完成货物出口和进口清关,支付所有出口和进口的关税,办理所有海关手续。

如果卖方不能直接或间接地完成进口清关,则在交易中不应使用 DDP 术语。如果双方希望买方承担所有进口清关的风险和费用,则应使用 DAP 术语。

该术语可适用于任何运输方式,也可适用于多种运输方式。

本章小结

1. 对国际贸易术语进行解释的国际惯例有《1932年华沙—牛津规则》、《1941年美国对外贸易定义修订本》和《国际贸易术语解释通则》(《Incoterms® 2020》)。

2. 国际商会制订的《国际贸易术语解释通则》最新版本为《Incoterms® 2020》,对11种国际贸易术语做出了解释,其主要内容见下表。

国际电码	交货地点	风险转移界限	出口报关责任、费用	进口报关责任、费用	适用的运输方式
EXW	商品产地、储存地	出口国交货地点货交买方时	买方	买方	任何方式
FCA	出口国内地、港口	货交承运人处置时	卖方	买方	任何方式
CPT	出口国内地、港口	货交承运人处置时	卖方	买方	任何方式
CIP	出口国内地、港口	货交承运人处置时	卖方	买方	任何方式
DAP	进口国指定目的地	指定目的地仍处于抵达运输工具上,货物交由买方处置时	卖方	买方	任何方式
DPU	进口国指定目的地或指定目的地内的约定交货点	进口国指定目的地或指定目的地内的约定交货点,将货物从抵达的载货运输工具上卸下,交由买方处置时	卖方	买方	任何方式
DDP	进口国内指定目的地	在进口国内指定目的地交给买方后	卖方	卖方	任何方式
FAS	装运港口	装运港船边	卖方	买方	海运或内河航运
FOB	装运港口	在装运港,货物装到船上	卖方	买方	海运或内河航运
CFR	装运港口	在装运港,货物装到船上	卖方	买方	海运或内河航运
CIF	装运港口	在装运港,货物装到船上	卖方	买方	海运或内河航运

思考题

1. 什么是《1941年美国对外贸易定义修订本》?

2. 什么是《Incoterms®2020》？
3. 使用 EXW 术语时应该注意什么问题？
4. 试比较 FCA 和 FOB 两个术语的异同。
5. 使用 CFR 术语时应该注意什么问题？
6. 试说明 CIF 术语的特点。
7. 与 CIF 术语相比，DAP 术语有何特点？

国际贸易商品价格

★ 学习目的与要求 ★

1. 了解影响国际货物买卖价格的主要因素。
2. 了解对出口交易进行经济效益核算的主要指标。
3. 了解进出口交易中的作价方法。
4. 了解进出口贸易中佣金与折扣的使用。
5. 掌握几种常见贸易术语之间价格的换算。

第一节 进出口商品的作价原则和作价方法

一、进出口商品的作价原则

在进出口业务中,对进出口商品作价,应在平等互利的原则下,根据国际市场价格水平,结合购销意图确定适当的价格。由于进出口双方在交易中选用的贸易术语不同,商品价格的构成不同,影响价格变化的因素也很多,所以在确定进出口商品价格时,除考虑上述基本原则外,还应考虑影响价格的具体因素。

(一)影响进出口商品价格的主要因素

1. 成交商品的质量。质量包括商品档次的高低、包装装潢的好坏、式样的新旧、商标品牌的知名度等。
2. 货物运输距离。货物运输距离的远近,直接影响到运费的高低,在确定价格时,需要认真核算运输成本,做好比价工作,体现地区差价。

3. 货物的成交数量。按照国际惯例,成交量大时,卖方应在价格上给予买方适当的优惠;反之,数量小时,可提高售价。

4. 交货地点与交货条件。采用不同的贸易术语成交,买卖双方承担的责任、费用和风险有所差别。因此,同一运输距离、同一成交数量的同种商品,在不同术语下价格可能会有比较明显的不同。

5. 季节性需求的变化。某些季节性商品,应适当考虑季节性差价,争取有利价格。

6. 支付条件与汇率变动的风险。同一商品在其他交易条件相同的情况下,若采用不同的支付条件,价格会有所不同。应选择使用有利的支付条件,如考虑是否采用信用证方式进行货款的支付。同时,应争取采用有利的货币成交,如果用不利的货币计价,应考虑如何应对汇率变动的风险。

此外,交货期的远近,贸易对象不同,市场销售习惯等因素对价格的确定也有不同程度的影响。特别应注意,在出口商品作价上,还要防止随意削价竞争,以免招致反倾销诉讼。

(二) 成本核算的主要指标

在实际业务中,除了区别不同情况,掌握好上述品质差价、数量差价、地区差价、季节性差价等之外,还应加强成本核算,做好比价工作。在出口业务中,这一点更为重要。为了比较各种商品出口的盈亏状况,分析出口商品作价是否合理,在出口业务中至少要考虑以下两个指标。

1. 出口商品盈亏率

$$出口盈亏率 = \frac{出口盈亏}{出口总成本} \times 100\% = \frac{出口人民币净收入}{出口总成本} \times 100\%$$

其中,出口总成本是指出口商品的进货成本加上出口前在国内发生的一切费用和税金。出口销售人民币净收入是指出口商品除去境外运费、保险费后折成的 FOB 价,按外汇牌价折成的人民币净收入。

根据公式计算出的出口盈亏率为正值时,表示出口盈利,负值时则表示发生亏损。在具体业务中,同一商品各笔交易的盈亏率不尽相同,若要计算企业经营某种商品的盈亏率,可以通过对该种商品每笔交易的盈亏率算术平均或加权平均求得。

2. 出口商品换汇成本

$$出口换汇成本 = \frac{出口总成本(人民币)}{出口销售外汇净收入(US\$)}$$

其中,出口销售外汇净收入是指出口商品按 FOB 价出售所得的净收入,这一指标反映用多少人民币换回 1 美元。如得出的数值高于银行当时的外汇牌价,则出口亏损;反之盈利。出口商品换汇成本同出口盈亏率有直接关系,即盈利率越低或亏损率越高,换汇成本就越高。

通过推算、比较不同种类商品的换汇成本,可以对出口商品的结构进行调整;对同类商品在不同时期的换汇成本进行比较,有利于改善经营管理和采取扭亏增盈的有效措施。此外,通过对同类商品出口到不同国家或地区的换汇成本的比较分析,可以为市场选择提供依据。

二、进出口商品的作价方法

根据国际惯例,进出口商品的价格应该经过买卖双方协商,在合同中规定。合同价格一经确定,除非另有约定或对方同意,任何一方不得擅自更改。在实际业务中,根据不同情况,买卖双方可采取不同的作价方法。

(一) 固定价格

这种做法是买卖双方在交易磋商中商定成交价格并明确写入合同的价格条款,在履行合同时,买卖双方必须按合同价格交货付款。即使该价格与交货时的市场价格差别很大,对一方不利,双方也必须按合同条款履行合同。这就意味着买卖双方要承担从订约到交货付款,以至转售时商品价格变动的风险。

为了减少风险,采用此方法作价前,应仔细研究影响商品供需的各种因素,对价格前景做出判断,还应选择资信较好的客户成交。这种做法是国际货物买卖中的常规做法,它的特点是明确、具体、便于核算,但由于国际经济环境日趋复杂,为了减少风险,交易双方也会酌情采用一些其他的作价方法。

(二) 暂定价格

在订立合同时,买卖双方先规定一个初步价格,作为开立信用证和初步付款的依据。待双方确定正式价格、履行合同时,再根据多退少补的原则进行最终的结算。这种方法,有利于在交货期比较长的情况下促成交易,使双方不必承担过大的价格变动的风险。但要注意,采用这种方法,易使合同具有不确定性,一旦双方无法就价格达成一致,合同很难实际履行。

(三) 暂不固定价格

如果买卖双方在签订合同时,对价格前景难以分析,可以只在合同中规定成交商品的品种、数量和交货期,而对于成交的价格,或者规定定价的时间及定价方法,比如"按提单日期的国际市场价格计算"等;或者只规定价格将在某个时间由双方商定而不规定作价方法。但后一种规定方式容易给合同带来较大的不稳定性,双方也可能因为作价方法而各执己见。因此,一般只是长期交往的买卖双方才能使用。

按这种方法作价,买卖双方都不必承担价格变动的风险。

(四)部分固定价格,部分暂不定价

为了照顾买卖双方利益,解决买卖双方在作价方法方面的分歧,在大宗交易和分批交货的情况下,买卖双方为了避免承担远期交货部分价格变动的风险,也可采用部分固定价格、部分非固定价格的做法或分批作价的方法,即双方只约定近期交货部分的价格,而对余下远期交货部分的价格,则采用上述暂不固定价格的做法。

这种作价方法使合同具有一定的不稳定性,双方有可能在协商远期交货部分的商品价格时出现矛盾,影响合同履行。

(五)滑动价格

在某些生产周期长的机器设备和原料性商品的交易中,普遍采用"价格调整条款",即买卖双方只约定初步价格,在支付货款时按原材料价格和工资变化来调整最后价格。在价格调整条款中,常用下面公式调整价格:

$$P = P_0 \times \left(a + b \times \frac{M}{M_0} + c \times \frac{W}{W_0} \right)$$

其中,P 和 P_0 分别代表货款结算时的最后价格和签订合同时的初步价格,M 和 M_0 分别代表货款结算时和合同签订时的原材料价格指数,W 和 W_0 分别代表货款结算时和签订合同时的工资指数,a, b, c 分别代表经营管理费和利润、原料、工资在价格中所占的比重,在签订合同时确定。

此外,也可应用物价指数作为调整价格的依据,即双方约定,在生产期间或交货期间,如果物价指数的变动超过一定范围,应相应调整价格。

在价格调整条款中,双方应订明影响价格的各因素在合同期限内发生的变化必须超过一定范围才予调整,否则不予调整。

案例分析 10-1

固定价格的风险

某加工制造企业因生产需要,以 CIF 术语与国外供货商签订了某种原料性产品的进口合同,并在合同中明确规定了该产品的品质、数量、包装、价格等条款。五个月后,在合同规定的交货月份开始之前,买方提醒卖方应着手安排货物的装运,并询问船期。但在这个时候,交易商品的国际市场价格出现大幅度上涨,卖方表示无法按合同价格交货,并提出重新商谈价格的建议,遭买方拒绝。合同履行陷入僵局。

问题一:导致交易陷入僵局的原因有哪些?
问题二:买卖双方应如何选择适当的定价方法?

第二节　几种常用贸易术语间的价格换算

在国际货物买卖中,经常要根据贸易伙伴的需要,改变报价时使用的贸易术语,这就需要对不同贸易术语下的价格进行换算。与此同时,在国际货物买卖中,如果卖方能够恰当运用佣金和折扣,不仅有利于灵活掌握价格,还可以调动买方的积极性,加强对外竞销。

一、佣金与折扣

(一) 佣金

佣金(Commission)是指代理人或经纪人为委托人进行交易而收取的报酬。在货物买卖中,有时需要中间商为卖方或买方介绍交易,佣金就是卖方或买方对中间商提供的这种服务支付的报酬。交易中是否需要支付佣金,以及佣金的多少,直接关系到商品的价格。

在洽商交易和签订合同时,要明确规定佣金率。佣金率是指按照一定的含佣价给予中间商佣金的百分比。在国际贸易中,佣金一般用文字表示。例如,"每公吨300欧元 CIF 马赛 Incoterms® 2020 包括2%佣金"(Euro 300 per M/T CIF Marseilles Incoterms® 2020 including 2% commission);也可以在贸易术语后加注英文字母"C"和佣金率来表示,如"每公吨100美元 CFRC2% 伦敦 Incoterms® 2020"。

除了可以用百分比表示之外,商品价格中的佣金率也可用特定的金额表示。例如,"每公吨付佣金10欧元"。但有时中间商要求佣金不要在价格中表明,由买卖双方另行约定并按协议支付。在习惯上,前者称为"明佣",后者称为"暗佣"。暗佣的佣金率一般在1%~5%之间,不宜偏高。

佣金的计算,根据计算基础选取的不同而有所差异,一般有以下几种计算方法。

1. 以发票金额为基础计付佣金。不论采用何种贸易术语,都按发票金额乘佣金率计算佣金。这种方法操作比较简单,在实际业务中应用比较广泛。但其中存在一定的重复计算,比如,在 CFR 和 CIF 术语下,采用这种做法等同于卖方还要对运费和保险费支付佣金,但实际上运费与保险费均为卖方代付,非卖方所得,不应计佣。

2. 按 FOB 价计付佣金。按此方法,无论以何种贸易形式成交,均以 FOB 价为基数乘以佣金率计付佣金。这种方法可以避免佣金的重复计算,但实际中运费和保险费并不容易准确计算,如果按 CIF 和 CFR 术语成交,以此方法计付佣金便比较复杂。而且,以这种方法支付佣金,卖方尽管少付佣金,但佣金是从 FOB 价中支出,实际降低了卖方销售收入;对中间商来说所得佣金要少,不易调动其积极性,因此,对卖方与中间商均不利,对批量小的交易,金额少的新、小商品的出口更为不利。

3. 按一般惯例,以何种术语成交,就按何种价格作为计佣基础,但为确保外汇收入,可按下面公式计算:

$$含佣价 = \frac{净价}{1-佣金率}, 应付佣金 = 含佣价 \times 佣金率$$

目前,我国多采用第三种方法。

通常情况下,佣金的支付有两种做法:一种是由中间代理商帮助卖方向买方收取货款,并直接在所收货款中扣除佣金;另一种是在卖方收取全部货款后,再按事先约定的期限和佣金率另付给中间商。根据双方的协定,佣金可在合同履行后逐笔支付,也可按月、按季、按半年甚至一年汇总计付。支付佣金时,应防止错付、漏付和重付。

(二)折扣

折扣(discount)是卖方按货物原价给予买方一定百分比的价格减让,即适当的价格优惠。国际上使用的折扣有数量折扣、季节折扣、特别折扣等。折扣也直接关系到商品的价格,货价中是否包含折扣及折扣率的大小都影响商品的价格。折扣率越高,价格越低。

在价格条款中,折扣通常用文字表示。例如,"CFR 哥本哈根 Incoterms® 2020 每公吨 100 欧元,折扣 3%"(Euro 100 per M/T CFR Copenhagen Incoterms® 2020 including 3% discount)。也可以用特定金额表示,例如,"每公吨折扣 6 英镑"。凡是这种在价格条款中明确规定折扣率的,称为"明扣";如果单价中没有表明折扣,但由买卖双方另行约定折扣的做法,称为"暗扣",这种做法属于不公平竞争。

折扣通常以成交额或发票金额为基础计算,即原价乘以折扣率。折扣率一般是根据不同商品、不同市场和不同交易对象酌情确定的。

折扣一般是在买方支付货款时预先予以扣除。但有时在"暗扣"的情况下,折扣金额不直接从货价中扣除,而按暗中达成的协议另行支付给买方。

(三)佣金与折扣的区别

尽管佣金与折扣都直接影响到商品价格,但二者概念不同。首先,付给的对象不同。佣金是卖方或买方给中间商的报酬,而折扣是卖方给予买方的价格减让;其次,如果卖方给中间商的佣金包括在货价内,如出口使用 CIF 价,卖方投保时应将佣金计算在保险金额内,而折扣是买方在付款时就已扣除的,因此不包括在保险金额内。

上述的佣金和折扣,一般应在合同中订明。凡货价中不含佣金或折扣的,往往在贸易术语后加注"净价"字样。

二、几种常用贸易术语间价格的换算

在国际贸易中,不同的贸易术语表示了不同的价格构成。因此,在对外洽谈中,如果一方按某一术语报价,对方要求改报其他术语下的价格,就涉及价格的换算问题。

在实际业务中,表示货物价格的方式一般有两种:一是以净价表示;另一种是以含佣价或含折扣价表示。

(一)净价之间的换算

净价(net price)是在表示货物价格时,不包含佣金或折扣。例如,"每公吨 500 美元 CIF 伦敦 Incoterms® 2020"(US $500 per M/T CIF London Incoterms® 2020)。

应当注意,改变报价时使用的贸易术语,意味着买卖双方各自承担的责任、费用和计价金额均随着贸易术语的改变而改变。以下是国际货物买卖中三种最常用贸易术语下价格的换算方法。

1. FOB 价换算为其他价格。FOB 的构成包括进货成本、货物包装费(另计的部分)、货物仓储保管费用(包括火险费和货物损耗)、加工整理费、国内运输费和装卸搬运费、商品检验费、出口关税及各种捐税,还包括领取有关出口证件及办理托运、报关、结汇等手续费以及各种杂费(业务通信费、港口费、码头费等)。

将 FOB 价换算为其他价格的公式:

$$CFR 价 = FOB 价 + 运费$$

$$CIF 价 = \frac{FOB 价 + 运费}{1 - 投保加成 \times 保险费率} = \frac{CFR 价}{1 - 投保加成 - 保险费率}$$

2. CFR 价换算为其他价格。CFR 价包括 FOB 价及单位货物的海运运费(下面简称运费)。

$$FOB 价 = CFR 价 - 运费$$

$$CIF 价 = \frac{CFR 价}{1 - 投保加成 \times 保险费率}$$

3. CIF 价换算为其他价格。CIF 价的构成包括 FOB 价、海运保险费及扩展责任保险费(简称保险费)和海运运费。

$$\text{FOB 价} = \text{CIF 价} \times (1 - \text{投保加成} \times \text{险费率}) - \text{运费}$$

$$\text{CFR 价} = \text{CIF 价} - \text{保险费} = \text{CIF 价} \times (1 - \text{保险加成} \times \text{险费率})$$

（二）净价与含佣价之间的换算

1. FOBC 价换算为其他价格

$$\text{FOB 净价} = \text{FOB 含佣价} \times (1 - \text{佣金率})$$

$$\text{CFR 净价} = \text{FOB 含佣价} \times (1 - \text{佣金率}) + \text{运费}$$

$$\text{CIF 净价} = \frac{\text{FOB 含佣价} \times (1 - \text{佣金率}) + \text{运费}}{1 - \text{投保加成} \times \text{保险费率}}$$

2. CFRC 价换算为其他价格

$$\text{FOB 净价} = \text{CFR 含佣价} \times (1 - \text{佣金率}) - \text{运费}$$

$$\text{CFR 净价} = \text{CFR 含佣价} \times (1 - \text{佣金率})$$

$$\text{CIF 净价} = \frac{\text{CFR 含佣价} \times (1 - \text{佣金率})}{1 - \text{投保加成} \times \text{保险费率}}$$

3. CIFC 价格换算为其他净价

$$\text{FOB 净价} = \text{CIFC} \times (1 - \text{投保加成} \times \text{保险费率} - \text{佣金率}) - \text{运费}$$

$$\text{CFR 净价} = \text{CIFC} \times (1 - \text{投保加成} \times \text{保险费率} - \text{佣金率})$$

$$\text{CIF 净价} = \frac{\text{CFR 价}}{1 - \text{投保加成} \times \text{保费率}} = \frac{\text{FOB 价} + \text{运费}}{1 - \text{投保加成} \times \text{保费率}}$$

（三）含折扣价换算为净价

$$\text{含折扣价} = \text{原价} - \text{单位货物折扣额} = \text{原价} \times (1 - \text{折扣率})$$

第三节　合同中的价格条款

一、价格条款的基本内容

货物买卖合同中的价格条款，一般包括商品的单价和总值两项。商品的单价通常由计量单位、单位价格金额、计价货币和贸易术语四个部分组成。例如：

"每公吨 200 欧元，CIF 伦敦 Incoterms® 2020"（Euro200 per M/T CIF London Incoterms® 2020）

总值亦称总价，即一笔交易的货款总金额。为规定价格条款，除了合理地确定成交价格，列明具体的作价方法外，还应采用适当的贸易术语和选择合理的计价货币。

二、订立国际货物买卖合同价格条款时应注意的问题

(一) 贸易术语的选择

在国际贸易中,不同的贸易术语对买卖双方承担的风险、责任和费用的划分不同,价格构成也各不相同,因此,买卖合同中贸易术语的选用对双方都至关重要。

选择贸易术语的一般原则是:出口业务尽量采用 CIF 或 CFR 术语,由卖方自行选择合意的承运人安排货物的运输(CIF 术语下卖方还可以自行安排货物运输保险),并且保证出口合同履行的顺畅;进口时尽量采用 FOB 术语,将货物运输与保险环节掌握在自己手中。但在业务中也要根据方便贸易、促进成交的原则,根据货物的销售情况、销售意图、海上风险、运输条件、港口情况、进出口国相关的贸易政策、法令及与外国签订的各种协议情况权衡利弊,灵活选择贸易术语。

(二) 计价货币的选择

计价货币是指合同中规定用来计算价格和成交金额的货币。一般来讲,在国际贸易中,价格都表现为一定量的特定货币,通常不再另外规定支付货币,计价货币即支付货币。计价货币可以是进口国、出口国或双方同意的第三国货币,也可以是买卖双方协商同意的某种记账单位。由于货币的币值是不稳定的,买卖双方在选择计价货币时,一般会考虑两个问题:一是汇率风险问题,二是从汇率角度衡量货价的高低问题。一般来讲,在出口时采用汇率趋涨的货币计价比较有利,而进口时使用汇率趋跌的货币比较合算。但在实际业务中,确定计价货币还应综合考虑买卖双方的交易习惯、经营意图等。

在订立合同的价格条款时还应注意,如果交货品质与数量有一定机动幅度,需要对机动部分的作价有明确规定;如果合同规定包装材料或包装费由买方在合同价格外另行支付,也应规定其使用的货币,以利于更好地履行合同。

案例分析 10-2

应关注汇率波动的风险

某生产企业欲从国外引进一条生产线,与国外多个设备制造企业接触。一家日本供货商以日元报价,虽然买方账户中只有美元,但查询银行外汇牌价并进行计算后,发现这一日元报价折合大约 80 万美元,优于其他欧美设备制造商的报价,该生产企业遂选择与日商成交。

合同签订后,日方在合同规定的时间内为买方定制了生产线并发往买方。

买方在准备凭卖方提供的相关单据付款时发现,美元与日元的汇率发生了明显的变化,买方必须付出将近90万美元方能换回合同规定的日元货款。这一金额甚至高于当初欧美设备制造商的美元报价。

问题一:选择计价货币时应考虑哪些问题?

问题二:如何降低汇率波动的风险?

本章小结

1. 在国际货物买卖合同中,除了以固定价格的方法规定成交商品的价格外,还可以根据交易的具体情况,适当选择暂定价格、暂不固定价格、部分固定价格、滑动价格等定价方法。

2. 在决定交易货物买卖价格时,要对出口(或进口)的经济效益进行核算,以确认出口(进口)价格是否合理。对进出口的经济效益进行核算时,最重要的指标是出口(进口)盈亏率。

3. 在交易中可以合理运用佣金调动代理人的积极性,使交易更顺利的达成;也可以在出口时灵活使用不同种类的折扣,达到吸引国外进口商成交的目的。

4. 在磋商合同时,要选择有利的货币成交,尽量减轻汇率波动可能带来的风险。

思考题

1. 进出口商品的作价方法有哪些?

2. 什么是出口总成本?什么是出口销售外汇净收入?

3. 某商品出口总成本为68 000元人民币,出口后,外汇净收入为8 400美元,如果当时中国银行的外汇牌价为100美元合人民币850元,计算该笔出口的换汇成本和盈亏率。

4. 什么是佣金?什么是折扣?

5. 我某外贸公司出口的纺织品对外报价为每箱450美元FOB天津新港Incoterms®2020,后国外商人要求改报CIF汉堡Incoterms®2020价。假设运费每箱50美元,保险费率为0.8%,这时我方应报价多少?

6. 某公司报某商品每台850港元CIF马赛Incoterms®2020,外商要求改报CIFC5价。此时应报价多少?

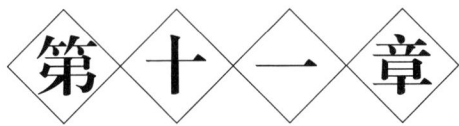

国际贸易货物的运输和保险

★ 学习目的与要求 ★

1. 了解国际货物的各种运输方式及特点。
2. 了解国际货物贸易中的各种运输单据。
3. 了解国际货物买卖合同中交货条款的内容及规定方法。
4. 了解国际货物运输中的风险及损失。
5. 了解国际货物运输保险的各种险别及保险条款。
6. 了解国际货物买卖合同中保险条款的内容。

在国际货物贸易中,货物从出口国转移到进口国必须通过运输来实现。买卖双方签订合同后,卖方应该按照合同规定的时间、地点和交付货物的方式向买方交付货物。因此,在买卖合同中,应当明确规定交货条款,明确货物的运输方式和交付条件。

在运输、装卸、储存过程中,进出口货物可能因各种风险遭受损失。为了转嫁风险和保障货物遭到损失后能得到经济上的补偿,买方或卖方就需要按约定条件投保货物运输险。由此,保险条款也成为国际货物买卖合同重要的组成部分。

第一节 国际货物运输方式及特点

国际货物运输有很多种方式,包括海洋运输、铁路运输、航空运输、邮包运输及多式联运等。在实际业务中,应根据进出口货物的特点、货运量大小、距离远近、运费高低、风险程度、自然条件和装卸港口的具体情况等因素,选择合理的运输方式。

一、海洋运输

海洋运输是指利用船舶,沿着一定的航线,在国内外港口之间运输货物的方式。与其他运输方式相比,海洋运输不受轨道、道路限制,通过能力大,运力大,运费低,其运量在国际货物贸易总量中占 2/3 以上,是国际贸易中最重要的运输方式。按船舶的经营方式,海洋运输可分为班轮运输和租船运输两种方式。

(一)班轮运输

班轮运输(liner transport)是在不定期租船运输的基础上发展起来的,是国际航运的一种主要方式。

1. 班轮运输的特点

(1)具有"四固定"的基本特点,即按固定的航行时间表,沿着固定的航线,停靠固定的港口,收取相对固定的运费。

(2)货物的装卸费包括在运费之内,因此装卸费实际上由船方负担,船货双方不计滞期费和速遣费。

(3)承运货物比较灵活,不论数量、品种,除非极特殊的商品,只要有舱位承运人就可以接受,尤其适合国际贸易中的杂货、零星货的运输。

(4)船方或其代理人签发的提单是承运人与托运人之间的运输契约的证明,船方与货主的权利义务以班轮提单为依据。

2. 班轮运费

(1)班轮运费(liner freight)的构成。班轮运费由基本运费和附加费构成,即

$$班轮运费 = 基本运费 + \sum_{i=1}^{n} 附加运费 i$$

其中,基本运费是指从装运港到目的港的基本费用,它是班轮运费的主体。附加运费是对一些需特殊处理的货物(如,单件超长或超重)或由于应对突发情况而需另外加收的费用,比较常见的包括超重附加费、超长附加费、直航附加费、转船附加费、选港附加费、绕航附加费、港口拥挤附加费、货物贬值附加费、燃油附加费、变更卸货港附加费、冰冻附加费等。

(2)班轮运费的计收标准。根据商品的种类不同,一般可以按照以下几种标准收取班轮的基本运费。

第一,按货物毛重计收,即以重量吨(weight ton,如1公吨、1长吨或1短吨等)来计收运费。运价表内货物名称后用"W"表示。

第二,按货物的体积/容积计收,即以尺码吨(measurement ton)计收运费。1尺码吨一般是1立方米或40立方英尺,在运价表上以"M"注明。

第三,按货物的重量/体积计收。即船公司分别按重量吨和尺码吨计算应收运费,从中选择金额大的收费,运价表中以"W/M"表示。

第四,按货物的价格计收,即从价运费。通常只有贵重货物才按此收费,是指按货物在装运地FOB价的若干百分比收取运费。在运价表上,从价运费以"A.V"或"Ad.Val(ad valorem)"表示。

第五,按货物的毛重、体积或从价计收。具体有两种方式:一是在运价表中以"W/M or Ad.Val"表示,即运费按重量吨、尺码吨或FOB价三种计费标准中较高的一种计收;另一种方式是在运价表中注明"W/M plus A.V.",指按货物毛重、体积二者中较高的一种计收运费,再加收一定的从价运费。

第六,按货物的件数计收运费。这种方式一般只针对包装固定,包装内的数量、重量、体积也固定不变的货物,按箱、捆、件等特定的运费率计收运费。

第七,按货物的个数计收。如车辆、活牲畜等。

第八,由船方与货主临时议价。这种方式通常是在承运粮谷、矿石、煤炭等大宗农副产品和矿产品时采用,货物的运费较低、装卸容易,在运价表中以"open(议价货)"表示。

(3)班轮运费的计算方法。班轮运费的基本运费和各种附加费均按班轮运价表计算。班轮运价表包括在不同航线上运输不同货物的单位费率、计算运费的相关规定和方法,如运价的适用范围、货物的分类分级、计费标准、各种附加费的计算方法等。

在计算班轮运费时,首先根据货物的英文名称,从运价表的货物分级表中查出货物所属等级和计收运费的标准,然后从航线费率表中查出该等级货物在特定航线上的基本运费率,再加上各项附加费用,其总和即为某种货物运往指定目的港的单位运费。

在计算基本运费时,应注意以下三种情况。

第一,若不同商品混装在同一包装内,则全部运费按其中较高的费率收取。

第二,同一票货物若包装不同,则其计费等级和标准可能会不同。除非托运人按不同包装分列毛重和体积,则全部货物均按较高的运费标准计收运费。

第三,若同一提单内有两种以上的货名,如果托运人未列明不同货名的毛重和体积,则全部货物也均按费率较高者计收运费。

(二)租船运输

租船运输(charter)又称为不定期船运输,通常指包租整船运送货物,一般大宗货物的运输往往采用这种方式。采用租船运输,船货双方应以买卖合同为依据,在与买卖合同内容衔接的基础上签订租船合同。在租船合同中,要明确规定运输货物的种类、船舶的航线、装卸时间、目的港以及装卸费用的负担等方面的内容。

租船运输主要有两种方式,即定程租船和定期租船。

1. 定程租船。定程租船(voyage charter)是指按航程租船,即所租船舶在指定港口之间完成一个或数个航次,因此又被称作程租船或航次租船。按照其租赁方式的不同,又可以把定程租船分为单程(或单航次)租船、来回航次租船、连续航次租船等几种。租船的费用一般根据船级、吨位和租船市场运费行市等条件,由船货双方在租船合同中订明。在程租船合同中,还应明确规定装运货物的条件,尤其是要规定装卸费用由谁负担。

实际业务中,装卸费用一般有四种不同的规定方法。

(1) FIO(free in and out)即船方不负担装卸费,或 FIOST(free in and out stowed and trimmed),即船方不负担装卸费、理舱和平舱费。这是比较普遍的一种做法。

(2) Gross Terms or Liner Terms,即班轮条件,指船方负担装卸费。

(3) FO(Free Out),即船方只负担装货费,不负担卸货费。

(4) FI(Free In),即船方只负担卸货费,不负担装货费。

应该明确的是,在定程租船中,船方对货物运输负责,而且要根据租船合同规定的装卸期限和装卸率,计算滞期费和速遣费。

2. 定期租船。定期租船(time charter)是指承租人在一定时期内租用船舶运输货物的方式。承租人在租期内也可以将此租船作为班轮或程租船使用,并负责船舶在租期内的一切运营费用及日常维修等开支。

除上述两种租船方式外,实际业务中还有光船租船(bare boat charter),亦称"净船期租船"。它属于定期租船的一种,船舶所有人只提供一艘空船,一切人员配备及运营维修的费用均由承租人负担,实际上属于单纯的财产租赁。由于这种租船方式比较复杂,当前国际货物贸易中很少采用。

应当注意,采用租船方式运输国际货物贸易中的大宗商品时,除了应当正确分析运费占进出口商品总成本的比例,还应该对航运市场运费变动趋势进行预测,以选择适当的贸易术语。

二、铁路运输

铁路运输(rail transport)是指利用铁路进行国际货物贸易运输的一种方式,

担负着进出口货物的集散和运进运出的繁重任务。由于铁路运输具有不受气候条件影响,可以保证常年的正常运输,而且速度较快,运量较大,有高度的连续性,风险小,手续简单等优势,因此成为国际货物贸易中仅次于海洋运输的一种主要运输方式。我国进出口货物的铁路运输包括国内铁路运输、至香港的铁路运输和国际铁路联运三部分。

国内铁路运输是指进出口货物在进出口口岸和内地之间的集散。

国际铁路货物联运是指使用统一的国际联运票据,由铁路负责两国或两国以上的铁路全程运输,并由一国铁路向另一国铁路移交货物。铁路联运过程中的货物移交,不需要收货人和发货人参加。

采用国际铁路货物联运,有关当事人事先应有书面约定。我国 1954 年加入了《国际铁路货物联运协定》(以下简称《国际货协》),其参加国包括欧亚大陆上的朝鲜、蒙古、越南、苏联以及若干东欧国家。根据这一协定,协议国的进出口货物,从始发站到目的地,不论经过几个国家,只需办理一次托运手续,有关国家的铁路根据一张运单负责将货物一直送到终点站交给收货人。同时,该协定也规定了从参加《国际货协》的国家向非参加国或相反方向运送货物,也可办理联运。

20 世纪 80 年代末,苏联解体等政治方面的变化,影响了原《国际货协》参加国依据《国际货协》进行货物的国际铁路运输。为适应这一变化,也为了顺利开展进出口货物的铁路运输,我国与俄罗斯、蒙古、朝鲜等国签署了双边《国境铁路协定》,作为采用国际铁路联运的方式完成货物的跨国运送的依据。

此外,在欧洲,由德国、奥地利、比利时、意大利、瑞典等二十几个国家签订了《国际铁路货物运送公约》(简称《国际货约》),便利了货物在其参加国间的铁路运输。

为了适应东欧、北欧一些国家的需要,1980 年我国成功地试办了通过西伯利亚大陆桥实行集装箱国际铁路联运,货运里程比海运可缩短 1/3 或 1/2。1992 年,东起我国连云港,途经陇海、兰新、北疆铁路进入独联体直达鹿特丹的第二条欧亚大陆桥运输的正式营业,进一步加快了货运速度,促进了我国对外贸易的发展。尤其是我国大力推进"一带一路"倡议以来,开通了来往于我国与欧洲及一带一路沿线国家的集装箱国际铁路联运班列,运输网络覆盖了亚欧大陆的主要区域,也使得铁路运输方式在我国进出口货物运输中愈加重要。

三、航空运输和邮包运输

(一)航空运输

与海运、铁路运输相比,航空运输(air transport)速度快,特别适用于运送鲜活商品、易腐商品以及各种急需物资。目前,我国空运发展很快,采用空运的商品主要有电脑、成套设备中的精密部件、电子产品、海产品、水果、蔬菜等。

在航空运输方式下,航空公司一般只负责空中运输,货物在始发机场交给航空公司之前的接货、报关等环节以及货到目的地后的接货、送货等业务均由航空货运公司办理,并负担其间的一切风险和费用。

根据运送货物的特点和不同需要,航空运输主要包括班机运输、包机运输、集中托运等几种方式。

尽管航空运输运费较高,但由于与海运相比,空运具有安全、准时的特点,能够节省包装、保险费用,还便于抢行应市,所以有些货物采用空运方式运输反而有利。

(二) 邮包运输

邮包运输(parcel post transport)是指通过邮寄方式运送进出口商品的一种简便的运输方式。根据各国邮政部门之间的协议,全球已经形成了国际邮包运输网。国际邮包运输具有国际多式联运和"门到门"运输的性质,而且手续简便,费用也不高。

邮包运输分为普通邮包运输和航空邮包运输两种方式。由于国际邮包运输对每个邮包的重量和体积都有一定的限制,因此这种方式只适用于运输重量轻、体积小的商品。

四、集装箱运输和国际多式联运

(一) 集装箱运输

集装箱运输(container transport)是以集装箱作为运输单位进行货物运输的一种现代化的运输方式,它适用于海洋运输、铁路运输及国际多式联运。与其他运输方式相比,集装箱运输提高了装卸效率及运输质量,简化了货运手续,降低了货运成本,因此越来越成为一种重要的运输方式而被普遍采用。

集装箱运输费用包括船舶运费和一些有关的杂费。实际业务中,可以按件杂货基本费率和附加费计费,也可以按包箱费率计算。各船运公司都分别以重量吨和尺码吨规定不同类型集装箱的最低装箱吨数,并以二者中高者作为集装箱最低计费标准。因此,应充分利用集装箱容积,节省运输费用。

集装箱运输使传统海运中的"港至港"原则转化为"门至门"原则,为国际多式联运及大陆桥运输提供了物质基础。在采用 FCA,CPT,CIP 等贸易术语时,如果选择集装箱运输,卖方在集装箱货场(CY)或货运站(CFS)将货物交给承运人,即完成交货,风险自货交承运人起由卖方转移到买方,这些货场或货运站可以在出口国港口,也可以在接近出口商的内地城市。

集装箱运输中,传统的贸易术语 FOB,CFR 和 CIF 越来越多地被 FCA,CPT 和 CIP 所代替,这三种贸易术语适用于各种运输方式,出口人的交货地点不止限于装运港,可以使卖方提前完成交货义务,提前将风险转移给买方,提前获取单据进行货款结算。集装箱运输中,提单一般采用多式联运单据,承运人对从出口国内陆交货地到进口国内陆收货地的全程负责并收取运费。提单上还要增加与集装箱有关的内容,如,TYPE OF MOVE 一栏中填写 CY 或 CFS,而最终目的地(货物而非船只)(FINAL DESTINATION of the goods – not the ship)中只填写内陆的收货地点等。

(二)国际多式联运

国际多式联运(international multimodal transport)最先始于美国,是指以集装箱为媒介,将两种或两种以上的运输方式有机地结合起来,共同完成某项运输任务的连贯运输方式。

利用国际多式联运方式运送货物,一般要签订国际多式联运合同,在合同中明确规定多式联运经营人与托运人之间的权利与义务;同时,还要使用一份包括全程的多式联运单据(multimodal transport documents)。多式联运单据是证明多式联运合同以及证明多式联运经营人接管货物并负责按合同条款交付货物的单据,它是多式联运经营人签发的。国际多式联运的费率必须是全程单一的。

特别需要注意的是国际多式联运包含了大陆桥运输。大陆桥运输是指利用横贯大陆的铁路运输系统作为中间桥梁,把大陆两端的海洋运输连接起来,组成海—陆—海的连贯运输。使用大陆桥运输方式,有利于简化货运手续,加快货运速度,降低运输成本。目前,国际货物贸易中涉及的大陆桥运输路线主要有西伯利亚大陆桥(即第一欧亚大陆桥)、美国大陆桥、加拿大大陆桥、中荷大陆桥(即第二欧亚大陆桥)等。

第二节 运输单据

运输单据(shipping documents)是承运人收到承运货物后签发给出口商的证明,是交接货物及出口结汇的重要单据。在进出口业务中,有很多种运输单据,主要包括以下几种。

一、海运提单

在海运和内河航运的方式下,海运提单(ocean bill of lading)是最主要的运输单据。

(一)提单的含义及主要内容

提单是承运人收货后签发给托运人的收据,它本身并不是运输契约,而是运输契约的证明。提单是代表货物所有权的凭证,收货人在目的港提取货物时,必须提交提单正本。在一定条件下,提单可以转让。

各船公司的提单格式有所不同,但基本内容大致相同,一般包括提单正面内容和背面印载的运输条款。

1. 提单的正面内容分别由托运人、承运人或其代理人填写,通常包括托运人(consignor)、收货人(consignee)、被通知人(notified party)、装运港或收货地(port of loading or place of receipt)、目的地或卸货港(place of destination or port of discharge)、船名、国籍、航次、货名及件数、毛重及体积、运费、提单签发数、签单日期及签单人。另外,由于提单一般有三份正本、若干副本,在合同中应声明正本提单其中一份完成提货后,其余二份即告无效。

2. 提单背面印有明确承运人与托运人、收货人、提单持有人之间权利和义务的运输条款。为了统一提单背面条款内容,缓解船货双方矛盾,国际上曾先后签署和通过了有关提单的国际公约《海牙规则》(Hague Rules)、《维斯比规则》(Visby Rules)和《汉堡规则》(Hamburg Rules)。但由于三个公约签署的历史背景和内容不同,因此采用不同规则的国家,提单背面内容会存在一定差异。

(二)提单的分类

可以按照不同的标准对提单进行分类。

1. 按照货物是否已装船,提单可分为已装船提单和备运提单。

(1)已装船提单(on board B/L),是指承运人在将货物装上指定船舶后签发的提单,其特点是提单上有载货船舶的名称和装船日期。

(2)备运提单(received for shipment B/L),是承运人收到托运货物后,在等待装船期间签发给托运人的提单,又称收讫待运提单。这种提单上没有装船日期和载货船名。

2. 按照提单上对货物表面状况有无不良批注,提单可分为清洁提单和不清洁提单。

(1)清洁提单(clean B/L),是指货物装船时,表面状况良好,承运人在签发提单时未加注任何货损、包装不良或其他有碍结汇的批注的提单。

(2)不清洁提单(unclean/foul B/L),指承运人在提单上加注了货物表面状况不良,或货物存在缺陷和包装破损等批注的提单。在信用证支付方式下,银行一般不接受不清洁提单。

3. 按照收货人抬头不同,提单可分为记名提单、不记名提单和指示提单。

（1）记名提单(straight B/L)，是指在提单的收货人一栏内具体写明收货人的名称，并标明只能由该收货人提货，又称收货人抬头提单。这种提单不能通过背书转让，在国际贸易中很少使用。

（2）不记名提单(open B/L 或 bearer B/L)，是指提单收货人一栏内没有填写具体的收货人或指示人的名称，谁持有提单，谁就可以提货，不需对提单进行背书转让，故又称"来人提单"。由于这种提单风险大，在实际中也很少使用。

（3）指示提单(order B/L)，是指在提单收货人一栏内只填写"凭指示"(To Order)或"凭某人指示"(To the Order of…)字样的一种提单。这种提单可以通过背书转让，背书的方法有两种，一种是"空白背书"，即在提单背面仅有转让人签章，不注明被背书人的名称，提单可以继续背书转让；另一种是"记名背书"，即提单背面既有转让人签章，又注明被背书人的名称。目前，实际业务中，多采用"空白抬头，空白背书"提单。

4. 按照运输方式不同，提单可分为直达提单、转船提单和联运提单。

（1）直达提单(direct B/L)，是指船舶载货后，中间不经换船，直接驶往目的港，承运人为此签发的提单即为直达提单。

（2）转船提单(transshipment B/L)，是指在装运港装货后，轮船需在中途港换装，承运人在这种情况下签发的提单就是转船提单。这种提单上应注明"转船"或"在××港口转船"的字样。

（3）联运提单(through B/L)，是指通过海运与其他运输方式共同运送货物时，由第一承运人签发的包括全程运输手续及运费的全程提单。但一般来讲，第一承运人会在提单上声明只对自己承运的区段承担责任。

5. 按照内容的繁简，提单可分为全式提单和略式提单。

（1）全式提单(long form B/L)，是指提单既有正面内容，在背面又列有承运人和托运人权利、义务的提单。

（2）略式提单(short form B/L)，是省略了提单背面条款的提单，又称简式提单。

依其他标准，提单也有其他不同的分类。比如，根据船舶运营方式不同，可以分为班轮提单和租船提单；根据提单使用有效性，即有无船长、承运人签章，可分为正本提单(original B/L)和副本提单(duplicate B/L)。此外，还有一些比较重要的提单，下面分别简单介绍。

（1）集装箱提单(container B/L)，是指采用集装箱运输货物时，承运人签发的提单。

（2）舱面提单(on deck B/L)，是指对放置在甲板上的货物签发的提单，又称甲板货提单，承运人对舱面货的损失或灭失不负责任。但采用集装箱运输时,装于舱面的集装箱是"船舱的延伸",视同于舱内货物。

(3)过期提单(stale B/L),是指错过规定的交单日期或到达目的港的时间晚于货物的提单。前者期限一般为 21 天,即提单签发日后 21 天才向银行提交,银行可以拒收;后者一般在合同(以及信用证)中订立了相应条款后银行才可接受。

(4)倒签提单(antedated B/L),是指承运人应托运人请求,签发提单日期早于实际装船日期的提单。这种提单的目的是为了符合信用证对装船日期的规定,便于结汇。这是一种违法行为。

(5)预借提单(advanced B/L),是指信用证规定装运日期和议付日期已到,货物已由承运人接管,但因故未能及时装船或装船完毕。在此情况下,托运人出具保函,要求承运人立刻签发表明货物已装船的提单。

预借提单与倒签提单属于同一性质,都不是按规定在装船完毕之日签发的标明当天日期的提单,因此应尽量不用或少用。

案例分析 11-1

倒签提单问题

某出口商与国外进口商签订货物出口合同,CIF 术语成交,信用证方式支付,交货期为该年 8 月。因备货环节出现问题,出口商在 9 月 16 日才将货物发送到装运港完成装船,并从船方手中获得装船日期为 9 月 16 日的正本提单。由于信用证规定货物 8 月装运,出口商将无法凭该提单在信用证下得到银行的付款。于是出口商与船方协商,向船方出具了担保书,要求船方将提单日期写成 8 月 31 日,声明承担因船方倒签提单可能引发的一切后果。

出口商在获得日期为 8 月 31 日的提单后,立即向银行交单。银行审单时未发现不符点,依据信用证向出口商支付了款项。进口商在对银行转来的相符单据付款后,到港口查询货物与船舶的情况,发现船舶尚未到港。察觉到情况有异,进口商对船舶的行驶状况进行了调查,发现了船方倒签提单的事实,在收集了有效证据之后,对出口商和船方提起了诉讼。

问题一:倒签提单的性质是什么?
问题二:在国际货物买卖中为什么会出现倒签提单?

案例分析 11-2

记名提单问题

某出口商与国外进口商订立货物买卖合同,约定采用 FOB 术语成交,托收方式结算货款,出口商提交的托收单据中包括海运提单,提单上应明确显示托运人为出口商,收货人为进口商。

出口商出运货物后,备妥全套单据向托收行交单,托收行则将单据寄往进口商所在地的代收行,委托其代收货款。但代收行很快回复,称进口商拒收单据,拒付货款。当出口商委托代理人在目的港凭海运提单提取货物时,发现承运人已经将货物交给了进口商。

出口商认为,海运提单是物权凭证,承运人的行为属于无单放货,致使出口商在持有正本提单的情况下失去了对货物的所有权,因此要求承运人对出口商因此遭受的损失进行赔偿。

承运人则认为,根据进口商与承运人之间的海运合同,承运人在装运港签发的提单是记名提单,而记名提单不是物权凭证,承运人在目的港将货物交给提单规定的收货人是合理的,不应对出口商遭受的损失承担责任。

经法院审理,支持了承运人的观点,出口商败诉。

问题:在什么样的情况下,适合使用记名提单?

(三)提单的性质和作用

提单的性质和作用主要表现在以下三个方面。

1. 提单是承运人或其代理人出具的货物收据,证实其已按提单的记载收到托运人的货物。

2. 提单是代表货物所有权的凭证,提单的持有人拥有支配货物的权利。因此,凭提单可以提货,可以向银行议付货款,提单还可以转让或抵押。

3. 提单是承运人和托运人双方订立的运输契约的证明,因为运输契约在装货前即已订立,而提单一般是在装货后签发的。

二、其他运输单据

(一)国际铁路联运运单

国际铁路联运运单和运单副本是铁路与货主之间的运输契约。不同于海运提单的是,运单在运输全程与货同行,最后交给收货人。因此,国际铁路联运运单既是铁路承运货物出具的凭证,也是铁路同货主交接货物、核收运杂费用和处理索赔与理赔的依据。运单副本在铁路加盖戳记证明货物的承运和承运日期后发还发货人,是卖方凭以向银行结算货款的重要证件之一。但是应该明确,铁路运单不是物权凭证。

(二)承运货物收据

承运货物收据(cargo receipt)是在我国内地通过铁路将货物运往港澳地区

时使用的一种特殊的运输单据。它是承运人出具的货物收据,又是承运人与托运人签订的运输契约,是据以对外结汇的证件之一。其内容与海运提单基本相同,不同的是,它只有一份正本。

(3)航空运单。航空运单(air waybill)是航空公司出具的承运货物的收据。它既是承运人承运货物的收据,又是发货人与承运人之间的运输契约,也可作为承运人核收运费的依据和海关查验放行的基本单据。但它同样不是物权凭证,不能通过背书转让。

(4)邮包收据(parcel post receipt)。邮包收据是邮包运输的主要单据,它既是邮局收到寄件人邮包后所签发的凭证,也是收据人凭以提取邮件的凭证。同时,它又是当邮包发生灭失或损坏时索赔和理赔的依据。但邮包收据也不是物权凭证。

(5)多式联运单据(multimodal transport documents 或 MTD)。多式联运单据是国际多式联运方式下的主要单据,它与海运中的联运提单相似,但性质有所不同。

三、海运单

近十几年来海运单越来越多地被各国采用,是在近海贸易中用来代替海运提单的一种运输单据。国际海运委员会已制定了《海运单统一规则》,以促进其推广应用。

在实践中,海运单与海运提单性质不同。海运提单是货物收据、运输契约证明,还是物权凭证;而海运单则只是货物收据和运输契约证明,不具有物权凭证的性质。其性质类似于空运单和陆运单,不是承运人发货、收货人提货的凭证,因此不能流通转让。由于海运单不代表物权,凭单交货的做法就不能成立,而这恰恰与传统的象征性交货相对立。

在使用海运单的交易中,在进出口清关及运输责任的划分、保险责任的划分、风险界限的划分、费用的划分等方面仍旧沿用传统的象征性交货的做法。严格地讲,使用海运单的交易是一种介于象征性交货和实际交货之间的,适应该交易具体特点的交货方式。

目前,在国际货物贸易中,运输单据仍起着不容忽视的重要作用。但随着电子商务的迅速发展,电子信息将在一定程度上代替传统的纸面文件,凭单交货的必要性和可行性可能都将发生变化。

第三节　国际货物买卖合同中的交货条款

在国际贸易中,买卖双方需要就交货时间、装运港(或装运地点)和目的港(或到货地点)、装卸时间及费用,以及是否分批装运等事项进行洽商,合理规定装运条款,以保证进出口合同顺利履行。

在交货条款中,以海运方式的交货条款最为常用又最为复杂。下面主要介绍海运装运条款的主要内容。

一、装运时间

装运时间(time of shipment)又称装运期,是国际货物买卖合同中的一项重要内容,它强调的是出口商将货物提交承运人运输的时间,涉及买卖双方风险和责任的划分问题,与交货期(time of delivery)是两个不同的概念。但在进出口贸易中,最常用的三种贸易术语 FOB、CFR、CIF 下,卖方均在装运港完成交货义务,因此装运期与交货期是相同的。若在合同中采用 DAP、DPU、DDP 等在目的港或其他地点交货的术语,二者意义则截然不同。

在贸易实践中,合同的装运期可有以下几种规定方法。

（一）具体规定装运期限

采用这种规定方法,装运时间一般不确定在某一特定日期,而确定在一段时间。如规定在某年某月装运,或于某年某月某日前装运。这种方法含义明确,在国际贸易中被普遍采用。

（二）规定在收到信用证后若干天装运

在合同签订后,如果买方因申请不到进口许可证或国家不批给其外汇,或因货物市场价格降低对买方不利,或买方资信较差而迟迟不开信用证,卖方会因买方的拒开或迟开信用证而遭受损失。为避免这种情况发生,可以采用这种规定装运期的方法来约束买方。另外,如果交易的商品是按买方要求为其特制的,一旦买方拒绝接受很难销售给其他买主,也可以用此方法规定装运时间,这样卖方可以在收到买方开来的信用证后,开始为买方加工制造商品。

应当注意,在采用此方法时,必须同时在合同中规定信用证的开到期限或开出日期。为了促使买方开证,通常在合同中加订约束性条款,如"买方如不按合同规定开证,卖方有权按买方违约提出索赔"。

(三)采用笼统方法规定装运期限

这种方法不规定具体期限,而是采用如"立即装运"(immediate shipment)、"尽快装运"(shipment as soon as possible)、"即刻装运"(prompt shipment)等措辞表示装运时间。由于各个国家(地区)对这些措辞的解释不一,易造成分歧,一般不宜在合同中使用。

总之,在规定装运时间时,应充分考虑货源、船源等实际情况,期限的长短要适度,尽量避免出现当月交货的情况。同时,为保证按期装运,装运期与信用证的开出日期应互相衔接。

二、装运港(地)与目的港(地)

装运港(地)(port/place of shipment)是货物被交给承运人开始运输的港口(地点),目的港(地)(port/place of destination)则是承运人完成货物运输,并按运输合同的约定,将货物交给货物的买方或卖方或其代理人的港口(地点)。国际货物买卖合同中的装运港(地)、目的港(地)的规定,除了同贸易术语有关,属于贸易术语的一部分以外,也与买卖双方承担的运输责任有关,是合同交货条款的重要内容。

一般来说,通常由卖方提出装运港(地),经买方同意后确定;目的港(地)则通常由买方提出,卖方同意后确定。同时,根据双方需要,装运港(地)和目的港(地)可各规定一个,如上海到鹿特丹;在大宗交易下,也可规定两个或两个以上的装运港(地)和目的港(地),比如装运港为连云港/大连/青岛。根据交易的具体情况,也可规定选择港的做法,即从某几个港口中任选一个,或规定某一航区中的任一港口作为装卸港。

在规定装运港(地)和目的港(地)时应注意以下问题。

第一,合同中的装运港(地)或目的港(地)必须是国家政策法律允许往来的国家的港口或地点。

第二,必须明确规定装运港(地)和目的港(地),不能笼统地规定为"中国口岸"或"FOB X 国港口"等。

第三,采用选择港的做法时,备选港口不宜超过三个,而且必须是在同一航区、同一航线比较靠近的港口。

第四,使用仅适用于海运的贸易术语时,不能将内陆城市作为装运港(地)和目的港(地)。

第五,必须考虑运输上的合理性。比如,进口业务中,在采用仅适合海运的贸易术语时,应选择接近用货地或消费地的外贸港口为目的港(地);出口时,应规定接近货源地的港口为装运港。

第六,采用适用海运的贸易术语进行交易时,必须注意国外港口的运输和装卸条件,要明确港口有无直达班轮、港口装卸设备状况、码头泊位深度、有无冰冻期及其惯例制度以及收费标准等。

第七,世界上有些港(地)存在同名现象,应在该港(地)前面标明国家或地区名称。

三、装卸时间和滞期、速遣费

在采用定程租船运输大宗货物时,在租船合同中须订有装卸时间、装卸率和滞期、速遣费条款。而买卖双方为了约束对方按时完成装卸任务,使货物买卖合同与租船合同相衔接,在买卖合同中也应规定上述内容。

(一)装卸时间

装卸时间(lay time)指在合同中约定的完成货物装卸允许花费的时间。对于装卸时间的规定,可以采用下面几种方法。

(1)规定装卸货物的定额标准或装卸率,即每船或每个舱口每个工作日装卸货物的数量,一般按照港口正常的装卸速度约定。

(2)规定装卸天数。

(3)按港口习惯快速装卸(customary quick dispatch,CQD)。这实际上是一种笼统的规定方法,但由于未规定确切的装卸期限,容易引起争议。

(二)滞期费和速遣费

1. 滞期费(demurrage),指在规定的装卸期限内,租船人未能完成货物装卸,耽误了船期。为了补偿船方的损失,租船人向船方支付的一定金额的罚金。

2. 速遣费(dispatch money),指租船人提前完成装卸,船方为鼓励而付给租船人的奖金,速遣费通常为滞期费的一半。

在定程租船合同中,规定滞期、速遣条款的主要目的是明确有关滞期费用负担的责任。比如,在 FOB 术语下,买方签订运输合同,通常卖方负责装船,这时若发生滞期费,应由卖方负担,但船方一般根据运输合同的规定向租船人(买方)索取。同样,在 CIF 和 CFR 术语下,由卖方签订运输合同,买方负责卸货,发生滞期费应由买方负担,而船方往往根据运输合同向卖方索取。因此,必须在货物买卖合同中规定滞期、速遣条款。

一般情况下,买卖合同中对这个条款的规定,应与租船合同中的相关条款一致。

四、分批装运和转运

(一)分批装运

分批装运(partial shipment)是指一笔交易的货物分若干批装运。但同一船只、同一航次、不同时间在不同港口装运货物,不属于分批装运。

国际上对分批装运有不同的解释,为避免争议,买卖双方应根据交货数量、运输条件和市场需要等因素,在买卖合同中明确规定是否允许分批装运。若双方同意分批装运,在进出口合同中应做出明确规定。但根据国际惯例,对在合同中具体规定了各批装运时间和数量的分批装运,同时又采用了信用证支付方式,则如果其中任何一批未能按约定时间和数量装运,则信用证对该批与以后各批均告无效。

总之,卖方应特别注意,在合同中不宜规定在很短的时间内分若干批装运,每批装运的时间间隔应适当,并尽量避免做分批定量的规定,以免因安排装运困难而影响贸易。

(二)转船

在没有直达船或一时找不到合适的船舶运输货物的情况下,需要采用中途转船的方式运输货物。国际上对转船(transshipment)也没有一致的解释,因此应在合同中明确规定是否允许转船。

由于转船耽误时间也增加费用,还易产生货损货差,故买方往往在合同中要求加订"限制转船"条款。但是,在出口业务中应当注意,凡目的港没有直达船挂靠,或虽有直达船但船期不定,或航次间隔时间太长,以及成交量大而港口条件差或拥挤严重的,均应在合同中加订"允许转船"条款,以利装运。

五、其他内容

除了上述几项主要内容,装运(交货)条款中还应该对装运通知(shipping advice)等做出规定,OCP 条款也是可能包括的内容之一。OCP(overland common points)意为"内陆地区",OCP 条款通常被称为美国陆桥运输。根据美国相关部门的规定,以美国西部九个州为界,即落基山脉以东的地区都属于 OCP 地区的范围,与美国进口商按 OCP 条款达成的交易,出口商既可享受美国内陆运输的优惠费率,也可享受 OCP 活动的优惠费率。因此,利用此条款进行的交易对买卖双方均有利。但在实际业务中使用该条款,货物必须由美国西海岸港口中转,提单上必须标明"OCP"字样。

第四节　国际贸易货物运输保险的范围

国际贸易的货物运输保险是以运输中的各种货物作为标的,由保险人(即保险公司)在约定范围内,对保险标的在运输过程中发生的损失,给予被保险人经济补偿的一种业务。它属于财产保险的一种。

不同的运输方式下,货物运输保险的种类也不同,主要包括海上货物运输保险、陆上货物运输保险(公路或铁路)、航空运输保险和邮包运输保险。其中,海上货物运输保险起源最早,应用最广泛,其他货物运输保险是以它为基础而发展起来的。本节主要介绍海上货物运输保险的相关内容。

一、风险

海上货物运输保险承保的风险包括海上风险和外来风险,但国际上对其有多种解释,这里介绍我国"海洋货物运输条款"中的解释。

(一)海上风险

海上风险(perils of the sea)又称海难,是指被保险货物及船舶在海上运输中及与海上运输相连的陆上、内河、驳船运输中所发生的风险。根据保险界的解释,它不包括海上发生的一切风险,但也并不仅仅局限于航海过程中的风险。一般来讲,海上风险包括自然灾害和意外事故。

1. 自然灾害(natural calamities)。自然灾害是不以人们意志为转移的,由于自然界的变化而产生的破坏力量所造成的灾害。但海上货物运输保险并不承保一切由于自然力量引起的灾害,一般只包括恶劣气候、雷电、海啸、地震或火山爆发等人力不可抗拒的力量所造成的灾害。

2. 意外事故(accidents)。意外事故是指由于不能预料的、偶然的,即由于不可抗力的原因所造成的事故。但意外事故不是泛指海上意外事故。根据"海洋运输货物保险条款"的规定,意外事故指运输工具搁浅、触礁、沉没、与流冰或其他物体碰撞、互撞以及失踪、失火、爆炸等造成的货物损失。

(二)外来风险

外来风险(extraneous risks)是指海上风险以外的其他外来原因所造成的风险,可分为两个部分。

1. 一般外来风险。一般外来风险通常包括被保险货物在运输途中可能遭遇的偷窃、雨淋、短量、渗漏、玷污、破碎、受潮受热、串味、生锈、钩损、提货不着等。

2. 特殊外来风险。特殊外来风险是一般外来风险之外的其他外来原因导致的风险,往往与军事、政治、国家政策法令及行政措施等相关。

二、海上损失

海上损失(loss)是指海运途中因遭受海上风险所发生的损失。根据惯例,海上损失还包括与海运连接的最近一段陆路运输或内河运输中所发生的损失。根据海上损失的程度不同,可分为全部损失和部分损失。

（一）全部损失

全部损失(total loss)是指运输中的整批货物全部灭失,又称全损。根据情况不同,又分为实际全损和推定全损。

1. 实际全损(actual total loss)。实际全损是指保险标的物在遭遇保险公司保障范围内的风险后完全灭失,或损失已无法挽回(如被海盗劫去)、或标的物已完全丧失价值或失去原有使用价值(如咖啡被水浸泡)或载货船舶失踪,经过相当时间仍无音讯。

2. 推定全损(constructive total loss)。推定全损是指被保险货物的实际全损已不可避免,或者为避免实际全损的发生,恢复、修复、施救、收回及运送货物到原定目的港的费用(或费用之和)超过修复或收回货物的价值,这时可推定货物发生了全损。

在发生推定全损时,被保险人可以要求保险公司按部分损失对投保货物进行赔偿,即,按实际发生的损失赔偿,也可以要求按推定全损赔付。但只有在被保险人向保险人提出委付并经保险人同意的情况下,才能按推定全损赔付。所谓委付(abandonment),是指在推定全损的情况下,被保险人将保险标的的一切权利,包括所有权转让给保险人,同时要求保险人按实际全损的赔偿予以补偿。

（二）部分损失

部分损失(partial loss)是指保险标的发生了部分损坏或灭失。按其损失的性质不同,部分损失分为共同海损与单独海损。

1. 共同海损(general average)。共同海损是指载货的船舶在海运途中遭到自然灾害或意外事故,船长为解除船与货的共同危险或使航程得以继续,有意而合理地做出的特殊牺牲;或采取合理救难措施而引起的特殊损失和合理的额外费用。

构成共同海损应具备以下条件:①船舶确实遭遇危险,不是主观臆测,而且此危险必须是危及船和货的共同安全。②采取的措施必须是合理的、有意识的。③牺牲和费用支出是特殊的,正常的海运过程中不会发生的。④共同海损行为是有效的。

由于共同海损的牺牲和费用支出是为了使船舶、货物和运费方免于遭受损失,所以应按最后获救价值的比例由三方分摊,通常称为共同海损分摊(G. A. contribution)。

2. 单独海损(particular average)。单独海损是由海上风险直接导致的船或货的部分损失,该损失由受损方单独负担。可以看出,单独海损在造成海损的原因及损失承担责任方面有别于共同海损。

案例分析 11-3

单独海损还是共同海损?

某出口公司与国外进口商签署了一份板栗出口合同,合同规定板栗数量为100公吨,麻袋装。在运输途中,载货船舶遭遇了恶劣天气,由于风浪过大,船舶有倾覆危险,船长下令,将部分货物抛弃,以保证船舶的平衡。待船舶最终抵达目的港时,进口商发现,有 50 公吨的板栗被船长抛海,剩余 50 公吨板栗因海水入舱,遭浸泡,已经变质,失去商业价值。

进口商认为,货物的损失是船长抛货的命令造成的,属于共同海损,应以获救价值按比例分摊,而这个观点遭到了船方的反对。

问题一:如何区分单独海损和共同海损?
问题二:区分单独海损和共同海损的意义是什么?

三、海上费用

海上费用是指由海上风险造成的、由保险人承保的费用损失。海上费用包括施救费用和救助费用。

(一)施救费用

施救费用(sue and labor charges)又称单独海损费用,是指保险货物遭受保险责任范围内的自然灾害和意外事故时,被保险人或其代理人、雇佣人员和受让人等,为抢救被保险货物,防止损失继续扩大而采取措施所支付的费用。这种费用由保险公司负责赔偿。

(二)救助费用

救助费用(salvage charges)是指保险标的在运输途中遇到承保范围内的自然灾害和意外事故时,由保险人和被保险人以外的无契约关系的第三者采取救助措施,因而向该第三者支付的报酬。保险人负责赔偿救助费用,但要求救助成功。

第五节 我国海运货物运输保险的险别

保险险别是保险人对风险和损失的承保责任范围,又是承保人责任义务大小及被保险人缴付保费的依据。我国海运货运保险险别包括基本险与附加险两大类,其承保责任范围、除外责任及责任起讫期限如下。

一、承保的责任范围

(一)基本险

基本险,是可以独立投保的险别。我国海洋货运保险的基本险有平安险、水渍险和一切险。

1. 平安险(free from particular average,FPA)。在平安险下,保险人的责任范围包括:

(1)货物在海运途中,遇到自然灾害或意外事故,造成被保险货物的全部损失,包括实际全损和推定全损。

(2)在海运途中,运输工具遭到搁浅等意外事故造成的被保险货物的部分损失。

(3)运输工具途中遇到意外事故,意外事故前后又遇到自然灾害导致被保险货物的部分损失。

(4)保险标的物在装卸转船过程中,一件或数件落海所造成的全部损失或部分损失。

(5)被保险人在保险标的物遭受承保责任范围内的风险时,对其进行抢救所发生的合理费用,但不能超过保险标的物的保险金额。

(6)运输工具遭遇自然灾害或意外事故,在中途港或避难港停靠而引起的装卸、存仓等特别费用损失。

(7)发生共同海损引起的牺牲、分摊费和救助费用。

(8)运输契约订有"船舶互撞条款",按规定,应由货方偿还船方的损失。

2. 水渍险(with particular average,WPA)。保险人在水渍险下的责任范围,除包括平安险的各项责任外,还负责被保险货物由于各种自然灾害所发生的部分损失。

3. 一切险(all risks)。在一切险下,保险人除对平安险和水渍险责任范围内的各项内容承担责任外,还要对被保险货物海上运输途中由于一般外来风险所造成的全部或部分损失承担赔偿责任。也就是说,一切险包括一般附加险,但不包括特殊附加险。由于保险人在一切险下承保责任范围大,其保险费在三种基本险中也最高。

(二)附加险

附加险不能单独投保,必须在投保基本险的基础上投保,并另外支付保险费。由于一切险的承保责任范围已包含了一般附加险,故在投保一切险时,不必加保一般附加险。根据性质和费用不同,附加险包括一般附加险和特殊附加险。

1. 一般附加险(general additional risks)。一般附加险针对的是一般外来风险,其险别包括偷窃提货不着险、淡水雨淋险、短量险、混杂玷污险、渗漏险、碰损破碎险、串味险、受热受潮险、钩损险、包装破裂险、锈损险等 11 种。

2. 特殊附加险(special additional risks)。特殊附加险针对的是特殊外来风险,险别包括战争险、罢工险、交货不到险、进口关税险、舱面险、拒收险、黄曲霉素险、出口到港澳存仓火险等,其中以战争险、罢工险在货物运输保险中最常见。

特殊附加险不包括在一切险范围之内,可在投保一切险之后,根据交易的特点和需要,加保一种或几种特殊附加险。

除上述基本险与附加险外,还有一种可独立投保的卖方利益险。卖方利益险是一种专门险别,是在托收支付方式下,以 FOB 或 CFR 条件成交,如果买方不赎单付款,而货物在海运过程中遇险,则卖方可凭借卖方利益险从保险公司获得赔偿。

二、除外责任

除外责任是保险公司明确规定不予承保的损失和费用,它可以划清保险人、被保险人和发货人各自应承担的责任。

根据一般规定,除外责任包括被保险人的故意行为或过失;发货人的责任;由于货物本身的特性或缺点、潜在的缺点引起的损失;自然损耗或运输途中损耗引起的损失及运输延迟货价上涨或下跌的损失等。

我国海运货物运输基本险的除外责任包括:①被保险人的故意行为或过失所造成的损失;②属于发货人责任所引起的损失;③保险责任开始前被保险货物已存在品质不良或数量短差所造成的损失;④被保险货物的自然损耗、本质缺陷、特性以及市价跌落、运输延迟所引起的损失或费用;⑤战争险和罢工险条款规定的责任及其除外责任。

三、承保责任的起讫

(一)基本险的责任起讫

在正常运输的情况下,基本险承保责任的起讫适用"仓至仓条款"(warehouse to warehouse clause,即 W/W)的规定。即保险责任自被保险货物运离保险单所载明的启运地发货人仓库开始,一直到运入保险单所载明的目的地收货人仓库为止。但如果在卸货港货物卸离海轮,不进入收货人仓库,只要满 60

天,保险公司的保险责任也告终止。另外,如果被保险货物在运至保险单所载明的目的地或目的地前的某一仓库进行分配、分派,则保险责任在分派、分配开始时即告终止。

(二)海运战争险的责任起讫

海运战争险的责任只限于水上危险或运输工具上的危险,其责任自保险单所载明的启运港装上海轮或驳船开始,直至到达保险单所载明的目的港卸离海轮或驳船为止。如果货物不卸离海轮或驳船,则保险责任最长延至货物到达目的港之日午夜起15天为止。如果中途转船,则不论货物在当地卸载与否,保险责任以海轮到达该港或卸货地点的当日午夜起算15天为止,待再装上续运海轮时责任恢复。

第六节 伦敦保险协会海运货物保险条款

伦敦保险协会海运货物保险条款最早制定于1912年,经多次修订,在1982年修订之后,最近一次修订发生在2008年,修订过的"协会货物条款"于2009年1月1日起实施。

新修订的协会货物条款同1983年开始实施的旧版本一样,共包括六种保险条款:协会货物条款(A),即 Institute Cargo Clause(A),ICC(A);协会货物条款(B),即 ICC(B);协会货物条款(C),即 ICC(C);协会战争险条款(货物),即 Institute War Clauses - Cargo;协会罢工条款(货物),即 Institute Strike Clauses - Cargo;恶意损害险条款,即 Malicious Damage Clauses。

在上述六种险别中,前三种为主险,后三种为附加险。

协会货物条款对保险人保险责任起讫的规定仍然使用仓至仓条款,但内容与过去相比有所扩展。具体讲,该条款规定保险人的保险责任自保险标的为了开始运输而立即搬运至运输车辆或其他运输工具的目的,开始进入仓库或储存处所(本保险合同载明的地点)时生效,包括正常运输过程,直至运到下述地点时终止。

(1)在本保险合同载明的目的地最后仓库或储存处所,从运输车辆或其他运输工具完成卸货。

(2)在本保险合同载明的目的地任何其他仓库或储存处所,或在中途任何其他仓库或储存处所,从运输车辆或其他运输工具完成卸货,上述任何其他仓库或储存处所是由被保险人或者其雇员选择用作:在正常运送过程之外的储存货物,或分配货物,或分派货物。

(3) 被保险人或其雇员在正常运输过程之外选择任何运输车辆或其他运输工具或集装箱储存货物。

(4) 自保险标的在最后卸货港卸离海轮满60天为止。

上述情况以先发生者为准。

由于在保险条款中,最关键的内容是保险人保险责任的起讫、承保风险和除外责任,在了解保险人的责任起讫之后,主要介绍协会货物条款三种主险的承保风险与除外责任。

一、ICC(A)的承保风险与除外责任

ICC(A)的承保责任范围较广,不便一一列举,采用"一切风险减去除外责任"的规定方法。在协会货物条款的三种主险中,它的保险责任范围最大,与我国海运货物保险中的"一切险"类似。

ICC(A)的除外责任包括一般除外责任、不适航和不适货除外责任、战争险除外责任、罢工险除外责任,但其除外责任中不包括"海盗行为"和"恶意损害险条款"的承保责任。

二、ICC(B)的承保风险和除外责任

(一) ICC(B)的承保风险

ICC(B)的承保风险采用"列明风险"方式,其范围仅次于ICC(A),类似于我国海运货物保险中的"水渍险"。凡属于下列原因之一造成货物的灭失或损害,都属于该条款的责任范围之内:①火灾、爆炸;②船舶或驳船触礁或搁浅、沉没、倾覆;③运输工具倾覆或出轨;④船舶、驳船或运输工具同水以外的任何外界物体碰撞;⑤避难港卸货;⑥地震、火山爆发或雷电;⑦共同海损牺牲;⑧抛弃或浪击入海;⑨海水、湖水或河水进入船舶、驳船、运输工具、集装箱、大型海运箱或贮存处;⑩货物在装卸时落海或跌落造成整体的全损。

(二) ICC(B)的除外责任

ICC(B)的除外责任是ICC(A)的除外责任再加上ICC(A)承保的"海盗行为"与"恶意损害险条款"。

三、ICC(C)的承保风险及除外责任

ICC(C)的承保范围更小,它只承保"重大意外事故",不承保ICC(B)中的自然灾害(如地震、雷电等)和非重大事故(如装卸过程中的整件灭失等)。其条款类似于我国海运货物保险中的"平安险"。

ICC(C)的除外责任与ICC(B)相同。

英国伦敦协会的协会货物条款,在全球保险业界具有很高的声望,为广大商人普遍接受。因此,在我国的进出口业务中,尤其是在以CIF术语出口时,如果外商要求按协会货物条款投保,出口公司一般可以接受。

第七节 国际货物买卖合同中的保险条款

在国际货物贸易中,采用不同的贸易术语,负责办理货物运输保险的人就不同。在我国进出口贸易中,不少商人乐于按CIF(或CIP)条件出口,而按FOB(或FCA)、CFR(或CPT)条件进口,以便由自己负责办理保险业务。

在国际货物买卖合同的保险条款中,应包括投保金额、保险险别及采用的保险条款等内容。无论进口或出口,都应考虑根据被保货物可能招致的风险与损失,货物的包装情况,以及港口情况来选择适当的险别投保。

一、出口合同中的保险条款

签订出口合同时,如果按CIF条件成交,双方要约定险别、保险金额,以及适用的保险条款。例如,我国出口商在使用CIF术语出口时,在合同中可写明"由卖方按发票金额110%投保一切险,适用1981年1月1日中国人民保险公司海运货物保险条款"。

如果按FOB或CFR条件出口,保险条款可规定为"由买方处理保险";如果买方委托卖方代办保险,可订为"由买方委托卖方按发票金额的110%代为投保水渍险,保险费由买方负担"。

在实际业务中,如果货物按CIF或CIP条件出口,由卖方向保险公司以合适的险别办理投保。办理时,应根据出口合同或信用证的规定,在备妥货物并确定装运日期和船舶后,按规定格式填制保险单,列明各项内容,送保险公司投保,缴纳保费,并向保险公司领取保险单据。

在出口业务中,保险金额一般由买卖双方商订。保险金额是保险公司承担的最高赔偿金额,也是保险费的计算基础。

根据国际惯例,保险金额通常按CIF或CIP总值加成10%计算。如果买方要求以较高加成率的保险金额投保,在保险公司同意承保的前提下,卖方可以接受,但超出部分的保险费应由买方负担。

一般来讲,无论以何种术语成交,均有:

$$出口货物保险金额 = CIF 货价 \times (1 + 加成率)$$
$$保险费 = 保险金额 \times 保险费率$$

卖方在核算被包括在 CIF 价中的保险费时,应注意最近一定时期内同类货物的赔付率,以及不同货物、不同险别、不同目的地等情况,因为不同情况下保险费会有所不同。

二、进口合同中的保险条款

在签订进口合同时,如果买卖双方约定采用 FOB(或 FCA)、CFR(或 CPT)术语,买方需要为进口货物自办保险。因此,进口合同中保险条款一般只规定"装船后保险由买方负责"。

在我国货物进口业务中,如果采用 FOB、FCA、CFR 或 CPT 术语成交,为了简化投保手续,也为了防止进口商在载货船舶离开装运港前来不及投保,一般会采用预约保险的做法。外贸公司与保险公司签订各种运输方式下的预约保险合同,对每批进口货物,无须提前填制投保单,在货物运离装运港之前办妥投保手续,只需要在获得该批货物的出运信息后立即联系保险公司,补办货物的保险。

以 FOB 或 CFR 条件进口,在投保时,一般以 CIF 价作为保险金额而不必加成,其中的运费率和保险费率均采用平均值计算。一般计算如下:

$$FOB 进口保险金额 = \frac{FOB 货价 \times (1 + 平均运费率)}{1 - 平均保险费率}$$

$$CFR 进口保险金额 = \frac{CFR 货价}{1 - 平均保险费率}$$

$$保险费 = 保险金额 \times 平均保险费率$$

三、海运货物保险单据

保险单据是保险人与被保险人之间订立的有关权利和义务关系的法律文件,也是保险人的承保证明。一旦发生承保范围内的损失,它是被保险人凭以向保险公司索赔的依据。保险单可以转让。目前,我国进出口业务中使用的保险单据主要有以下两种。

(一)保险单

保险单(insurance policy)俗称大保单,保险单上除了载明投保单中的各项内容,也就是这笔保险业务中有关货物、运输以及被保险人的信息外,还列有保险公司的责任范围及保险人与被保险人双方的权利义务。

(二)保险凭证

保险凭证(insurance certificate)俗称小保单,它是简化了的保险单,对保险人与被保险人双方的权利义务未加叙述,其余内容则与保险单相同。根据世界上大多数国家(地区)的相关规定,保险凭证与保险单具有同样的法律效力。

第八节　其他运输方式的货物保险

除了海洋运输方式下的货物需要保险外,其他运输方式下的货物也需办理保险。尤其是随着国际贸易的发展,其他运输方式的国际货物运输量明显增加,陆上、航空、邮包及多式联运货物保险业务均在海上货物运输保险条款的基础上,制定了独立的运输保险条款。

一、陆上货物运输保险

绝大多数保险公司陆运保险的基本险别都包括陆运险和陆运一切险,附加险则与海运货物保险一样,分为一般附加险和特殊附加险。

(一)陆运险

这个险别类似于海运保险中的水渍险。保险公司负责赔偿被保险货物在运输途中遭受自然灾害或由于陆上运输工具(仅限于火车和汽车)遭受碰撞、倾覆或出现出轨以及驳船在驳运过程因遭受搁浅、触礁、沉没、碰撞,或由于遭受隧道坍塌、崖崩或失火、爆炸等意外事故所造成的全部或部分损失。此外,被保险人对遭受承保责任内风险的货物采取抢救措施,防止或减少货损而支付的合理费用,在不超过该批被救助货物保险金额的条件下,保险公司也负责赔偿。陆运险的承保范围不包括附加险。

(二)陆运一切险

这种陆运险别的责任范围类似于海运保险中的一切险。保险公司除承担上述陆运险的赔偿责任外,还对货物在运输途中由于外来原因造成的全部或部分损失进行赔偿,即包括了一般附加险。

此外,陆上运输保险中还包括有冷藏货物险,这是一种专门险别,具有基本险的性质,保险公司的责任范围除包括陆运险的责任外,还负责赔偿由于冷藏设备在运输途中损坏而导致货物变质的损失。

(三)陆上货物运输保险的责任起讫

陆运险的责任起讫也采用"仓至仓条款"。保险人负责自被保险货物运离保险单所载明的起运地仓库或储存处开始生效,包括正常陆运及有关水上驳运,直至该货物运达保险单所载明的目的地收货人的仓库或储存处,或被保险人用作分派、分配的其他储存处所为止。如未运抵上述仓库或储存处,则以被保险货物运抵最后卸载的车站满60天止。

投保陆运一切险时,如果加保战争险,则仅以铁路运输为限,其责任起讫不是"仓至仓",而是以货物置于运输工具上为限。

二、航空运输货物保险

通常情况下,航空货物运输险也包括两种基本险别,即航空运输险和航空运输一切险,并设有各种附加险。为空运货物投保航空运输险或航空运输一切险时,保险公司的承保范围分别类似于海运保险的水渍险和一切险。

航空货物运输保险的保险责任起讫也采用"仓至仓条款"。与海运、陆运货物保险的仓至仓条款不同的是,如果货物运达保险单所载明的目的地,但是未运抵收货人仓库或储存处,则保险公司的保险责任在被保险货物最后卸离飞机满30天时终止。如在上述30天内被保险货物需转送到非保险单所载明的目的地时,则自该项货物开始转运时,保险公司的责任终止。

三、邮包保险

多数保险公司的邮包运输保险条款中都设有邮包险和邮包一切险两种基本险,其承保范围分别与海运货物保险中的水渍险和一切险类似。

第九节　保险索赔

保险索赔是指当被保险货物遭受保险人承保范围内的风险,因此导致损失时,被保险人依据保险合同向保险人要求赔偿的行为,也称提赔。

在国际贸易中,当货物遭受承保范围内的损失时,具有保险利益的人,应在分清责任的基础上确定索赔对象,备好必要的索赔单据,包括货物残损检验报告、保险单或保险凭证、发票、提单、装箱单和重量单、海事报告及费用清单等,并在索赔时效内提出索赔。

在保险索赔时应注意以下几个方面的问题。

第一,货运保险一般为定值保险。因此,当货物发生全损时,应赔偿全部保险金额;如为部分损失,则应合理确定赔偿比例。对某些易破碎和易发生短量的货物的赔偿,有两种规定方法:一种是不论损失程度,对损失部分给予100%

的赔偿;另一种是当货物发生破碎和短量时,保险人可免赔一定的百分数,即通常所说的免赔率。免赔率分为相对免赔率和绝对免赔率,若货物损失超过免赔率,前者不扣除免赔率,全部赔偿;后者则扣除免赔率,只赔偿超过的部分。如果不计免赔率,保险公司通常要加收保险费。

  第二,当货物遭受承保范围内的损失,但损失应由第三者负责时,被保险人在取得保险赔偿后,应将向第三者追偿的权利转让给保险人,以使其取得代位权。

  第三,如果被保险货物遭受严重损失,要求按推定全损赔偿时,被保险人必须将货物及其一切权利委付给保险人。保险人一经接受委付,就只能按全损赔偿,并取得处理残余货物的权利。如果被保险人不提出委付通知,保险人只按部分损失赔偿。但应明确,保险人有权决定是否接受委付。

本章小结

1. 海洋运输是国际货物买卖中最主要的运输方式,它分为班轮运输与租船运输两种情况。班轮运费由相对固定的基本运费与伴随着运输途中可能发生的意外情况而产生的各种附加运费构成,租船运费则要由签订租船合同的双方协商确定。

2. 随着集装箱的普遍使用以及运输技术的不断发展,包括不同运输方式在内的国际多式联运在国际货物买卖中越来越常见。

3. 海运提单是国际货物买卖中最常用的运输单据,除记名提单外,具有物权凭证的性质。根据不同的标准,海运提单有多种分类方法。

4. 交货条款是国际货物买卖合同的主要条款之一,买卖双方要在该条款中对交货时间、交货地点、货物的装卸时间、是否允许分批装运、是否允许转船等事项做出规定。

5. 海运货物保险业务中,按保险标的的损失程度,将损失分为全部损失和部分损失;按损失的性质,又可以将部分损失分为共同海损和单独海损。

6. 海洋货物运输保险的险别分为基本险和附加险两类,附加险又分为一般附加险和特殊附加险。

7. 国际货物买卖中的保险单据主要包括保险单和保险凭证。与保险单相比,保险凭证只是省略了保险人与被保险人之间的权利义务条款。根据多数国家(地区)的相关规定,保险单与保险凭证具有同等的法律效力。

思考题

1. 什么是班轮运输？班轮运输的特点是什么？
2. 租船运输包括哪些类型？
3. 什么是国际铁路联运？在什么情形下适合采用这种方式运送货物？
4. 什么是滞期费和速遣费？为什么要在买卖合同中规定滞期费和速遣费条款？
5. 简述提单的性质和作用。
6. 什么是已装船提单和备运提单？
7. 什么是清洁提单和不清洁提单？为什么买方都要求提供清洁提单？
8. 什么是记名提单？什么是指示提单？
9. 什么是 OCP 条款？采用此条款对买卖双方有何益处？
10. 在海运货物保险中，保险公司承保哪几类风险、损失与费用？
11. 什么是共同海损和单独海损？它们之间有何区别？
12. 中国人民保险公司海洋货物运输条款的三种基本险别，与 ICC 的 A, B, C 三种险别有什么区别？
13. 某外贸公司按 CIF 条件出口一批货物，合同总金额为 1 万英镑，保险费率为 0.4%，保险加成率为 10%，投保平安险。请计算保险金额及保险费。
14. 某外贸公司按 CIF 术语出口一批货物，装运前向保险公司按发票总值的 110% 投保平安险。船舶启航 10 天后在海上遇到暴风雨，致使部分货物受到水渍，损失价值为 4 200 美元。数日后，该船又意外触礁，致使该批货物又遭到部分损失，价值为 16 000 美元。试问，保险公司对该批货物的损失是否赔偿？为什么？

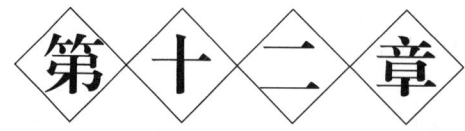

国际贸易货款的收付

★ 学习目的与要求 ★

1. 了解国际货物买卖中常见的支付工具。
2. 了解国际货物买卖中汇付支付方式的做法及其使用。
3. 了解国际货物买卖中托收支付方式的做法及需要注意的问题。
4. 掌握国际货物买卖中信用证支付方式的特点、种类、风险。

第一节 支付工具

随着国际贸易规模的不断扩大和现代银行信用的发展,传统的、以现金结算的方式在国际货物买卖中已非常少见,买卖双方在贸易业务中普遍采用一些支付工具来结算彼此之间的债权、债务。支付工具有很多种,本节介绍的支付工具主要是指一些票据,它们由出票人签发,以无条件支付一定金额为目的,在一般情况下还可以流通转让。国际贸易中常见的票据有汇票、本票和支票。

一、汇票

汇票(bill of exchange,简称 B/E)是国际货物贸易各种结算票据中最重要的一种,也是最常用的支付工具。世界各国的票据法一般都对汇票的含义做出了明确确定,例如,《英国票据法》规定,汇票是一个人向另一个人签发的,要求即期或定期或在可以确定的某一将来时间,对某人或其指定人或持票来人支付一定金额的无条件支付命令。我国在 1996 年 1 月 1 日起实施的《中华人民共和国票据法》第 19 条中规定:"汇票是出票人签发的,委托付款人在见票时或在指定日期无条件支付确定金额给收款人或持票人的票据。"从上述两种规定可以看出,尽管在具体措辞上有所差别,但两种不同的法律对汇票本质的规定是相同的。

(一) 汇票的必要项目

汇票是国际贸易结算中运用最广泛、也是各种票据中发展历史最长的一种票据。虽然各国票据法对汇票必要项目的规定不尽相同,但一张有效的汇票一般应包括以下内容:

1. 注明"汇票"字样,一般以"Exchange"或"Draft"表示。
2. 无条件的支付命令或委托。这是汇票中最重要的项目之一,体现了汇票的本质。一旦支付命令或委托中附加了限制条件,汇票就成为无效汇票,不能发挥支付工具的作用。
3. 一定金额的货币。金额必须是确定的或可以准确计算的,不能含混不清。如果汇票中包含利息条款或涉及支付等值其他货币的条款,除原有的应付金额外,还应同时规定相关的利率或汇率,以便付款人计算出实际应支付的金额。
4. 受票人(drawee)。这是接受汇票支付命令、对规定的受款人支付规定金额的人,经常因其承担的付款责任而被称为付款人(payer)。在国际货物贸易中,它往往是进口商或进口商的往来银行。
5. 受款人(payee)。这是有权凭汇票取得规定金额的人,即汇票的债权人,有时又被称为汇票的抬头人。在进出口业务中,它通常是出口商或出口商的往来银行。在规定时可以采取以下三种方法。

(1) 限制性抬头。使用这种规定方法时,汇票金额只能付给特定的抬头人,同时该特定的抬头人不能将汇票下的收款权利转让给其他人。限制性抬头一般采用以下写法:"仅付 B 公司(Pay B Co. only)";或"付 B 公司,不得流通(Pay B Co. Not Negotiable)";或"付 B 公司(Pay B Co.)",同时在汇票上任意一处注明"不得转让(Not Transferable)",尽管这种汇票在各种汇票中最具有安全性,但因其流通性差而在贸易中使用较少。

(2) 指示性抬头。指示性抬头的汇票既可以由受款人根据自己的需要,通过背书将收款的权利转让给其他人,具有一定的流通性;同时又由于汇票的转让需要经原债权人背书,因而具有了一定的安全性。这种特点使指示性抬头的汇票成为货物贸易中使用最多的汇票,常见的写法有"付 B 公司的指定人(Pay to the order of B Co.)",或"付 B 公司或其指定人(Pay B Co. or order)",或"付 B 公司(Pay B Co.)"等。

（3）持票来人抬头。持票来人抬头的汇票无须背书，仅凭交付就可以转让收款的权利，流通性最强。但由于任何人都可以凭票取款，其安全性也就最差，在货物贸易中较少使用。至于写法，凡在汇票抬头人一栏中有"来人（bearer）"字样，无论在其前后是否还有其他内容，均构成持票来人抬头。

6. 出票人（drawer）签字。一张汇票要经过有权签发的人签署才能生效，这个签名的人一定是一个具体的人而不是某单位或团体。他与受票人、受款人一同被称为汇票的三个基本当事人。

7. 付款期限。这是在汇票上规定的、付款人履行付款义务的时间，常见的情况有以下几种。

（1）即期付款（pay at sight），指付款人必须在持票人向其提示汇票时立即付款。

（2）定期付款，或在可以确定的将来时间付款。这种付款期限被统称为"远期"，常见的期限有30天、60天、90天几种，也可以根据货物买卖双方的具体情况，通过磋商确定一个特定的付款期限。在对付款期限做具体规定时，一般可以采用以下方法。

第一，见票后若干天付款（At ×× days after sight），即付款人要在汇票的持票人向其提示汇票之日后的若干天付款。

第二，出票日后若干天付款（At ×× days after date），即付款人要在汇票开出之日后的若干天对受款人付款。

第三，在固定的将来日期付款，即在汇票上明确规定汇票到期、付款人对受款人进行支付的日期，这也被称为"板期付款（fixed date）"。

（3）延期付款，一般是指在汇票上规定付款人将在提单日或交单日或其他特定日期后若干天付款。

8. 出票日期与出票地点。出票地点可能会涉及汇票的法律适用问题，所以要在汇票上做出明确规定，一般情况下它应与出票人的地址相同。出票日期经常被作为计算付款人付款日期的依据，它要写明具体的年、月、日。

9. 付款地点，一般规定为付款人所在地。

以上只是一张汇票必须具备的项目，并不包括一张汇票所包含的所有内容。在实际业务中，除以上内容之外，各国票据法还允许汇票载有一些其他内容，如汇票号码、对成套汇票的说明、出票条款、无追索权的声明等。

（二）汇票的种类

根据汇票的当事人、付款期限等不同特征，可以从不同角度对汇票进行分类。

1. 根据汇票是否随附货运单据，可以将汇票分为光票（clean bill）与跟单汇票(documentary bill)。在国际货物贸易中,大多数汇票都附有证明货物价值或货物已发运的货运单据,属于跟单汇票;光票则是不附带货运单据的汇票,其流通只能靠出票人的信誉。因此除了由银行开出的银行汇票外,国际货物贸易中的光票使用相对较少,一般只用于向对方收取佣金、劳务费或货款尾数等。

2. 根据出票人的不同,可以将汇票分为由工商企业签发的商业汇票(commercial bill)与由银行签发的银行汇票(banker's bill)两种。商业汇票常见于托收和信用证业务,而银行汇票主要用于银行的票汇业务。

3. 根据付款时间的不同,可以将汇票分为即期汇票(sight bill)与远期汇票(time bill)。由于即期汇票能使出口商立即收回货款,因此更受出口商的欢迎。

除此之外,汇票还有许多其他分类方法,同时一张汇票往往会同时具有几种不同的特征,例如一张即期的银行汇票。

(三)汇票的流通和使用程序

不同种类的汇票,其流通和使用程序也各不相同,例如,即期汇票的流通和使用程序就要比远期汇票简单。但无论哪种汇票,在使用时都要经过出票、提示和付款这三个最基本的程序。

1. 出票(issue)。出票即开出汇票,它是指出票人在填写汇票的各个必要项目后,对汇票进行签署,并将汇票交付给受款人的行为。

2. 提示(presentation)。这是持票人向受票人(付款人)提交汇票,要求其对汇票进行承兑或付款的行为。按照提示目的的不同,提示可以分为两种。

(1)承兑提示,指远期汇票的持票人向受票人提交汇票,要求其对汇票进行承兑的行为。

(2)付款提示,指即期汇票或已承兑并已到期的远期汇票的持票人,向汇票的受票人提交汇票,要求其对汇票付款的行为。

3. 承兑(acceptance)。这是远期汇票的付款人(受票人)在汇票上签字,承诺在汇票到期时,将按出票人的命令履行付款责任。受票人在承兑时要在汇票正面写明"承兑(accepted)"字样,注明日期并签名。受票人在承兑汇票后成为承兑人,在汇票到期时,不得以任何理由否认汇票的效力,拒绝对该汇票付款。

4. 付款(payment)。这是指汇票的持票人向受票人提示汇票、要求付款的行为。受票人应在确认汇票真实可靠并且汇票的付款期限已到后,立即对持票人付款。在付款行为完成之后,付款人将汇票收回,有关汇票的一切债务即被解除。

5. 背书(endorsement)。目前,大多数汇票都可以通过背书在国际市场上流通转让。所谓背书是指汇票的债权人在汇票的背面签名,有时还注明受让人的名称,然后将汇票交于受让人,从而将凭票收款的权利转让给受让人(即被背书人)的行为。受让人在取得收款的权利后,可以通过背书将汇票再次转让。但无论这个过程如何继续,汇票的第一个背书人一定是汇票的受款人,第二个背书人则一定是第一个被背书人。在汇票的连续转让过程中,对任意一个受让人而言,在他之前的所有背书人和汇票的出票人都是他的"前手",而对任意一个背书人而言,所有在他之后的受让人都是他的"后手",前手要向后手保证该汇票一定被承兑或被付款。

常见的汇票背书方法有三种。

(1)限制性背书,即背书人在背书时写明"仅付被背书人"或"付给被背书人,不得转让"等字样并签名。这时被指定的被背书人只能凭票取款,而不能将汇票继续转让给他人。

(2)特别背书,又称记名背书、指示背书,是指背书人在背书时注明将汇票金额"付被背书人或其指定人",或仅仅说明将汇票金额"付被背书人"(同时没有明确禁止给被背书人继续转让汇票)。在这种情况下,该指定的被背书人既可以凭票要求付款,也可以将汇票继续转让。

(3)空白背书,也称不记名背书,是指背书人在背书时不注明被背书人的名称,只是签上自己的姓名。经空白背书的汇票与持票来人汇票一样,仅凭交付就可以转让。

6. 拒付(dishonour)。这是指汇票的持票人向付款人提示汇票要求承兑或要求付款时遭到拒绝,或是由于付款人破产、死亡等原因,使承兑或付款实际上成为不可能。

在汇票遭到拒付时,持票人应立即向付款地的公证人或法院、银行、公会等依法有权做出证书的机构申请办理汇票的拒绝证书,并以此作为法律依据,向其所有前手行使追索权,追索票款及有关费用。当然,出票人或背书人为避免日后被追索,在出票或背书时可以在汇票上注明"无追索权(without recourse)"的字样,但这种汇票在市场上很难流通转让。

比较常见的汇票格式如下:

No. _____

Exchange for _____   _____

  At _____Sight of this FIRST of exchange (the SECOND of the same tenor and date being unpaid), pay to the order of _____ the sum of _____

_____

____ drawn under _____

_____ value

received and charge to account _____
　　To _____

_____
_____

案例分析 12-1

汇票的性质

某出口商按合同约定的各项条件,将货物发运给国外的进口商,并向该进口商提示全套单据及汇票,要求其履行合同项下的付款责任。进口商查看了全套单据及汇票,指出汇票措辞不妥。按照进口商的理解,依据双方签订的买卖合同,出口商最重要的责任是按合同规定的品质、数量、包装以及时间交货,在出口商履行了自己的这一责任后,进口商才会履行支付货款这一基本责任。因此,进口商认为,在这笔即期付款的业务中,汇票作为出口商向进口商发出的支付命令,应该明确"只要出口商提交的货物符合合同规定,进口商就要立即支付货款给出口商"。

问题:进口商的这一理解是否正确?为什么?

二、本票

根据绝大多数国家的法律规定,本票(promissory note)是一个人向另一个人签发的无条件书面承诺,保证即期或定期或在可以确定的将来时间,对某人或其指定人或持票来人支付一定金额。《中华人民共和国票据法》第73条对本票规定如下:"本票是由出票人签发的、承诺自己在见票时无条件支付确定金额给收款人或持票人的票据。"

在国际贸易中使用的本票并没有固定格式,一般只要在票面上注明"本票"字样,写出无条件的支付承诺、收款人或其指定人、付款期限与付款地点、一定金额的货币、出票日期和地点,并由出票人签发,就可以构成一张有效的本票。

本票有许多种,比较常见的有商业本票与银行本票。商业本票即一般本票,由工商企业或个人签发,付款期限可以为即期,也可以为远期;银行本票则由银行签发,付款期限均为即期,是国际货物买卖中使用最多的本票。《中华人民共和国票据法》中规定的本票仅指银行本票,并且只有经中国人民银行审定的银行及其他金融机构才能签发本票。

同汇票相比,本票具有以下特征。

第一,本票的性质是无条件的付款承诺,允诺由自己付款;而汇票的性质是无条件的付款命令,是命令他人付款。

第二,本票只有出票人与收款人两个基本当事人;而汇票包括出票人、受款人与受票人(付款人)三个基本当事人。

第三,由于本票的出票人与付款人是同一人,所以远期本票无须承兑。

第四,本票只能开出一张而不是一套;而汇票通常开出一套一式两份。

第五,本票的出票人始终是本票的主债务人,承担在规定期限内付款的责任;而远期汇票在开出时主债务人是出票人,在付款人(受票人)承兑了汇票后,主债务人就变为付款人。

三、支票

支票(check 或 cheque)也是国际货物贸易中常见的票据,简单地讲,它是以银行为付款人的即期汇票,即,支票是存款人向其开户银行开出的,要求该银行即期支付一定金额的货币给特定人或其指定人或持票人的无条件的付款命令。《中华人民共和国票据法》第 82 条规定:"支票是出票人签发,委托办理支票存款业务的银行或其他金融机构在见票时无条件支付确定金额给收款人或持票人的票据。"

在大多数国家中,支票可以分为一般支票与划线支票。

一般支票也被称为未被划线的支票、可取现金支票。这种支票的持票人既可以通过银行将票款收入自己的账户,也可以凭票在付款行提取现金。

如果支票票面的左上角被划上两道平行线,支票就由一般支票变成划线支票。这种支票的持票人不能凭票提取现金,而只能通过银行收款入账。划线支票比一般支票有更强的安全性,在支票遗失或被窃时,失主可以通过银行查寻票款的下落,然后向冒领者讨还票款。在实际业务中,根据当事人的不同需要,支票既可以由出票人划线,也可以由收款人划线,还可以由代收银行划线。

《中华人民共和国票据法》对支票种类的规定与多数国家的上述做法不同。我国将支票分为现金支票与转账支票两种,现金支票只能用来提取现金,转账支票则只能通过银行收款入账。一张支票究竟属于现金支票还是转账支票,则需要在支票正面注明。

虽然支票实际上是以银行为付款人的即期汇票,但同一般的汇票相比,它仍具有以下特点。

第一,支票的出票人与付款人有相对固定的关系,即,出票人一定是银行存款客户,付款人一定是其开户银行。

第二,支票是即期的,即支票的有效期相当短,因此不存在"承兑"这一票据的行为。例如,《中华人民共和国票据法》规定,自支票开出之日起,若超过10天持票人才向付款银行提示,则付款银行可以不予付款。

第三,支票的主债务人是出票人,他一方面要保证收款人可以凭支票得到特定的金额,另一方面也要保证自己在付款银行的存款足以支付票面金额。一旦他在银行的存款余额不足,支票便成为空头支票,出票人要承担相应的法律责任。

第四,支票可以保付。银行可以按照出票人的要求,在支票上注明"保付(certified)"字样并签字,这时银行成为支票的主债务人,保证在收款人提示支票时一定付款。

第五,出票人由于种种原因,可以向付款银行发出书面通知,办理支票的止付手续,此时银行应按出票人的要求对尚未被支付的该支票停止支付。

第六,支票只能开出一张而不是一套。

第二节 汇付与托收支付方式

在国际货物贸易货款的结算中,交易双方除要使用一定的支付工具,还要选择一定的支付方式,才能实现资金从债务人向债权人的转移。

按照资金和支付工具流向间的关系,可以将国际货款的支付方式分为顺汇法与逆汇法两大类。顺汇法也被称为汇付法,在这种支付方式下,付款人主动委托银行使用某种支付工具,将款项支付给收款人,资金与支付工具的流向相同,这实际上就是银行的汇付业务。逆汇法是指支付工具与资金的流动方向恰恰相反,即收款人选择合适的支付工具,委托银行向付款人收取款项。常见的托收与信用证方式都属于逆汇法。

一、汇付

汇付(remittance)也被称为汇款,指付款人(通常是货物的进口方)委托银行采用各种支付工具,将款项汇交收款人(通常是货物的出口方)的支付方式。

(一)汇付方式的当事人

在汇付方式下,一般要涉及四个当事人。

1. 汇款人(remitter),即付款人,通常是货物的进口方。
2. 收款人(payee),有时也被称为受益人(beneficiary),通常是货物的出口方。

3. 汇出行(remitting bank),是接受汇款人的委托,代其汇出款项的银行,通常是进口方的往来银行。

4. 汇入行(paying bank),有时被称为解付行,是接受汇出行的委托,将款项付给收款人的银行。汇入行通常在收款人所在地,往往是汇出行的分行,或是与汇出行订有彼此为对方解付汇款的代理协议的银行。

在委托银行对外汇款时,汇款人要向汇出行提交书面的汇款申请书。汇出行一旦接受汇款人的汇款申请,就必须严格按照申请书中的指示,通知汇入行向收款人解付汇款。

(二)汇付方式的种类

根据汇付方式下使用的支付工具的不同,可以将汇付分为电汇、信汇、票汇三种。

1. 电汇(telegraphic transfer,T/T)。电汇指汇款人将款项交给汇出行,同时委托汇出行以电报或电传的方式,或SWIFT指示国外的汇入行将款项解付给收款人。这是支付速度最快的一种汇付方式。

2. 信汇(mail transfer,M/T)。信汇指汇款人将款项交汇出行,由汇出行按照汇款人的指示开出信汇委托书或支付委托书,并航寄给国外汇入行,委托汇入行解付款项给收款人。

3. 票汇(remittance by banker's demand draft,D/D)。票汇指汇款人向汇出行购买一张以汇出行为出票人、以国外汇入行为付款人、以汇款的收款人为汇票收款人的银行即期汇票,然后自行交给或寄给国外的收款人,由收款人凭该汇票向汇入行收取货款。

票汇方式与电汇、信汇有明显的不同。首先,在票汇方式下,收款人是主动凭票向汇入行取款,而不像在电汇、信汇方式下那样,需要汇入行向其发出汇款到达通知;其次,由于汇票往往可以通过背书在市场上流通转让,所以票汇方式下收款人的收款权是可以转让的;最后,电汇、信汇方式下,收款人只能从特定的汇入行得到付款,而票汇方式下,汇出行在国外的任何一家代理行只要证明了汇票上出票人的签字真实可靠,都会愿意对持票人支付现款。可见,票汇方式比电汇、信汇更具有灵活性。

(三)汇付方式下应注意的问题

1. 要选择适当的汇付方式。在进出口业务中,买卖双方应根据不同汇付方式的特点和交易的具体情况,选择合理的汇付方式。在三种汇付方式下,电汇的交款速度最快,可以使收款人及时收回货款,有利于其资金周转,也在一定程度上避免了汇率变动的风险;但由于在电汇方式下,汇款人要承担较高的银行电报费用,并经常以压低货价的方法将这笔费用转嫁给收款人,因此一般只有在收款人急需资金,或汇款金额较大,或使用的货币汇率下跌的风险很大时才选用电汇方式。在一般的交易中,虽然信汇方式的速度较慢,但它具有费用较低的优点,因此对交易双方都比较理想。应特别注意的是,票汇方式的索偿路线比较复杂,汇票又可能经过多次转让,所以票汇方式收取货款的速度最慢,并可能使收款人遭受某种意外的损失,在业务中应慎用。

2. 对汇款退汇的办理。退汇是指汇款人或收款人因种种原因,向汇出行或汇入行提出中止汇付的要求。在电汇与信汇方式下,若收款人提出退汇,汇入行就会将收款人拒收汇款的情况通知汇出行,汇出行再通知汇款人办理退汇手续。若汇款人提出退汇,汇出行应立即通知汇入行停止对收款人付款;若汇入行在收到退汇通知时已将汇款付出,汇款人就不能再通过银行办理退汇,而只能直接向收款人要求退款。

在票汇方式下,若收款人提出退汇,可以将汇票返还汇款人,由后者持汇票到银行办理退汇手续。若汇款人要求退汇,也要持汇票在汇出行办理有关手续;如果汇款人提出退汇是在其寄出汇票之后,而收款人也未将汇票退还,则汇出行一般不予办理。

(四) 汇付方式在国际贸易中的应用

在国际贸易中,汇付方式可以用于预付货款或货到付款。预付货款是指货物的买方在合同签订时或在卖方交货之前,便对卖方支付部分或全部货款;货到付款则是指货物的买方在收到卖方提交的货物或有关单据之后,才对卖方付款的做法。虽然汇付方式的手续简便、费用也相对较低,但在这种方式下,银行毕竟只为交易双方提供有偿服务,并不保证买方一定向卖方付款、卖方一定向买方提交货运单据,因此选用汇付方式有赖于买卖双方的相互信任。而由于目前国际货物买卖活动中当事人双方往往互不信任,在付款时间上很难达成一致意见,买方要求货到付款,而卖方要求预付货款,这就使汇付方式在国际货物贸易中不可能被广泛使用,现在一般只用于小额交易、佣金、预付订金、货款尾数以及一些零星费用的支付上,或在分期付款、延期付款的交易中被用来支付各期的应付款项。

案例分析 12-2

使用汇付方式支付货款的风险

某出口商与国外进口商签订货物买卖合同,因交易的货物技术含量不高,且在国际市场上供给量相当大,导致国外进口商在交易磋商中居于强势地位。为了确保合同达成，货物出口目标实现，出口商不得不接受一些对己方不利的交易条款。合同签订后，出口商在合同规定的时间内出运了货物，根据合同"买方在收到符合合同规定的货物后，以电汇方式支付货款"的约定，国外进口商应在收到货物后向出口商支付合同价款。但是，在货物运抵目的港后，进口商先后以资金紧张无力支付货款、货物不符合合同规定因此不能付款为由，拒绝接收货物支付货款，出口商最终只能将该批货物就地拍卖，并因此遭受了损失。

问题一：国际货物买卖中能否以汇付方式结算货款？

问题二：如果以汇付方式结算货款，买卖双方应如何控制风险？

二、托收

托收（collection）方式是指由出口人开立以进口人为付款人的汇票，连同全套货运单据，向其所在地的银行提出申请，委托该银行通过它在进口人所在地的分行或代理行向进口人收款，待款项收妥后再通过银行转给出口人。简言之，托收是出口人委托银行代收货款的支付方式。

（一）托收方式的当事人

根据国际商会1996年1月1日生效的《托收统一规则》（国际商会第522号出版物，简称《URC522》）中的规定，托收方式下的主要当事人包括：

1. 委托人（principal），是开出汇票委托银行向付款人收款的人，因而也被称为出票人，通常是进出口业务中的出口商。

2. 付款人（payer），是接受汇票的付款命令、对外支付款项的人，也就是汇票的受票人，通常是进出口业务中的进口商。

3. 托收行（remitting bank），是接受委托人的委托，为其向国外有关银行寄送汇票、办理托收业务的银行。它也被称为寄单行，通常是出口商所在地的银行。

4. 代收行（collecting bank），是接受托收行的委托，向付款人收款的银行，有时直接被称为进口方银行。代收行经常位于进口商所在地，是托收行的分支机构或与托收行订有代理协议，以托收行对其发出的托收委托书为依据，代托收行办理向付款人收款的业务。

5. 提示行（presenting bank），是向付款人提示汇票和单据要求付款的银行，通常由代收行兼任。但如果代收行与付款人之间没有直接往来，它就需要委托一家与付款人有往来账户关系的银行作为提示行。

除了以上几个基本当事人外，托收业务中还有一个可能发挥作用的当事人,即"需要时的代理"。需要时的代理(Principal's Representative in case of need)是委托人在付款人所在地指定的代理人,负责在付款人拒收单据、拒付货款时,代委托人办理货物的存仓、保险、转售、运回等事宜,以最大限度地减少委托人的损失。

(二) 托收的种类

按照汇票是否附带货运单据,可以将托收分为光票托收与跟单托收两大类。

1. 光票托收(clean collection),是指卖方仅开立不附带货运单据的汇票,委托银行代其收款。它在国际货物贸易货款的结算中使用不多,主要被用来收取货款尾数、样品费、佣金及其他贸易从属费用。

2. 跟单托收(documentary collection),是指卖方将附有代表货物所有权的全套货运单据的跟单汇票,或是不开出汇票,仅将全套货运单据交托收行,委托其转托国外的代收行代收货款。这是国际货物贸易中比较常见的一种支付方式,按货运单据与货款的交付是否同时进行,又可以将其进一步分为付款交单与承兑交单两种。

(1) 付款交单(documents against payment, D/P),是指出口方指示托收行,只有在进口方付清全部货款时,代收行才可以向其交出货运单据。按进口方付款时间的不同,付款交单可以分为即期付款交单与远期付款交单。

即期付款交单(D/P at sight)方式下,出口方开出即期汇票,代收行向付款人提示跟单汇票(有时出口方不开汇票,只提交全套货运单据),付款人审单无误,就要立即付清全部票款,并从代收行取得全套货运单据提货。

远期付款交单(D/P after sight)方式下,出口方开出的是一张远期跟单汇票,由代收行先向付款人做承兑提示,付款人若审单无误,就要先承兑汇票;待该远期汇票到期时,再由代收行向付款人做付款提示,并在付款人付清全部票款后向其交出全套货运单据。

在采用远期付款交单方式时,出口方往往在托收委托书中加列利息条款,规定如果付款人在汇票到期日前付款,就可以从应付票款中减去付款日与到期日之间的利息;但如果付款人迟于汇票到期日付款,则要按一定的利率加收付款日与到期日间的利息。这种规定旨在鼓励进口方尽快付款,有利于出口方的资金周转。

需要注意的是,少数国家或地区有在货物交易中采用"凭单付现(cash against document, CAD)"进行支付的方式。从表面上看,CAD 方式与即期付款交单的做法极为相似,但各国对 CAD 的解释却各不相同,也没有权威性的国际惯例对其做出规定。有些国家认为,"D"代表"交货(delivery)",买方要在收到货物后才承担付款责任。因此,在进出口交易中应尽量避免使用CAD支付方式。如果对方坚持以这种方式结算,也要在合同的支付条款中将CAD的全文写出,同时注明收款地点,以免日后交易双方在付款时间与付款地点的问题上产生争议。

(2)承兑交单(documents against acceptance,D/A),是指出口方指示托收行,只要进口方承兑了出口商开出的远期汇票,代收行就要将货运单据交与进口商;待汇票到期、代收行向进口商做付款提示时,进口商再履行其付款义务。可见,承兑交单方式涉及一张远期汇票,只出现在对远期跟单汇票的托收中。

从表面上看,承兑交单方式与远期付款交单方式都是对远期跟单汇票的托收,都经过付款人承兑远期汇票的环节,但二者却有着本质的区别。对进口方而言,在远期付款交单方式下,他付款在先,提货在后;而在承兑交单方式下,则是先提货,后付款。如果进口方在提货后拒付货款,出口方就要遭受很大损失。因此对于出口方而言,承兑交单方式的风险远大于远期付款交单,在使用这种方式进行托收时要特别谨慎。

(三)托收方式的特点

1. 托收方式属于逆汇法。在托收方式下,支付工具是出口方开出的汇票,它由出口方传递给进口方;而资金的流动方向恰好相反,是由进口方流向出口方。

2. 托收方式在性质上属于商业信用。在托收业务中,托收行与代收行只是依照出口方的指示,为进出口双方提供有偿服务。银行并不保证进口方一定及时、足额地向出口方付款,也不保证出口方提供的货运单据一定完整、正确。

3. 在托收方式下,出口方要承担较大的风险。绝大多数托收是跟单托收,出口方只有在运出货物后才能取得货运单据,并通过银行向进口方要求付款。因此,在相当一段时间内,出口方货物已经运出,而货款却未收回,可见他承担的风险较大。而与此同时,进口方在以托收方式支付货款时承担的费用较低,并且大多数情况下在付款之后能立即凭单提货,风险明显小于出口方。可见,托收方式在总体上有利于进口方,不利于出口方。

(四)采用托收方式时应注意的问题

由于国际市场上的竞争日趋激烈,出口方为吸引进口方与自己成交,往往同意进口方以托收方式向自己付款。但在采用托收方式时,应注意以下问题。

1. 出口商应注意风险的防范问题。如前所述,托收方式下出口方承担的风险较大,所以出口方应从以下几方面入手,尽量减轻或避免风险。

(1)在决定以托收方式收取出口货款之前,应对进口国的外汇管制情况及其他有关进出口贸易的法律规定有充分了解,避免对外汇及进口管制较严的国家以托收方式收取货款,以防出现货物不能进口或进口后不能对外付汇的问题,使出口方蒙受损失。

(2)采用托收方式之前,应对进口国的"习惯做法"或"商业惯例"有足够的了解。例如,拉美地区的一些国家通常将远期付款交单等同于承兑交单,进口方在承兑了远期汇票后便能够得到全套货运单据提取货物,这无疑使出口方的风险大大增加。出口方必须仔细考虑能否接受这类"习惯"或"惯例",并在合同的支付条款中对托收方式的具体做法做出明确的规定。

(3)采用托收方式之前,出口方一定要了解进口方的资信状况、经营能力与经营作风,对资信状况不良、商誉欠佳的进口商尽量以信用证而不是托收方式收取货款。

(4)在决定以托收方式结算货款后,出口商应尽量采用付款交单的托收方式,并争取在合同中规定进口方在出口方交货前预付一部分定金,一旦日后进口方拒付货款,便能够以此在一定程度上弥补出口方遭受的损失或付出的额外费用。

(5)采用托收方式收取货款时,出口方应争取按 CIF 或 CIP 条件成交,自办保险,否则就要向保险公司投保卖方利益险,以便在货物于运输途中遇险,而进口方又拒绝付款的情况下,从保险公司得到部分补偿。

(6)采用托收方式收取货款时,出口方可以向保险公司(如我国的中保财产保险公司和中国进出口银行保险部)投保出口信用险。如果出口方在托收方式下因进口方自身原因、或因进口国的政治与政策方面的原因,不能或不能及时收回货款,保险公司可按实际损失金额的 70%~90%对出口方进行赔付。

(7)在托收方式下,出口方可以通过保理业务(factoring)来转移风险。保理即承购应收账款业务,20 世纪 80 年代后期开始在西方国家的国际贸易中广为流行。它是指出口方在托收方式下出售商品,并将全套跟单汇票卖断给专营保理业务的财务公司或专门组织(统称保理公司),从而收回部分或全部货款的业务。在具体操作时要注意,在业务中最为流行的是"双保理"的做法:进出口方在合同中约定以非信用证方式结算货款,然后出口商先向本地的保理公司说明进口商的名称、地址,申请信用额度;随后该保理公司委托进口商所在地的保理公司对进口商的资信状况进行调查,并据此确定出口商在这笔交易中可以使用的信用额度。如果进出口双方的交易金额在保理公司提供的信用额度之内,保理公司就会接受出口方的保理申请。

出口商将货物出运后,将全套跟单汇票卖断给保理公司,在确定的信用额度内取得扣除利息与有关费用后的货款净额(实际上一般可以得到发票金额的 80%的货款净额)。与一般的贴现业务不同的是,保理公司对出口商没有追索权,即使进口商不能付款或不能及时付款,保理公司也只能对进口商追讨货款和索赔。可见,在保理业务中,保理公司承担了全部信用和政治风险。

保理方式对出口商最重要的意义在于出口商不再承担不能及时收回全部货款的风险。除此之外,出口商可以通过保理公司对进口商的资信状况有更确切的了解;也可以在货物出运后迅速收回大部分货款,加快自身的资金周转;还可以适应市场的要求,通过采用更灵活的托收方式收取货款来提高自己商品的出口竞争力。而对于进口商而言,保理方式避开了信用证支付方式下向开证行交纳开证押金所造成的资金积压;同时进口商仅凭自己在日常经营活动中良好的信誉和财务表现就可以获得采用承兑交单的托收方式进行支付的权利,这有助于加强其资金的流动性,使其以有限的资金取得更大的收益。

2. 在托收方式下,进出口双方都可以从银行得到资金融通的便利。出口商在以跟单托收方式收取货款时,可以通过托收出口押汇,从银行得到资金融通的便利。即,出口方在货物出运后,可以凭跟单汇票向托收行申请抵押贷款,由托收行根据出口商的资信状况与经营作风,将一定比例的票款扣除利息和手续费后贷给出口商。在货款收妥后,要先归还贷款,再由托收行将货款余额付给出口商。若进口商拒收货物、拒付票款,托收行有权要求出口商偿还贷款,否则就可以处理货运单据下的货物。

资信较好的进口商也有可能在托收方式下得到银行提供的资金融通的便利。例如,在进口商出现暂时性的资金周转困难,或者是在远期付款交单的托收方式下,汇票的付款日期晚于货到日期,则他就可以向代收行申请,在付款之前提前凭信托收据(trust receipt,T/R)向代收行借单提货,然后在汇票到期时将票款偿还代收行,换回自己的信托收据。这里所谓的信托收据是一种书面信用担保文件,说明进口商是以代收行的受托人身份来办理进口货物的提货、报关、存仓、保险、出售等事项,而货物的所有权仍属于银行,进口商出售货物所得到的货款要在汇票到期时交给银行。如果进口商在汇票到期时不能付款,则除非代收行是按出口商的指示对进口商借单,一切责任要由代收行承担。这种做法通常被称为"付款交单、凭信托收据借单(D/P T/R)",它可以帮助进口商及时提货出售,加快其资金周转或使其得到较高的售价。但由于代收行要承担一定的风险,所以它一般只对少数资信可靠的进口商提供这种便利。

案例分析 12-3

出口商的损失由谁承担?

国内某出口商与国外进口商签订货物出口合同,合同中规定的结算方式为

"D/P 30 days after sight"。出口商按照合同规定出运了货物,并将见票后30天付款的远期汇票和全套单据提交托收行,委托其通过在进口商所在地的代收行收取货款。代收行依据托收行的托收委托,向进口商提示了远期汇票及全套单据,并在进口商承兑远期汇票后,将全套单据交给了进口商。30天后,远期汇票到期,代收行再次向进口商提示汇票,进口商却声称因经营失败,已向法院申请破产,无法支付已到期汇票。

问题一:谁应该对出口商的损失承担责任?

问题二:出口商采用托收方式收取货款时应如何控制风险?

第三节 信用证支付方式

信用证是国际货物贸易中一种常见的支付方式,它是在国际贸易迅速发展、银行及其他金融机构积极参与贸易结算的背景下产生的。信用证支付方式规定由银行在特定的条件下承担付款责任,从而较好地解决了交易双方彼此互不信任、难以在付款时间上达成一致的矛盾,还为交易双方提供了资金融通的便利。因此,信用证支付方式一出现,就在国际贸易中得到了广泛的应用,而我国相当多的进出口企业更是将信用证当作最主要的支付方式。

国际商会为了规范国际贸易中对信用证的使用,在1930年制定了《商业跟单信用证统一规则》,后又在1933年、1952年、1963年、1975年、1984年、1993年、2006年进行了七次修订,最新的《跟单信用证统一惯例》(《UCP600》)于2007年7月1日起实施。《跟单信用证统一惯例》对信用证业务中涉及的一些概念、做法做了越来越清晰的界定,对减少国际贸易中因为信用证而产生的纠纷,规范国际贸易的做法起到了推动作用,并因此促进了国际贸易的发展,该惯例已成为国际贸易中最经常使用,也是最重要的国际惯例之一。

一、信用证的定义、主要内容和开立形式

(一)信用证的定义

根据国际商会《UCP600》的规定,信用证(Letter of Credit,L/C)指一项不可撤销的安排,无论其名称或描述如何,该项安排构成开证行对相符交单予以承付的确定承诺。同样根据《UCP600》的规定,这里所提及的承付是指:a. 如果信用证为即期付款信用证,则即期付款;b. 如果信用证为延期付款信用证,则承诺延期付款并在承诺到期日付款;c. 如果信用证为承兑信用证,则承兑受益人开

出的汇票并在汇票到期日付款。

(二)信用证的主要内容

世界上各商业银行开立的信用证,格式不尽相同,但一般都包括以下内容。

1. 关于信用证本身的说明,包括信用证的种类、编号、开证日期、受益人与开证申请人的姓名和地址、金额、有效期限、到期地点等。

2. 关于汇票的说明,包括汇票的出票人、受票人(付款人)、收款人、付款期限、金额、出票条款等。

3. 关于基本单据的说明,主要指对商业发票、运输单据和保险单据的具体要求。

4. 关于附属单据的说明,即对基本单据以外的各种单据的规定。

5. 关于货物的说明,是对货物的描述,要写明货物的名称、数量、价格、包装等情况。

6. 关于运输的说明,主要说明货物的起运地、目的地、运输方式、运输期限、能否分批装运及转运等。

7. 对其他事项的说明,包括开证行的名称与地址、开证行保证付款的文句、开证行对议付行的指示及其他一些特殊规定或要求。

除以上内容,由于各国银行普遍采用国际商会的《跟单信用证统一惯例》(即《UCP600》)作为信用证业务的规范,所以信用证上一般都注明"本证按国际商会《跟单信用证统一惯例》(600号出版物)办理"。

二、信用证方式的特点

(一)信用证方式属于银行信用

信用证的性质是银行信用。在信用证方式下,开证行承担第一性的付款责任,即,只要出口人提交了表面上符合信用证条款规定的单据,则无论汇票上的付款人是进口人还是开证行,也无论进口人能否向开证行付款赎单,开证行都必须对受益人或其指定银行付款。

(二)信用证是一种自足文件,不依附于贸易合同而独立存在

信用证是一种独立的文件。虽然信用证的开立以交易双方间的买卖合同为依据,其各项条款也应与合同条款的规定相一致,但它一经开出就成为独立的文件,所有当事人,特别是有关银行,只受信用证条款的约束,而不受合同条款的约束。《UCP600》第4条明确规定:"就其性质而言,信用证与可能作为其开立基础的销售合同或其他合同是相互独立的交易,即使信用证中含有对此类合同的任何援引,银行也与该合同无关,且不受约束。"可见,即便开证申请人与

受益人之间、或开证申请人与开证行之间在其他合同关系下发生了各种纠纷,开证行也不能以此为借口,拒绝对受益人提交的相符单据进行承付、议付或履行信用证项下其他义务。

(三) 信用证业务处理的是单据而不是货物

信用证是一种单据的买卖。信用证方式的原则是凭单付款,只要出口人提交了表面上符合信用证条款规定的单据,就可以得到银行的付款;银行对单据的"形式、完整性、准确性、真实性、伪造或法律效力,以及对单据上所载的或附加的一般及/或特殊条件概不负责"。而另一方面,即使货物与合同相符,若单据与信用证规定不符,银行也有权拒绝付款。因此,出口人如果希望能够安全、迅速地收回货款,就必须使单据在表面上与信用证条款的规定一致,同时各种单据之间也要一致。这也被称为单证一致、单单一致,是信用证业务中"严格符合原则"的体现。

应该指出的是,信用证支付方式"凭单付款"的特点也给不法分子提供了可乘之机,他们只要伪造出表面上与信用证规定相符的单据,就有可能从银行骗取货款,使进口商蒙受损失。而由于银行在信用证支付方式下承担的是第一性的付款责任,它们即使对单据的真实可靠性有所疑虑,也仍必须对外履行支付责任。这种状况使"信用证反欺诈"成为全球关注的重要问题,并由此产生了"信用证反欺诈例外原则"。我国参照一些国家的做法,也于1989年做出规定——如果有充分证据证明出口方在利用签订合同进行欺诈,且我国银行在合理时间内尚未对外付款的,人民法院可行使"止付"权,即根据买方指示,冻结信用证项下的货款;但要注意在远期信用证下,若我国银行已承兑了汇票,人民法院就不应对该信用证下的货款加以冻结。还要注意,"止付"权力仅属于人民法院。

三、信用证方式的当事人

信用证方式涉及的当事人较多,主要当事人有以下几个。

(一) 开证申请人

开证申请人(applicant)是向银行申请开立信用证的人,他通常被称为开证人(opener),一般就是交易中的进口商或实际买主。开证人要承担在合同规定的期限内开立信用证,并向开证行交付押金,在开证行对单据付款后,及时向开证行付款赎单的义务。但若开证人发现受益人提交的单据不符合信用证条款的规定,他有拒绝付款的权利。

(二) 开证行

开证行(issuing bank)一般位于开证人所在地,是应开证申请人的要求,或者代表自己开出信用证的银行。开证行一旦接受了开证人的申请,就有责任按后者提交的开证申请书的内容,正确、完整、及时地开出信用证,并对受益人提交的符合信用证规定的单据进行承付。若开证人不能付款赎单,开证行有权处理单据和货物,也有权向开证人追索垫款。

(三) 通知行

通知行(advising bank)是指应开证行的要求,将信用证通知给受益人的银行。通知行一般是开证行在出口人所在地的代理行,它有责任证明信用证的表面真实性,帮助受益人澄清有关信用证的疑点。

(四) 受益人

受益人(beneficiary)指接受信用证并享受其利益的一方,也就是信用证上指定的有权使用该信用证,有权凭借信用证取得货款的人。他一般是交易中的出口商或实际供货人。如果受益人发现信用证条款与合同条款不符,他应立即要求开证人修改信用证或表示拒绝接受;而一旦受益人接受了信用证,就要在信用证规定的期限内装运货物和向银行交单。若开证行因某种原因而不能付款,则受益人有权要求进口商履行付款义务。

(五) 议付行

议付行(negotiating bank)是在受益人提交相符单据的情况下,购买汇票(汇票付款人为该行以外的其他银行)及/或单据,从而在受益人应获偿付的当天或之前向受益人预付或者同意预付款项的、信用证上的指定银行。若信用证可在任一银行进行议付,则受益人可以选择任何银行作为议付行。大多数情况下,受益人愿意选择通知行作为议付行。

(六) 付款行

付款行(paying bank)是开证行在信用证上指定的,在单据与信用证规定相符时对单据付款的银行,实际上就是信用证下汇票的付款人。很多情况下付款行都由开证行自己兼任,但开证行也可以在信用证中指定另外一家银行充当付款行。

(七) 保兑行

保兑行(confirming bank)是根据开证行的授权或要求,对信用证加具保兑的银行。保兑行在开证行因种种原因不能对符合信用证规定的单据付款时,承担对该单据的付款责任。应注意的是,在信用证业务中,保兑行承担与开证行相同的责任,并非在开证行不能履行其信用证下的责任时才出现。如果受益人愿意,他可以选择直接向保兑行交单,而不是向开证行交单。

(八)偿付行

偿付行(reimbursing bank)是受开证行的委托,代开证行向议付行或其他垫款行偿还垫款的银行。偿付行一般位于进口国与出口国以外的第三国,它之所以出现,往往是由于交易货款的结算使用的是偿付行所在国家的货币,或是由于开证行的资金集中在该银行。若偿付行不能及时偿付,开证行要负责赔偿有关垫款行的利息损失。

除了以上这些主要当事人外,在信用证业务中还可能遇到其他当事人。但无论如何,信用证所有当事人的权利和义务都要受信用证各项条款的约束。

四、信用证支付方式的一般业务程序

不同种类的信用证包含了内容不同的条款,业务程序会有很大区别。但一般来说,信用证支付方式大体要经过以下几个基本环节。

(1)开证申请人(即进口方)向开证行申请开证,他要按贸易合同中的有关内容填写开证申请书,交纳开证押金、手续费,或向开证行提供其他担保。

(2)开证行以开证人开证申请书的内容为依据开立信用证,委托受益人(即出口方)所在地的通知行,将信用证通知或转递给受益人。

(3)通知行在审查信用证上的印鉴或密押无误后,将信用证通知或转递给受益人。

(4)受益人审核并接受信用证后,按照信用证的各项规定运出货物,取得货运单据,并在信用证有效期限内备齐信用证要求的所有单据,向议付行交单议付。

(5)议付行审单无误后,大多数情况下,会在汇票金额中扣除贴现息和手续费,将余额付给受益人。

(6)议付行将受益人提交的全套单据分次寄交开证行或付款行要求偿付。

(7)开证行或其指定的付款行审单无误后,将票款偿付给议付行。

(8)开证行向开证人发出通知,开证人审单无误后向开证行付款,同时取得全套单据。

五、信用证的种类

由信用证的定义可知,信用证是开证行做出的,对相符交单予以承付的不可撤销的承诺。依据信用证中是否要求受益人提供货运单据,可以将信用证分为光票信用证与跟单信用证。跟单信用证是国际货物贸易中最常见的信用证,银行凭符合信用证规定的跟单汇票,或仅凭合格的单据对受益人付款。以下对信用证的分类,实际上就是根据跟单信用证的性质、期限、流通方式等不同特

点,对跟单信用证进行的分类。常见的信用证分类有以下几种情况。

(一)保兑信用证与不保兑信用证

这是根据信用证是否具有两家银行的双重承付承诺而对信用证做出的分类。

1. 保兑信用证(confirmed L/C)。保兑信用证是指保兑行应开证行或受益人的要求,在开证行开出的信用证上加列保兑文句,从而使该信用证具有了开证行与保兑行双重的承付承诺。在进出口业务中,出口方往往由于政治原因,或是由于对开证行的资信状况不够了解或不够满意,而要求开证行委托另一家银行对信用证加具保兑。保兑行通常由通知行来担当,也可以选择其他银行,但要注意,保兑行不应与开证行处于同一个国家或地区,以避免保兑行与开证行受到该国家或地区同样的政策法规限制,并因此而同样无法对受益人付款。

2. 不保兑信用证(unconfirmed L/C)。不保兑信用证就是一般的信用证,它只有开证行这一家银行对符合规定的单据的承付承诺,这里不再做进一步说明。

(二)即期信用证、远期信用证、预支信用证

这是根据信用证的付款期限而对信用证做出的分类。

1. 即期信用证(sight credit)。即期信用证是指开证行或付款行在收到受益人提交的、符合信用证规定的单据时,要立即对单据付款。即期信用证下,受益人一般不需要开立汇票,开证行或付款行只凭全套合格的货运单据付款。这种信用证使出口方得以迅速收回货款,最受出口方欢迎,是国际贸易中最常见的一种信用证。

2. 远期信用证(usance L/C)。远期信用证是指开证行或付款行在收到受益人提交的、符合信用证规定的单据时并不立即付款,而是在信用证规定的付款期限到来时才付款。持这种信用证,出口方交单在先,收款在后,实际上等于为进口方提供了资金融通的便利。常见的远期信用证有:

(1)银行承兑远期信用证(banker's acceptance credit)。这种信用证下,远期汇票的付款人是开证行在信用证中指定的某一银行。议付行在审核受益人提交的单据无误后,将远期跟单汇票交该银行承兑。在该银行对汇票进行承兑后,议付行将单据交给该银行,只保留已被承兑的汇票,待汇票到期时再向该银行做付款提示,款项收妥后交受益人。

在各种远期信用证中,这种信用证比较受出口商的欢迎。若出口商在远期汇票到期前发生资金周转的困难,可以委托议付行将银行已承兑的汇票在贴现市场上贴现,从而提前收回资金。另外,这种信用证下,进口商原则上只有在汇票到期、对开证行付清全部货款后才能取得货运单据。但在实际业务中,货物

往往在汇票到期前就已运抵目的地,这时资信状况与经营作风俱佳的进口商可以与开证行协商,凭信托收据向银行借单提货,待汇票到期时再对开证行付款,赎回信托收据。

(2)商号承兑远期信用证(trader's acceptance credit)。这种信用证下远期汇票的付款人是进口商。议付行要通过开证行将远期跟单汇票提示给进口商要求承兑,后者审单无误,并对该汇票进行承兑后,要将已承兑的汇票与全套单据一起返还给银行,待远期汇票到期时,再付款赎单,并由开证行将全部货款经由议付行转交受益人。由于远期汇票的承兑人是进口商,所以很难在贴现市场将汇票贴现出去,使出口商无法套用贴现市场资金解决自己资金周转困难的问题。因此,这种商号承兑远期信用证在国际货物买卖中已极少使用。同时,为鼓励进口商尽快支付货款,这种信用证下的汇票通常带有利息条款,规定进口方要按一定利率对出口方支付利息。若进口方提前付款,就可以少付利息。

(3)延期付款信用证(deferred payment credit)。这种信用证是指开证行在信用证中规定,将在货物装船后或开证行见单后或其他特定日期后若干天付款,而不需要卖方开出远期汇票的信用证。由于出口方不开立汇票,不能在资金周转困难时利用贴现市场的资金,因此在这种信用证项下,货物的价格较高,以弥补较高的银行贷款利率与较低的贴现率之间的差额。

(4)假远期信用证(usance credit payable at sight)。这种信用证也被称为"买方远期信用证",是指货物的买卖双方达成即期交易,但买方出于利用开证行或其他贴现行资金的目的,在信用证中规定卖方开立一张以开证行为付款人的远期汇票,在卖方(受益人)提交了合格的单据,开证行对远期汇票进行承兑后,将该汇票在贴现市场上贴现,并明确表示由买方承担贴现息和有关手续费。由于货物的买方在这张远期汇票到期时才需要对外付款,所以这种信用证对它而言具有远期信用证的性质;同时由于货物的卖方一般可以通过贴现汇票的方式立即取得全部货款,所以这种信用证对卖方而言又与即期信用证相似。

3. 预支信用证(anticipatory L/C)。预支信用证实际相当于进口方给出口方的预付货款。它是指开证行在信用证中规定,出口商可以在货物装运前开出以开证行为付款人的光票,由议付行按照开证行的指示买下该汇票,然后向开证行索偿;开证行也可以在信用证中授权垫款的议付行在受益人交单前就可以向其垫付全部或部分货款,同时说明利息要收回,受益人在真正交单议付时只能取得扣除垫款本息后的余额。如果受益人到期不能交单,开证行保证偿还垫款行垫款的本息。可见,预支信用证使出口方凭光票就可以拿到货款。由于这种预支货款的条款在信用证中有时会以红字打出,以引起人们的注意,所以这种信用证也被称为"红条款信用证(red clause L/C)"。

(三) 付款信用证、承兑信用证、议付信用证

这是根据信用证的使用方式对信用证做出的分类。

1. 付款信用证(payment credit)。付款信用证是指在信用证中指定一家付款行,受益人在向该付款行提交符合规定的单据时,该银行就要付款,而且这种付款是最终性的。付款信用证一般不要求受益人开出汇票,同时也不允许受益人向付款行以外的其他银行交单议付。付款信用证又可以分为即期付款与延期付款两种。

2. 承兑信用证(acceptance credit)。承兑信用证一般是指在信用证中规定由某一指定银行作为受益人开出的远期汇票的付款人,并由该银行对该远期汇票进行承兑,在汇票到期时对汇票付款。被指定的承兑行一般是通知行。若受益人在汇票到期日前需要收款,可以将已由银行承兑的汇票贴现,这样便可以提前取得票款净额。

3. 议付信用证(negotiation credit)。议付信用证是指开证行在信用证中指定议付行的信用证,即,允许受益人向某一银行或任何银行交单议付的信用证。若受益人提交的单据与信用证条款相符,议付行通常在扣除利息和手续费之后,将款项付给受益人。在议付信用证下,除非议付行就是保兑行,议付行在不能从开证行得到偿付时,可以向受益人追索,要求其退还相应的款项。

(四) 可转让信用证、对背信用证

可转让信用证与对背信用证都是为方便中间商进行贸易而使用的信用证。

1. 可转让信用证(transferable credit)。可转让信用证上必须注明"可转让(transferable)"字样,它是指受益人(即第一受益人,一般是中间商)根据信用证有关条款的规定,有权要求信用证指定的转让行(若信用证规定可在任一银行兑用,则转让行指开证行特别如此授权并实际办理转让的银行)将信用证的全部或部分转让给另一个或几个第二受益人(通常是真正供货人)兑用。

可转让信用证在转让时应以原证的各条款为依据,但总金额与单价可以减少,最迟装船期、交单期与信用证有效期可以提前,保险加成率可以提高,还可以用第一受益人的名称代替原开证人的名称。可转让信用证只能转让一次,第二受益人不能通过银行再将其转让给其后受益人。但只要可转让信用证明确不禁止分批装运,第一受益人就可以在转让总金额不超过原信用证金额的条件下,将该证同时转让给几个第二受益人,这种转让不构成对信用证的第二次转让。

可转让信用证的第二受益人在货物出运后必须向转让行交单,取得票款。转让行要以第一受益人开立的汇票、发票替换第二受益人提交的相应单据,并将两张汇票间的差额付给第一受益人,然后再将第一受益人开出的汇票、商业

发票与第二受益人出具的其他单据一起寄交开证行要求偿付。若第一受益人未能在转让行要求时提交自己的发票、汇票,或其提交的发票导致了第二受益人的交单中本不存在的不符点,而未能在第一次要求时修正,则转让行有权将第二受益人的单据照交开证行,同时不再对第一受益人承担责任。

2. 对背信用证(back to back L/C)。对背信用证是指中间商在收到以其为受益人的信用证后,以该证为抵押,请求通知行或其他银行开出的、以信用证项下货物的真正供货人为受益人的新的信用证。这种信用证又被称为从属信用证或转开信用证,开出对背信用证的银行也被称为第二开证行。

对背信用证的开出及使用与可转让信用证的转让使用很相似,它们最关键的区别在于,对背信用证是独立于原证的新的信用证,第二开证行对真正的供货人要承担第一性的付款责任,信用证的表面也不注明"对背信用证"字样。实际上,在这笔交易中,真正的供货人、进口商及原证的开证行很可能都不知道中间商对背开证,供货人与进口商更是不知对方的存在。这也是中间商能够稳居供货人与进口商之间,赚取差价好处的原因之一。

(五)循环信用证

循环信用证(revolving credit)与一般的、在使用过之后即作废的信用证有明显的区别。它是指在信用证金额被全部或部分使用后,仍可以恢复到原金额,经过多次使用,直至信用证规定的次数或总金额用完为止。循环信用证上必须注明"循环"字样,特别适用于在相当长的时间内分批交货的大宗交易。

循环信用证的循环方式包括按金额循环与按时间循环两种。前者指受益人可以按信用证金额连续使用信用证,直至该证规定的总金额用完为止;后者指受益人可以在若干个连续的规定时间段(如一个月)内连续使用信用证,直到使用次数达到信用证规定的次数。另外,若循环信用证允许将前次未使用完的信用证余额移到下一次一并使用,则该证属于积累循环信用证,否则便属于非积累循环信用证。

从循环信用证恢复原金额的方式来看,如果信用证在出口商使用后自动恢复到原金额,则它属于自动循环;若信用证在出口商使用后,要有开证行的通知才能恢复原金额,则它属于非自动循环;而半自动循环是指受益人交单后,如果在若干天内未收到开证行停止信用证再次生效的通知,信用证就可以恢复到原金额继续使用。

(六)对开信用证

对开信用证(reciprocal credit)经常出现在来料加工、来件装配、补偿贸易及一般的易货贸易中,它是指对销贸易的双方分别向各自的银行申请开立的,以对方为受益人的信用证。

为避免对销贸易中先出口的一方当事人在出口之后不履行进口对方货物的承诺,对开信用证下的第一张信用证在开出后通常暂不生效,待对方开来第二张信用证(即回头证)并经受益人(即第一张信用证的开证申请人)接受时,两张信用证才同时生效。当然,如果交易双方彼此信任,也可以规定第一张信用证开出后立即生效,回头证以后再开,但这时先进口、先开证的一方要承担对方不进口、不开证的风险。

案例分析12-4

开证行能否拒绝付款?

一笔货物买卖业务中,进口商根据合同的规定,向其开户行提出申请,以该银行为开证行,向出口商开出了信用证。出口商收到信用证后,备货、出运,向议付行提交了信用证要求的全套单据。议付行审单后,认为出口商的交单构成了相符交单,遂收下单据,对出口商付款,然后将单据寄往开证行索偿。

而在开证行收到议付行的寄单前,进口商作为信用证的开证人,通知开证行称进口商与出口商在合同履行过程中发生了严重争议,要求开证行在争议得以解决之前,不得对议付行进行偿付。

问题:进出口双方的争议是事实,出口商提交的单据是相符交单也是事实,在这种情况下,开证行能否按照开证人的要求,拒绝对相符单据付款?

案例分析12-5

开证行能否拒付?

某出口商与国外某进口商以CIF条件签订了一份货物买卖合同,合同规定出口商应于8月份出运货物。7月20日,出口商收到通知行转来的、进口商通过国外银行开来的信用证。经审核,信用证条款与合同相关条款相符。

8月9日,在出口商着手安排货物由产地向装运港的运输事宜时,收到进口商通过银行转来的信用证修改通知,要求出口商在8月15日前装运货物。由于出口商已预订了8月25日开航的班轮,难以临时变更,因此对该修改通知未予理睬,之后仍按原信用证的规定发运货物并向议付行交单议付。当议付行将全套单据寄开证行索偿时,开证行却以装运时间与信用证修改通知书不符为由拒付。

问题一:开证行拒付的理由是否充分?

问题二:在进出口业务中遇到类似的事件,应如何处理?

第四节　银行保函与备用信用证

除了汇付、托收与信用证外,银行保函也是进出口贸易中比较常见的一种支付方式。

一、银行保函的概念及当事人

(一) 银行保函的概念

银行保函(letter of guarantee, L/G)又被称为银行保证书,也属于银行信用,是银行(担保行)应申请人的要求向受益人开立的,担保申请人一定履行某种义务,并在申请人未能按规定履行其责任或义务时,由担保行代其支付一定金额、或做出一定经济赔偿的书面文件。

在实际业务中,除由银行开立的保函外,保险公司、担保公司、其他机构或个人也可以开出保函,但在本节中我们涉及的仅仅是银行开立的保函。

根据保函中对担保行责任条款的不同规定方法,担保行在保函业务中,既可能承担第二性的付款责任,也可能承担第一性的付款责任。如果担保行只在申请人未能履行保函规定的责任或义务时才向受益人付款,该银行承担的就是第二性的付款责任;而如果担保行在受益人向其提交保函规定的书面文件时就对其付款,而不管申请人是否真的未履行合同项下的义务,则银行承担的就是第一性的付款责任。这种保函被称为"见索即付保函(demand guarantee)"或"无条件保函(unconditional L/G)",在目前的保函业务中比较常见。

(二) 银行保函的当事人

银行保函业务主要涉及以下四个当事人。

1. 申请人(applicant)。申请人有时也被称为委托人,是向银行申请开立保函的人。它负担保函项下的一切费用及利息,并按银行要求预支部分或全部押金。在担保行根据保函规定对受益人付款后,它要立即向担保行偿还垫款。

2. 受益人(beneficiary)。受益人是收到保函并有权凭保函及符合保函规定的各种文件向银行索偿的人。

3. 担保行(guarantor bank)。担保行是接受申请人的申请,并依据申请人的申请书为其开出保函的银行。它有义务按保函规定的条件对受益人付款,在申请人不能偿还垫款时,有权处置申请人的押金或抵押品,并向其追索不足部分。

4. 通知行(advising bank)。通知行是受担保行的委托,向受益人通知保函的银行。

除此之外,保函业务中有时还会涉及转开行、保兑行、偿付行等当事人。

二、银行保函的主要内容

各商业银行开立的保函并没有统一格式,在保函内容上应力争做到清晰、准确、简洁。保函中最重要的是责任条款(即承诺条款),它说明担保行在何种条件下、凭何种单据或文件对受益人进行偿付。除此之外,保函中还应规定受益人向担保行要求偿付的方式及路线、保函的金额与所用货币、保函的有效期、各当事人的名称与地址、与保函有关的文件与货物或工程项目的情况以及各种特殊条款。

三、银行保函的种类

银行保函的种类繁多,其使用范围非常广泛,已大大超出了一般货物买卖的范畴。

(一) 出口保函

出口保函由担保行应货物或劳务出口方的申请向进口方开出,广泛应用于招标与投标、国际工程承包等业务中。常见的出口保函包括:

1. 投标保函(tender guarantee)。投标保函是投标人参加投标时经常需要出具的一种银行担保文件。具体讲,投标保函是担保行应投标人的申请向招标人开立的,保证投标人在开标前不会中途撤标或单方面修改原报价,中标后一定与招标人签约并在规定期限内提交履约保函,否则担保行将按保函金额对招标人予以赔偿。投标保函金额一般为投标金额的1%～5%,有效期至开标日。而一旦投标人中标,投标保函的有效期便自动延长到投标人与招标人签约并提交履约保函时为止。

2. 履约保函。履约保函是担保行应经济合同的中标人的申请向招标人开立的,保证中标人在与招标人签约后一定履行合同规定的各项义务,否则担保行将按保函金额对招标人予以赔偿。履约保函金额通常为合同金额的5%～20%,有效期至合同执行完毕之日止,但有时也可以延长至货物的质量保证期或工程维修期满为止。

3. 还款保函。还款保函也叫预付金保函,是担保行应货物或劳务卖方的申请向买方开立的,保证卖方在收到预付金后一定履约,否则担保行负责退还全部预付金。还款保函的有效期一般至合同执行完毕之日止,但也可以规定该保函在预付金扣减完毕时失效。

以上介绍的仅仅是最常见的三种出口保函,除此之外,出口保函中还包括保留金保函或留置金保函、质量保函或维修保函等许多种。

(二) 进口保函

进口保函是银行应进口方的申请,向出口方开立的保函,比较常见的包括以下几种。

1. 付款保函(payment guarantee)。付款保函是担保行根据进口方的申请向出口方开立的,保证进口方在出口方按合同规定交货后一定按时支付货款,或保证在进口方不付款时由担保行按合同金额付款。付款保函通常出现在凭货物付款的交易中,其有效期就是合同规定的进口方付清价款的日期。

2. 延期付款保函(deferred payment guarantee)。延期付款保函一般出现在大型机械、成套设备的进口交易中。在这种交易下,进口方在合同签订后,一般就要按合同规定对出口方支付一定比例的定金,同时提交延期付款保函。在保函中,担保行保证出口方在交单时可收取部分货款,而绝大部分货款及利息则被分为若干等份,在交货之后的若干年内分若干次连续收取。如果进口方不能按合同规定付款,则由担保行代付。延期付款保函的金额为定金外的全部货款,有效期直至应付清最后一笔货款及利息的日期为止。

3. 分期付款保函(progressive payment guarantee)。分期付款保函与延期付款保函在性质与用途上很相似。它是进口方在合同签订后、在向出口方支付定金时同时提交的,由担保行保证进口方在出口方交单时向后者支付大部分货款,余款的一部分在设备投产、进口方验收后支付,另一部分在设备质量保证期满后支付。若进口方不能按时逐步付清定金外的全部货款,则由担保行代付。

(三) 对销贸易保函

对销贸易的特点是将进口与出口联系在一起,在具体实践中经常涉及银行保函。目前较为常见的对销贸易保函主要有:

1. 补偿贸易保函(compensation guarantee)。补偿贸易保函是担保行应机器设备进口方的申请向出口方开出的保函,保证进口方在收到符合合同规定的设备后,一定以该设备生产出的产品,或双方约定的其他产品,或现汇,向出口方或其指定的第三方偿付设备价款及利息,否则将由担保行代为支付。

2. 来料加工保函与来件装配保函(processing guarantee)。来料加工保函与来件装配保函(assembly guarantee)在性质、做法上非常相似,它们分别为来料加工与来件装配业务服务。在保函中,担保行向供料或供件方保证,收料或收件方在收到符合合同规定的原料或元件后,一定会加工成符合合同规定的成品并交付给供料或供件方,或以现汇偿付原料、元件的价款及利息,否则须由担保行代付。

除以上介绍的几种保函外,保函还有赔偿保函、租赁保函、账户透支保函、借款保函等许多种。作为银行信用凭证,保函因其适用范围广、有效期长等特点而受到普遍欢迎。但由于担保行在保函业务中所承担的风险较大,所以银行在办理保函业务时的收费也比较高。

四、备用信用证

备用信用证是开证行根据开证申请人的申请对受益人开立的,承诺在开证人未能履约时,凭受益人提交的符合该备用信用证规定的汇票及其他文件对受益人付款的书面凭据。备用信用证又被称为商业票据信用证、担保(或保证)信用证、履约信用证。

备用信用证是一种特殊的光票信用证,也属于银行信用,但只在必要时,即在开证人未能履行义务时才起作用。如果开证人已还款或已履约,则该信用证就不会生效,正因为这样的特点,它也就被称为"备用"信用证。

由于一些国家和地区的法律禁止商业银行开办银行保函业务,这些国家与地区的商业银行就以备用信用证来替代银行保函,满足客户对具有保函性质的银行服务的需要。因此,备用信用证的许多性质、特点都与保函相似而不同于一般的跟单信用证。备用信用证与一般跟单信用证的区别主要表现在以下几方面。

第一,备用信用证经常是备而不用,只有在开证人不履行信用证所述业务时才生效。而一般的跟单信用证项下,只要受益人提交的单据符合信用证的规定,开证行就必须付款。

第二,备用信用证更多的是用于货物买卖以外的各类交易,其使用范围比一般的跟单信用证更广。

第三,备用信用证是一种光票信用证,它不要求受益人提供货运单据。受益人通常只需要一张索款通知,开证行见索即付。而一般的跟单信用证下,受益人必须按信用证的规定提供全套正确的货运单据,然后才能从银行得到票款。

尽管备用信用证与一般的跟单信用证有很大差异,但它毕竟是信用证的一种,很多备用信用证也适用国际商会的《跟单信用证统一惯例》,但也有一些备用信用证适用国际商会的《国际备用证惯例》(即《ISP98》)。

第五节　支付方式的选择

在选择国际货物买卖的支付方式时,一般要对对方资信状况与经营作风的好坏、货物本身是否畅销、市场竞争是否激烈、交易金额是否较大等各种因素进行全面考虑，并在此基础上选择使用一种对交易双方都比较安全的支付方式。但为了吸引客户，促成交易，有时也需要采用对对方较为有利、对自己风险较大的支付方式。

信用证方式因具有银行信用的性质，通常被认为是最安全的一种支付方式，受到出口方的欢迎，尤其是在我国的出口贸易中使用最多。但是，这种方式并非十全十美。首先，在信用证方式下，也有可能因发生各种风险而使进口方或出口方的利益受到损害；其次，在信用证方式下，买方在申请开证时除向银行交纳手续费之外，往往还要提供开证押金或其他担保，而信用证从开立到最终付款通常需要相当长的一段时间，这就造成了进口方相当数量的资金占用，影响其资金周转，进而影响其正常经营，这可谓信用证支付方式最大的缺点。也正是因为如此，进口方一般不愿接受信用证支付方式。

目前的国际市场早已成为买方市场，而且由于市场上产品更新换代的速度不断加快，进口商对交货速度的要求也越来越高。信用证的缺点在不断变化的市场中越来越明显，不能适应市场的要求，用更灵活的付款方式替代信用证的呼声日益高涨。在这种背景下，国际保理业务应运而生，并使传统的托收支付方式在国际贸易结算中得到了广泛应用。

另外，由于国际贸易成交金额日益增大，交易条件日趋复杂，交易双方有时也有针对性地将各种支付方式结合在一起，采用综合支付方式。这主要包括以下几种情况。

第一，汇付与托收方式相结合。进口方以汇付方式支付定金或预付款，以付款交单的托收方式支付大部分货款。

第二，汇付与信用证方式相结合。进口方以信用证支付大部分货款，待货到目的地后，经检验计算出真实重量及确切的货款总额，或经安装调试证明货物品质完全合格后，再以汇付方式支付货款余额。这种做法常见于粮食、矿砂等散装货物或成套设备的交易。

第三，汇付与银行保函或备用信用证方式相结合。进口方以汇付方式支付定金及每期货款与利息，同时以银行保函或备用信用证为出口方的收款提供可靠保证。这种做法在大型机械、成套设备的交易中相当常见。

第四，托收与信用证方式相结合。这是指出口方的部分货款以信用证方式收取，部分货款通过托收方式收取。应特别注意的是，出口方的全套货运单据要随附在托收项的汇票下，进行付款交单的跟单托收，而信用证部分则由开证行凭出口方开出的光票付款。

第五，托收与银行保函或备用信用证方式相结合，出口方以托收方式收取货款，同时进口方要开出银行保函或备用信用证，为出口方的收款提供保证。

本章小结

1. 国际货物买卖中常见的支付工具包括汇票、本票、支票，其中汇票最重要，在国际货物买卖中使用最广泛。汇票是无条件支付确定金额的书面支付命令，绝大多数情况下可以通过背书实现收款权的转让，因而既有一定的安全性，又有一定的流通性。

2. 国际货物买卖支付方式中的汇付方式包括电汇、信汇与票汇三种具体做法。汇付方式属于商业信用，在国际贸易中的作用有限。

3. 托收作为传统的贸易支付方式，也属于商业信用，且出口商在这种方式下要承担比进口商更大的风险。20世纪80年代后期国际保理业务的发展，使出口商在传统的托收方式下面临的信用风险大大减轻。因此，伴随着国际保理业务的迅速发展，托收支付方式在国际货物贸易结算中也被越来越多地采用。

4. 信用证是银行参与信用的产物，它较好地解决了货物贸易支付过程中买卖双方彼此互不信任的矛盾，从一出现就被人们普遍接受。虽然信用证种类繁多，能满足不同的交易需要，但它也存在手续相对复杂、费用较高、不利于开证申请人资金周转的弊端。

5. 银行保函业务尽管具有银行信用的性质，适用的领域也极其宽广，但由于一些国家的法律禁止开展保函业务及费用偏高等原因，它在多数情况下只是作为国际货物买卖中辅助性的支付方式。

思考题

1. 什么是汇票？它分为哪几种？
2. 什么是背书？什么是承兑？
3. 什么是本票？它与汇票有什么区别？
4. 什么是支票？它与汇票有什么区别？
5. 什么是汇付？它有哪几种具体做法？
6. 什么是托收？它有什么特点？
7. 试比较远期付款交单与承兑交单的区别与联系。
8. 托收方式下出口商如何防范风险？

9. 什么是信用证？它有什么特点？
10. 什么是可转让信用证与对背信用证？
11. 试分析信用证支付方式对出口商的利弊。
12. 什么是银行保函？担保行承担什么样的责任？
13. 什么是备用信用证？它与一般的跟单信用证有什么区别？

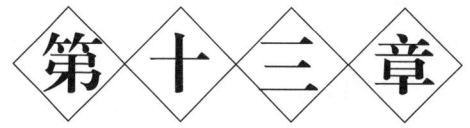

国际贸易商品的检验、索赔、不可抗力和仲裁

★ 学习目的与要求 ★

1. 了解商检、索赔、不可抗力、仲裁四个条款在国际货物买卖合同中的作用和意义。
2. 了解国际货物买卖合同对进出口商品检验时间与地点的规定方法和意义,了解复验的时间与地点的规定方法。
3. 了解合同中索赔条款的不同规定方法及其内容。
4. 了解不可抗力的含义,合同中不可抗力条款的规定方法及意义。
5. 了解仲裁的含义与特点,仲裁协议的形式与作用。

第一节 商品检验

一、商品检验的意义和内容

(一) 商品检验的意义

国际货物买卖中的商品检验(commodity inspection)是指在货物离开或/及进入一个国家时,要由进出口双方在合同中约定的或法律规定的商品检验机构(以下简称商检机构),对商品的品质、数量(重量)、包装、卫生指标、安全性能、残损情况、货物装运技术条件等进行检验和鉴定,从而确定货物的品质、数量

(重量)和包装等是否与合同规定相一致,是否符合交易双方国家有关法律和法规的规定。

商品检验是国际货物贸易中一个重要环节,商检机构以公正的第三方的身份对货物进行检验或鉴定,并出具检验证书,作为买卖双方交接货物、结算货款和向有关方面进行索赔的依据。正是由于有商检机构的参与,才使得国际贸易中相距遥远的买卖双方,不致因难以在成交时当面验看货物而在交货的品质或数量(重量)等问题上产生异议。也正是由于商检机构的参与,使得在有关商品的品质、数量(重量)、包装等方面的争议发生时,可以明确责任的归属,使受到损害的当事人得到应有的补偿。可以讲,商品检验是使国际货物贸易得以顺利进行的重要因素之一。

除此之外,国际贸易中的商品检验有助于出口国保持良好的信誉,使本国商品在国际市场保持稳定的销售,并推动国民经济长期稳定的发展;有助于保障进口国的社会福利、经济利益,更有助于保障进出口双方的经济利益。因此,许多国家的法律和有关国际公约都对进出口商品的检验问题做出了明确规定。

依据各国法律及包括《联合国国际货物销售合同公约》(以下简称《公约》)在内的有关国际公约的有关规定,买方"收到"货物与"接受"货物是两个不同的概念。除非买卖双方另有约定,买方在收到货物之后、接受货物之前,应享有对所购货物进行检验的权利。但买方对货物的这种检验权并不是强制性的,若买方没有利用合理的机会检验货物,就意味着他自动放弃了检验货物的权利。

根据《中华人民共和国进出口商品检验法》(以下简称《商检法》)规定,凡是列入《商检机构实施检验的进出口商品种类表》(以下简称《种类表》)的进出口商品和其他法律、行政法规规定须经商检机构检验的进出口商品,必须经过商检机构或国家商检部门、商检机构指定的检验部门检验。凡列入《种类表》的进出口商品,除非经国家商检部门审查批准免于检验的,进口商品未经检验或经检验不合格的,不准销售、使用;出口商品未经检验合格的,不准出口。

(二)商品检验的内容

在国际贸易中,商检机构可以针对进出口商品的不同方面进行检验。以下几种检验在进出口商品检验中比较常见。

1. 品质检验。品质检验是指商检机构对进出口商品的外观、化学成分、物理性能等进行检验,以判断卖方交货的品质是否符合合同规定。

2. 数量(重量)检验。商品数量(重量)检验是指商检机构使用合同规定的计量单位和计量方法对商品的数量(重量)进行鉴定,以确定卖方是否按照合同规定的数量(重量)向买方提交了货物。因各种检验商品数量(重量)的方法都有一定的局限性,所以实际业务中允许卖方交货数量(重量)与合同规定有一定的合理误差。

3. 包装检验。包装检验指商检机构对商品包装的牢固性和完整性进行检验，以判断其是否适合商品的性质和特点，是否适应货物流转过程中的装卸、搬运，在包装方法及包装材料（包括内包装和衬垫物料或填充物料）是否符合买卖合同及其他有关规定。在对包装进行检验时，还要核对包装标志的各项内容是否与合同规定相符。

4. 卫生检验。这是各国的商检机构对进出口贸易中与人类生命健康密切相关的肉、蛋、奶制品及水果等商品都必须进行的一种检验，对在检验中检出细菌或寄生虫的产品，一律不准出口和进口。

5. 残损检验。这是商检机构对发生残损问题的进口商品进行的比较特殊的一种检验。商品的残损主要指商品的残破、短缺、生锈、发霉、虫蛀、油浸、变质、受潮、水渍、腐败等情况。进口商品的残损检验主要对受损货物的残损部分予以鉴定，分析致残原因及残损对商品使用价值的影响，估定损失程度，并出具证明，作为向有关方面索赔的依据。在进口商品残损检验中，商检机构的检验依据主要包括发票、装箱单、保险单、重量单、提单、商务记录及外轮理货报告等有效单证或资料。

上述几种检验是国际贸易中比较常见的。除此之外，进出口商品检验还包括船舱检验、监视装载、签封样品、签发产地证书和价值证书、委托检验等多项内容。

二、商品检验机构

（一）国际上的商品检验机构

目前，凡是开展货物进出口贸易的国家或地区，一般都设有商品检验机构，作为公正的第三方对进出口商品的各方面进行检验和鉴定，并出具真实、公正、具有权威性的检验证书。虽然它们的功能大体相同，但却有不同的名称，其性质也有所差异。按照不同的性质，各国的商检机构包括以下几种情况。

1. 官方商检机构。美国食品药物管理局（FDA）、美国粮谷检验署、法国国家实验室检测中心、日本通商产业检验所等都是世界著名的官方商检机构。这类商检机构由政府出资设立，依据国家有关法律、法规对进出口商品进行强制性检验、检疫和监督管理。

2. 半官方商检机构。这类机构并非由某一国家的政府出资设立，就其性质而言应属于民间机构。但它们却得到政府的授权，代表政府进行某项商品检验或某一方面的检验管理工作。例如，国际知名的美国担保人实验室（Underwriter's Laboratory）就属于这种机构，各国若想将与防盗信号、化学危险品以及与电器、供暖、防水等有关的产品出口到美国,都必须先通过其检验,并贴上"UL"标志,否则产品就不能在美国市场销售。

3. 非官方商检机构。非官方商检机构是由私人开设的,包括由同业公会、协会开办的公证行、检验公司等。它们具有专业检验、鉴定技术能力,并被当地法律所认可。在这类机构中既包括一些历史悠久、在全球具有较高的权威性的机构,如英国劳埃氏公证行(Lloyd's Surveyor);也包括一些规模庞大、具有垄断性的全球性机构,如瑞士日内瓦通用鉴定公司(Societe General de Surveillance S. A. ,SGS)。

(二)我国的商检机构

1. 我国商检机构概况。中华人民共和国成立后,我国进出口商品的检验工作主要由中华人民共和国进出口商品检验局(国家商检局)及其在各省、自治区、直辖市及进出口口岸、进出口商品集散地设立的分支机构承担。与此同时,各专业部门的检验机构也根据专业特点和国家安排,分别承担有关进出口商品的专业检验工作。这些机构主要包括农业农村部的中华人民共和国动植物检疫所及其所属的各省、自治区、直辖市和陆、海、空港口的检疫局;交通部的中华人民共和国船舶检验局和各地的分局;卫健委的中华人民共和国卫生检疫所、中华人民共和国药品检验所、食品卫生检验所等。

1980年,为适应改革开放后我国对外贸易迅速发展的需要,我国成立了中国进出口商品检验总公司,并在各省、自治区、直辖市开办了分公司,以非官方机构的身份,独立开展进出口商品的检验、鉴定业务,签发相应的证书,并对进出口双方当事人提供有关商品检验的咨询服务。

1998年7月,为改变过去我国进出口商品检验工作由多家机构承担的状况,原国家商检局、原卫生部卫生检疫局、原农业部动植物检疫局共同组建了"中华人民共和国出入境检验检疫局(State Administration of Exit and Entry Inspection and Quarantine of the People's Republic of China,CIQ)",简称"国家出入境检验检疫局"或"中国出入境检验检疫局",对我国出入境商品检验进行统一管理。

2001年4月,为符合世贸组织对商品检验与质量监督的要求,也为了使我国的商品检验与技术认证与监督制度与国际接轨,国务院决定将国家出入境检验检疫局与国家质量技术监督局合并,成立中华人民共和国国家质量监督检验检疫总局(General Administration of Quality Supervision,Inspection and Quarantine of the People's Republic of China,以下简称国家质检总局),主管全国的质量、计量、出入境商品检验、出入境卫生检疫、出入境动植物检疫和认证、认可、标准化等工作,并行使行政执法职能。国家质检总局的成立,标志着我国进出口商品检验工作又进入了一个新的时期,为不断提高我国进出口商品检验的水平创造了条件。

2. 国家质检总局承担的进出口商品检验检疫任务。国家质检总局是我国的国家商检机构,根据我国《商检法》的规定,它应承担以下几方面责任。

(1)对我国的进出口商品实施法定检验。法定检验是指根据我国有关法律、行政法规的规定,国家质检总局及其指定的检验机构,对特定的进出口商品和有关的检验事项实施强制性检验,未经检验或检验不合格的商品,一律不准进口或出口。

(2)对全国范围的进出口商品的质量认证和检验工作进行监督管理。国家质检总局是我国主管出入境卫生检疫、动植物检疫和商品检验的行政执法机构,它与设在各地的分支机构要负责实施以下工作:

第一,对所有进出口商品的收货人、发货人和生产、经营、储运单位,以及国家质检总局和地方质检机构指定或认可的检验人员的检验工作进行监督管理。

第二,对进出口商品的质量进行认证。

第三,对涉及安全、卫生等的重要进出口商品及其生产企业实行进口安全质量许可制度和出口质量许可制度。

第四,对出口食品及其生产企业实行卫生注册登记制度。

第五,应出口商品生产企业的申请或国外客户的要求,对出口商品生产企业的质量体系进行评审。

第六,对不属于法定检验范围的其他进出口商品进行抽查检验。

(3)办理进出口商品的公证鉴定。国家质检总局除承担部分进出口商品的法定检验工作外,对不属于法定检验范围的进出口商品,也可以依据进出口商提出的公证鉴定申请进行检验,并出具相应的公证鉴定证书。

国家质检总局公证鉴定业务的范围包括:进出口商品的质量、数量(重量)、包装鉴定,车辆、船舶、集装箱等运输工具的清洁、密固、冷藏效能等装运技术条件鉴定,舱口检视、装卸载监视、验残、海损货物鉴定,签封样品,货载衡量,签发产地证明书、价值证明书以及其他公证鉴定业务。

三、检验时间和地点

从表面上看,对检验时间与地点的规定,似乎仅仅有关交易当事人在何时、何地对货物进行检验;但实际上,通过对检验时间与地点的规定,可以确定何方享有对货物的检验权,也就是说谁拥有对货物的品质、数量(重量)、包装等诸方面内容进行最后评判的权利。因此,对检验时间和地点的规定与买卖双方的利益密切相关。在实际业务中,对检验时间与地点的规定方法主要有以下几种。

（一）在出口国检验

在出口国检验属于货物在装运前的检验，它包括在货物的产地（工厂）检验和在装运港（地）检验两种做法。

1. 在产地（工厂）检验。如果采用这种做法，则货物在产地启运或工厂出厂前，就要由产地或工厂的检验部门，有时还要会同买方的验收人员对货物进行检验和验收，并由买卖双方在合同中约定的检验机构出具检验证书，作为卖方交货的品质、数量（重量）等方面状况的最后依据。卖方对货物承担的责任只限于货物启运或出厂之前，对日后货物在流转过程中可能发生的一切问题不承担任何责任。在国际货物贸易，特别是大型机械设备的交易中，经常采用这种规定方法，于设备发运前在生产厂家进行设备的安装测试，一旦发现问题，由供货商立即解决。

2. 在装运港（地）检验。在国际货物贸易实践中习惯将这种规定商检时间和地点的方法称为"离岸品质和离岸重量（shipping quality and shipping weight）"。它是指买卖双方在合同中规定，货物在装运港或装运地装运前，由双方约定的商检机构对商品的品质和重量进行检验，并出具相应的检验证书，作为判断卖方所交货物的品质与重量与合同规定是否相符的最后依据。

以上两种规定货物检验时间和检验地点的方法有利于卖方而不利于买方，即使日后买方在货到目的港（地），经检验发现货物的品质或数量（重量）、包装等方面不符合合同规定，也无权就此向卖方提出异议，除非买方能证明这种不符是由于卖方违约或是由于货物存在内在缺陷造成的。可见，这类规定方法实质上是否定了买方对货物的复验权利。

（二）在进口国检验

在进口国检验是指货物在目的港（地）卸载后，对货物的各方面状况进行检验，它也可以分为两种情况。

1. 在目的港（地）检验。国际贸易业务中习惯将这种规定检验时间和地点的方法称为"到岸品质和到岸重量（landed quality and landed weight）"。它是指买卖双方在合同中约定，在货到目的港（地）卸货后，由双方合同中约定的目的港（地）商检机构对货物的品质、重量（数量）、包装等进行检验，并出具相应的检验证书，作为判断货物品质和重量是否符合合同规定的最后依据。在这种做法下，买方有权凭上述检验证书就到货品质或重量或其他方面的问题，向卖方提出索赔或按双方事先的约定处理。

2. 在进口方营业处所或最终用户所在地检验。国际贸易中有些货物使用的是密封包装，在目的港（地）不便拆开；或需要一定的检验条件和设备才能对货物进行检验。在这种情况下，显然无法在进口目的港（地）卸货后对货物进行检验。为此,可由合同规定的检验机构在进口方营业处所或最终用户所在地对这类货物进行检验,并以该机构出具的检验证书作为判断卖方交货品质、数量(重量)等是否符合合同规定的最终依据。

用这两种方式规定检验时间与检验地点对买方有利,而对卖方不利。卖方必须保证货物到达目的港(地)时的品质、数量(重量)、包装等与合同规定相符。如果由于卖方责任致使货到时出现品质、数量(重量)、包装等方面与合同不符的情况,进口方可以凭双方约定的商检机构出具的检验证书,向卖方索赔。

(三) 出口国检验,进口国复验

这是国际贸易中规定检验时间和检验地点最常见的方法。按照这种规定方法,卖方在发运货物时,要委托合同中约定的装运港(地)的商检机构对货物进行检验,并出具检验证书,作为向当地银行议付货款的单据之一,但并不作为卖方交货品质和数量(重量)的最后依据。待货到目的港(地)后,再由双方约定的目的港(地)的商检机构对货物进行复验,如果发现货物的品质或数量(重量)与合同不符,并经分析证明确属卖方责任时,买方就可以凭复验证书向卖方提出异议。这种规定方式对买卖双方都比较公平合理,在国际贸易中被广泛采用,我国进出口业务中也多用此种规定方式来约定检验地点和检验时间。

(四) 装运港(地)检验重量,目的港(地)检验品质

这种规定方法经常出现在大宗商品的交易中。为调和买卖双方在商品检验时间与地点问题上的矛盾,买卖双方有时在合同中规定在出口国对货物的重量进行检验,而在进口国对货物的品质进行检验,称"离岸重量和到岸品质(shipping weight and landed quality)"。在采用这种做法时,装运港商检机构验货后出具的重量检验证书,是判断卖方交货重量是否符合合同规定的最后依据;而目的港商检机构验货后出具的品质检验证书,是判断卖方交货品质是否符合合同规定的最后依据。若货到目的港(地)后,经检验发现由于卖方责任致使货物品质与合同规定不符,则买方可凭检验证书向卖方索赔;但若是货物重量出现不符,则买方不得向卖方提出异议。

应注意的是,对进出口商品检验时间与地点的规定,与交易中所采用的贸易术语有密切联系。例如,在 E 组或 D 组术语下,卖方要将货物实际交付给买方,这时候商品检验应在卖方完成其交货义务的地点,在买卖双方交接货物时进行;若检验合格,买方就接受货物,卖方也就不再对货物承担责任。但若采用 F 组或 C 组术语,卖方对买方是象征性交货,在货物风险由卖方转移给买方时,买方并未收到货物,也就无法对货物进行检验。此时,"出口国检验,进口国复验"便是对双方最合理的规定方法了。

案例分析 13-1

某进口商从国外进口一批罐头食品,合同规定由出口商于装运港货物装船前进行检验。随后,出口商按合同规定的时间履行交货责任,并且获得由合同规定的商检机构签发的商品检验合格证书。

进口商在合同约定的目的港收取货物后,请本地商检机构对货物进行了复验,发现商品的若干品质规格与合同约定不符,遂以复验证书为依据,以品质违约为由向出口商索赔。

出口商回应称,根据合同的约定,出口商所在地商检机构出具的检验证书是判断货物品质、数量等方面是否符合合同规定的最终依据,因此,在装运港商检机构出具合格的检验证书的情况下,出口商没有义务向进口商进行赔偿。

问题一:进口商能否凭借复验证书向出口商索赔?
问题二:这起纠纷应如何处理?

四、检验标准和检验方法

(一)检验标准

检验标准是指在商检过程中使用的、判断进出口商品的某些指标是否合格的依据。在实际业务中,我国出口商品检验与进口商品检验的检验标准有不同的确定原则。

在对出口商品进行检验时,凡交易双方在买卖合同中对商品的品质、数量、包装条件等有具体规定的商品,以合同规定为检验标准;凡合同规定按某项标准检验的商品,即以该项标准为检验依据;若合同中未规定检验标准或规定不明确的,以国家标准作为检验标准。若无国家标准,以专业标准为检验标准。无专业标准的,以企业标准为检验标准。目前尚无任何标准的,一般参照同类商品的标准,或由国内生产部门与商检机构共同研究后决定。如果国外买方要求按对方或第三国的标准实施检验时,亦须与有关部门研究后再做决定。

在对进口商品进行检验时,凡买卖双方在合同中对检验项目的指标有具体规定的,以合同规定为检验标准;凡合同规定有检验参照标准的,以该标准为检验依据;合同中未规定或规定不明确的,首先以生产国现行标准作为检验标准。无该项标准的,以国际通用标准作为检验标准。若这两项标准都不存在,就要以进口国的标准作为检验依据。此外,卖方提供的品质证明书、使用说明书也可作为检验依据。

另外,如果是对进口商品进行残损检验,则要以买卖合同中的有关条款、发票、装箱单、重量单、提单或运单、保险单、外轮理货报告或船务记录等有效单证作为检验依据。

在国际货物贸易的实际业务中还应注意,买卖双方必须确定合同中规定的作为检验依据的各种标准,应符合有关国家的有关法律、行政法规的规定,否则,该项合同内容无效。

(二)检验方法

买卖双方应在合同中具体约定对进出口商品进行检验时所采用的检验方法。在商品检验中,如果用不同的方法对同一种商品进行检验,其检验结果可能会有相当大的差别。所以,为避免日后双方因此而产生纠纷,最好在合同中明确规定商品的检验方法。合同中没有规定检验方法的,出口商品按我国商检部门规定的方法检验,进口商品按国际贸易业务中通用的方法检验。

五、复验地点和时间

在国际贸易中,采用"出口国检验,进口国复验"的方法对进出口商品进行检验的情况非常多见。这种规定方法承认买方对进口商品的复验权,应在合同中对复验期限、复验地点、复验机构、复验方法、复验费用负担等内容做出具体规定。其中,复验地点应根据商品的性质而定,可以在目的港(地),也可以在最终用户所在地;复验机构应得到卖方的认可并在合同中做出规定;复验方法应与卖方的检验方法一致,以免因此而产生检验结果上的差异;复验费用须在合同中明确规定由何方负担。

特别要注意的是,合同规定的复验期限实际上就是买方向卖方提出索赔的期限。如果买方不能在规定的复验期内对商品进行复验并提出索赔,就将失去向卖方索赔的权利。对此,《公约》第39条规定:"(1)买方对货物不符合同,必须在发现或理应发现不符情形后一段合理时间内通知卖方,说明不符合同情形的性质,否则就丧失声称货物不符合同的权利。(2)无论如何,如果买方不在实际收到货物之日起两年内将货物不符合同情形通知卖方,他就丧失声称货物不符合同的权利,除非这一时限与合同规定的保证期限不符。"

在贸易实践中,买方复验期限的长短也要考虑商品的特点,一般而言,易腐烂变质的商品,其复验期限应较短;品质比较稳定的产品,复验期限可略长;而对机器设备一类的商品,因需安装调试,才能使其达到一定的技术指标,其复验期限应更长一些。

六、检验证书

(一)检验证书的作用

检验证书是商检机构在对商品进行检验、鉴定后所出具的证明文件,它是国际货物买卖中的重要单据之一,可以起到以下作用。

第一,种类繁多的检验证书可以证明卖方所交货物在品质、重量(数量)、包装以及卫生条件等方面是否符合合同的规定。

第二,检验证书是卖方向银行议付货款的重要单据之一,如果无法提交、或无法提交合格的检验证书,卖方就无法从银行取得议付款。

第三,检验证书是海关通关验放货物的有效证件。依据各个国家法律、法规的有关规定,在进出口商品向海关申报、要求海关验放时,一般都必须提供有关的商检证书,否则海关不予通关。

第四,检验证书是买方对货物品质、重量(数量)、包装等条件提出异议,拒收货物、拒付货款或对外索赔的依据。

(二)检验证书的种类

对商品进行检验的内容不同,商检机构出具的商品检验证书的种类也就不同。在国际贸易中常见的商检证书有以下几种。

1. 品质检验证书(inspection certificate of quality)。这是商检机构使用合同规定的检验方法,对报验商品的质量、规格、等级进行检验后出具的书面证明文件。

2. 重量检验证书(inspection certificate of weight)。这是商检机构利用合同规定的计重方法对商品的重量予以鉴定后,出具的书面证明。

3. 数量证明书(inspection certificate of quantity)。这是商检机构证明商品实际数量的书面证明文件。

4. 卫生证明书(inspection certificate of health)。这是商检机构在对出口的食用、动物产品,如罐头食品、蛋制品、乳制品、冷冻鱼虾等商品实施卫生检验后出具的,证明货物已经检验和检疫合格,可供食用的书面文件。

5. 兽医检验证书(veterinary inspection certificate)。这是商检机构对包括皮、毛、绒及冻畜肉等在内的动物性商品进行检验后出具的,表明其未受任何传染病感染的书面证明。

6. 消毒检验证书(disinfection inspection certificate)。这是商检机构证明某些出口的动物产品已经过消毒处理,符合安全、卫生要求的书面文件。在猪鬃、马尾、皮张、羽绒、羽毛等商品的贸易中,买方经常会要求卖方提供这种检验证书。

7. 熏蒸检验证书(inspection certificate of fumigation)。这是商检机构用来证明谷物、油籽、豆类、皮张等出口商品及包装用木材与植物性填充物等,已经过熏蒸杀虫,达到出口要求的书面报告,在其中还要记录熏蒸使用的药物种类和熏蒸时间。

8. 产地检验证书(inspection certificate of origin)。这是商检机构对出口产品的原产地的书面证明,包括一般的产地检验证书、普惠制产地证书、野生动物产地证等几种。

9. 价值检验证书(inspection certificate of value)。这是商检机构证明出口商品的价格真实、可靠的书面证明,可以作为进口国施行外汇管理和对进口商品征收关税的依据。

10. 验残检验证书(inspection certificate on damaged cargo)。这是商检机构用来证明进口商品的残损情况、判断残损原因、估算残损价值的书面文件,供有关当事人对外索赔使用。

11. 验舱证书(inspection certificate on tank/hold)。在国际贸易中,有时需要对准备装货的船舱的现状和设备条件进行检验,如冷藏舱室检验、油轮密固检验、干货舱清洁法检验、油舱清洁法检验等。如果商检机构在检验后认为符合运输合同和商检机构规定的技术要求,就会签发此种证书。

12. 货载衡量单(on cargo weight & measurement)。商检机构有时会根据承运人或托运人的申请,对进出口船运货物的尺码吨和重量吨位进行衡量,并签发此种证书。

在进出口业务中,不同的交易商品会涉及不同种类的商检证书,买卖双方应对此在合同中做出具体约定。此外,检验证书的种类还要符合与合同相关的国家的法律、法规及对外贸易政策的规定。例如,我国就规定,对动物产品除出具品质证书、重量证书外,还需提供兽医证书;而对食用动物产品,除出具品质证书、重量证书外,还需提供卫生检验证书。还应注意,一般商品检验证书的有效期通常为两个月,鲜果、蛋类商品则为两个星期。如果卖方因特殊原因,在取得检验证书后未能按时出运货物,则在检验证书逾期后,须向检验机构申请展期,必要时还须重新对商品进行检验。

案例分析13-2

检验证书是否与信用证规定相符?

某出口商向国外进口商出口一批商品,合同约定进出口双方以信用证方式结算货款,出口商在货物出运后,要按信用证的要求,向议付行提交汇票以及包括商业发票、海运提单、保险单、重量检验证书在内的全套贸易单据。

出口商在货物备妥后对出口商品进行了检验,按时出运货物并投保货运保险,但在向议付行交单议付货款时遭到拒付,理由是信用证要求重量检验证书,而出口商提交的是商检机构签发的数量检验证书,构成了单证不符。出口商解释称,由于该商检机构没有所谓的"重量检验证书",一直签发数量检验证书以说明被检验商品的重量。然而,议付行坚持信用证业务中,银行只接受与信用证要求表面相符的单据,数量检验证书与重量检验证书从表面上看,是不一样的。

问题一:本案例中,议付行能否拒付?
问题二:这一争议应如何解决?

七、进出口商品检验的程序

(一)进出口商品检验的一般程序

进出口商品的检验工作是按照一定程序进行的。以我国为例,进出口商品检验要经过以下几个步骤完成。

1. 申请检验。在出口业务中,出口商一般应在货物发运前 7~10 天(鲜货为 3~7 天,而如果商检机构不在出口商所在地,则要在货物发运前 10~15 天)填写"出口检验申请单",写明需要检验或鉴定的内容,并要连同合同、信用证、往来函电等相关文件一起,提交当地的商检机构。

在进口业务中,进口商应于最迟不少于 1/3 的对外索赔期的时间内,填写"进口检验申请单",说明需要检验或鉴定的内容,并要向商检机构一并提交合同、商业发票、货运单据、品质证书、装箱单、外运通知单、接用货部门已验收记录等资料;如果已发现货物有残损、缺少现象,还要附上理货公司与轮船大副共同签署的货物残损报告单及其他相关证明材料。

商检机构在收到进出口商品的报验申请后,要对申请单中所填内容逐项审核,并与各种附带文件相核对。一旦审核通过,便对报验申请单登记、编号,将全套单证交检验部门安排检验。

2. 实施检验。实施检验是指商检机构采取抽样的方法,在整批商品中随机地抽取一定数量的有代表性的样品,然后按国家规定或合同规定的技术标准,对样品的有关特性进行检查、试验、测量或计量的过程。

进出口商品的检验包括商检自检与共同检验两种情况。商检自检是比较常见的一种情况,它是指商检机构在受理了进出口商品的检验申请后,自行派出检验技术人员对商品进行抽样、检验,独立出具检验证书。共同检验则是指商检机构在受理了进出口商品的检验申请后,与有关单位商定,由双方各派人员共同检验,并出具检验证书;或商检机构与有关单位就检验内容进行分工,各承担某一部分的检查项目,最后共同出具检验证书。

3. 签发证书。在商检机构对出口商品进行检验、认定商品合格后,可按合同、信用证或进口方的要求,对报验方签发检验证书;若合同、信用证、进口方未要求正式的商检证书,商检机构只需签发"商检放行单"或在"出口货物报关单"上加盖放行章即可。

在商检机构对进口商品进行检验后,可根据报验方的需要签发"检验情况通知单"或相关检验证书;但若是收、用货单位在验收进口商品时发现问题,向商检机构申请复验,而复验不合格时,商检机构必须签发正式的检验证书,作为进口方对外索赔的依据。

(二)进出口商品的免检

我国《商检法》及《商检法实施条例》规定,对列入《种类表》的进出口商品和其他法律、法规要求须经商检机构检验的进出口商品,在收货人、发货人申请、国家质检总局审批通过的情况下,可享受免检待遇。

申请免检必须具备以下条件。

1. 该商品的生产企业已获得中国出口商品质量保证体系的认证,或经我国认可的外国有关组织进行考核并获得质量保证体系认证。

2. 该商品质量长期稳定,连续三年出厂合格率及商检机构检验合格率为100%。

3. 该商品的用户对该商品的质量没有异议。

但是,凡涉及安全、卫生和某些特殊要求的商品都不能申请免检,其中主要包括粮油食品、玩具、化妆品、电器以及列入进口商品安全质量许可证管理的商品、合同要求按商检证书所列成分和含量计价结汇的商品、品质易发生变化的商品或散装货物等。

第二节　索赔

一、索赔概述

(一)违约与索赔

在国际货物贸易中,买卖双方都要受到双方签订的国际货物买卖合同的约束,都必须按照合同规定严格履行其各项义务,否则即构成违约,这一方面会引起进出口双方之间的争议,另一方面也往往会给按约履行义务的一方当事人造成经济损失。对此,违约一方应对对方承担相应的违约责任。

由于国际货物买卖涉及的环节多、交易条件复杂等多种原因,交易中的违约事件时有发生,而且主要集中在卖方交货的品质、数量(重量)及交货时间不符合合同规定等问题上。有时违约表现为卖方不交货或不按时交货,或交货的品质、数量(重量)不符合合同规定;有时则表现为买方不按时开来信用证或不付款、不按时付款。相对而言,前一种违约在国际货物贸易中更为常见。另外还要注意,国际市场价格波动越是频繁,违约事件就越是经常地出现。

索赔就是遭受损失的一方当事人要求违约的一方当事人对自己进行损害赔偿,而违约的一方受理遭受损失的一方所提出的索赔要求则被称为理赔。

(二)对违约后果的法律规定

根据各国的法律规定,对违约行为进行损害赔偿的性质是赔偿性的,而不是惩罚性的。即,损害赔偿的目的仅仅是补偿受害人因对方违约所遭受的损失。计算损害赔偿数额的基础是受害人受到的损失,而不是违约方从违约行为中的获利。事实上,损害赔偿的数额应当与受害人的损失相等,法律不允许受害人得到超过其损失的损害赔偿。因此,即使违约方的违约使其赚取了高额利润,另一方当事人也只能就自己遭受的损失要求赔偿,而不能请求法院剥夺违约方的利润。受损害方的损失可以是有形的,也可以是无形的;可以是现实的损失,也可以是期得利益的损失,但这些损失必须是实际发生的和确实的。

索赔是对违约行为的最常用的补救措施。此外,还可以根据违约程度,采取其他补救措施,包括延迟履行合同、替代履行合同、减价、修理、换货、退货,甚至解除合同等。按照国际贸易惯例和一般的法律规则,在采取其他违约补救措施时,不会影响受损害的一方当事人向违约方提出索赔的权利。但是,受损害方向违约方提出索赔时是否能同时要求解除合同,则要视违约的具体情况而定。在这个问题上,各国的法律规定也不尽相同。主要有以下几种情况。

1. 英国的法律把违约分成"违反要件(breach of condition)"与"违反担保(breach of warranty)"两种。"要件"是指合同中重要的和根本性的条款,一般认为与商品密切相关的品质、数量、交货期等条件属于要件;"担保"则是指合同中次要的和附属性的条款,也是与商品无直接联系的条款。若一方当事人违反要件,受害方有权解除合同并要求损害赔偿;但若违反担保,受害方只能要求损害赔偿而不能要求解除合同。

2. 美国的法律将违约分为"重大违约(material breach)"与"轻微违约(minor breach)"。重大违约是指一方当事人违约,致使另一方当事人无法取得在这项交易下他本应获得的主要利益,这时受损害的一方当事人可以要求解除合同,同时要求损害赔偿。轻微违约是指一方当事人的违约情况比较轻微,没有影响对方在交易中取得的主要利益,此时受损害的一方只能要求损害赔偿,而不能要求解除合同。

3.《公约》把违约分为"根本性违约(fundamental breach)"和"非根本性违约(non-fundamental breach)"两类。《公约》对根本性违约的解释是,"一方当事人违反合同的结果,如使另一方当事人蒙受损害,以至于实际剥夺了他根据合同规定有权期待得到的东西,即为根本性违反合同"。只有在违约方的违约行为属于根本性违反合同时,受损害方才有权既宣告合同无效,又要求损害赔偿;如果违约行为属于非根本性违反合同,则受损害方只能要求损害赔偿而不能宣告合同无效。

总之,各国法律对违约行为的解释是有区别的,对受损害方能够采取的补救措施的规定也有所不同。因此,买卖双方在磋商交易并订立合同时,应针对有可能产生争议的问题,就违约行为的后果、受损害方可以采取的补救措施等在合同中做出明确规定,这就是合同中的"索赔条款"。

二、索赔条款

国际货物买卖合同中最常见的索赔条款通常有两种,即"异议和索赔条款"与"罚金条款"。

(一)异议和索赔条款

在一般的商品买卖合同中通常都要规定异议和索赔条款(discrepancy and claim clause),它主要适用于商品品质、数量方面的索赔。由于各种商品在品质、数量方面的特征比较复杂,可能发生的损失程度也各有不同,无法在损失发生之前事先确定具体的赔偿金额,因此,异议和索赔条款的内容一般只限于对索赔的依据、索赔的期限、损失赔偿的办法等做出规定。

1. 索赔依据。索赔依据是受损害的一方当事人在提出索赔时必须提供的、证明违约方违约事实真相的书面材料,主要是由买卖双方约定的出证机构出具的各种检验证书。

2. 索赔期限。索赔期限是指受损害方向违约方提出索赔的有效时限。如果受损害方逾期提赔,违约方可不予受理。由买卖双方在合同中明确规定的索赔期限被称为约定索赔期限,其长短要根据交易商品的性质确定。例如,我国出口合同中的索赔期限,视货物的特征,一般规定为货到目的港(地)后30天或60天;如果货物为机器设备,则这一期限可相应延长。在合同未规定约定索赔期限时,索赔期限可采用法定索赔期限,即根据有关法律,受损害方有权向违约方提出索赔的期限。例如,我国《合同法》中将这一期限规定为四年,自当事人知道或者应当知道其权利受到侵害之日起计算;《公约》中则将这一期限规定为两年。约定索赔期限的效力,一般高于法定索赔期限。由于索赔期限实际上就是合同检验条款中的复验期限,因此有的货物买卖合同把检验条款和索赔条款合并起来订立,称为"检验与索赔条款(inspection and claim clause)"。

案例分析 13-3

适度规定索赔期限的重要性

某企业从国外进口一条生产线,合同约定如果进口企业在货到目的港卸货后 60 天内发现货物品质与合同约定不符,可凭相应的证明文件向出口商索赔。

生产线运抵目的港后,进口企业向海关进行进口申报,随后运往进口企业所在地。经安装调试,进口企业发现该生产线达不到合同约定的生产能力,于是以货物品质与合同不符为由向出口商提赔。而出口商则认为,进口企业向出口商提赔的时间是在货物在目的港卸货之后的 76 天,已超过了合同规定的索赔期限,因此出口商不承担对进口企业进行赔偿的责任。

问题:在合同中规定索赔条款时应注意什么问题?

(二) 罚金条款

罚金条款(penalty clause)又被称为违约金条款或罚则,它是指当合同的一方当事人未能履行合同义务时,应向合同的另一方当事人支付一定数额的违约金,以补偿其损失。罚金条款一般适用于卖方延期交货或买方延期接货等情况,违约金数额的大小取决于违约时间的长短,并通常规定罚金的最高限额。

例如,在进口合同中可以规定:"如果卖方不能如期交货,除因为人力不可抗拒的原因外,在卖方同意由付款行从议付货款中扣除罚金的条件下,买方可同意延期交货。但是因延期交货而发生的罚金,不得超过延期交货货物总值的 5%。罚金按每 7 天收取延期交货货物总值的 0.5%,不足 7 天者按 7 天计算。若卖方未按合同规定的装运期交货,延期 10 周时,买方有权撤销合同,并要求卖方支付上述延期交货罚金。"

需要注意的是,各国法律对违约金的本质和罚金条款的效力的规定有很大不同,德国等大陆法系国家一般都承认违约金的惩罚性性质,承认罚金条款的法律效力,而且一般均允许当事人在请求违约方支付违约金的同时,要求违约方继续履行合同。在这种情况下,违约金只是对违约方不完全履行或延迟履行合同的违约行为的惩罚,与该违约行为给对方造成的损失没有直接关系,与合同义务的履行也并不矛盾。

但在英美法系各国,罚金条款是否有效取决于它是惩罚性的"罚金",还是补偿性的"预约赔偿金"。如果当事人在合同中订立此条款的目的是惩戒和预防违约的发生,则违约金即属于"罚金"性质,该条款是无效的。如果当事人是为了减少将来计算违约损害的麻烦而在合同中规定违约金,则它属于预约赔偿金性质,罚金条款便是有效的;但在违约行为发生时,即使违约金的数额远远少于实际损失,受损害方也只能根据罚金条款获得固定数额的赔偿。因此,有时违约金被判定为罚金要比被判定为预约赔偿金对受害人更有利,因为罚金虽然使条款无效,但受害人仍可以请求损害赔偿;而预约赔偿金虽然使条款有效,却往往无法补偿受害人遭受的全部损失。

我国《合同法》对违约金制度做了原则规定,认为合同双方当事人约定的违约金,应属于对违约行为的损害赔偿,具有预定赔偿金的性质。但如果合同规定的违约金过分高于或过分低于违反合同给受害方造成的损失,有关仲裁机构或人民法院有权根据当事人的请求予以适当减少或增加。这与德国、法国等大陆法系国家的有关规定类似。

我国进出口业务使用的大多是固定格式合同,罚金条款一般都已事先拟定并印妥在合同的"一般条款"中。因此,在对外签订合同时,应注意根据对方当事人所在国家、合同履行地所在国家的有关法律规定,对罚金条款做适当的修改和补充,以免因此而遭受损失。

三、定金罚则

定金是指买卖双方在合同中约定,一方当事人为保证合同的顺利履行,预先向另一方当事人支付的作为债权担保的一定金额。买卖双方在合同中规定定金的同时,往往还规定,如果支付定金的一方当事人违约,他就将失去对定金的所有权;而如果收取定金的一方当事人违约,他要向对方返还双倍定金,实际上等于向对方支付一笔与定金数额相等的金额。合同中的这种规定被称为定金罚则。

可见,只要在合同中规定了定金罚则,则无论哪一方当事人违约,都要承担与定金数额相等的损失。在国际货物贸易的实践中,对定金罚则的规定,有助于促使交易双方按约履行合同义务。

在规定定金罚则时,买卖双方要对定金的数额、支付时间和方式、按约履行合同后对定金的处置等方面的问题做出明确规定。同时还要注意,如果在合同中同时规定了罚金(违约金)与定金,在一方当事人违约时,另一方当事人只能在定金与罚金之间选择一种来向对方提出要求。

第三节　不可抗力

一、不可抗力的含义和范围

（一）不可抗力的含义

不可抗力（force majeure）即人力不可抗拒，它是指在货物买卖合同签订之后，不是由于合同任何一方当事人的过失或疏忽，而是由于发生了当事人既不能预见和预防，又无法避免和克服的事件，以致不能履行或不能如期履行合同，遭受意外事件的一方可以免除履行合同的责任或延期履行合同。

目前的各种国际条约和国际惯例对不可抗力并没有统一的定义，各国国内法的解释也存在较大的差别。例如，英美法将这类事件称之为"合同落空"，是指合同签订后，不是由于合同当事人的过失，而是发生了当事人意想不到的事件，使订约的目的受到根本挫折，发生事件的一方可免除责任。大陆法系的许多国家称这类事件为"情势变迁"或"契约失效"（但法国的法律则将这类事件称为"不可抗力"），指意外事件的发生使合同不可能再履行，或需要对合同原有的法律效力做相应的变更。《公约》则称之为"履行合同的障碍"，规定若是在合同签订之后发生了合同当事人订约时无法预见和事后不能控制的障碍，以致不能履行合同义务，则可免除责任。

尽管各国法律和各种国际公约、国际惯例中不可抗力的名称与解释存在差别，但却都承认构成不可抗力事件需要同时具备四个条件：第一，这种事件是在订立合同之后发生的；第二，这种事件是当事人在订立合同时不能预见的；第三，这种事件不是当事人所能控制的，而且它是无法避免、无法预防的；第四，这种事件不是任何一方当事人的疏忽或过失造成的。

（二）不可抗力事件的范围

不可抗力事件一般包括两类，一类是自然方面发生的事件，如水灾、旱灾、雪灾、飓风、雷电、火灾、地震、海啸、暴风雨、冰封等；另一类是政治或社会方面发生的事件，如战争、罢工、骚乱、政府封锁与禁运、贸易政策调整等。

由于不可抗力是一项免责条款，买卖双方可以通过扩大不可抗力事件的范围来摆脱自己在合同项下承担的义务，所以在实际业务中，确定不可抗力事件的范围是一个相当复杂的问题，进出口双方非常容易在这个问题上产生争议。一般而言，对自然原因引起的不可抗力事件，交易双方比较容易达成共识；但对社会原因引起的不可抗力,各国的法律解释相差比较大,买卖双方的争议更是经常出现,只能由交易双方根据合同中的不可抗力条款,视事件的具体情况协商解决。

二、不可抗力的法律后果

所谓不可抗力的法律后果,是指当不可抗力事件出现时,合同是否可以被解除,或者视不同情况,可以解除合同,也可能只是推迟合同的履行。各国在对不可抗力事件法律后果的规定上也有分歧。英美法系国家认为,一旦出现"合同落空",合同即告终结,当事人的履约义务也就自动地被解除。而有些国家法律则认为,不可抗力事件不一定使合同全部解除,应根据不可抗力事件的原因、性质、规模、对履约的实际影响区别对待。

我国的相关法律对不可抗力事件规定了三种可能产生的法律后果:第一,如果发生不可抗力事件,致使合同全部义务不能履行,当事人可解除合同,并免除全部责任;第二,如果发生不可抗力事件,致使合同的部分义务不能履行,则当事人可免除部分义务;第三,如果发生不可抗力事件不是导致合同不能履行,而只是不能按约定的时间履行,则当事人可以延迟履行合同,并在该事件的后果影响持续的时间内,免除其延迟履行的责任。

在规定了不可抗力事件可能产生的几种法律后果的同时,我国还规定在不可抗力事件中要求免责的一方应承担的两项义务。第一,应当及时将不可抗力事件的发生通知另一方,以尽量减轻该事件可能给另一方造成的损失。如果由于没有及时通知而给另一方造成损失,怠于通知的一方应对此承担责任。第二,应在合理的时间内向另一方提供有关机构出具的证明,以证明不可抗力事件的发生。在我国,出具不可抗力证明的机构包括公证机构、中国国际贸易促进委员会等。

三、不可抗力条款

(一)不可抗力条款的规定方法

合同中的不可抗力条款,一般要同时对不可抗力事件的范围、不可抗力的后果、发生不可抗力事件后通知对方的期限和方式、不可抗力的证明文件及其出具机构等项内容做出规定。其中,对不可抗力事件范围的规定直接关系到买卖双方的利益,是该条款中最重要的内容。

不可抗力事件的范围通常有三种规定方式。

1. 列举式。列举式采用一一列举的方式,详细列明不可抗力事件的范围。这种规定方式具有明确、清晰的优点,但灵活性较差,又很容易造成遗漏。一旦发生了规定范围以外的意外事故,就无法援引。

2. 概括式。概括式采用笼统的方法规定不可抗力事故的范围,而不具体列举哪些事件属于不可抗力事件。例如,在合同中规定:"如果由于不可抗力的原因,致使卖方不能全部或部分装运或延迟装运合同货物,卖方对于这种不能装运或迟缓装运本合同货物不负有责任。"这种规定方法过于含糊,买卖双方容易因解释上的差异而产生纠纷。

3. 综合式。综合式一方面要列出比较常见的不可抗力事件,另一方面还要再加上"以及双方同意的其他不可抗力事件"一类的补充说明。这种规定方法比较明确具体,又考虑到履行合同中可能发生的一些意想不到的事件,具有一定的灵活性。在进出口业务中,买卖双方多采用这种规定方法。

(二)规定不可抗力条款时应注意的问题

1. 在不可抗力条款中要规定不可抗力事件发生后,遭受不可抗力事件的一方当事人将不可抗力事件通知给对方的期限和通知方式。如果该当事人未能在规定期限内,以规定方式向对方发出不可抗力的通知,则他要对对方因此而受到的损失承担赔偿责任。另外,对方当事人在收到不可抗力通知时也应该及时回复,特别是如果认为发生的事件不属于不可抗力,或认为对方对该事件提出的解决方案不妥,更要及时向对方提出异议。

2. 在不可抗力条款中要规定遭受不可抗力的一方提供不可抗力的证明文件的义务,并要对该证明文件的出具机构做出规定。在国外,不可抗力证明文件的出具机构往往是发生不可抗力事件地区合法的公证机构,或是当地的商会;在我国,则经常由中国国际贸易促进委员会或其设在口岸的分会出具。

3. 不可抗力条款要对不可抗力的法律后果,即在什么情况下才可以撤销合同,在什么情况下只能部分撤销合同,或延期履行合同做出明确规定。

案例分析13-4

不可抗力事件是否成立?

工厂S与工厂B签订了一份合同,承诺出售一批原料给B工厂,当年6月交货。但是工厂S于5月8日发生火灾,生产设备及仓库全部烧毁。7月1日,工厂B未见来货,便向S查问,并催促其交货。这时S才将火灾的情况通知B,并以不可抗力为理由,要求撤销合同。由于B急需原料进行生产,只好立即另行补进替代品。但市场价格资料表明,5月8日至6月12日,该原料的价格与合同接近,此后市场价格逐步上升,至7月1日,市场价格已比合同价格上涨了40%。

问题一:工厂B补进替代品后,能否要求S赔偿损失?此项损失如何计算?
问题二:不可抗力在何种情况下可以成立?

第四节　仲裁

一、仲裁的含义

仲裁(arbitration)也叫公断,是指买卖双方在争议发生之前或发生之后,签订书面协议,自愿将彼此之间的争议提交双方都同意的第三者进行裁决(Award)。仲裁裁决一般都是终局性的,对双方均有约束力。如果败诉一方不能自觉执行这种裁决,胜诉一方有权向法院提出申请,要求予以强制执行。

仲裁是国际货物买卖中的交易双方解决争议的一种常用方式。买卖双方在执行合同的过程中发生的纠纷,首先应尝试通过协商或调解的方式解决,一旦友好协商或调解无法解决,就会提交仲裁。显然,仲裁并非解决交易双方争议的最好方式,但与通过司法诉讼解决争议相比,仍具有气氛比较友好、程序比较简单、所需时间较少、费用比较低廉的优势,而仲裁的裁决又是终局性的,可以在法院的支持下得到执行,因此许多当事人都愿意通过仲裁解决彼此之间的争议。

二、仲裁协议

国际货物买卖双方将彼此间的争议提交仲裁的前提条件就是要签订一份仲裁协议,并在仲裁协议中对仲裁地点、仲裁机构和仲裁程序规则进行选择,也对仲裁费用的负担做出规定,还要在其中强调仲裁裁决的效力。

(一)仲裁协议的形式

仲裁协议是在争议发生之前或发生之后,双方当事人订立的,自愿将双方发生的争议提交仲裁解决的书面文件。仲裁协议有两种表现形式,一是合同中的仲裁条款,二是双方签订的将已发生的争议提交仲裁的协议。

合同中的仲裁条款在性质上是买卖双方在争议发生前签订的书面仲裁协议,表示双方愿意将未来彼此间可能发生的争议提交仲裁机构解决。仲裁协议则是在争议发生之后,由双方当事人共同签署的,将已发生的争议提交仲裁解决的书面协议。虽然这两种协议表现形式不同,签订时间也不同,但它们的效力与作用是相同的。

(二) 仲裁协议的作用

根据大多数国家的法律,仲裁协议最重要的作用是排除了法院对争议案件的司法管辖权。除此之外,仲裁协议还具有约束当事人以仲裁方式解决争议、使仲裁机构获得对争议案件的管辖权的作用。在仲裁协议的约束下,合同的任何一方当事人都不得就交易中的争议向法院提起诉讼。如果一方当事人违反协议向法院提出司法诉讼,另一方当事人可以以仲裁协议为依据,声明法院无权管辖,请求停止诉讼的进行。而法院在接到这种声明后,就不得再对有关的争议案件进行司法审理。因此,从另一个角度可以说,仲裁协议是仲裁机构受理争议案件的法律依据。

三、仲裁机构

国际上的仲裁机构分为常设机构和临时机构两种。常设的仲裁机构中包括国际性仲裁机构,如设在巴黎的国际商会仲裁院;也包括全国性的仲裁机构,如英国伦敦仲裁院和美国仲裁协会;还包括附设在特定行业协会内的专业性仲裁机构,如伦敦谷物商业协会、伦敦油籽协会内部就设有仲裁机构。临时仲裁机构是为了解决特定的争议而专门组成的仲裁庭,争议处理完毕后,仲裁庭即宣告解散。

由于常设仲裁机构有一整套完整的工作程序,有合理的人员配置,在对争议案件的审理过程中有各部门的分工协作,其工作效率较高、对当事人的服务也比较周到,所以在以仲裁方式解决国际贸易争议时,最好选择常设仲裁机构进行裁决。

仲裁机构一般都有自己的仲裁程序规则,对包括仲裁申请、指定仲裁员、仲裁庭的组成、仲裁案件的审理、提出证据的责任、仲裁裁决的效力和仲裁费用等项内容做出具体规定;然而法律也允许双方当事人在选定了某一仲裁机构时,选择另一仲裁机构的仲裁程序规则对争议案件进行裁决。

四、仲裁裁决的效力

从本质上讲,仲裁的裁决是终局性的,当事人不得就裁决的结果向法院上诉。假若有一方上诉,法院也只是审查裁决在法律手续上是否存在问题,不涉及裁决本身。如果法院发现裁决缺乏有效的仲裁协议依据,或仲裁员行为不当,或仲裁员越权做出裁决,或提交仲裁的事项属于法律规定不得提交仲裁处理的问题,或裁决违反了某些国家的"公共秩序",或程序不当,或裁决不符合法定的要求等,法院才有权撤销仲裁裁决,宣布仲裁无效。但是在实践中,对仲裁裁决提出上诉的情况是很少的。

案例分析 13-5

对裁决不满，能否向法院提请上诉？

买卖双方签订货物出口合同，在合同中约定，若履行过程中双方发生争议，双方要将争议提交仲裁解决。

合同履行过程中，双方因对货物包装的不同看法而发生争议，于是将争议提交合同中约定的仲裁庭。仲裁庭经调查审理认为，出口方未能准确理解合同包装条款的含义，应对进口方遭受的损失承担赔偿责任。

出口方败诉后不服裁决，拒不对进口方进行赔偿。同时进口方对裁决也有不满，认为裁决中出口方的赔偿金额不足以补偿自身的损失。

问题：出口方和进口商能否向法院提请上诉？

本章小结

1. 商检、索赔、不可抗力和仲裁等条款的合理规定，有助于在国际货物贸易中预防和解决买卖双方之间的争议，使国际货物贸易顺利进行。

2. 在商品检验条款中，应针对商品的特征和交易中使用的贸易术语，对商检时间和方法做出明确规定。如果买卖双方使用 F 组和 C 组术语成交，以信用证作为支付方式，应相应地规定商品在"装运港（地）检验、目的港（地）复验"，从而既使卖方在交货后能凭合同约定的商检机构出具的约定的检验证书及时从银行得到议付，又可以使买方有检验货物的机会与权利。

3. 国际货物买卖中，买卖双方为保障自己的合法权益不受损害，应在合同中规定异议索赔条款或罚金条款，对索赔的时间、依据等做出约定，同时要注意不同国家的法律对罚金条款的不同规定。

4. 不可抗力条款可以使遭受不可抗力事件的合同当事人，据以免除自己履行合同的责任，或延迟履行合同。因此，应在合同中规定不可抗力事件的范围、后果、证明文件等内容。

5. 为解决买卖双方在履约过程中可能发生的，且仅靠协商或调解不能解决的争议，双方可在合同中规定仲裁条款，预先选择仲裁机构和仲裁程序规则，公平合理地解决争议案件。

思考题

1. 在国际货物买卖合同中,对商品检验的时间和地点有几种规定方法?哪一种方法更容易被买卖双方所接受?为什么?
2. 商品检验证书的主要作用有哪些?
3. 什么是索赔和理赔?
4. 简要说明异议和索赔条款与罚金条款的用途及主要区别。
5. 什么是定金和定金罚则?
6. 什么是不可抗力?不可抗力的后果是什么?
7. 什么是仲裁?简述仲裁协议的形式及作用。

第十四章

国际货物买卖的一般流程

★ 学习目的与要求 ★

1. 了解国际货物买卖的一般业务流程。
2. 了解货物进出口贸易之前,进出口双方的各项准备工作。
2. 了解交易磋商的环节,以及各环节的要点。
3. 掌握出口与进口合同的履行步骤,和每个步骤应注意的问题。

第一节 交易前的准备

若要顺利地进行交易磋商并最终签订合同,无论是货物进口还是出口,进出口商都要做好交易前的各项准备工作。

一、出口交易前的准备工作

出口商在进行出口交易的磋商前,应着重进行以下几项工作。

（一）选择合适的销售市场及交易对象

要想实现出口商品的顺利销售,出口商必须广泛收集国外市场资料,进行深入的市场调研,了解各个市场的人口、气候、语言、度量衡制度,摸清消费者的购买能力与消费习惯、消费水平,还要调查特定商品在该市场是否适销,是否存在其他商品的竞争,是否具有价格优势及价格变动趋势等问题。此外,还要详细了解市场所在地的进口管制、外汇管制及海关制度等情况,这样才有可能选择一个既适于商品销售、又能保证货款安全收回的销售市场。

由于交易对象与贸易合同能否顺利履行密切相关,所以在具体进行交易磋商前,一定要合理选择交易对象。出口商可以通过与客户的直接接触,或通过政府机构、银行、商会、咨询公司等多种渠道全面了解客户的政治背景、政治态度、资信状况及其经营范围、经营能力、经营作风,从而选择政治上友好、资信状况良好、经营能力较强的客户作为交易对象,并与之建立稳定的贸易关系。另外,出口商还要注意不断扩大客户的范围,尽量避免因对少数客户的过度依赖而使自己处于被动。

（二）制定出口商品经营方案

出口商品经营方案是出口商对外洽商交易的依据,实际上是出口商在一定时期内对外推销某种或某类商品的具体安排。出口商品经营方案的主要内容包括:国内货源情况、国外市场情况、有关国家或地区的进口管制和关税情况、对其他国家和地区出口计划的初步安排,对客户、贸易方式、运输方式、收汇方式的选择,对价格与佣金的掌握以及对出口经济效益的核算,另外还要对出口过程中可能遇到的问题进行估计,并提出解决关键问题的方法。

在出口商品经营方案中,一定要尽可能地对商品出口的经济效益进行核算。各种经济效益指标有助于出口商判断出口是否有利,从而决定是否出口、出口多少以及如何掌握出口商品价格。核算中最常用的两个指标是出口盈亏率与出口换汇成本。出口换汇成本越高,出口商品的盈利率越低或亏损率就越高;而如果换汇成本降低,则出口盈利率提高或亏损率降低。

出口商通过对同类商品不同时期出口盈亏率和换汇成本的比较,可以改进经营管理;而通过对同类商品出口到不同国家和地区的出口盈亏率与换汇成本进行比较,则可以更好地选择市场。

在国际货物贸易中,对大宗或重点推销的商品,出口商通常要逐个制定经营方案,对一般商品只需按大类制定经营方案,而对一些中小商品或成交额不大的商品,制定简单的价格方案即可。

（三）做好出口商品的广告宣传

出口商可以委托国外的代理人或广告商或是由自己,通过广播、电视、报刊等大众传播媒介,或通过举办展览、印发宣传品等各种方式,将产品的用途及突出特点介绍给特定市场上的消费者,力求加深消费者对商品的印象。

二、进口交易前的准备工作

（一）选择合适的采购市场与供货商

进口商在选择采购市场时,要对不同可供货的国家和地区生产技术与工艺的先进程度及产品的性能进行比较,以便选择购买能满足自身需要、适合自身技术条件,且价格合理的商品。进口商选择供货商与出口商选择交易对象的原则是相同的,但应特别注意对方所提供的商品是否先进、适用,交易条件是否对己方有利,从众多的供货人中选择最理想的供货对象。

（二）制定进口商品经营方案

进口商品经营方案是进口商对外采购商品的主要依据,是对一段时期内进口业务的具体安排。凡是要进口大宗或重要的商品,一般都要提前制定进口经营方案,根据商品的特点、国内要货情况、国际市场价格走势及进口企业的资金情况,适当安排订货数量、交货时间、采购市场、供货商、贸易方式,并对价格及其他交易条件做出初步规定,还要对进口经济效益进行核算。如果因为掌握资料有限,难以在交易开始之前订出完整的进口经营方案,也可以在交易磋商的过程中制定或完善该方案。对中小商品的进口,一般只制定一个比较简单的价格方案。

需要注意的是,有些商品的进口是受政府管制的,必须先从有关机构取得进口许可证,方能办理有关进口手续。另外,如果国内用货企业由于种种原因不能自行进口所需商品,则必须先与有能力完成该商品进口业务的进口商签订代理进口的合同,由后者代其进口所需货物。

第二节　合同的签订

交易磋商是进出口双方为了签订进出口合同而对交易的各项条款进行讨价还价、最终达成一致并签订合同的过程。磋商可以以口头或书面的方式进行,前者是指双方当面或通过电话洽谈交易,后者是指双方通过信函、电报、电传等方式洽谈交易。随着电子商务在国际贸易中的普及,今后交易磋商可能直接通过计算机在国际互联网上进行。

目前,交易磋商一般包括询盘、发盘、还盘、接受四个环节,其中发盘与接受是达成交易所必经的两个环节。

一、询盘

询盘(inquiry)指交易的一方为购买或销售货物而向对方提出的有关交易条件的询问。多数询盘由买方发出,一般被称为"邀请发盘";而由卖方发出的询盘,则被习惯地称为"邀请递盘"。对价格的询问是询盘的主要内容,有时在询盘中也会涉及商品的品质、数量(重量)、包装、装运条件等内容。询盘经常是交易的起点,但并不是交易磋商的必经阶段。

在国际贸易业务中,发出询盘的一方是询盘人,而收到询盘的一方是被询盘人。询盘人发出询盘的目的有时确实是为了表达与对方成交的愿望,希望对方能及时发盘,有时则只是为了了解市场行情。询盘中所包含的交易条件往往不够明确或带有某些保留条件,因此它对询盘人与被询盘人都没有法律上的约束力。若被询盘人有同询盘人成交的愿望,还需要同对方进行进一步的洽商。应注意的是,一方面询盘人应同时选择几个客户进行询盘,以便择优成交;另一方面询盘人也不能对外滥发询盘,否则可能造成市场需求的虚增,使自己遭受价格上的损失。

二、发盘

发盘(Offer)又叫发价、报盘、报价,是交易的一方向另一方提出各项交易条件,并愿意按这些条件与其达成交易、签订合同买卖某种商品的表示。发出发盘的一方就是发盘人,收到发盘的一方则被称为受盘人。

多数发盘是发盘人在收到受盘人对自己发出的询盘后发出的,但也可以在未收到询盘的情况下由发盘人直接对受盘人发出。在实际业务中,大多数发盘都由卖方发出,只有少数由买方发出;由买方发出的发盘习惯上被称为"递盘(Bid)"。

发盘对发盘人与受盘人都具有法律效力。在发盘有效期内,发盘人不能任意撤销发盘或修改其内容;若受盘人在有效期内对该发盘表示无条件接受,发盘人就必须按发盘条件与其成交、签订合同,否则即为违约,要承担相应的法律责任。从另一方面看,受盘人如果希望按照发盘的条件与发盘人成交,就必须在发盘的有效期内对发盘的内容表示完全接受。

(一)构成发盘的条件

《联合国国际货物销售合同公约》(以下简称《公约》)中明确规定:"向一个或一个以上特定的人提出订立合同的建议,如果十分确定并且表明发盘人在得到接受时承受约束的意旨,即构成发价。"据此,一项有效的发盘应具备以下条件。

1. 发盘必须向一个或一个以上特定的人提出。这是指在发盘中必须指定一个或多个有权对发盘表示接受的人,只有这些特定的人才可以对发盘表示接受并与发盘人签订合同。绝大多数情况下,若发盘中没有指定受盘人,它便不能构成有法律约束力的发盘,而只能被视为询盘,如向国外客户广为分发的商品目录、价格表等都属于这种情况。

2. 发盘中必须明确表示发盘人受其约束。发盘人在发盘中应表明自己有责任在受盘人对发盘做出有效接受时与其订立合同。发盘人是否在发盘中表明了这种意旨,并不应只看发盘中是否有"实盘"之类的字样,更重要的是取决于发盘的内容是否确定。若受盘人不能肯定发盘人是否在发盘中表示了这种含意,应向发盘人提出,不能随意猜测。

3. 发盘的内容必须十分确定。一项有效的发盘,其内容必须是确定的,即发盘中的交易条件必须是完整的、确定的和终局性的。

(1) 发盘中包含的交易条件应该是完整的,应包括商品的名称、品质、规格、数量、价格、交货期、支付方式等内容。一旦这些条件为受盘人所接受,便足以构成一项有效的合同。有时发盘中并没有包括所有的交易条件,但这种交易条件的不完整只是表面现象,是由于交易双方已就"一般交易条件"达成协议,或已在长期的贸易往来中形成某种习惯做法,或是在发盘中援引了过去的往来函电或过去的合同。因此,这时的发盘本质上仍是一项完整的发盘。

应注意的是,《公约》对发盘完整性的理解与此不同。按《公约》的规定,只要发盘中规定了交易商品的数量与价格,或是确定数量与价格的方法,该发盘就是完整、确切的。虽然这种做法在法律上可行,但在实际业务中却容易出现因买卖双方对发盘中没有列出的交易条件看法不同而产生争议的问题。因此,还是在发盘中明确规定各项交易条件比较好,有利于交易的顺利进行。

(2) 发盘中的交易条件应是确定的,不能有含糊不清、模棱两可的词句,如"大概""大约""参考价"等。

(3) 发盘中的交易条件应是终局性的,不附加任何保留及限制性条件,如"以我方最终确认为准""以商品未售出为准"等。

如果一项所谓的发盘不能在内容上同时具备完整、明确、终局性的特点(即,内容不确定),它便不能构成真正的发盘,而只能成为一项询盘。

4. 发盘必须送达受盘人。一项发盘于送达特定的受盘人时才生效。在此之前,即使受盘人已通过其他途径知道了发盘的内容,也不能在收到发盘前主动对该发盘表示接受。

以上是构成有效发盘的四个条件,也是考查发盘是否具有法律效力的标准。若不能同时满足这四个条件,即使在发盘上注明"实盘"或类似字样,也不能使发盘具有法律约束力。

(二) 对发盘有效期的规定

发盘都是有有效期的。只有在有效期内,受盘人对发盘的接受才有效,发盘人也才承担按发盘条件与受盘人成交的责任。可见,对发盘有效期的规定非常重要,它直接关系到交易双方的权利、责任及风险。对发盘有效期的规定有以下几种情况。

1. 在发盘中明确规定有效期。最常见的一种明确规定有效期的做法,是在发盘人发盘中规定一个最后时限。这时发盘人既要在发盘中规定最后时限的具体日期,也要说明受盘人的接受是在这一日期前发出,还是须在这一日期前送达发盘人,还要说明该日期是以何处的时间为准,如"本发盘限3月2日复到,以我方时间为准"。采用这种方法规定发盘有效期,发盘送达受盘人时生效,至规定的有效期满为止。

明确规定有效期的另一种做法是发盘人在发盘中规定一段有效期限,如"本发盘有效期三天"等。若该发盘是以电传等快速通信方式发出,有效期从发盘送达受盘人时起算,而受盘人的接受则须在有效期最后一天结束前送达发盘人。如果有效期的最后一天是发盘人所在地的正式假日或非营业日,则发盘有效期可顺延到下一个营业日。这种对发盘有效期的规定方法是《公约》允许的,但在具体业务中却经常引起争议,因此实际使用较少。

由于发盘对发盘人有法律约束力,发盘人在有效期内不能任意撤销或修改发盘内容,因此有效期的长度一定要合理。若有效期过长,发盘人就要承担很大的价格变动的风险;若有效期过短,受盘人没有充分时间对交易条件进行分析,也不利于成交。一般来说,规定发盘有效期时要充分考虑商品的特点。对成交量大、价格变动频繁、波动幅度又比较大的商品,发盘的有效期应定得比较短;反之,则可以稍长。

2. 在发盘中对有效期不做明确规定。由于有效期不是构成有效发盘的必要条件,因此发盘可以不对有效期做明确规定。这时,按国际惯例,发盘在合理时间(reasonable time)内接受有效。对"合理时间",国际上并没有统一规定,一般要由商品的特点和行业习惯或习惯做法所决定。对于市场行情稳定的商品,有效期通常可以规定得较长,反之则较短。

这种规定发盘有效期的方法极易使交易双方产生争议,因此在实际业务中应尽量不用或少用。

3. 若发盘采用的是口头表达方式,则除非交易双方另有约定,受盘人必须立即表示接受才有效。

(三) 发盘的撤回与撤销

发盘的撤回是指发盘人采取某种方式,阻止其发出的发盘生效。如前所述,根据《公约》的规定,一项发盘在送达受盘人时才生效,对发盘人产生约束力。因此,如果发盘人在发出发盘后发现发盘内容有误,或由于其他原因想取消发盘,则他可以在发盘生效前将其撤回,但撤回发盘的通知应在发盘被送达受盘人之前,或与发盘同时到达受盘人。

发盘的撤销与撤回完全不同,它是指发盘人在发盘生效后,通知受盘人取消发盘的效力,解除自己在发盘项下应承担的责任。不同的国家对发盘能否撤销有不同的规定,《公约》则对此做了折中。按照《公约》的规定,若发盘人撤销发盘的通知于受盘人向发盘人发出接受通知前送达受盘人,则发盘得以撤销;但若在发盘中规定了有效期,或通过其他方式表明该发盘不可撤销,或受盘人有理由信赖该发盘是不可撤销的,并已本着对该发盘的信赖行事,则该发盘不可撤销。

我国以《公约》为依据,认为发盘可以撤回与撤销。但为了维护我方发盘的严肃性与进出口企业的信誉,应尽量避免撤销已发出的发盘。

(四)发盘的失效

发盘的失效是指发盘由于种种原因失去了法律效力。发盘除被撤销外,在以下情况出现时也告失效,发盘人不再受发盘内容的约束。

1. 过期,指受盘人未在发盘规定的有效期或合理的时间内对发盘表示接受,则该发盘自动失效。

2. 拒绝。在发盘人收到受盘人对发盘表示拒绝的通知时,发盘失效。若受盘人在对发盘表示拒绝后又表示接受,即使原发盘有效期仍未届满,发盘人也不再受原发盘的约束,除非他愿意对该项接受予以确认。另外,若受盘人在收到发盘后长时间不表态,也将被视为对该发盘的拒绝。特别应注意的是,在交易磋商中常见的还盘,实际上也是对原发盘的拒绝,会使原发盘失效。

3. 不可抗力。不可抗力是指非当事人所能控制的意外事件,在这些事件发生时,发盘失效。例如,政府突然颁布出口或进口禁令、突然实施对某国的封锁、突然爆发战争,则发盘人在受盘人对该发盘表示有效接受时无法与其签约。

4. 若发盘人或受盘人在发盘被接受前丧失行为能力或死亡、或破产,则该发盘失效。

三、还盘

还盘(counter-offer)又称还价,是指受盘人对发盘中的条件不能完全同意,而对原发盘提出相应的修改或变更的意见。还盘实质上构成了对原发盘的拒绝,使原发盘失效,同时等于受盘人对原发盘人做出了一项新的发盘,只是还盘的内容比一般的发盘简单,只涉及受盘人要求修改的部分。

与发盘一样,还盘也分为有约束力的还盘与没有约束力的还盘两种情况,只有有约束力的还盘才能成为一项新的发盘。另外还要注意,还盘一般只限于对原发盘中各交易条件的修正,而不纠缠枝节问题。换言之,还盘是对原发盘中交易条件的实质性变更。

还盘虽然经常发生,但并不是交易磋商的必经阶段。有时交易双方无须还盘即可成交,有时则要经过多次还盘才能对各项交易条件达成一致,还有时虽经反复还盘,但终因双方分歧太大而不能成交。

四、接受

接受(acceptance)是指交易的一方对另一方在发盘或还盘中所提出的交易条件无条件地同意,并以声明或行为表示愿按这些条件与对方签订合同。一般情况下,发盘一经接受,合同即告成立。所以,接受对买卖双方都将产生约束力。

(一)构成一项有效接受的条件

1. 接受必须由特定的受盘人做出。这个条件与构成有效发盘的第一个条件是对应的。只有发盘中指定的受盘人才有权利对发盘表示接受,任何第三方对发盘的所谓接受,对原发盘人都没有约束力,只能被认为是该第三方对原发盘人发出了一项新的发盘。

2. 接受必须表示出来。按照《公约》的有关规定,接受必须由特定的受盘人表示出来,缄默或不采取任何行动不能构成接受。一般来说,对口头发盘要立即口头接受,对书面形式的发盘也要以书面形式表示接受。在受盘人对发盘或还盘表示接受时,往往要在接受中重述发盘中的主要交易条件,以免出现差错。另外,若交易双方已形成某种习惯做法,受盘人也可以直接采取某些行动对发盘表示接受,例如,卖方按发盘条件发运货物、买方主动开来信用证等。

3. 接受必须在发盘的有效期内表示并送达发盘人。如前所述,发盘人在发盘中往往规定发盘的有效期,并且只在这个期限内承担按发盘条件与受盘人成交的责任。若接受通知未能在发盘有效期或合理时间内送达发盘人,则该接受成为一项逾期接受,原则上对发盘人没有约束力,只相当于受盘人对原发盘人发出的一项新的发盘。

《公约》一方面阐述了这种观点,另一方面又进一步主张,一项逾期接受是否有效应取决于发盘人的看法。如果发盘人认为逾期接受仍然可以接受,并毫不延迟地以口头或书面形式通知受盘人,则该逾期接受有效;若一切情况表明,该接受在正常的传递速度下本应及时送达受盘人,则除非发盘人在收到该逾期接受时认为原发盘已失效,并毫不延迟地以口头或书面方式将这一观点通知受盘人,该逾期接受就仍然有效。

4. 接受的内容必须与发盘相一致。受盘人必须无条件地同意发盘的全部内容才能与发盘人成交,这从理论上讲是接受的基本原则。如果受盘人在对发盘表示同意的同时,对发盘的内容进行了修改或提出了某些附加条件,只能认为他拒绝了原发盘并构成一项还盘。

然而在实际业务中,受盘人往往需要对发盘做某些添加、限制或修改。为促进成交,《公约》将受盘人在接受中对发盘内容的修改分为实质性变更与非实质性变更,前者构成还盘,而后者除非由发盘人及时提出反对,不改变接受的效力。根据《公约》的规定,"有关货物价格、付款、货物质量和数量、交货地点和时间、一方当事人对另一方当事人的赔偿责任范围或解决争端等等的添加或不同条件,均视为在实质上变更发盘的条件";对发盘内容的其他变更,如要求提供某种单据、要求增加单据的份数、要求将货物分两批装运等等,均属于非实质性变更。应注意的是,各国商人对实质性变更与非实质性变更的划分可能会有不同的理解,因此,在我国的对外贸易中,只要对方对我方发盘的内容做了修改而我方又不能接受,我方就应立即表示反对,以免在以后造成争议。

最后,若受盘人在对发盘表示接受时,又对发盘条件提出了某种希望或建议,发盘人一般可以认为这种希望或建议不构成对发盘内容的变更,受盘人的接受仍然有效。但有时发盘人可以以此为借口,对受盘人的接受表示反对,使合同不能成立。

(二)接受的撤回

接受的撤回也就是受盘人在对原发盘人发出接受通知后,采取某种方式阻止该接受生效的行为。按《公约》的有关规定,一项接受于送达原发盘人时才生效。因此,若受盘人的撤回或修改通知先于接受,或与接受同时到达发盘人,受盘人就可以在接受生效前将其撤回或对其进行修改。但由于接受的生效意味着买卖双方之间的合同关系已经成立,所以已生效的接受是不得撤销和修改的。

《公约》对接受的撤回的规定,与遵循"到达原则"的大陆法系国家的法律规定相一致;但英美法系国家遵循的是"投邮原则",认为接受在发出时即生效,因此接受不能撤回。在实际业务中,一定要注意法律规定上的这种差别,以免在实际业务中产生误解或争议。

总之,接受是交易磋商过程中不可缺少的一环。有效的接受使合同成立,并对交易双方都产生约束力。进出口双方从此时起,就开始进入合同的履行阶段。

案例分析 14-1

合同是否成立?

S 公司为出售某种饮料,与另一国 B 公司进行磋商。经多次还盘,双方对主要交易条件达成了一致。S公司随即向B公司发出了一份电传,在其中列出了包括商品品质、数量、价格、运输等条件在内的所有主要交易条件。

B公司收到S公司的电传后,在回复中复述了S公司电传中的其他交易条件,只是提出,饮料听装,36听装一纸板箱,而不是24听装一纸板箱。S公司认为B公司的要求可以满足,于是开始按B公司的要求备货。

恰在此时,B公司所在国的国内市场发生波动,对该类饮料的需求急剧减少。B公司因此联系S公司,声称己方在回复S公司的电传时,对商品的包装条款提出了不同意见,而S公司并没有对该不同意见予以确认,因此双方合同未能成立,即便S公司发货,B公司也没有义务接受货物并支付货款。

问题:S公司与B公司的合同是否成立?

第三节　合同的履行

买卖双方签订合同,是为了实现双方的某种经济目的。而这种经济目的仅有合同的签订是不够的,还必须通过履行合同来实现。因此,合同的履行是整个交易最重要的环节之一,其重要性不亚于交易磋商与合同的签订。

一、出口合同的履行

由于每笔交易具有不同的性质、特点,因此每一份出口合同的履行也就要经过不同的环节。在我国的出口业务中,以信用证为支付方式、以海运为运输方式的CIF出口合同比较常见,合同的履行也比较复杂,一般要经过备货、催证、审证、改证、租船订舱、报验、报关、保险、装船、制单结汇等诸多环节。只有将这些环节紧密衔接,才能避免有货无证、有证无货、有船无货、有货无船等各种问题的发生,使出口企业在按合同规定出运货物、提供全套合格单据时,能顺利地从进口方取得货款,安全收汇。

（一）备货

备货是出口商履行出口合同的第一个环节,是指出口商根据合同规定的种类、品质、规格、数量、包装等条件准备好货物,以便按质、按量、按时地完成交货任务。

备货工作一般在合同签订后就开始进行。如果出口企业是自营出口,就要按出口合同中的各项要求,整理库存现货或安排生产;如果出口企业需要采购货源再出口,则要联系生产或供货单位按出口合同的要求,对货物进行加工、整理、刷制唛头,然后再由出口企业对货物进行验收。

在出口备货时,一般要注意以下几个问题。

1. 货物的品质、规格及花色搭配必须与合同规定完全一致,对不符合规定的商品应立即更换,否则对方有可能拒收货物并提出索赔要求,给出口方造成经济和声誉上的损失。

2. 备货的数量应略多于合同规定的数量。这样,若在装船时发现货物短缺或损坏,出口商可以及时补足或更换货物,从而避免少装现象发生。

3. 出口货物的包装材料、包装方法等应尽量与合同规定一致。出口商要认真检查出口货物包装是否出现破漏、水渍等不良情况,以及包装是否适合合同规定的运输方式。一旦发现包装损坏或与特定运输方式不相适应,就要立即更换或修理。另外,为避免货物在运输途中被盗,在外包装上不应标注可以识别货物种类的标签或货物的品牌。

4. 出口运输包装上货物的唛头既要与合同或信用证中的规定完全一致,又要符合进口国的有关规定,而且要做到字迹清晰、位置醒目、刷制正确。如果合同规定由买方设计唛头,而买方开来的信用证中又未对唛头做出规定,出口方应要求对方及时交来唛头图案,否则出口方有权自行决定唛头图案。

5. 出口商在备货时应注意信用证规定的最迟装运期与船期情况,尽可能做到船货衔接,以避免船等货或货等船的现象,减少不必要的费用开支。

6. 若出口货物是比较特殊、不易转售的货物,出口方最好在收到买方开来的信用证并审核无误后再开始备货,这样就不会因对方违约拒不开证而使自己陷于被动。

(二) 报验

凡是国家规定,或合同规定必须经国家质检总局检验出证的出口商品,在备货完毕后应及时向国家质检总局(或其在各地的分局)提出检验申请,未经检验或检验不合格的商品不发给检验证书,不得出口。

向国家质检总局提出报验申请要及时,以给其足够的检验时间。出口企业在报验时需正确填写出口报验申请单,同时提供合同、信用证、往来函电等有关文件;若申请单填写有误,或实际情况发生了变化而与申请单的内容不符,出口企业还要填写更改申请单,说明更改事项与更改原因。在检验部门对货物进行抽样检验合格后,再对出口企业发给检验证书。

应注意的是,检验证书的有效期一般都不是很长。如果出口企业未能在商检证书的有效期内将货物运出,应向国家质检总局申请复验,待再次检验合格,才能将商品出运。

如果出口商出口商品的出口量大、出口批次多,出口企业可以在收到国外开来的信用证之前向国家质检总局申请预检。若预检不合格,出口企业也可以在比较充足的时间内对货物重新进行加工整理,或重新寻找货源,进行再次备货。

(三)催证、审证、改证

如果在出口业务中规定以信用证为支付方式,则出口企业只有严格按照信用证的有关规定准备并且发运货物,向银行提交相应的单据,才能保证出口合同得到顺利履行,及时并且足额地收回货款。为此,出口商必须做好催证、审证、改证等工作。

1. 催证。虽然按照合同规定及时开立信用证是买方在合同项下的主要义务之一,但因市场行情变化、自身资金周转困难等原因,买方经常会拖延开证。而如果出口商不能及时收到信用证,就无法放心出运货物。因此,买方迟开信用证可能会导致出口方错过船期,不能按合同规定的时间向买方交货。在这种情况下,出口方应催请买方尽快开证,并在对方仍不开证时声明保留索赔权,或拒绝交货。

除这种情况以外,有时综合货源与船期方面的因素,出口商希望能提前发运货物。这时也可以向买方说明情况,催请其提前开证。

应注意的是,国际贸易惯例并没有规定买卖双方必须在合同中明确信用证开出的时间,这时买方在"合理时间"内开证即可。但在这种做法下,交易双方经常会对"合理时间"的含义产生争议,因此最好还是在合同中对信用证开证时间有明确规定。

2. 审证。信用证是以买卖双方签订的合同为依据开出的,其条款也应与合同条款相符合。但由于种种原因,信用证条款经常与合同条款不一致,因此,出口方有关人员要本着信用证条款应与合同中的规定相一致的基本原则,对国外来证进行认真审核。除非事先征得我方出口企业的同意,在信用证中不得对合同条款的内容进行增减和改变。对信用证进行审核是银行和出口企业的共同责任,但它们在审证时各有侧重。

(1)银行审证。在信用证支付方式下,银行通常先于出口企业收到信用证,它负责对信用证进行总体上的审核,其中包括以下几点。

第一,银行要检查开出信用证的国家或地区以及货运目的地是否与我国有往来关系;检查与我国签订有贸易协定的国家的来证在开证行、使用的货币、记账方式等方面是否符合协定中的有关规定。

第二,银行要检查国外来证的印鉴或密押是否真实,从而判断信用证的真伪。在具体业务中,出口企业也有可能会收到开证行直接寄来的信用证,这时企业仍要将信用证拿到当地与自己有往来关系的银行鉴定真伪。

第三,银行要审核信用证中是否带有"详情后告""邮寄证实书为有效文件"等限制条件,以确定信用证是否确已生效。

第四,银行要对开证行的资信状况与经营作风进行审查。若发现开证行资信不佳,经营作风不良,或资力不足以负担信用证金额,或开证行所在国政治经济不稳定,则应要求开证行另外寻找一家国际知名的或是可靠的银行对信用证进行保兑,或在信用证中规定分批装运、分批收汇的办法。

此外,在银行审证时还要注意信用证中是否对通知行的选择与职责做了不合理的规定、信用证各条款间是否有矛盾之处、来证中是否有拼写错误以及来证中是否有对引证(或套证)的规定等。

(2)企业审证。银行在完成对信用证的初步审核后,会将信用证交给出口企业。出口企业既要对银行审核的内容进行复核,又要着重对信用证进行如下专项审核。

第一,企业要审核信用证中规定的商品名称、质量、规格、数量、包装、唛头等是否与合同条款相符。如果信用证中对上述内容增加了某些特殊规定,或有所变更,企业一定要认真考虑自己能否接受。

第二,企业要审核信用证中规定的货币与金额是否与合同条款相同。若信用证使用的计价货币与合同不符,可以按中国银行的外汇牌价对合同货币金额进行折算,得出信用证货币金额。如果信用证规定商品的数量可以有一定幅度的增减,则信用证的总金额也应规定有相同幅度的增减,否则,企业将由于发票和汇票金额大于信用证金额,而不能从银行得到承付。如果是由于履约过程中发生的各种费用都要由买方在信用证项下一并支付,使得汇票金额超过信用证金额,则出口企业应事先要求买方在信用证中对此做出明确规定。

第三,企业要审核信用证中对装运期、有效期、交单期、到期地点的规定。

信用证对装运期的规定应与合同规定一致。如果出口企业由于种种原因不能按时出运货物,就必须及时要求买方延展信用证的装运期。若信用证中没有明确规定装运期,则信用证的有效期即被视为装运期。

信用证的有效期是银行承担对出口企业承付或议付责任的有效时限,也是出口企业向银行交单的最后期限,信用证中必须对此做出明确规定。信用证的有效期与装运期之间应该有一定的时间间隔,以使出口企业在出运货物、取得货运单据后有足够的时间完成单据的制作、提交。如果装运期与有效期相同,业务上称之为双到期,出口企业应在装运期内尽早完成装运工作,否则就有可能来不及在信用证有效期满前向银行交单。

信用证中有时还规定一个交单期,这是出口企业在货物装运完毕、取得货运单据后,向银行提交单据的最后期限。对交单期做出规定往往是为了督促卖方尽快交单,以避免在目的港出现货到而单未到,从而买方无法提货的现象。如果出口企业认为信用证规定的交单期太短,难以及时向银行交单议付,应立即向买方提出修改信用证的要求。若信用证中没有规定交单期,根据《跟单信用证统一惯例》(《UCP600》)的规定,在不超出信用证的有效期的条件下,出口方必须在提单签发之日后的 21 天之内交单。

在我国的出口业务中,出口企业一般不宜接受将信用证的到期地点规定为国外某地的信用证,以避免因邮程中的延迟、遗失等意外情况,使出口企业寄出的单、证不能于信用证到期之前寄达到期地点的银行,影响出口企业的安全收汇。

第四,企业要审查信用证对运输条款的规定。企业首先应审查来证对装运港(地)、目的港(地),以及对转运与分批装运的规定是否与合同相符。除非合同中有明确规定,出口企业应要求信用证规定允许转运和分批装运,或对此不做禁止性规定。另外还应审查来证对出口商品的分批装运是否有特殊要求,例如,有的信用证既规定了分批装运的时间,也规定了各批装运的具体数量,这时只要分批装运的各批中有一期未能按时、按量运出,则信用证对该期及以后各期出运的货物便均告失效。如果出口企业对这些特殊要求没有十足把握,就应向对方提出修改信用证的要求。

第五,企业要审查信用证中对投保险别、保险加成率、保险金额等内容的规定是否与合同规定相一致。

第六,企业要审查信用证付款期限是否与合同相符。在远期付款条件下,要审查信用证是否对买方负担利息的条款做出了与合同一致的规定。

第七,企业要审查信用证中是否要求了合同规定以外的单据,是否对单据的内容提出了特殊要求。一旦发现企业不能做到的特殊要求,就应立即要求对方改证。

第八,企业要审查信用证中是否规定有特殊条款。除非出口企业确有把握做到,我方一般不接受信用证特殊条款中的各种规定。

以上是出口企业审证的一些要点。总的说来,审查信用证要以买卖双方签订的合同为标准,对信用证进行逐字审核。只要发现我方不能接受的不符点,就要求对方修改信用证。

3. 改证。如上所述,若出口企业在审证时发现了违背国家政策或出口企业无法办到、与合同规定不相符的内容,就应立即要求进口商向原开证行申请修改信用证,并在收到由通知行转来的、由开证行开出的信用证修改通知书后,按照信用证修改之后的内容,继续履行自己在出口合同下的义务。

当信用证中需要修改的地方有不止一处时,出口方应尽量将修改要求一次提出,以节约时间与费用。对对方开证银行开来的信用证修改通知,出口企业仍然要仔细审查,一旦发现修改通知中仍有不能接受的内容,就要要求开证银行进行再次修改。另外,若出口企业没有明确表示接受修改通知的内容,也没有按修改通知中的规定向银行交单,则可认为原信用证对出口方仍然有效。

(四)租船、订舱

在常见的以 CIF 或 CFR 术语签订的出口合同下,租船或订舱工作由出口方负责。我国出口企业需要联系货运公司,办理货物的运输手续。

若货物运输量大,需整船运输,出口企业可通过租船代理人或经纪人办理租船手续,签订租船合同。但是大多数出口合同下,货物数量不够大,不足以使用整船运送,则出口企业需要联系班轮公司,为货物洽订相应的班轮舱位。

在办理订舱手续时,出口企业应根据合同与信用证中对运输条款的规定,参考班轮公司的船期表填写托运单(booking note),作为订舱的依据;班轮公司则根据货物的性质与数量、船舶配载情况、装运港、目的港与船期等各种因素,安排载货船只或舱位,然后对出口企业签发装货单(shipping order),作为通知出口企业备货装船与载货船舶收货装运的凭证。待载货船舶到港后,由出口企业将货物送到指定码头,经海关查验放行后,凭装货单装船。

(五)报关

出口货物装运出口前必须向海关申报,未经海关查验放行的货物,一律不得擅自装运出口。

出口企业在货物装运前必须填写出口货物报关单,必要时还要提供合同副本、商检证书、装货单、发票、装箱单或重量单等证件及单据,向海关申报出口。海关对货物与单证对照并检验合格后,在装货单上加盖海关放行章,这时船方才能将货物装船。

报关工作必须由具有报关资格的报关员来承担。出口企业既可以自行办理报关手续,也可以委托专业的报关经纪行或货运代理公司代办出口报关。

(六)投保

在采用 CIF 术语签订的出口合同下,出口企业要在货物装运前,根据合同与信用证的有关规定向保险公司提交投保单,说明货物名称、保险金额、投保险别、载货船名、航线、开航日期等内容,办理保险手续,缴纳保险费,取得信用证规定的保险单据。

(七)装运

货物装运时,船方的理货员凭装货单验收货物;待货物装船完毕,船长或大副向出口企业或其代理人签发"大副收据(mate's receipt)",作为货物已装船的临时收据。在此之后,出口企业再凭大副收据向班轮公司结算运费,换取正式提单。

另外,出口企业在货物装船后应向进口方发出通知,以便对方做好收货准备。在 CFR 合同下,由于保险由买方负责办理,所以装船通知显得尤为重要。如果出口方没有及时向进口方发出通知,进口方就可能无法及时办理保险,出口方要对因此而给买方造成的损失承担责任。

(八)制单结汇

制单结汇是指出口企业在货物装运后,按合同以及信用证的要求缮制各种单据,并在规定的交单期内送交银行,办理结汇手续。

1. 我国信用证方式下出口结汇的方法。我国信用证方式下出口结汇的方法有三种,即出口押汇、收妥结汇与定期结汇。

(1)出口押汇实际上就是对信用证的议付,有时也称买单结汇。议付行在审查出口企业提交的单据无误后,即对单据进行议付(买入全套单据),从票面金额中扣除从议付日到未来收到票款日之间的利息及手续费,将货款的余额付给出口企业。这种结汇方式实际上是议付银行对出口企业提供了资金融通的便利,有利于出口企业的资金周转。

(2)收妥结汇是指国内银行在审单无误后,将全套单据寄给信用证上规定的付款行,待收到对方付款后,再对出口企业付款。在这种做法下,银行不承担风险,不垫付资金,但出口企业却可能因为收汇较慢而遭遇资金周转的困难。

(3)定期结汇是国内银行根据对外索汇函/电往返所需要的时间与对方银行正常的审单付款的工作时间,预先分别确定不同地区的结汇期限,待期满时无论票款收到与否,都要将票款付给出口企业。

2. 信用证结算方式对各种单据的要求。在信用证方式下,出口企业能否顺利收回货款的关键,是其提交的各种单据是否与信用证的规定完全一致,单据之间也没有任何矛盾之处。这就是银行在审单时所遵循的单证严格相符原则。由于银行可以以单据存在不符点为借口拒绝对出口企业进行承付及议付,因此出口企业在缮制单据时必须使单据在种类、内容、份数、交单期等方面都符合信用证的规定,做到正确、完整、及时、简明、整洁。

尽管出口企业十分重视制单工作,但在实际业务中仍不免会出现单证不符的情况。如果这些不符点不能及时得到改正,出口企业一般只好采用"凭保议付"或"跟证托收"的方式来收取货款。

凭保议付是指出口企业在因单证不符而遭到国内银行拒付时,向银行出具担保书,要求银行议付买单,并保证一旦国外付款行对议付行拒付,出口企业将退还议付行的垫款。跟证托收是指出口企业将信用证下存在不符点的单据交给国内银行,并通过银行向国外买方收取货款。这两种做法都使出口企业失去了信用证下银行对自己的付款保证,能否收回货款将取决于进口方的态度,银行信用变成了商业信用。

为了避免这种不符点交单给出口企业带来的风险,出口企业在信用证方式下制单时,一定要注意不同单据的不同要求及不同特点。在制单时通常要涉及的单据主要有汇票、发票、货运单据、保险单、商检证书、装箱单或重量单、产地证明等。

(1)汇票(bill of exchange)。在信用证支付方式下,出口企业在缮制汇票时应注意以下问题:

第一,汇票的出票人与信用证的受益人应为同一人。

第二,汇票的受票人(付款人)应按信用证中的规定填写,若信用证未做规定,通常以开证行作为受票人(付款人)。

第三,如果信用证中没有明确规定汇票的收款人,出口企业一般应将汇票的收款人做成"凭指示(pay to order)"抬头,也可以以议付行作为汇票的收款人,或以自己作为汇票收款人,在向银行交单议付时,再以记名背书方式将汇票转让给议付行。

第四,汇票的出票日就是信用证的议付日,它应在信用证的有效期内,最迟交单日前。

第五,汇票的付款期限要符合信用证的规定。如果汇票为即期付款,应在"At"与"Sight"两个印定的单词之间加"……",以免汇票因付款期限不确定而无效;如果付款期限为出票日(或提单日等)后若干天,在填好有关内容的同时应将"Sight"划掉。

第六,汇票使用的货币币种应符合信用证规定,同时除非信用证中另有约定,汇票金额一般与发票金额相等;即使二者不等,汇票金额也不能超过信用证金额。

第七,汇票的出票条款需按信用证的规定填写。若信用证未做规定,则在信用证支付方式下,出口企业应在此栏注明开证行名称与地址、开证日期及信用证号码等内容。

第八,汇票的编号一般应与发票号码一致,以便出口企业进行归档管理。

(2)商业发票(commercial invoice)。商业发票通常简称为发票,是出口方向进口方开立的发货清单。商业发票是国际贸易中的主要单据之一,也是所有单据中的中心单据。它既是买卖双方交接、检查货物的依据,也是进出口双方报关纳税的依据;在卖方不对买方开出汇票时,还要代替汇票作为买方付款的依据。

商业发票的主要内容包括发票号码、开立人名称与地址、开立日期、合同号码、收货人名称、装运工具及运输起讫地点、付款条件、唛头、品名、规格、数量、包装、单价、总价等。在缮制商业发票时应注意以下事项。

第一,商业发票的开立日期可以早于信用证的开证日期,但不能迟于信用证的有效期。

第二,商业发票的开票人应是买卖合同中的出口方,即信用证支付方式下信用证的受益人。如果发票上没有事先印就的出口企业的名称,就要在发票的右下角加盖公司印章;但除非信用证中特别规定,发票一般无须签名。

第三,商业发票的抬头人就是货物的收货人。在使用信用证结算方式时,该抬头人必须做成信用证的开证申请人。除非所使用的信用证为可转让信用证,则该可转让信用证的第二受益人在向银行交单时,可以信用证的第一受益人为其商业发票的抬头人。

第四,如果信用证要求在商业发票中列出载货船舶的名称,则一定要与提单上的记载相一致。

第五,由于商业发票是信用证下全套单据的核心,各种其他单据的内容都不得与发票中的内容相抵触,因此,商业发票中对商品名称、规格、数量、包装、唛头、有关港口的规定必须与信用证中的要求完全一致。

第六,商业发票上必须列明出口交易采用的价格术语,并要与信用证中的规定一致;除此之外,商业发票上还要照录信用证上有关佣金、折扣等的规定。

第七,商业发票金额通常不能超过信用证金额,除非信用证中规定买方需在信用证下支付贸易中发生的某些费用。按指定行事的指定银行、保兑行(如有的话)或开证行也可以接受金额大于信用证允许金额的商业发票,但商业发票金额超出信用证允许金额的部分不得承付或议付,而要按托收处理。

第八,有些信用证中要求出口方在商业发票上加注一些特别的证实或说明性文句,如"证明所列内容真实无误"或"货款已收讫"等,只要不违反国家的政策、法规,出口企业可以照办。

(3)提单(bill of lading)。海运是国际贸易中常见的运输方式,也是我国出口贸易中最主要的运输方式。海运提单通常代表了货物的所有权,是进出口业务中最重要的单据。出口企业在准备海运提单时应注意以下几点。

第一,提单的签发日期一般就是货物的装运日期,它不能晚于信用证规定的最迟装船期。

第二,大多数信用证都要求出口企业提交清洁的已装船提单。除非信用证中另有约定,银行不接受出口企业提交的租船合约下的提单、标明货物已装舱面的提单等。

第三，海运提单的托运人一般就是信用证的受益人，也就是出口企业。但除非信用证中明确禁止，银行不得拒绝以与交易无关的第三者为托运人的提单。

第四，提单的收货人应按信用证的规定填写。信用证支付方式下最常见的是空白抬头、空白背书的提单，即在收货人一栏中写明"凭指定(To Order)"字样，由发货人在提单背面签字，就可以将提单转让出去。

第五，如果信用证中规定了提单的通知人，提单上应照录不误；若信用证中未做规定，提单上就不必填写。

第六，提单上的装运港、最终目的港应与信用证的规定相同，目的港还应与运输包装唛头上的内容一致。应注意的是，通过转船运输货物时，卸货港一栏应填写转船港而非最终目的港。

第七，提单上应照实填写载货船名。如果货物需经水路运至香港再转船，则应注明两程船名。

第八，提单上应按信用证中的规定说明运费是否已支付，但除非信用证另有规定，提单上不必列出运费金额。

第九，提单上有关货物的各种内容应以商业发票为准，但商品名称可以使用统称，只是不得与信用证的规定相矛盾。

第十，提单上必须表明承运人名称，并由承运人或船长或他们各自的具名代理人签署。

第十一，提单上应注明正本提单的份数，受益人在交单时必须向银行提供全套正本提单。

以上内容只适用于港至港海运中使用的提单。如果出口贸易采用的是其他运输方式，出口企业就要缮制其他种类的运输单据，这里不再一一介绍。

（4）保险单(insurance policy)。在 CIF 出口合同下，出口企业负责办理保险并从保险公司取得保险单据。出口企业在议付时向银行提交的保险单应符合以下条件。

第一，在保险人一栏内应填写承保的保险公司的名称，而不能填写保险代理或保险经纪人。

第二，被保险人应按信用证中的规定填写。多数情况下，被保险人是信用证的受益人，在向银行交单议付时要对保险单进行空白背书，以便转让保险权利。

第三，出口企业投保的险别应与信用证的规定一致。银行不主张按"通常险别"或"习惯险别"投保，即便银行接受了有这种字样的保险单，也会声明对将来可能出现的问题不负责任。

第四,出口企业投保所使用的货币应与信用证的规定相符,保险金额则按信用证规定的最低保险金额填写。若信用证未规定最低保额,一般以出口商品CIF 或 CIP 价格的110%为最低保险金额。

第五,保险单据上有关货物的内容应与发票一致。货物的名称可以使用统称,但应与提单、产地证书等单据上的记载一致。

第六,保险单上货物的装运日期前可以加上"大约(on or about)"字样,装运港、目的港应与提单记载相同。如果在运输中需要转船,则在目的港后面注明"转船(with transshipment)";若货到目的港后还需转运至内陆某地,应在目的港后注明"转运至某地(and thence to⋯)"。

第七,除非信用证另有约定,进口商所在地就是保险赔款偿付的地点。如果信用证规定以汇票货币赔偿,在保险单中也需要注明。

第八,保险单的签发日期不得晚于货物发运日期,除非保险单据表明保险责任不迟于发运日生效。

第九,出口企业必须注意信用证中规定的应提交的保险单的种类。出口方可以提交保险单来代替信用证要求的保险凭证,但却不能以保险凭证代替信用证规定的保险单。

以上提到的汇票、商业发票、提单、保险单都是进出口业务中的主要单据。下面介绍在国际贸易中可能遇到的其他单据。

(5)海关发票(customs invoice)。海关发票又被称为"价值和原产地联合证明书"或"根据××国海关法令的证实发票",是某些进口国家海关规定的、在货物进入该国海关关境时必须提交的、有固定格式和内容的发票。海关发票由出口企业填写,由进口人在报关时提交给进口国海关,其中心内容是对进口货物原产地及详细的价格构成的说明。

根据海关发票的内容,进口国海关可以获得有关进口货物的原产地及其在出口国国内市场的价格等信息,据此对进口货物估价定税、判断是否应对其征收差别待遇关税、确定该批货物是否属于低价倾销、有无需要对其征收反倾销税。填写海关发票时应注意以下方面。

第一,各个国家或地区的海关发票都有其特有的固定格式,而且经常变化。既不能将各国(地区)的海关发票混用,也不能使用某一国家(地区)已过时的发票格式。

第二,凡是在商业发票上已有记载的项目,在海关发票上都必须与商业发票保持一致,不能出现相互矛盾之处。

第三,"现时出口国国内市场价值"或"公平市场价值"是海关判断货物是否倾销,是否要对货物征收反倾销税的重要依据。若该栏所填价值高于货物的

FOB 价,进口国海关一般即可认为进口商品存在倾销,应对货物征收反倾销税。由于本栏中的价值是以出口国货币表示的,所以还要在此记载有关的外汇汇价。

第四,以 CIF 或 CIP 价格成交时,要在海关发票上详细说明货物的 FOB 价、海洋运费、保险费、包装费、内陆转运费等各项内容,其总和应等于货物 CIF 或 CIP 价的总值。

第五,海关发票的签字人与证明人都必须以个人名义手签,同时证明人不能是该笔交易中其他单据上的签名人。

(6)领事发票(consular invoice)。有些国家规定,本国进口商在办理进口报关时,必须提交由出口商提供的、由进口国在出口国或其邻近地区的领事签证的发票。有些国家规定了固定格式的领事发票,有些国家则允许领事在普通商业发票上直接签证。领事发票的作用与海关发票相似。

我国一般不接受信用证中对出口企业需提供领事发票的要求。如果进口国一定要求某些证实性文件,我方可以提出由中国国际贸易促进委员会(以下简称贸促会)或国家质检总局签证。

(7)厂商发票(manufacturer's invoice)。厂商发票是出口货物的制造厂商开给出口企业的售货发票。厂商发票以出口国货币标价,主要用来说明出口商品在出口国国内市场上的价格。厂商发票中的价格应低于出口商品的 FOB 价,否则进口国海关可能对该商品征收反倾销税。

一般情况下,厂商发票上应注明"兹证明我们是发票商品的制造商"字样;如果出口商品由出口企业自己制造,则可以在商业发票上直接说明"上述商品由我公司制造,本公司即制造商",而不需要另外出具单独的厂商发票。

(8)原产地证书(certificate of origin)。原产地证书是用来证明货物原产地或制造地的证件,是进口国海关对来自特定出口国的商品实行优惠关税或进行进口管制的依据。没有海关发票和领事发票的国家,通常会要求外国出口商提供商品的原产地证明。

原产地证书必须由信用证规定的机构签发。如果信用证对此未做规定,银行可以接受由任何机构签发的原产地证明。若信用证只要求证明产地而没有明确要求提供原产地证书,出口商可以简单地在商业发票上加注证明产地的文句。在我国的出口业务中,根据对方来证的不同要求,原产地证书一般由国家质检总局或贸促会出具。

(9)普惠制产地证(generalized system of preferences certificate of origin form A)。根据普惠制的规定,发达国家对来自发展中国家的商品,特别是工业制成品、半制成品,要给予普遍的、非互惠的、非歧视性的关税优惠待遇。我国从许多发达国家都取得了这种关税优惠待遇,因此对这些国家出口商品时,要提供相应的普惠制单据,作为获得优惠关税的依据。

普惠制产地证就是 GSP 产地证,它又被称为 Form A 产地证,是一种比较常见的普惠制单据。普惠制产地证适用于一般性商品,由出口企业填写,由国家质检总局签发。在对给惠国出口时,无论进口方在信用证中是否要求,出口企业都应向进口商提供这种 Form A 产地证。另外,普惠制单据还包括纺织品产地证、手工制纺织品产地证、纺织品出口许可证、纺织品装船证明等。

(10)商检证书(inspection certificate)。商检证书的种类很多,可以分别用来证明商品的品质、数量、重量、卫生条件等方面的状况。买方往往通过在信用证中要求出口企业提供有关的商检证书,对出口企业交货的质量、数量等方面进行控制,从而维护自身利益。我国的商检证书一般由国家质检总局出具,如果合同与信用证上没有特别规定,也可以视实际情况由贸促会或生产企业出具。在出具商检证书时应注意以下几点。

第一,出证日期迟于提单日的商检证书无效。

第二,商检证书的名称、项目及检验结果应与合同及信用证规定相符,同时不宜在其中主动加列信用证中没有要求的内容。

第三,由于不同的检验方法往往会导致不同的检验结果,因此出口企业应向国家质检总局通报进口商对检验方法的要求,如果国家质检总局不能接受,出口企业应立即要求进口商修改信用证。

(11)装箱单与重量单(packing list and weight memo)。装箱单与重量单是对商业发票的补充,详细说明了商品的不同花色、品种、规格、重量与包装情况,以便海关验货和进口商核对商品。

装箱单又称码单,常见于工业品的出口,被出口企业用来说明商品包装的内在详细情况,包括包装内货物的规格、花色搭配等;重量单的内容则侧重于商品的重量方面,主要用来说明商品的毛重、净重、皮重等。

以上介绍的是出口制单中常见的几种单据。随着电子商务的发展,传统的制单结汇工作将被大大简化,单证的种类与份数也会随之发生变化,这将对国际货物贸易的发展产生巨大的推动力量。

(九)索赔与理赔

在出口合同的执行过程中,若进口商未履行合同规定的各项义务,致使出口企业遭受损失,则出口企业应在合理确定索赔金额后,据理向对方提出索赔。例如,如果买方无理拒绝履行合同,而卖方在此之后一段合理时间之内,以合理方式将货物转卖,则索赔金额应为合同价格与转卖价格之间的差额、卖方迟收货款的利息损失,以及为转卖货物而发生的额外费用;如果买方不按时派船接货,而卖方同意保留合同,则此时索赔金额应为卖方因买方不按期派船而增加的仓租、利息、保险费等。

然而大多数情况下,在出口合同的履行过程中,经常会由于卖方所交货物的品质、数量、包装不符合合同规定,或发货延迟,或在发货时出现错发货物等问题而致使国外进口商向出口企业索赔。在处理对方的索赔时,应本着实事求是的原则,给予对方合理的赔偿,既不能推卸责任,也不能损害自身应得的利益。

以上着重叙述了以信用证为支付方式、以海洋运输为运输方式的出口合同的履行程序,其中最重要的是备货、催证、审证与改证、租船订舱、制单结汇等环节,它们也被称为"货、证、船、款"四大环节。支付方式、运输方式的不同,出口合同履约的程序、做法也会发生相应的变化,但主要的环节不会出现太大的变动。

案例分析 14-2

进口商的要求是否有道理?

国内某出口商与国外进口商签订了货物出口合同,规定使用CFR术语,信用证方式结算,交货时间为当年7月,直达运输。

出口商在安排货物运输时发现,7月已没有由装运港直达目的港的班轮,最早可订到舱位的直达班轮船期大约在8月10日。出口商因此联系进口商,在说明情况后,要求将信用证的装运期延展到8月,并在得到进口商的同意后,于8月出运了货物。

随后,出口商向银行提交单据议付货款,银行表示,信用证规定的装运期是7月,而海运提单的日期在8月,构成不符点,因此银行不能对这套单据予以承付。至于进口商同意延展信用证装运期的表示,与银行无关,也不能对银行产生约束。

出口商无奈,只能放弃在信用证下立即收取货款的打算,直接联系进口商,要求进口商履行合同义务,支付货款,收取货物。然而此时进口商表示,出口商委托银行提交的海运提单,提单日期与合同约定不符,从而可判定出口商有迟交货物的违约行为,并应为此对进口商付出相应的损害赔偿。

问题一:进口商的要求是否有道理?
问题二:从这一案例中应吸取什么经验教训?

二、进口合同的履行

进口合同签订后,我国的进口企业一方面要履行付款、收货的义务;另一方面也要督促国外出口商及时履行按合同规定交货的义务,防止因其违约而给我方造成损失。

我国很多进口交易是以 FOB 条件成交的,并且以即期信用证方式支付货款,以海运方式运输货物。虽然不同的交易因涉及不同的商品,而在合同的履行中表现出不同的特点,但一般都要经过开证、租船订舱和催装、保险、审单付款、报关提货、商检、拨交等几个主要环节。

（一）开证

使用信用证支付方式时,及时对国外出口商开出信用证是进口企业在进口合同下的最主要义务之一。因此,在进口合同签订后,我国进口企业就应按合同中的有关规定,及时向银行提交开证申请书,要求银行对外开证。在银行同意为进口企业对外开证后,进口企业还要向银行交付一定比例的押金或提供其他抵押品,并对银行支付开证手续费。

在开证这一业务环节上,进口企业一定保证要在合同规定的期限内开出信用证,否则就构成违约,使自己陷于被动。特别要注意,如果信用证规定进口方应在出口商取得出口许可证后开立信用证,或对开证时间有其他特殊规定,进口企业应照办,否则一旦信用证开出而对方不能获得出口许可,会使自己遭受一定的损失。

进口企业在填写开证申请书时,应在其中列明各项交易条件。这些条件要与合同中的规定完全一致,这样才能保证银行开出与合同条款内容一致的信用证。如果对方对与合同条款相符的信用证提出修改要求,进口企业有权选择同意或不同意。若同意改证,进口企业就要及时通知开证行办理改证手续。

（二）租船订舱和催装

在 FOB 合同下,进口方承担安排货物运输的责任,负责派船到指定港口接货。一般来说,卖方在收到信用证后,应将预计装船日期通知买方,由买方向船公司租船或订舱。在运输手续办妥后,进口方要将船名、船期通知国外卖方,以便对方备货、做好装船准备。同时,为防止卖方拖延交货,进口方还要做好催装工作,特别是对数量、金额较大的重要商品,最好委托自己在出口地的代理督促卖方按合同规定履行交货义务,保证船货衔接,自己及时收货。

由于在 FOB 和 CFR 条件下货物的运输保险由买方办理,所以进口企业应提醒出口商在货物装船后立即向自己发出装船通知,以便及时办理保险手续。

（三）投保

如上所述,在 FOB 或 CFR 进口合同下,买方要凭卖方发出的装运通知,向保险公司办理保险手续,交纳保险费,并从保险公司取得保险单据。我国很多进出口企业同保险公司订立了"海运进口货物运输预约保险合同",保险公司对进口货物统一承保,并对各类货物投保的险别、保险费率、适用条款、保险费及赔款的支付方法做了具体规定。进口企业收到卖方装船通知后,只要将进口商品的具体名称、数量、金额、装运港、目的港、载货船名、提单号、开航日期等通知保险公司,就视为办妥保险手续,保险公司从货物在装运港装船时起,自动对货物承担保险责任,这在很大程度上减轻了进口企业不能在货物出运之前及时投保的风险。

（四）审单付汇

对合格的全套货运单据付款是进口企业在进口合同下的又一个重要义务。国外出口商向银行交单议付后,议付行将全套货运单据寄交我国开证行,由银行会同有关进口企业对单据的种类、份数、内容进行审核。在审单无误后,银行即对外付款,同时要求进口企业付款赎单。此后,如果进口企业是代理其他企业进口,它再向真正的用货企业结算货款。

如果银行与进口企业在审单时发现单证不符或单单不符,应立即向国外议付行提出异议,并根据具体情况,选择采取拒付、货到检验合格后再付款、国外议付行改单后付款、国外银行出具书面担保后付款等不同的处理方法。

（五）报关提货

报关是指进口货物按海关规定的手续向海关办理申报验放的过程。货到目的港后,进口企业要填写进口货物报关单,连同商业发票、提单、保险单、装箱单或重量单及其他必要文件,提交给海关申报进口,并在海关对货物及各种单据查验合格后,按国家规定缴纳关税。在此之后,海关将在货运单据上签章放行。

与出口报关的情况相同,只有那些有报关资格的企业中经考核合格的报关员才能办理报关手续。报关员的签字与印章均在海关备案,若报关单上没有报关单位及报关员的签章,或签章不符,海关不予受理。我国的进口业务中,很多进口企业都要求外运公司代办报关手续。

（六）检验

如果港务局在卸货时发现进口货物短少,应立即填制短卸报告交船方确认,同时提出保留索赔权的声明;如果发现货物残损,则应将货物置于海关指定的仓库,通知保险公司会同商检机构及有关当事人进行检验。

我国法律规定,凡属法定检验的进口商品,不经商检机构的检验就不得销售和使用;同时如果商检不能在合同规定的检验期内进行,买方即被视为放弃索赔权。因此,凡是属于法定检验或合同规定在卸货港检验,或检验后付款,或合同规定的索赔期较短,或卸离海轮时已发现残损,或有异状,或提货不着的商品,均应在卸货港进行检验;其他进口商品则可以在用货企业所在地,由当地商检机构进行检验。

(七)进口索赔

在进口业务中,如果进口企业不能收到或不能按时收到货物,或收到的货物在品质、数量(重量)、包装等方面不符合合同规定,则应向有关责任方索赔。在进行索赔时应注意以下几个问题。

1. 对外索赔必须在合同规定的索赔期限内提出。很多进出口合同中都规定了买方的索赔期限,如果进口企业在该索赔期内来不及出具检验证书,就应要求对方延长索赔期,或向对方声明保留索赔权。若合同未对索赔期限做出约定,根据《公约》的规定,对卖方索赔的期限应为买方实际收到货物之日起两年。《海牙规则》则规定,对船公司索赔的时限是货到目的港交货后一年。而根据我国《海运货物保险条款》的规定,对保险公司索赔的时限一般为货物在目的港全部卸离海轮后两年。

2. 要合理确定索赔对象。

(1)如果是由于卖方的责任造成货物品质与合同规定不符、数量(重量)短少、包装不良、拒不交货或不按期交货,进口企业应向卖方索赔。

(2)如果卸货数量少于提单记载的数量,或由于船方过失(包括开航前和开航时船舶不具备适航条件、积载不良、配载不当、装卸作业疏忽、货物在运输途中遗失等情况)导致货物残损,船方应对货物的损失负责,进口企业应相应地向船方索赔。

(3)如果自然灾害、意外事故或其他外来原因造成了货物在保险人承保范围内的损失,或在承保范围内船方赔偿金额不足以抵补损失的部分,则进口企业应向保险公司索赔,由保险公司对其进行赔偿。

可见,在进口索赔时,一定要对货物损失的具体情况进行分析,明确索赔对象。

3. 要提供充分的索赔依据。进口企业对外索赔时,应按合同规定提供索赔清单、国家质检总局出具的检验证书、商业发票、装箱单或重量单、提单副本、保险单及其他必要的文件及单据作为索赔的证据。例如,在向船公司索赔时,要提交由船长及港务局理货员签证的理货报告及由船长签证的短卸或残损证明;向保险公司索赔时,要提供保险公司或其代理与进口企业的联合检验报告等。

4. 要合理确定索赔金额。在索赔时进口企业应合理确定索赔金额,使其既能补偿货物的损失,也能赔偿各种有关费用(如检验费、装卸费、仓租、利息、合理的预期利润等)的损失,尽量避免自己的利益受到损害。《公约》规定:"一方当事人违反合同应负的损害赔偿额,应与另一方当事人因他违反合同而遭受的包括利润在内的损失额相等。"以向卖方索赔为例,计算索赔金额的情况主要有以下几种。

(1)若在卖方宣布不执行合同后的一段合理的时间内,进口企业已以合理方式购买替代货物,则索赔金额应为合同价格与替代货物的交易价格之间的差额。

(2)如果卖方宣布不执行合同,而货物当时的市场价格又与合同价格不同,则索赔金额应是货物的合同价格与卖方宣布不执行合同时货物的市场价格之间的差额,但不能是合同价格与在合理时间之外它购时的价格之间的差额。

(3)如果卖方延迟交货,而又恰值该货物市价下跌,则索赔金额为合同规定交货时的交货地价格与实际交货时的交货地价格之差,再加上由此给买方造成的实际损失。

(4)如果卖方交货的品质、包装不符合合同规定,则索赔金额为实际交付的货物市场价格与符合合同规定的货物在交货时的市场价格之间的差额。

最后,在进口合同的履行过程中,进口企业也可能会收到卖方提出的索赔要求。这时进口企业应依据有关法律、惯例及实际情况进行理赔,实事求是地确定自己应承担的责任,从而维护自己的信誉。

本章小结

1. 国际货物买卖的过程可分为交易前的准备、交易磋商、合同履行三个阶段。在交易的准备阶段,进出口企业最重要的工作是要选择合适的销售(采购)市场、选择合适的交易对象,并考虑各种影响因素,制定出口(进口)经营方案。

2. 磋商阶段可能出现的环节包括询盘、发盘、还盘、接受,其中发盘与接受是这个阶段必经的两个环节。若受盘人对发盘人发出的有效的发盘表示了有效的接受,合同即告成立。

3. 以 CIF 术语成交,以信用证为支付方式的出口合同的履行要经过备货、报验、催证、审证与改证、租船(订舱)、报关、投保、装运、制单结汇几个环节,有时还要就某一方的违约行为进行索赔或理赔。其中备货,催证、审证与改证,租船(订舱),制单结汇是最重要的四个环节。

4. 以信用证为支付方式,以 FOB 术语进口货物时,合同履行经过的环节包括开证、租船(订舱)和催装、投保、审单付汇、报关提货、检验、进口索赔(理赔)等。

思 考 题

1. 什么是发盘？构成一项有效发盘的条件是什么？
2. 发盘能否撤回或撤销？
3. 什么是接受？构成一项有效接受的条件是什么？
4. 什么是逾期接受？逾期接受是否有效？
5. 出口企业审核信用证的依据是什么？通常审核哪些内容？
6. 什么是信用证的有效期、装运期和交单期？这三者有什么关系？
7. 修改信用证时应注意哪些问题？
8. 什么是海关发票与领事发票？它们的主要作用是什么？

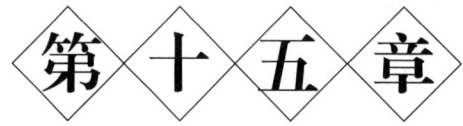

国际贸易方式

★ 学习目的与要求 ★

1. 了解国际货物买卖中经销与代理的基本做法及特点。
2. 了解国际货物买卖中寄售、展卖、拍卖的做法、特点及适用。
3. 了解国际货物买卖中的招标投标方式。
4. 了解国际货物买卖中的期货交易。
5. 了解国际货物买卖中的易货、补偿贸易的基本做法与适用。
6. 了解国际货物买卖中的加工装配业务。

贸易方式是指买卖双方在进行交易时所采用的具体方式。前几章介绍的交易程序和做法属于国际货物贸易中最常见、也最简单的单笔出口或单笔进口方式,交易双方需要就各项交易条件进行磋商,在对各条件达成一致后签订合同,并严格按合同规定履行自己的义务。但在实际业务中,由于商品间存在差异,市场也各有特点,所以对不同商品、不同市场往往要采取不同的贸易方式。目前比较常见的贸易方式有经销、代理、寄售、展卖、拍卖、招标投标、期货贸易、易货贸易、补偿贸易、加工贸易等许多种。

第一节 经销与代理

一、经销

（一）经销的概念和特点

经销(distribution)是国际货物贸易中一种常见的贸易方式,指出口商(即供货方)与进口商(即经销方)签订经销协议,以"款、货两清"的买断形式达成的在规定期限和地区内买卖特定商品的交易。

经销方式下,进口商以自有资金支付商品的价款,取得商品的所有权,并以进口价格和转售价格之间的差额为经营利润。在获得转售货物的全部收益的同时,承担一切经营风险。

根据经销商所享有的权限,一般将经销方式分为独家经销和一般经销,其区别在于出口商与经销商签订的经销协议内容不同,从而赋予经销商销售指定商品的不同的权利,同时也要求经销商承担不同的义务。

1. 独家经销(sole distribution)。独家经销也被称为包销,指出口商(可以是生产企业,也可以是拥有某种商品商标专用权的商业企业)授予某一进口经销商在规定期限和规定地区内,享有指定商品的独家专卖权的一种方式。在经销协议所规定的时间和区域内,该指定商品除由独家经销商销售外,该区域内任何其他商人均不得销售此种商品。而独家经销商一般也要承担销售一定数量的授权商品、维护授权商品的知识产权、承担出口商委托的商品促销活动和部分商品的售后服务等义务。

2. 一般经销(common distribution)。一般经销也被称为定销,指经销商在规定的时间和规定的区域内,不享有指定商品的独家专卖权,出口商可以同时选择若干个经销商销售指定的商品。这种经销方式下,出口商选择经销商的条件通常并不苛刻,也不要求经销商承担过多的义务,只要经销商有进口积极性,能满足出口商的交易条件,及时付足货款,即可得到出口商提供的货物。出口商与经销方之间形成的是相对长期、稳定的买卖关系,实质上与一般的国际货物买卖并无区别。

无论是对出口商还是对经销商来说,经销方式都有一定的好处。它有利于出口商对长期的生产经营活动做出安排,有利于避免产品由众多进口商分散经营,从而引发商品自相竞争的弊病,有利于利用经销商的销售渠道扩大自己产品的销售,也有利于及时收回货款,减少经营中的风险。对进口经销商来说,当某种商品市场需求旺盛时,他有可能凭借与出口商之间的经销关系获得较多数量的商品,并以较高的价格出售,得到较多的经销利润。而在独家经销方式下,经销商通过出口商的授权,可以获得指定商品的专营权,由此取得市场垄断带来的经济利益,这有助于最大限度地调动进口商经销特定的经销商品的积极性,反过来也有助于出口商扩大销售规模。

(二)经销协议的内容

经销协议是出口商和进口经销商为明确经销业务下彼此之间的买卖关系,规定双方各自的权利与义务而签订的契约,其内容的繁简需根据交易双方当事人的不同意图而确定。在采用经销方式时,买卖双方大多只在经销协议中原则性地规定双方当事人的权利、义务和一般交易条件,在具体买卖经销货物时,再订立具体的买卖合同。由于独家经销方式涉及经销商享有的、对经销产品的专卖权,因此独家经销协议的内容要比一般经销协议复杂一些。

在独家经销协议中,一般应对以下内容做出规定。

1. 经销商品的种类。经销商品种类的多少关系到独家经销人权利的大小,必须在独家经销协议中予以明确。独家经销的商品可以是出口商经营的一种或几种产品,也可以是出口商经营的全部产品。如果这些产品使用了不同的品牌,有不同的规格,也要尽可能在协议中说明,以避免日后发生争议。另外,在独家经营协议中还应说明如果在协议的有效期内,出口商停止生产或经营某种独家经销产品,或是在独家经销产品的范围内开始生产或经营新品种,对这种变化应如何处理。

2. 经销地区的范围。独家经销方式下,独家经销协议中规定的经销地区范围越大,独家经销商的权利也就越大,在独家经销协议中,必须对经销商享有授权的地区范围做出明确规定。这一区域可以是全球市场,也可以是几个国家形成的大区域市场,还可以是一个国家内的几个不同城市。确定独家经销地区范围时,一方面要考虑独家经销商品的特点,以及该地区市场潜力的大小;另一方面也要考虑经销商的实际能力。一旦在协议中确定了独家经销地区,出口商一般就不得再向该地区内的其他中间商或最终用户销售指定的独家经销商品,以保护独家经销商的权益。另外,出口商一般也在独家经销协议中规定,独家经销商不得主动到非授权区域去推销指定的独家经销商品。

3. 经销数量或金额。有些独家经销协议中规定了出口商在一定时期内,对独家经销商供应商品的最低数量;但更多的是在协议中明确规定独家经销商在一定时间内,向出口商购买独家经销商品的最低数额。同时还要明确,一旦出口商不能保证按时供货,或独家经销商不能按时完成经销数额,另一方当事人将可以采用的处理方法。例如,许多独家经销协议都规定,如果独家经销商在一定时间之内不能完成最低经销数额,或出口商不能在一定时间之内按质、按量地提供最低数量的独家经销商品,受损害的一方可以提出中止独家经销关系。

4. 经销期限。独家经销期限即独家经销协议的有效期,一般是从签字生效起的一年或几年;在协议中也要规定独家经销期限的延展办法,以及由于独家经销商或出口商的原因而中止独家经销期限的办法,说明在何种情况下双方可以解除独家经销协议。

5. 经销商品的作价。出口商与独家经销商既可以在独家经销协议中为独家经销商品规定固定的价格,在整个独家经销期限内都按照这个价格销售经销商品;也可以规定采用分批作价的方法,由双方每隔一段时间对经销商品的价格重新做出约定。由于后一种作价方法有利于减少双方在交易中承担的价格风险,所以在独家经销方式下比较常见。

6. 独家经销商的义务。在独家经销协议中,一般都对独家经销商的如下义务做出规定:独家经销商要负责独家经销商品的广告宣传与促销,部分商品的维修服务,独家经销商品品牌与专利权的保护。但是国际货物贸易中,各国为防止垄断经营,都不允许在协议中对独家经销商规定一些排他性经营的限制条款,比如,独家经销商在经销出口商独家经销产品的同时,不得经营与该产品同类的竞争性商品等。此外,多数情况下,独家经销商从事商品经销活动的费用要由其自行负担,这也要在独家经销协议中有所约定。

除上述内容外,独家经销协议中还应规定不可抗力及仲裁条款等。

如前所述,经销方式对出口商与经销商(尤其是独家经销商)都有好处,也正是因为如此,经销这种贸易方式受到了货物买卖双方的欢迎。但出口商在选择经销商时一定要慎重,一旦对经销商,特别是独家经销商选择不当,至少在经销期限之内会严重影响自己在经销地区的市场份额和经济收益。因此,在选择经销商时,出口商应综合考虑经销商的销售网点数量、经营规模、经营作风与信誉、地理位置和服务水平等因素,从中挑选最有利于实现自身经营目标的经销商。一般说来,若经销商具有较强的业务能力和较好的商业信誉,出口商就可以在很大程度上免遭经销商工作不力给自己造成的损失;但如果经销商的经营能力过强,也有可能会形成对市场与价格的操纵,从而损害出口商的利益。可见选择经销商,特别是独家经销商,是一个比较复杂的问题,出口商必须对此做出全面、谨慎的考虑。

案例分析 15-1

独家经销商品的范围

某出口商与 A 国一商人签订独家经销协议,将某商品自协议签订起两年内,在 A 国的专卖权授予该商人。在独家经销协议中,出口商与独家经销商详细规定了独家经销商品的三种型号。一年后,出口商研发出了该商品的最新款型,即该商品在独家经销协议中列明的三种型号之外的第四种型号,并开始在全球市场推广。

数月后,A 国的独家经销商发现出口商与 A 国另一个进口商签订了该新产品的出口合同。独家经销商认为,出口商此举违反了双方签订的独家经销协议,要求出口商停止违约,在 A 国市场只对自己销售该产品,还要对自己进行相应的损害赔偿。

出口商则认为,自己与该独家经销商之间确有独家经销协议存在,但协议中规定的独家经销商品只包括该商品的三种型号,最新推出的产品并未包括在其中,因此自己有权选择合适的进口商成交。

问题一:这一事件应该如何处理?

问题二:在独家经销方式下,应如何签署独家经销协议,以最大限度地避免未来产生争议的可能?

二、代理

(一)代理的概念和特点

代理(agency)也是国际贸易中最常见的贸易方式之一,指委托人(即出口商)授权代理人代表委托人向其他中间商或用户销售其产品的一种做法。代理人不拥有所代理的商品的所有权、不用对委托人支付商品的价款,不承担经营中的风险,不承担履行合同的责任,也不能擅自改变委托人规定的交易条件。代理人不能在代理业务中获取商业利润,只能以委托人支付的佣金作为代理业务的报酬。

在实际代理业务中,根据委托人授予代理人的经营权限,可以将代理人分为总代理、独家代理和一般代理三种类型。

1. 总代理(general agent)。总代理是享有权利最大的一种代理人,类似于委托人在指定区域的全权代表。总代理既可以代表委托人进行商务活动,也可以代表委托人从事一些非商务活动。在商务活动方面,总代理享有委托人授予的,在规定期限和规定地区内代销指定商品的专营权,委托人不再直接向该地区销售,也不再在该地区指定任何其他代理人,该地区内其他中间商需要通过总代理购买指定商品。但在代理活动中,总代理也与其他代理一样,不拥有代理商品的所有权,不承担经营中的风险,不得擅自改变委托人规定的交易条件。

2. 独家代理(sole agent,exclusive agent)。独家代理是在规定时间和规定地区之内,单独代表委托人进行代理协议中规定的商务活动的代理人。换言之,除不能代委托人进行非商务活动外,独家代理在商务方面享有的权利与总代理是相同的,即,独家代理享有委托人授予的,在规定期限和规定地区代销指定商品的独家专卖权;即使委托人因特殊需要直接同该地区的客户进行了交易,一般也须向独家代理支付一定的佣金。

3. 一般代理(agent)。一般代理也被称为佣金代理(commission agent),是不享有专营权的代理。除此之外,在其他方面的权利和义务,一般代理与独家代理完全相同,都是代委托人在授权范围内销售商品,并收取佣金作为报酬。委托人对一般代理通常不做过多的要求,只要代理人愿意销售指定商品,并能满足委托人对代理人的一般要求即可。因此,委托人在同一地区内,可以通过授权同时指定多个一般代理。

(二)代理协议

在采用代理方式销售产品时,委托人与代理人必须签订代理协议。代理协议是明确委托人和代理人在代理业务中各自的权利与义务的法律契约,也是委托人将一定的经营权授予代理人的凭证。代理协议一般应包括如下内容。

1. 对代理商品、代理地区的规定。在代理协议中可规定代理商品包括出口商经营的某一类商品,或一类商品中的某几种规格、型号的商品;也可以是出口商销售的某一牌号的商品,或某一牌号下的几种商品。但一般情况下,代理商品的范围不宜过大,否则代理人的权利有可能过大,反而使委托人陷入被动。

代理地区是卖方授予代理人销售指定商品的权利的地理范围。它既可以规定为几个国家,也可以规定为一个城市,其大小主要取决于代理商品的特点、代理地区的市场情况、代理人的经营能力、经营规模及其可利用的销售网络等因素。代理地区的范围越大,代理人所享有的权利也就越大。

2. 对代理协议双方的规定。代理协议的双方在代理协议中除应写明各自的名称与地址外,还应特别强调委托人与代理人之间是委托与被委托的代销关系;代理人在为委托人代销商品时不垫付资金、不承担风险,对委托人能否按合同规定履约也不负责任,他一般只按其推销货物的货款总额的一定比例收取佣金。

3. 对代理人权限的规定。一般代理协议与独家代理协议的内容是有区别的,其中以对代理人权限的不同规定最为重要。在一般代理协议中通常规定,委托人在代理期限与代理地区内保留与买主直接成交的权利,即代理人不享有规定时间、规定地区内对代理商品的专营权;在独家代理协议中,委托人则授予代理人代理商品的专营权。其具体规定方法有两种:一是在协议中规定代理人享有绝对代理权,即委托人在代理期限与代理地区内绝对不能越过代理人同买主直接成交;另一种则规定代理人享有有限绝对代理权,即委托人保留同买主直接成交的权利,但即使交易未经过代理人,委托人仍需对其支付佣金。

4. 对代理期限与中止条款的规定。代理协议中对代理期限的规定方法与经销协议很相似。为了防止在独家代理方式下出现代而不理的问题,给委托人造成损失,在独家代理协议中应规定最低成交额。若独家代理人在规定时间内的推销额不能达到这个最低标准,委托人可以要求中止代理协议。在一般代理协议中,对最低成交额可以不做规定。

5. 对佣金的规定。佣金条款是代理协议中最重要的条款之一,关系到代理方式下代理人的经济利益。在这个条款里,协议双方应对计算佣金的基础、佣金率、支付佣金的方法等内容做出明确规定。

(1) 在代理协议中应明确在成交额、实际交货额、委托人收汇额中,哪一个是计算佣金的基础,同时还要说明这些金额是按代理商品的 FOB 价计算还是按 CIF 价计算。

(2) 代理方式下的佣金率一般在 1%～5% 左右,其高低往往取决于代理商品的特点、市场上的习惯做法与委托人的经营意图等因素。有时委托人将佣金率与代理人的经营业绩相联系,根据代理人代理金额的大小决定其佣金率。

(3) 代理协议中应明确规定委托人是在收回货款后将佣金逐笔支付给代理人,还是定期同代理人结算,或是在代理协议中止时一次付清。目前比较流行的一种做法是,代理人代委托人向买主收取货款,并将自己应得的佣金直接从货款中扣除。

(4) 代理协议中通常规定,只要代理人在委托人授权的范围内代委托人进行了业务活动,就有权向委托人要求佣金;如果委托人由于种种原因未与代理人介绍的买主签订合同,他仍要向代理人支付规定的佣金。

6. 对非竞争条款的规定。许多代理协议都规定,代理人在接受委托人的授权后,应按代理协议的规定代销委托人的指定商品,他既不能充当其他供货商同类产品的代理,也不能自己生产或向第三方购买与代理商品同类的商品。

7. 对代理人责任的规定。代理协议中一般都规定,代理人对代理商品的宣传与商标保护负有责任,并要向委托人提供各种市场信息。由于代理人只收取很少的佣金,所以,由此而发生的费用一般由委托人负担,或经双方协商,由委托人与代理人按约定的比例分摊。

(三) 代理人与委托人的义务

国际上有关代理的商业惯例与各国的法律都对代理方式下委托人与代理人应承担的义务做出了规定。

1. 代理人的义务。

(1) 代理人必须以通常合理的细心、技能努力履行职责,勤勉工作;除非得到委托人的同意或根据行业惯例,代理人无权对所推销的货物向顾客提供任何保证。

(2) 代理人必须向委托人公开有关买主的必要资料,以便委托人决定是否与其成交;代理人不得在委托人不知情的情况下,同时充当买主的代理人,谋取双份佣金。

(3) 除非委托人知道代理人接受他人报酬而并不反对,代理人不得受贿或凭借自己的地位谋取私利。否则委托人有权随时解除代理关系,或取消代理人与买主所签订的合同,或停付该合同项下的佣金,或向代理人要求损失赔偿。

（4）代理人无论何时都不能将他在代理过程中得到的、委托人的保密资料泄露给第三者,或自己凭借这些资料同委托人进行不公平竞争,除非委托人的这些资料构成犯罪或严重违反公共利益。按照业务中的通常做法,在代理协议终止后,委托人一般不能限制代理人使用其在代理过程中获得的技术或经验。

（5）代理人经常在代理业务中代委托人收取货款,他因此要承担保持正确账目的责任,将委托人的资金和财产单独保管,将为委托人代收的款项交委托人,并按代理协议的规定或应委托人的要求向委托人报账。

2. 委托人的义务。

（1）委托人必须按代理协议的规定向代理人支付佣金。

（2）如果委托人要求代理人为推销商品进行了某种特殊活动,并因此而发生了一些额外费用或出现损失,则他有责任在佣金之外对代理人予以赔偿。

（3）若代理协议未明确规定一定期限,在协议终止后,委托人在收到原代理人所介绍的客户的再次订货时,仍应对原代理人支付佣金;若代理协议中规定了一定期限,在此期限之后,委托人对再次订货就不再向原代理人支付佣金。

由于在代理方式下代理人不需要拥有雄厚的资金实力、不承担经营亏损的风险,而只负责对代理商品的推销,并按推销总额收取一定比例的佣金,因此他们的态度往往比较积极,这有利于商品的推销。对于委托人而言,他可以在与买主的交易磋商中把握各项交易条件,从而避免了因代理人操纵市场所带来的各种问题。但委托人仍应注意对代理人（尤其是独家代理人）的选择,以防其代而不理给自己造成损失。

第二节　寄售、展卖与拍卖

一、寄售

（一）寄售方式的概念和特点

1. 寄售（consignment）,是指出口人（即寄售人）与国外客户（即代销人）签订寄售协议,根据协议中的约定,先将货物运交国外代销人,委托代销人按寄售协议规定的条件和办法,以代销人自己的名义在当地市场代销,再将所得货款扣除佣金和各种费用后汇交寄售人的一种贸易方式。

2. 寄售方式的特点。同简单的出口业务相比,寄售方式具有以下特点。

(1)在寄售方式下,寄售人与代销人之间是委托关系而不是买卖关系。代销人只为寄售人提供与销售商品有关的服务并收取佣金,其责任只限于在货物抵达后照管货物、尽力推销,并依照寄售人的指示处置货物。代销人不以自有资金购买寄售商品,不拥有寄售商品的所有权,也不承担寄售商品的任何风险与费用。

(2)在寄售方式下,卖方出运货物在先,与买主成交在后。

(3)寄售方式具有现货交易的性质,一般是在货到目的地后由买主看货成交,并可以立即提货,因此很受买方的欢迎。

(4)在寄售方式下,由于寄售货物在出售前的所有权始终属于寄售人,因此寄售人要承担货物在出售前的一切风险和费用;只有当货物出售后,风险及此后发生的费用才转由货物的买主负担。可见,这是一种有利于买方的贸易方式。

(二)寄售方式的利弊

1. 寄售方式的优点。寄售方式具有以下优点。

(1)对代销人而言,由于在寄售方式下不需要垫付资金购入寄售商品,不承担经营风险和费用,又能取得一定的佣金收入,因此寄售方式有利于调动代销人的积极性。

(2)对寄售人来说,在寄售方式下,他可以利用代销人的销售渠道、销售网络扩大自己的产品销售;可以在货物售出前控制货物的所有权,通过代销人掌握销售时机,得到较高的售价;还可以通过这种看货成交的贸易方式宣传自己的产品。因此,寄售方式也受到寄售人的欢迎。

(3)对买主而言,寄售方式具有现货交易的特点,使交易时间缩短,交易风险降低,同时也避免了买方的资金积压,有利于其资金周转。

正是由于寄售方式对寄售人、代销人、买主都有好处,因此近年来,这种贸易方式在国际贸易中得到了较快的发展,被越来越多的进出口商所采用。

2. 寄售方式的缺点。从总体上看,寄售方式是一种对买方有利的贸易方式,其缺点是在采用这种方式时,寄售人(出口方)要承担较大的风险。这其中既包括了货物在出售之前遭到损坏,甚至全部灭失的风险,也包括货物价格下跌或不能售出的风险,还包括代销人不积极推销商品或拒不结算货款等方面的风险。即使这些风险都不发生,由于寄售方式下货物出运在先、销售在后,寄售人也要面临资金周转缓慢带来的一些困难。

(三)出口人在采用寄售方式时应注意的问题

由于出口人在寄售方式下要承担较大的风险与费用,所以,在采用寄售方式时应注意以下几个问题。

1. 选择合适的寄售地点。出口人要对国外销售市场进行充分的调查研究，尽量将寄售地点选在商品与外汇进出比较方便，税收与各种费用也比较低的地方，还要考虑当地的商品供求状况、消费水平、消费习惯等因素。

2. 选择合适的代销人。出口人应选择诚实可靠、有良好资信和推销能力的国外客户作为代销人，以便在货到目的地后能迅速售出，并在货物售出后能迅速收回货款。

3. 选择合适的寄售商品，决定合理的寄售数量。寄售方式确实可以用来推销少量滞销商品，但更主要的是用来销售农副土特产品、轻工产品等规格复杂、不易划分等级的产品，工艺品、首饰等难以凭样品成交的商品，需要收集用户意见的新、小商品，要进入新市场的名优产品等。另外，寄售商品的数量一般不宜太大，以免超过当地市场的容量，长期不能售出，使出口人面临沉重的费用负担。

4. 合理规定寄售协议的内容。寄售协议是寄售方式下双方当事人权利、义务的法律依据，出口人应认真确定寄售协议各条款的内容，特别要对寄售商品的作价方法、双方当事人的权利与义务等内容做出明确、合理的规定。

案例分析 15–2

采用寄售方式需要考虑的因素

国内某出口人与国外代销人签订寄售协议，将自己刚刚推出的某新产品运往代销人所在国家，由代销人代为销售。由于该新产品外观新颖，功能完备，在市场上受到广大客户欢迎，很快便销售一空。自此，出口人在一年中多次发货，代销人则尽力推销，双方都获得了良好的经济收益。

一年后，世界各国的生产厂商纷纷推出了更新颖的产品，代销人所在国家市场对出口人寄售商品的需求渐渐减少。但寄售人并未能注意到这一现象，再一次将大量产品发给代销人。虽然代销人极其努力推销，但销售量仍越来越小，即便有顾客表示了对该商品的兴趣，也要求代销人降低价格销售。

最终，在付出了价格降低、巨大的仓储费用、较高的资金成本及其他费用的情况下，经过了近一年的时间，寄售商品才得以全部售出。

问题：采用寄售方式销售产品需要考虑哪些因素？

二、展卖

（一）展卖方式的概念和类型

1. 展卖（fairs and sales）方式，指利用博览会、展览会及其他交易会的机会展出并出售商品,是展销结合、以销为主的贸易方式,也是国际货物买卖中一种重要的贸易方式。

2. 展卖的类型。展卖方式的形式多种多样。按是否定期举行,可将其分为定期举办的博览会与不定期举办的展览会;按参加者的范围,可将其分为本国性展卖活动与国际性展卖活动;按展品的范围,又有综合性(也被称为"水平型")展卖会与专业性(即"垂直型")展卖会之分。

在各式展卖活动中,国际博览会(international fair)是比较常见,也比较重要的一种。国际博览会又称国际集市,是在一定地点定期举办,由各国商人参加交易的贸易方式。它不仅是各国商人进行交易的场所,也是出口商对外宣传、推销自己的产品,同各地商人进行技术交流、建立商务联系、收集市场信息的重要场所。世界上很多国家都有著名的国际博览会,例如,比较著名的水平型博览会有德国莱比锡博览会、法国巴黎博览会等,垂直型博览会有德国纽伦堡玩具博览会、德国法兰克福消费品博览会等。

目前我国最重要的展卖活动,是一年两度的中国进出口商品交易会,简称广交会。广交会于1957年开始举办,国内的进出口公司、企业多会派员参加,并广泛邀请国外客商前来进行交易磋商,在我国对外贸易中发挥了重要作用。

展卖的基本特点是将出口商品的展览和推销有机地结合起来,边展边销,以销为主。出口商可以通过参加国际展卖活动,现场向各国潜在客户展示自己的产品,使其直观地了解自己产品的功能、特点,吸引客户成交。出口商还可以通过参加国际展卖活动,接触并了解其他国家(地区)企业的同类产品,然后与自己的产品相比较,发现其优点,从而在将来更好地改进自己的产品。

出口商采用展卖方式推销自己的产品,具体做法有以下三种。

1. 出口商直接将自己的产品卖断给国外客户,由该客户在国外举办或参加展览会,货款在展览会后,或者在约定的时间结算。

2. 出口商可以与国外客户合作参加展卖活动,在展卖活动中,商品的所有权属于出口商,价格也由出口商决定。国外客户承担运输、保险、劳务及其他费用,在货物售出后收取一定手续费作为补偿。

3. 出口商可以将寄售与展卖方式相结合,即,在寄售协议中约定由代销人将寄售商品在当地展卖。有关展卖的事项,既可以在寄售协议中约定,也可签订单独的展卖协议约定。

(二) 采用展卖方式应注意的问题

展卖方式展销结合,以销为主的特点决定了出口商在采用展卖方式时,要注意以下问题。

1. 选择适当的展卖商品。展卖方式一般适用于品种、规格、性能、花色比较复杂,需看货成交的商品,如机器设备、手工艺品、儿童玩具等。出口商有时还要在展卖中进行操作示范,以更好地吸引客户,推销产品。质量较差、缺乏竞争力的滞销品及大宗的原材料性商品不宜以这种方式出售。此外,参加展卖的商品一方面要档次齐全,满足各层次客户的需要;另一方面还要保证货源充足,使较多的客商有生意可做(那些只允许"展",不允许"销"的展卖活动除外)。展卖商品的价格也应合理,让参加展卖活动的商人确实获得经济利益。

2. 选择合作的客户。出口商在采用展卖方式时,要选择有经营能力,熟悉当地市场,并且有广泛业务关系或销售渠道的客户作为合作伙伴,从而最大限度地保证从展卖活动中取得理想的收获。

3. 选择合适的展出地点。出口商应选择交易比较集中、市场潜力较大的地点开展展卖活动,还要考虑当地的场地、酒店、通信、交通等条件的便利性和收费水平,以更好地控制参加展卖活动的成本。

4. 选择适当的展卖时机。出口商应选择商品的销售旺季进行展卖,季节性特点明显的商品尤其要注意这点。此外,每次展出的时间不宜过长,以免发生高额费用,造成自身利益上的损失。

三、拍卖

(一)拍卖概述

国际货物贸易中拍卖(auction)方式的性质属于现场实物交易。它是由专营拍卖业务的拍卖行在规定的时间和地点,按照一定的规章,通过公开叫价或密封出价的方法,将货物逐件、逐批地卖给出价最高的买主的一种交易方式。

拍卖方式适用于规格复杂、不能根据标准品级或样品进行交易的商品,或是传统上习惯以拍卖方式销售的商品,如皮毛、羊毛、烟草、香料、茶叶、花卉、水果、地毯、古玩、艺术品等。

国际上的拍卖一般都由专营拍卖业务的拍卖行组织。卖方必须在拍卖前的规定时间将货物运到拍卖行指定的仓库,由拍卖行对货物进行整理、分类、分批等工作,并编印拍卖目录,对外公布拍卖的时间、地点、商品种类、存放地点等情况,以便参加拍卖的买主在拍卖前能够到该指定仓库看货,甚至对货物进行抽样检验。正是由于竞买者在购买拍卖商品前有充足的时间对商品进行检验,除非货物的缺陷是表面检验不能发现的,否则卖方在拍卖后通常对货物的品质不承担赔偿责任。

拍卖由拍卖行主持,在拍卖公告中预先公布的时间、地点进行,通常是按拍卖目录规定的次序逐批拍卖商品,通过有意购买的买主的竞价而最后成交。买主在成交后就要立即付款、提货。在整个拍卖过程中,拍卖行要向货主提供各种服务,同时收取一定的佣金或经纪费作为报酬。

(二)拍卖的特点

国际货物贸易的拍卖方式存在以下特点:①拍卖是由专营拍卖业务的拍卖行统一组织的;②拍卖是在拍卖行特定的规章制度的约束下进行的;③拍卖方式下的交易属于现货交易,买主通常可以在拍卖开始之前验看货物;④拍卖方式下,众多买主的公开竞买往往可以使卖方得到较高的售价;⑤拍卖方式下,交易成交需要的时间短,但成交量却经常比较大。

(三)拍卖的出价方法

国际拍卖中买主的出价方法一般有三种。

1. 增价拍卖。增价拍卖是拍卖中最常用的出价方式,先由拍卖主持人宣布拍卖商品的最低价,再由竞买人竞相加价,最后由拍卖主持人表示接受,将货物卖给出价最高的人。

在增价拍卖的方式下,若无人对拍卖主持人报出的最低价表示接受,则拍卖主持人通常可以将拍卖商品撤回,一般不能以低于最低价的价格出售商品。

2. 减价拍卖。减价拍卖也被称为荷兰式拍卖,它是由拍卖主持人先报出拍卖商品的最高价,然后逐渐降低,直至有竞买人表示接受,交易便告达成。

3. 密封递价拍卖。密封递价拍卖又称为招标式拍卖,是由买方在规定时间内将自己对拍卖商品的出价,以密封方式递交拍卖人,由拍卖人自行选择理想的买主成交。这种出价方法使拍卖失去了公开竞买的性质,交易过程缺乏透明度,买卖双方能否成交往往取决于价格以外的其他因素。目前,某些特定商品,如一些国家海关的罚没货物的拍卖,按照传统习惯,可能会采用这种方式。

拍卖方式属于现货交易,由于它成交时间短、交易量大,因此特别适合鲜活易腐商品的买卖。此外,尽管在拍卖方式下,拍卖行要向卖主收取相当昂贵的各种费用,但竞买者的激烈竞争有可能带给卖主较高价格,仍使这种贸易方式对出口商具有吸引力。

第三节 招标与投标

一、招标与投标的概念

招标(invitation to tender)指招标人对外发出招标通告,提出拟购商品(如果涉及国际工程承包,则是拟建工程)的具体交易条件,并邀请投标人在规定的时间、地点,按照一定的程序进行投标的行为。招标人在对投标人报出的交易条件进行分析研究之后,要在众多的投标人中择优选出中标人,与其达成商品(或劳务)交易。

投标(submission of tender)指投标人应招标人的邀请,根据招标的要求和条件,在规定的时间内向招标人发盘,争取中标并与其签约的行为。可见,招标与投标实际上是一笔交易中缺一不可的两个方面。

如前所述,招标与投标作为国际贸易中比较常见的一种贸易方式,除用于商品的买卖活动外,也可以用于国际建筑设计、工程承包等对外经济活动领域,其使用范围相当广泛,本节只介绍国际货物贸易中的招标与投标。

二、招标方式

(一)国际竞争性招标

国际竞争性招标是投标人最多、竞争最激烈的招标方式,其特点在于招标人要在为数众多的投标人中找出最理想的人选并与之成交。国际竞争性招标又可以分为公开招标与选择性招标两种情况。

1. 公开招标也被称为无限竞争招标,是指招标人在国内外公开发布招标通告,使一切愿意参加投标的厂商都有机会购买招标文件、参加投标。公开招标是参加投标的人数最多、投标者竞争也最激烈的一种招标方式,在国际招标中最为常见。

2. 选择性招标是指招标人不对外公开发布招标通告,而只是有目标地向一些声誉较好、资金实力较强、技术水平较高或与自己有良好业务关系的厂商寄发招标通知,邀请其参加投标。这种做法也被称为非公开招标、邀请式招标、有限竞争招标。在这种方式下,虽然投标人较少,但中标人的履约率却很高。

(二)谈判招标

谈判招标又被称为非竞争性招标或议标,是指招标人选择少数几家客户直接就拟购商品的交易条件进行谈判,与哪一家客户谈判成功,就与哪一家客商签订购买合同的方式。谈判招标一般用于专业性强、交货时间短的交易,甚至在个别情况下,某些特殊商品只能由一家厂商生产并提供,这时谈判招标中的客户便只能是这家厂商,此时的谈判招标与一般的货物出口贸易非常相似。

(三)两段招标

两段招标即综合性招标,它经常出现在采购某些技术非常复杂的货物时,指招标人将招标工作分为两个阶段进行,在第一阶段采用公开招标的方式,尽可能多地吸引对该项目感兴趣的投标人根据招标人提供的一般招标文件,参与项目的技术投标,投标文件中通常不包含价格。待招标人对众多投标人的技术投标进行初步评价后,从中邀请几家技术方面比较理想的客商进行第二阶段的投标,这是最终的投标,投标文件中包括各客商经过修改、确认的最终的技术投标,也包括含有价格在内的商务投标。

三、招标投标的一般程序

国际招标投标业务一般包括招标、投标与开标三个环节。

（一）招标

招标是国际招标投标业务中一个非常重要的阶段,以招标人需要完成一系列重要工作为特征。具体讲,在这个阶段中,招标人首先要编制招标文件,详细说明各项招标条件、投标日期、投标保证金的缴纳、投标书的寄送方法、开标日期及方式等内容,作为投标人对招标项目进行可行性分析、编制投标文件的依据。其次,招标人要及时对外发出招标通告,对招标项目、招标人自身情况、招标期限、投标人资格、投标及开标方式等做简要说明。如果采用的是公开招标的方式,招标人通常会要求投标人填写资格预审表,对投标人进行资格预审,并在招标通告中规定的时间和地点,对通过资格预审的投标人发放或出售招标文件。

（二）投标

在这一阶段,投标人的工作是重点。投标人一旦收到招标人发出的招标通告并取得招标文件,就要对招标文件中规定的各项内容进行认真的分析研究,这也是投标中最重要的环节。如果投标人没有把握能够完全按招标文件的要求履行合同,他就不会向招标人投标。只有投标人对未来履约有把握时,才会编制投标文件,说明商品名称、规格、质量、数量、价格、交货期、付款条件,并在招标文件规定的投标截止时间之前,连同招标人要求提供的保证金或银行保函,以及营业执照、公司章程、资信证明等各种文件,以邮寄方式或由专人传递给招标人。实际上,投标人编制的投标文件相当于他向招标人发出的书面形式的发盘,一旦招标人表示接受,双方之间的合同便宣告成立。

应注意的是,以上是对招标投标业务环节所做的理论上的说明;但在招标投标方式下,依据一般的业务惯例,投标人在投标截止时间之前,可以书面提出修改或撤回投标文件。撤回的投标文件在开标时不予宣读,所缴纳的投标保证金也不予没收。

（三）开标

开标是指招标人在招标公告规定的时间与地点,打开所有投标人递交的投标文件,以便对其进行比较,从中选出条件最优者作为中标人的行为。开标包括公开开标与不公开开标两种形式。

公开开标是招标人在招标公告中规定的时间与地点,在所有投标人都有权参加的情况下,当众拆开所有投标文件并宣布其内容。凡公开招标的项目通常也要公开开标。不公开开标是招标人在投标人无权参加的情况下,自行选定中标人。在不公开开标方式下,投标人能否中标往往取决于他与招标人之间的政治、经济关系及其他因素,而不仅仅是投标条件的优劣。这种开标方式在国际招标投标业务中相对比较少见。

应注意的是,招标人并不能保证在开标时能够当场选定中标人。对于比较复杂的招标项目,经常需要给招标人一段评标、议标的时间,由其组织专家小组对投标文件中的条件进行全面审查和比较,选出最优者中标。若招标人对所有投标人的发盘均不满意,可以全部拒绝,宣布招标失败,另定日期重新招标。

招标人选定中标人后,一般要给中标者最后一次与自己讨价还价的机会,然后就要按双方达成一致的各项交易条件,与中标人签订正式的货物买卖合同。此时,招标投标工作宣告结束。

四、招标投标的特点

(一) 多数情况下,招标投标方式属于竞卖性质

在招标与投标这种贸易方式下,通常有众多的投标人参加对招标项目的投标,而且他们往往只能根据招标人提出的要求和条件进行一次报价,由招标人决定谁能中标,买卖双方至多只在签约之前有一次对各项交易条件进行协商的机会,不能像在一般的货物出口交易中那样,彼此反复磋商。因此,招标与投标属于众多投标人竞相向招标人出售自己的产品的竞卖性质。

(二) 招标人在投标人的激烈竞争中居于有利地位

投标人为销售产品或劳务而展开的激烈竞争,往往能使招标人在招标与投标业务中居于有利地位。这可以反映在以下几方面:首先,招标人经常只需要为特定的商品付出较低的价格;其次,招标人通常能够获得质量较好的商品;其三,投标人交货比较快。

在各种国际货物贸易方式中,招标与投标因其高效率的特点而受到商品的买方的欢迎。实际上,在我国及其他发展中国家利用外国政府或国际金融机构贷款采购重要物资时,对方通常会提出的一项重要条件就是要采用招标与投标方式,以保证资金使用的效率。

案例分析 15-3

国外某公司发布招标通告,采购大型生产设备。国内某设备制造商得悉这一消息,认为招标人拟采购的设备恰好是本企业能够制造的,同时认为这是进入对方国家市场的一个良好的机会。

本着这种想法,该设备制造商备妥招标人要求的各种文件及银行保函,制作了投标文件,在规定的招标期限内递交给了招标人。为吸引招标人的注意,增强自己的竞争力,顺利签订合同,该设备制造商在制作投标文件时,有意报出了比正常价格低约12%的优惠价。

一段时间后,招标人开标,在经过评标议标之后,选择了中标人。尽管参加投标的国内设备制造商报价更低,却最终没有能够中标。

问题一:该设备制造商未能中标的原因有可能是什么?

问题二:在参与招标与投标时,作为投标人,要考虑哪些因素?

第四节 期货交易

期货交易(Futures Trading)是指买卖双方在期货交易所内,按照一定的规章制度对期货合同进行买卖的贸易方式。正常情况下,期货交易不发生实物的交割,因此又被称为纸合同交易。

一、期货交易的特点

期货交易是在国际货物现货买卖的基础上产生和发展起来的,但又有别于现货交易,具有独特的特点。

(一)期货交易的标的物是标准化的期货合同

期货交易中的标的物不是一般交易下的各种商品或劳务,而是各种商品的标准期货合同。期货合同简称期货(futures),是由期货交易所制订的,规定在将来某一特定地点和时间交收某一特定商品的标准化的购销合同,它的特点主要体现在以下几个方面。

1. 期货交易涉及的商品品种有限。期货交易中出现的商品品种有限,基本都是交易量大,价格波动频繁的农产品、矿产品、能源产品,例如,小麦、玉米、大豆、铜、铝、石油产品等。除了这些传统的商品期货,包括外汇期货、利率期货、股指期货等在内的金融期货近年来飞速发展,影响越来越大,已成为期货交易极其重要的组成部分。

2. 期货合同中商品的品级是统一的。在商品实物的交易中,同一种商品往往会有不同的品级,且不同品级的商品有不同的价格。但在期货合同中只规定商品特定的基本品级,认为期货交易中同一种商品都具有同样的品质。当然,期货交易所也在基本品级之外规定了商品的若干个可交割品级,一旦买卖双方在期货交易下需要进行实物的交割,就要考虑商品实际的品质情况。如果交割的是基本品级商品,结算价格也就是期货合同原有的价格;如果交割的是可交割品级的商品,则要依据其品级高于或低于基本品级的实际情况,相应地调高或调低商品的价格。

3. 期货合同中商品的数量是固定的。期货交易所事先对每份期货合同包含的商品的数量做出统一的规定,买卖双方不能通过磋商任意确定所交易的商品数量,只能成倍地买卖规定数量的商品。因此,在期货市场上,期货交易的数量实际上表现为交易双方买卖期货合同的份数。

4. 期货合同中商品的交割月份是预先规定的。大多数期货交易所对大多数商品的期货合同都只规定了若干交割月份,因此,进行期货交易的人就不能买卖这些月份以外的期货。例如,芝加哥农产品交易所小麦期货只有 7 月、9 月、12 月,以及次年的 3 月、5 月五个交割月份,任何人都无法在这里买到 10 月交割的小麦期货。若期货合同下确实需要履行商品的交割,则交割行为可在交割月份中的任意一个营业日进行。

(二)期货交易只能在特定的时间、地点达成

在国际货物买卖中,如果是现货交易,则交易可以由进出口商在双方同意的任意时间和地点,以双方同意的方式达成。但是期货交易只能在期货交易所内,在规定的交易时间之内达成,买卖双方在这个问题上必须遵守期货交易所的规章制度,不能自由选择。

(三)期货合同一般不会通过交割实际的商品来履行

理论上讲,商品期货的交易者可以通过两种形式来履行期货合同。首先是实物交割方式,例如,期货的卖方在合同到期时,向买方交付代表合同项下商品所有权的栈单及品质证明,由买方在指定的仓库提货。其次,由于期货是一种标准化的合同,对种类相同、数量相同、交割期限相同的期货合同的买与卖具有可以相互冲销的性质,因此,期货合同常见的履行方式是由期货的买方或卖方在交割期限届满之前,卖出或买入相同份数、相同交货期的期货合同,买卖相互抵消,从而履行了合同项下的义务。这种做法被称为"对冲"或"平仓"。

在国际贸易实践中,大多数期货交易者进行期货交易的目的,并不是想购买或销售期货合同下的货物,而只是通过对期货合同的买卖来赚取其间的差价,以转移商品现货交易中的价格风险,或是赚取经济利益。因此,期货市场上

很少发生实际货物的转移,一般只能看到期货合同的对冲。

(四) 期货交易的价格波动剧烈

所有导致商品现货价格发生变动的因素,都会导致商品的期货价格发生变动,加之期货市场上有大量投机商进行大规模的投机活动,因此,商品的期货价格经常会出现剧烈而迅速的变化,使交易双方承担比商品的现货交易更大的价格风险。

(五) 期货交易的买卖双方不发生直接联系

期货交易者买卖期货的行为,通常都在期货交易所的交易场地内完成。买方和卖方都只需要对某种期货特定的价格表示接受,并表明交易数量即可,买卖双方并不发生面对面的洽商。在交易达成之后,期货先买后卖或是先卖后买的差价也并不在交易双方之间结算,而是要通过清算所进行结算。清算所在期货合同规定的交割期限到期之前,直接以记账方式对交易者买入和卖出的合同进行对冲,只有在发现交易者未能及时对冲时,才通知交易者进行相关商品的实际交割。

(六) 缴纳保证金后才可以进行期货交易

期货交易者在开始进行期货交易之前,必须先按照期货交易所的规章制度,直接或间接地向清算所缴纳一笔保证金。保证金不同于商品现货交易中的订金,它在交易者交易亏损时被用来支付该交易者应该付出的差价,而且要准备按清算所的要求随时追加。

综上所述,期货交易是与商品现货交易完全不同的贸易方式,是对期货合同的买卖。由于期货合同中价格是唯一的变量,而商品的数量、品质、交货时间与交货地点等都是既定的,期货交易双方就可以通过买入期货后再卖出,或卖出期货后再买入的方式对冲掉当事人交割实际货物的责任,他们只需结算这一买一卖之间的差价。

二、期货市场的构成

期货交易必须在特定的地点,即期货市场上进行。所谓期货市场就是按照一定的规章制度对各种期货进行买卖的专门场所,它是在商品交易所的基础上发展起来的。实际上,目前世界期货市场的重要组成部分就是世界上的许多著名商品交易所,如伦敦金属交易所、芝加哥商品交易所、纽约商品交易所、东京工业品交易所、新加坡国际金融交易所、香港期货交易所等。

期货市场是有组织的、严格的交易所市场,它通常由以下几部分构成。

(一) 期货交易所

期货交易所泛指进行期货交易的一切场所。期货交易所都是有组织的市场,只有正式会员才能进入交易场内进行期货交易。各期货交易所的会员数量一般都非常有限,要由各类企业向交易所提出申请,在有空缺会员名额时,通过竞买方式取得会员资格。非会员企业如果想进行期货交易,必须委托会员代办,而不能直接进入交易场交易。

通常情况下,期货交易所主要为各交易方提供适当的交易场所,创造使交易得以顺利进行的必要条件;它还要负责制订标准的期货合同,负责制定并执行期货交易规则,解决交易过程中可能发生的争议。为承担上述责任,期货交易所要向各交易方收取一定的手续费。

(二)期货佣金商

期货佣金商(futures commission merchant,FCM)又被称为佣金行、经纪人事务所或经纪行,是接受企业或个人的委托,代客户进行期货交易并从中收取佣金的组织。期货佣金商通常是交易所的会员,有时还是清算所的会员,在收到客户的交易指令后,指派或雇用场内经纪人进行期货交易。在日常的经营活动中,期货佣金商要雇用专人处理客户的账目、接受客户委托、代客户下达指令、管理客户缴纳的履约保证金并向客户提供市场信息和市场研究报告。

在代客户买卖期货时,佣金商在收到客户的指令后,立即将该指令传达给期货交易所内的场内经纪人。场内经纪人则要根据指令中的具体要求,在交易所规定的交易时间、规定的交易场地执行这一指令。成交后,场内经纪人要将成交情况反馈给佣金商,从而使客户可以很快得知已完成交易的成交价格及其他交易情况。

(三)清算所

清算所(clearing house)也被称为结算所,是期货交易中负责对期货合同进行交割、对冲和结算的机构。它既可以是交易所的一个相对独立的组成部分,也可以是受交易所的委托,负责期货合同清算的独立机构。清算所通常也实行会员制,其会员多为资金实力雄厚的国际佣金行、商业企业与金融机构等。应注意的是,清算所的会员一定是期货交易所的会员,但期货交易所的会员却未必能成为清算所会员,非清算所会员需要委托清算所会员对其期货交易进行清算,同时向其支付一定的清算手续费。

在实际业务中,期货交易双方在成交后要立即在清算所办理合同登记手续并缴纳履约保证金,此后,交易双方之间便不再发生任何联系而只需要各自与清算所进行结算。清算所发挥了"取代功能",承担了保证每笔交易按期履约的全部责任,对于每个期货合同的买方而言它都是卖方,而对于每个期货合同的卖方而言,它又都是买方。

清算所之所以能为所有期货交易提供履约保证,就是因为清算所会员必须为自己及其客户的期货交易向清算所缴纳一定数量的保证金,作为对冲亏本时能够支付价差的保证。保证金的金额一般为交易金额的 5%~10%,如果交易的市场风险增大,这一比例也可能增加。清算所规定的履约保证金一般分为初始保证金与追加保证金两类。

初始保证金是期货交易者在进行期货交易前需要向清算所交付的保证金,通常按交易额的 5%~10% 计收;如果他在交易中出现了亏损,清算所就将从其初始保证金中扣除其亏损金额。

清算所每天都要根据每种期货在当天最后 10 分钟交易中最高和最低价的平均价格(适用于未对冲交易的会员),或是会员当天每笔交易的价格之差(适用于已平仓的会员),对会员的盈亏状况进行核算。若发现有会员的保证金因交易亏损而减少,就会要求该会员补缴保证金,以维持初始保证金的稳定。这部分补缴的保证金就是追加保证金。接到追加保证金通知的会员,必须在交易所次日开市前补缴追加金额,否则清算所有权在第二天开市时,强行按市价对该会员已建立的交易部位进行对冲,若出现亏损,则由其已缴纳的保证金弥补。

(四)期货交易的参加者

期货交易的参加者是指所有或委托他人或亲自在期货交易所进行期货交易的人。他们可以是企业也可以是个人,其交易目的有的是为了保值,也有的是为了投机牟利。他们都必须遵守交易所的各项规章制度,从事合法的期货交易。

三、套期保值

套期保值又被称为海琴(hedging),它是现货商品的交易者的一种有意识的行为,其目的在于尽量缩小时刻存在于现货商品买卖中,或持有现货商品期间的价格风险。套期保值的基本做法是,现货商品交易的买方或卖方利用期货市场价格与现货商品价格的变化趋势相同的基本规律,在买进或卖出现货商品的同时,在期货市场上卖出或买入同一种类、同等数量的期货,以使因市场价格变动造成的现货商品交易的亏损,能够部分、甚至全部为等量而方向相反的期货交易的盈利所弥补,从而减轻或避免价格波动给现货商品交易造成的损失。

(一)套期保值的基本做法

期货市场上的套期保值主要包括卖期保值与买期保值两种情况。

1. 卖期保值(selling hedge)。卖期保值是现货商品的买主担心未来转卖商品时,商品的价格下跌给自己带来损失,因此便在买进一批现货商品的同时,在期货市场上卖出同等数量、同一交货时间的期货。若届时现货商品的价格果真出现下跌,则期货价格也将下跌,他将以期货交易的盈利弥补现货交易的亏损;

但若届时商品价格不仅没有下跌反而上涨,则他本应在现货交易中获得的额外的价格好处,将被用来弥补他在期货交易中的亏损。

例如,某贸易商在 9 月初以每蒲式耳 7.00 美元的价格买入 10 000 蒲式耳大豆,准备日后转售。为了避免在寻找买主的过程中大豆价格下跌使自己遭受亏损,他决定按每蒲式耳 7.23 美元的价格卖出两份 11 月的大豆期货合同,每份期货合同的数量为 5 000 蒲式耳。如果 10 月下旬该贸易商找到买主成交时,大豆的现货与 11 月的期货价格分别降至 6.72 美元与 6.95 美元,则该贸易商在出售现货大豆时会发生 2 800 美元的亏损,但在买入两份 11 月的期货合同与其 9 月份卖出的期货合同对冲时,却从差价中得到了 2 800 美元的盈利。亏盈相抵,该贸易商通过套期保值完全避免了现货交易中因价格变动而发生的亏损。

2. 买期保值(buying hedge)。买期保值在具体做法上与卖期保值刚好相反。买期保值是远期交货的实物商品的卖主为防止日后在收购该实物商品时,因其价格上升给自己造成损失,在卖出远期交货的实物商品的同时,在期货市场上买入同一种类、同等数量、同一交货时间的期货,以求尽可能减轻或避免可能发生的损失。

(二) 套期保值时应注意的问题

在实物商品的买卖业务中,虽然买主与卖主都可以在一定程度上通过套期保值来减轻价格波动的风险,但往往并不能完全消除这一风险。

在进行套期保值时应特别注意以下问题。

1. 进行套期保值的基本原则在于"保值"。在进行套期保值时,如果保值者所担心的价格波动真的发生,保值者就可以凭借其套期保值行为,减轻不利的价格波动带来的损失;但如果价格的波动方向与保值者的担心完全相反,套期保值行为就会使他失去有利的价格变动带给他的额外好处,甚至可能会出现亏损。

在前面卖期保值的例子中,大豆的行情真的发生了贸易商所担心的下跌,则该贸易商通过套期保值成功地避免了 2 800 美元的损失。但是如果 9 月大豆收获时出现了意外的恶劣气候,造成大豆减产,使 10 月下旬时的大豆现货价与 11 月的大豆期货价分别升至每蒲式耳 7.40 美元与 7.63 美元,则此时,该贸易商出售现货大豆额外赚得了 4 000 美元的价差收入;但由于他必须买入两份期货合同与其 9 月卖出的期货对冲,使得他在期货交易中贱卖贵买,恰恰损失了 4 000 美元。结果,贸易商不能获得大豆现货价格上涨带给他的好处。假如 10 月下旬大豆期货价格上涨幅度比现货更大,使 11 月期货价高于 7.63 美元,贸易商期货交易的亏损额也就大于 4 000 美元,大豆现货交易的盈利还不足以弥补期货交易的亏损。

但是在国际经贸活动中,追求稳健经营的厂商并不以获取额外的价格好处为其经营目标,他们只是希望能够避免价格风险;同时由于市场行情的变动是诸多因素共同作用的结果,一般厂商很难对此做出正确的预测,因此,在实际业务中,厂商往往对每一笔交易都进行套期保值,而不是根据自己对市场行情的预测,有选择地进行套期保值。可见,厂商是以牺牲可能获得的额外好处为代价,来避免可能遭受的风险。

2. 现货交易与期货交易数量不同,会对套期保值的效果产生影响。从理论上讲,在套期保值的过程中,交易者应同时在现货市场与期货市场上对同一商品进行数量相同、方向相反的交易,以达到避免或减轻风险的目的。但由于标准的期货合同中所包含的商品的数量是固定的,而现货交易中的商品数量则由交易双方通过磋商确定,因此这两笔交易的数量经常是不同的,使套期保值的效果受到很大影响。

可以设想,在上面的例子中,如果贸易商买入现货大豆的数量为 12 000 蒲式耳,则他卖出两份大豆期货合同只相当于为 10 000 蒲式耳的大豆作了保值,无法达到为所有现货交易商品减轻或避免价格风险的目的。

3. 现货与期货价格变动幅度不同,也会影响套期保值的效果。进行套期保值依据的是现货市场与期货市场价格变动趋势一致这一规律。但是由于影响这两个市场价格变动的因素并不完全相同,因此,即使两个市场价格变动趋势一致,价格变动的幅度也很可能有所不同,这无疑会对套期保值的效果造成影响。

仍以上文中提到的大豆交易为例,若 10 月下旬其他条件不变,而大豆现货价格降至每蒲式耳 6.68 美元,则贸易商在期货交易中赚得的 2 800 美元盈利,就不足以弥补现货交易中 3 200 美元的亏损,他只能在一定程度上减轻风险,却不能完全避免风险。

一般说来,套期保值的效果是否理想,主要看基差。基差(basis)是一定时间内某种商品现货价与期货价之间的差额,即:

基差 = 现货市场价格 − 期货市场价格

通常情况下,由于远期交货的商品要发生较多的仓储、保险、利息等费用,因此商品期货价要高于现货价,基差为负值。当然,由于现货市场供给过于紧张等特殊原因,也可能出现现货价较高,基差为正值的情况。在套期保值业务中,人们更关心基差的变化,而不是基差的数值具体是多少。在前面大豆交易的例子中,贸易商最初买入现货、卖出期货时的基差为 −0.23 美元,而后卖出现货、买入期货时的基差仍为 −0.23 美元,基差差额为零,两笔交易恰好盈亏相抵,这是套期保值最理想的状况。但在实际业务中,基差随时都在发生变化,基差差额为零的情况非常少见。通常可以这样归纳:在卖期保值中,若基差差额为正值(在大豆交易的例子中,假设10月下旬贸易商卖出现货的价格仍为6.72美元,而买入期货的价格为6.92美元,此时的基差为-0.20美元,则该笔交易中基差差额为0.03),保值者可以获得盈利;若基差差额为负值,保值者会出现亏损。与此相反,在买期保值中,基差差额为正值时,保值者亏损;基差差额为负值时,保值者可以获得盈利。

综上所述,套期保值过程中基差的变化对套期保值的效果有决定性的影响,而这种基差变动的风险却是套期保值本身无法转移的。然而,尽管基差的变动频繁而且难以预料,它的波动幅度却比商品现货及期货价格的波动幅度都要小得多。一旦认识到基差的特点,交易者就可以对基差的变动情况加以关注,以求在最有利的基差值上对冲交易,从而将价格风险降到最低。而如果对基差的特性与功能缺乏基本了解,交易者就很难判断自己是否应接受某一个价格,也很难决定在何时进行保值、何时进行对冲。

五、投机性交易

期货市场上的交易除了套期保值外,还有大量投机性交易(speculation)。这是指为数众多、敢冒风险的投机者,根据自己对市场前景的预测,在市场上大规模地买进或卖出期货以期获得巨大的经济利益的行为。具体讲,如果投机者预期商品价格会上涨,便大量买入期货合同,待价格上涨后高价回抛,这种做法被称为买空,或多头。反之,如果他们预测价格将会下跌,便在市场上大量抛出期货合同,待价格下跌后低价补进对冲,这就是卖空,也称为空头。

在投机性交易中,投机者既没有需要保值的现货交易,也不想取得合同项下的商品,其交易目的只是为了获得交易中的价差。如果他们对价格的预测正确,往往会得到巨额盈利;而一旦对价格预测失误,他们不仅要损失价差,还要损失向交易所交纳的佣金及其他各种费用。

买空与卖空是期货市场投机交易中比较简单也比较常见的两种做法,除此之外还有很多种比较复杂的套期图利的做法,这里不再叙述。

案例分析15-4

是套期保值还是投机?

某贸易公司常年进行大宗原材料性初级产品的进出口,因这类商品国际市场价格波动频繁,波动幅度也比较大,该公司几乎在每笔交易中都有可能由于商品价格剧烈变动而遭受损失。

在长期的贸易实践中,该贸易公司渐渐形成了借助期货市场的套期保值业务,最大限度地降低现货交易的价格风险的习惯做法。但是,很多业务员都认为,在进行套期保值之前,需要对现货商品的价格趋势进行预判,只有认为会发生对己方不利的价格波动时,才有必要进行套期保值。例如,在一单以固定价格从国外采购远期交货的原油的交易中,该公司就认为,各方面的因素都表明,国际市场的原油价格将会大幅度上涨,原油到货后转售给炼油厂的价格将大大高于现行的市场价格,若对这笔交易进行套期保值,意味着将未来额外的价格收益拱手让人。据此,他们认为,没有必要对这单交易进行套期保值。

问题:该贸易公司对套期保值的理解是否正确?

第五节 易货与补偿贸易

一、易货

(一)易货的概念与形式

易货(barter)是国际货物贸易中历史最悠久的贸易方式之一,通常是指买卖双方将进出口结合起来,相互交换各自的商品,从而尽量避免向对方进行货币支付的贸易方式。易货包括狭义与广义两种形式。

1. 狭义的易货。狭义的易货也被称为直接易货,就是简单的以货换货。具体讲,它是指买卖双方各以一种能为对方所接受的货物直接进行交换,两种货物的交货时间相同、价值相等。在这种易货方式下,通常不发生货币的收付,即使交易双方提供的货物的价值出现了少量差额,也仍以提供货物的方式抵补。但在直接易货方式下,交易双方既要保证自己提供的货物符合对方要求,又要保证彼此提供的货物的价值大致相等,因此很难找到合适的易货伙伴。这种狭义的易货在当前的进出口业务中已比较少见。

2. 广义的易货。广义的易货又被称为综合易货或一揽子易货,指交易双方互相承诺购买对方等值的商品,从而将进出口结合在一起的贸易方式。在广义的易货方式下,交易双方的交货时间通常可以有先有后,比要求双方必须同时交货的直接易货更具有灵活性。在具体做法上,交易的一方既可以以一种商品交换对方的一种或几种商品,以对开信用证方式对货款进行逐笔平衡;也可以由双方各以几种商品进行交换,在一定时间内,对货款进行综合平衡。其中,后一种情况常见于政府间订有记账协定或支付(清算)协定的国家间的大规模易货,两国的进口与出口都要在专门账户上记账,然后以进出口相互冲抵的方式进行结算。除非交易双方进出口差额超过了协定中约定的限度(即,"摆动额"),顺差方一般不能要求逆差方支付现汇。

(二)易货方式的利弊

1. 易货方式的优点。易货方式的优点主要表现在两个方面:首先,由于易货方式下买卖双方通常不发生或很少发生现汇的收付,因而这种贸易方式可以促进外汇短缺的国家对外贸易的发展;其次,利用易货方式可以达到以出带进或以进带出的目的,帮助本国从国外获得一些国内紧缺的重要物资,或向国外推销一些国内过剩的商品。

2. 易货方式的缺点。易货方式也存在着明显的局限性。首先,使易货得以进行的前提条件就是交易双方能够提供的商品恰好是对方所需要并且愿意接受的,而目前从事国际货物买卖的贸易公司的专业化程度普遍比较高,经常无法提供对方需要的商品,也就很难找到合适的易货伙伴;另外,如果采用记账易货的方式,则逆差方实际上等于无偿占用了顺差方的资金和外汇,这显然对顺差方不利,所以,易货双方都不愿积极向对方提供货物,从而大大妨碍了易货贸易的顺利发展。

二、补偿贸易

(一)补偿贸易的含义和种类

1. 补偿贸易(compensation trade)是指技术、设备的买方在商业信贷(赊销)的基础上进口机器设备或技术,然后再用返销产品或劳务的价款分期偿还进口设备或技术价款的本金和利息,它与国际上产品回购(product buyback)的贸易方式很相似。

2. 补偿贸易的种类。根据补偿使用的产品的不同,可以将补偿贸易分为直接产品补偿、间接产品补偿和劳务补偿三种。

(1)直接产品补偿。直接产品补偿是补偿贸易最基本的做法,它是指设备与技术的进口方,通过向设备与技术的出口方提供设备与技术生产出的直接产品的方式,偿还设备与技术价款的本息。但由于设备与技术的出口方往往并不需要,也难以处理这些直接产品,因此这种做法实际上运用得比较少。

(2)间接产品补偿。间接产品补偿是补偿贸易中比较常见的做法,用来偿还进口设备与技术价款本息的不是设备与技术的直接产品,而是交易双方事先在合同中商定的其他商品。这实际上是互购(counter purchase)方式中的一种情况,特别适用于进口设备与技术不生产有形的物质产品,或设备与技术的出口方不经销直接产品的情况。

(3)劳务补偿。劳务补偿的方式常出现在与来料加工或来件装配业务相结合的补偿贸易业务中,由承接对外加工、装配业务的企业逐步以加工费偿还其进口的加工或装配业务所需设备、技术价款的本息。

除这三种基本的补偿方式外,也可以采用部分补偿方式,即设备与技术价款的本息部分以产品补偿、部分以现汇支付;还可以进行多边补偿,由与交易无关的第三方提供或接受补偿产品。

(二)补偿贸易的作用

补偿贸易在将进出口结合在一起的同时,也将利用外资与技术引进结合在一起,对交易双方都有好处。对设备、技术的进口方而言,补偿贸易等于使其利用国外资金引进自己需要的设备与技术,一方面解决了自有资金不足的困难,另一方面也有助于提高自身的生产水平与产品竞争力,还可以利用国外供货商的销售渠道扩大自己产品的出口。对设备、技术的出口方而言,补偿贸易可以使其克服对方支付能力不足的困难,实现了扩大产品出口的目标;还可以使其取得急需的原料、燃料或其他商品。因此,这种方式受到了设备与技术供需双方的欢迎。

但应该注意的是,在补偿贸易方式下,设备与技术的卖方一般不愿向买方提供最先进的技术、设备,同时还往往利用买方急于在信贷基础上取得设备与技术的心理,提高设备与技术的价格,压低补偿产品的价格,使设备、技术的买方处于不利地位。因此,在以补偿贸易方式引进技术与设备时,应特别注意进行可行性研究,不可盲目立项。

第六节　对外加工装配业务

一、对外加工装配业务的概念和种类

(一)对外加工装配业务的概念和性质

对外加工装配业务是指由国外厂商提供原材料或零部件、元器件,委托国内企业按一定的技术、质量标准加工成成品,并对国内企业支付工缴费的贸易方式。

在这种贸易方式下,在整个交易过程中均不发生货物所有权的转移。国外来料、来件及成品的所有权自始至终都属于国外厂商,国内加工企业只对国外厂商提供劳务,并从中赚取工缴费。因此,对外加工装配业务实际上是以商品为载体的劳务出口。

(二) 对外加工装配业务的种类

对外加工装配业务主要包括来料加工与来件装配两种形式。

1. 来料加工(processing with given materials)。来料加工业务是指由外商提供原材料、辅料、包装物料，有时还要提供部分加工设备，委托国内加工企业按照一定的规格、标准加工成成品返还给外商，由外商在国际市场上销售。

在提供来料的问题上，加工合同有时规定外商负责提供生产所需的全部原辅材料和包装物料，有时则只负责提供其中的一部分，余下部分加工用物料由国内加工企业自行解决。在这种情况下，加工企业除要向外商收取工缴费外，还应收取自己所提供的原辅材料和包装物料的价款。

2. 来件装配(assembling with provided parts)。来件装配业务的做法与来料加工基本相同。国内加工企业要将外商提供的零部件、元器件按对方提供的图纸或样品及标准组装成成品，然后交由外商自行销售。与来料加工业务一样，如果外商只提供了部分原料或元件，则国内加工企业除收取规定的工缴费外，还应收取自己所提供的元器件或包装物料的价款。

在对外加工装配业务中，外商为保证成品的质量，有时会在提供来料、来件的同时提供加工或装配设备，甚至投资建厂。这时设备款及建厂的投资可以由加工企业分期以工缴费偿还，这实际是一种加工装配业务与补偿贸易相结合的做法。

二、开展对外加工装配业务时应注意的问题

对外加工装配业务使我国利用国外的原材料、零部件扩大生产与出口，对改善我国出口商品的质量、设计与款式，提高出口商品的竞争力有一定的促进作用。由于在开展这种业务时往往可以从国外引进比较先进的技术与设备，所以它还有利于我国生产技术水平、管理水平的提高。另外，由于加工企业不需要拥有雄厚的自有资金、不承担经营风险、只收取工缴费，因此国内企业对这种业务也有很高的积极性。

虽然开展对外加工装配业务对国家与企业都有一些好处，但若要确保这项业务的顺利开展，确保国家和企业的经济利益不受损害，仍需要注意以下几个问题。

第一，要选择投资少，见效快，收益较好，在国际市场上销路稳定的商品进行加工装配，同时要有意识地提高技术层次，逐步改变以技术含量低的劳动密集型产品的加工装配为主的状况，实现加工装配产品结构的升级。

第二，在加工装配业务中，国内加工企业只能向外商收取工缴费，无法获得自营出口时所得到的商业利润。如果在我国进行加工装配的成品在国际市场

上与我国自营的出口商品相竞争,就会影响企业的正常出口,使企业的收入减少。因此,在选择加工装配业务时,应尽量避开可能对企业正常出口贸易造成冲击的加工装配业务。另外,在企业进行对外加工装配时,应力争逐步减少来料、来件的比重,以求最终将加工装配业务变为自营出口,提高盈利能力。

第三,在加工装配合同中应对外商来料、来件的质量、数量、到货时间以及我方成品的质量、数量、交货时间等做出明确规定,以避免双方在执行合同的过程中对此产生争议。

第四,与发达国家相比,目前国内工缴费的水平仍然较低,但加工企业不能仅考虑实际的加工成本,而应在保证工缴费具有竞争力的基础上,参考国际市场上的工缴费水平来确定本企业的工缴费,这样才能使企业取得更好的经济效益。

第五,在对外加工装配业务中,外商对成品的品质、规格、外形设计及使用的商标等都有具体要求。加工企业应特别在加工装配合同中要求外商出具与加工、装配的产品有关的专利、专有技术或商标使用权的证明,同时规定一旦日后发生与知识产权有关的争议、纠纷,一切责任由外商承担而与加工企业无关。

本章小结

1. 经销是国际货物买卖中常见的贸易方式,出口商与进口经销商之间是买卖关系,经销商要以自有资金买入经销商品,然后转售,并要承担此间的经营风险。为明确彼此之间的权利与义务,出口商与经销商要订立经销协议。

2. 代理也是国际货物买卖中常见的贸易方式,出口商与代理人之间是委托代理关系,代理人不以自有资金购买商品,不承担经营风险,只为出口商介绍客户,并收取佣金。代理方式下,出口商与代理人要签订代理协议,明确彼此的权利与义务。

3. 寄售方式下,出口商出运货物在先,代销人在自己所在的市场销售货物在后。出口商与代销人之间是委托关系,代销人将寄售货物售出后,再将货款返还出口商。

4. 拍卖方式是具有公开竞买性质的现场实物交易,它要由专营拍卖业务的拍卖行,在特定的时间与地点,按照特定规则,将货物卖给出价最高的人。这种方式的突出特点是成交时间短,但交易量大。

5. 招标与投标是大宗货物买卖中比较常见的贸易方式。招标人先提出拟购商品的各项交易条件,邀请投标人在规定的时间之内,按一定程序进行投标,从中挑选出条件最优者与自己成交。

6. 期货交易是比较特别的一种贸易方式,其交易标的物是标准化的期货合同,而非实物形态的货物。交易者的交易目的往往不是要提供或取得实物商品,而是想获得期货合同买与卖之间的差价。

7. 易货方式分为广义易货与狭义易货两种,是国际货物贸易的传统做法,可以使外汇短缺的国家获得国内急需的商品,达到"以出带进"或"以进带出"的目的。

8. 补偿贸易是我国及其他许多发展中国家常用的贸易方式,凭借这种方式,可以在信贷基础上从发达国家取得设备和技术,然后将这些设备、技术生产出的产品返还给设备、技术的提供者,作为对设备、技术款的本金和利息的偿还。

9. 对外加工装配业务在我国相当常见,国内的加工企业将外商提供的原材料或零部件、元器件加工或装配成符合外商要求的成品,由外商在国际市场上销售。这种贸易方式实际上是以商品为载体的劳务出口,原材料、零部件及成品的所有权都属于外商,我国企业只为其提供加工服务,并相应地收取工缴费。

思 考 题

1. 什么是经销与代理？独家代理与独家经销有什么主要区别？
2. 什么是寄售？寄售方式有什么特点？
3. 什么是拍卖？拍卖方式有什么特点？拍卖业务中有哪些出价方法？
4. 什么是招标与投标？招标方式有哪几种？
5. 什么是期货交易？期货交易的特点是什么？
6. 什么是套期保值？试说明其基本做法。
7. 什么是易货？它的具体形式有哪些？
8. 什么是补偿贸易？其补偿方式有哪几种？
9. 什么是对外加工装配业务？它的性质是什么？

主要参考文献

[1] 黎孝先,石玉川. 国际贸易实务(第六版)精简本[M]. 北京:对外经济贸易大学出版社,2016.

[2] 中国国际商会/国际商会中国国家委员会. 国际贸易术语解释通则2020[M]. 北京:对外经济贸易大学出版社,2020.

[3] 韩玉军. 国际贸易学(第二版)[M]. 北京:中国人民大学出版社,2017.

[4] 傅龙海. 国际贸易实务(第三版)[M]. 北京:对外经济贸易大学出版社,2017.

[5] 蔡宏波. 国际服务贸易(第二版)[M]. 北京:北京师范大学出版社,2015.

[6] 姚新超. 国际贸易实务(第三版)[M]. 北京:对外经济贸易大学出版社,2015.

[7] 林悦,徐军. 国际贸易实务[M]. 北京:北京理工大学出版社,2018.

[8] 李秀芳,马静,刘娟,等. 进出口贸易实务案例及问题解答[M]. 北京:电子工业出版社,2015.

[9] 许朝晖. 国际贸易实务[M]. 北京:对外经济贸易大学出版社,2018.

[10] 薛荣久. 国际贸易[M]. 北京:清华大学出版社,2015.

[11] 薛荣久,屠新泉,杨凤鸣. 世界贸易组织(WTO)(修订版)[M]. 北京:清华大学出版社,2018.

[12] 保罗·克鲁格曼. 战略性贸易与国际经济[M]. 北京:中信出版社,2016.

[13] 陈岩. 国际贸易理论与实务(第4版)[M]. 北京:清华大学出版社,2018.